苏州大学江苏省哲学一级重点学科经费资助

Study on Karl Marx and Friedrich Engels'
Philosophical Thoughts 2022

2022

马克思恩格斯哲学思想研究

主　编◎任　平　庄友刚　桑明旭

中国社会科学出版社

图书在版编目（CIP）数据

马克思恩格斯哲学思想研究 . 2022 / 任平，庄友刚，桑明旭主编 .
—北京：中国社会科学出版社，2023. 10
ISBN 978-7-5227-2713-4

Ⅰ.①马…　Ⅱ.①任…　②庄…　③桑…　Ⅲ.①马克思（Marx，Karl
1818-1883）—哲学思想—思想研究　②恩格斯（Engels，Friedrich
1820-1895）—哲学思想—研究　Ⅳ.①A811. 63

中国国家版本馆 CIP 数据核字（2023）第 213020 号

出 版 人　赵剑英
责任编辑　田　文
责任校对　张爱华
责任印制　王　超

出　　　版　中国社会科学出版社
社　　　址　北京鼓楼西大街甲 158 号
邮　　　编　100720
网　　　址　http://www.csspw.cn
发 行 部　010-84083685
门 市 部　010-84029450
经　　　销　新华书店及其他书店

印刷装订　北京君升印刷有限公司
版　　　次　2023 年 10 月第 1 版
印　　　次　2023 年 10 月第 1 次印刷

开　　　本　710×1000　1/16
印　　　张　23
字　　　数　354 千字
定　　　价　119. 00 元

《马克思恩格斯哲学思想研究》

论全面认识"中国式现代化新道路"的出场逻辑
——《马克思恩格斯哲学思想研究·2022》序

任　平[*]

2022 年是党和国家历史上极为重要的一年。党的二十大胜利召开，描绘了全面建设社会主义现代化国家的宏伟蓝图，也为当代中国马克思主义哲学研究布置了任务、指明了方向。在这极不平凡的一年里，马克思恩格斯哲学思想研究分会同仁们团结一致，在马克思恩格斯哲学思想与中国化时代化马克思主义的研究阐释方面取得了一系列重要成果。2022 年 12 月 4 日，马克思恩格斯哲学思想研究分会联合江苏师范大学、《江海学刊》杂志社在徐州召开了"21 世纪中国马克思主义哲学的研究范式与未来发展"学术研讨会，来自全国各地高校、党校、科研院所 60 余人参加会议，会议围绕 21 世纪马克思主义哲学研究前沿、21 世纪马克思主义哲学未来发展趋势、马克思主义哲学的方法论自觉与 21 世纪马克思主义哲学建构、中国马克思主义哲学范式创新研究的新任务和新内容等议题展开了充分热烈的讨论，形成了丰硕的理论成果。一年来，学会同仁们砥砺奋进，收获满满。经学会秘书处选择、归类、整理、编辑，部分研究成果集结成刊即《马克思恩格斯哲学思想研究·2022》，呈现给各位读者。从当代中国马克思主义哲学研究的中心任务和本期年刊的主要内容来看，以

　　[*] 任平，苏州大学哲学系教授、中国马克思主义哲学史学会副会长兼马克思恩格斯哲学思想研究分会会长。

"全面认识'中国式现代化新道路'的出场逻辑"为题为其作序，无疑是十分恰当的。

"中国式现代化新道路"是习近平总书记在庆祝中国共产党成立100周年大会上的重要讲话和党的十九届六中全会通过的《中共中央关于党的百年奋斗重大成就和历史经验的决议》（以下简称《决议》）在全面深刻总结贯穿百年党史主线、主题时提出的重大新论断、新概括和新命题。其中，习近平总书记在"七一"讲话中指出："走自己的路，是党的全部理论和实践立足点，更是党百年奋斗得出的历史结论。中国特色社会主义是党和人民历经千辛万苦、付出巨大代价取得的根本成就，是实现中华民族伟大复兴的正确道路。我们坚持和发展中国特色社会主义，推动物质文明、政治文明、精神文明、社会文明、生态文明协调发展，创造了中国式现代化新道路，创造了人类文明新形态"① 党的十九届六中全会通过的《决议》进一步指出：建党百年来，"党和人民百年奋斗，书写了中华民族几千年历史上最恢宏的史诗"，"党的百年奋斗深刻影响了世界历史进程，党领导人民成功走出中国式现代化道路，创造了人类文明新形态，拓展了发展中国家走向现代化的途径"。② 近来，学界围绕"中国式现代化新道路"或曰"中国式现代化道路"这一重大主题展开热烈讨论，踊跃发表了一大批阐释性文章，细读这些文章有助于我们去完整理解和把握"中国式现代化新道路"的深刻内涵和重大意义。然而，这并不意味着此领域的研究已臻完善并可以止步。相反，其出场的历史逻辑、本质内涵、创新功能和世界意义等许多方面还存在若干重大问题未能深解，不少论述还流于话语表面，一些结论还缺乏足够的出场学视域穿透，甚至还存在某些明显的偏见。此外，上述问题还凸显一个共同特征，即缺乏马克思主义出场学的方法论自觉，阐释境界没有上升到唯物史观原则高度加以透视。有鉴于此，限于篇幅，笔者集中阐释"中国式现代化新道路"的历史逻辑、现实逻辑、理论逻辑、

---

① 习近平：《在庆祝中国共产党成立100周年大会上的讲话》，《人民日报》2021年7月2日。

② 习近平：《中共中央关于党的百年奋斗重大成就和历史经验的决议》，《人民日报》2021年11月11日。

中国逻辑和文明逻辑：第一，"走自己的路"是党的全部理论和实践的立足点，那么，什么是创造"中国式现代化新道路"的历史逻辑？第二，"两个大局"是否构成了"中国式现代化新道路"出场的现实逻辑？第三，开辟"中国式现代化新道路"的理论逻辑：如何以新时代中国方案创新来解答关于世界现代性的"马克思之问""列宁之问"，"唯物史观的中国逻辑"如何成为马克思主义中国化在新时代的伟大理论创造？第四，"中国式现代化新道路"的中国逻辑：从"文明互鉴"视域看"中国式现代化新道路"，究竟"新"在何处？第五，作为现实必然性进程，"中国式现代化新道路"又如何以自己的文明逻辑创造了人类文明新形态？解答上述问题，必须要有哲学方法论自觉，站在唯物史观原则的制高点上加以透视。

一 "中国式现代化新道路"的历史逻辑

第一个需要审思的重大问题是：究竟如何理解走出一条"中国式现代化新道路"或曰"中国式现代化道路"的历史逻辑？所谓历史逻辑，应当指党领导中国人民如何经过百年奋斗走出一条"中国式现代化新道路"历史全过程，包括其中的主要环节、主要阶段及其链接方式。那么，这一历史逻辑究竟是如一些学者认为的"中国式现代化新道路"就是"中国特色社会主义道路"，而不包括前此百年奋斗历程，还是指扩及整个百年奋斗历程，包括中国式现代化革命道路和发展道路的完整概念？笔者选择后者。究其原因，既然"走自己的路"是"党的全部理论和实践立足点"和"党百年奋斗得出的历史结论"，那么，"中国式现代化新道路"的出场作为"走自己的路"的必然结果，其历史逻辑就应当是贯穿全部百年党史，成为其主题和主线的全链条。伟大的中国共产党建党已经百年。今天，站在新时代历史方位上回望建党百年史，我们发现其中贯穿着一条主线，就是以马克思主义中国化为指导，领导中国人民"走自己的路"，开创一条中国式现代化新道路即中国新现代性道路，包括革命道路和发展道路。中国人民从站起来、富起来到强起来，正沿着这条道路迈向中华民族的伟大复兴。

具体而论，为什么说"道路创新"构成了百年大党奋斗的主题和主线？首先，通过"中国式现代化道路"来实现中华民族伟大复兴，这不仅构成中国特色社会主义道路的鲜明主题，而且是贯穿百年党史的主题，甚至是自1840年第一次鸦片战争爆发至今180余年来中华民族迫切需要解决的根本问题。道路探索也贯穿着问答逻辑，即探索中国现代化道路"实现中华民族伟大复兴"成为中国人民、中华民族的根本追求与奋斗主题，那么，人民的根本向往就是党的奋斗目标——实现这一目标就必然成为以马克思主义为指导的中国共产党领导中国人民百年奋斗的伟大初心和根本使命。由此而论，贯穿百年党史的主题和主线，也成为百年大党超越其他一切政党的最重大贡献，就在于以马克思主义为指导的党领导中国人民成功开辟了通向中华民族伟大复兴的中国式现代化新道路。进入新时代这一新发展阶段，中华民族正在奋力全面建设社会主义现代化强国，正是这一主题和主线在新时代的伟大继续和集中表现。这是整个百年党史甚至是180年中国近现代史必然的历史指向。我们只有将开创"中国式现代化新道路"放在整个百年党史"走自己的路"坐标上，进而放在180年来近现代史的宏伟历史坐标上，才能真切地看到中国共产党领导中国人民奋斗并开创"中国式现代化新道路"的独特贡献和伟大意义。

其次，"中国式现代化新道路"的出场逻辑包括百年来的革命道路和发展道路，这是"中国式现代化新道路"追求目标的题中应有之义。"中国式现代化"本身就意味着社会形态的根本变革，它要求打破一个传统的半殖民地、半封建社会的旧世界，创造一个民族独立、经济富强、政治民主、社会文明、生态美丽的新世界，"中国式现代化"这一深刻的社会变革必然是全面的而不是局部的，本身就包括"打破旧世界"和"创造新世界"两个方面，包括要实现中国人民从站起来、富起来到强起来三大历史任务。即是说，三大任务中的每一项都是党领导中国人民，以中国式现代化社会大变革来实现中华民族伟大复兴征程中必须肩负、必须完成的历史使命。中国人民"站起来"，从被压迫、被剥削、被支配的对象客体转为国家的主人、创造历史的主体，必然是现代化进程的首要主张，是实现"富起来""强起来"的首要前提、全部"中国式现代化新道路"的第一使命。

正是在如何完成这一重大现代化历史任务考验面前，以往依靠照抄照搬别国旧道路的洋务运动、戊戌变法、太平天国、辛亥革命都失败了，说明照搬别国旧道路走不通，需要"走自己的路"、开辟"新道路"。而要开辟自己的路，让中国人民站起来，首要的是须创造一条中国式现代化革命道路，即创造一条不同于旧民主主义革命道路的新民主主义革命道路。党在新民主主义革命时期面临的主要任务是反对帝国主义、封建主义、官僚资本主义，争取民族独立、人民解放，不仅为实现中华民族伟大复兴创造根本社会条件，而且任务本身就是中国式现代化新道路为实现中华民族伟大复兴的第一使命。新民主主义革命道路的创造，不仅在中国大地上深刻地改变了旧民主主义革命道路照抄照搬西方现代性样本的教条规约，而且也深刻变革了马克思晚年批判的"唯物史观的西欧逻辑"，更重要的是在中国大地上以马克思主义中国化即"唯物史观的中国逻辑"赋予中国社会现代性的全新解读，就是中国走向现代化强国必经的革命道路。没有这一新的道路革命，也就没有新中国；没有中国人民站起来，也就不可能有后续的中国式现代化发展新道路。

最后，尽管新中国成立 70 多年来探索"中国式现代化发展道路"历程依然无比艰辛，尽管改革开放 40 多年来开创的中国特色社会主义道路中才真正确立，"中国特色社会主义"成为"中国式现代化发展道路"的最新阶段和集中表现，其探索却始于以毛泽东同志为主要代表的中国共产党人坚持探索"走自己的路"，提出关于社会主义建设的一系列重要思想。其中，标志性的事件包括毛泽东对苏联科学院版《政治经济学教科书》和斯大林论《苏联社会主义经济问题》中形而上学、教条主义的批评，他在总结中国社会主义道路经验时发表《关于正确处理人民内部矛盾》《论十大关系》等经典文献。总之，百年初心成大道，而今迈步踏新程。"走自己的路"、开辟"中国式现代化新道路"是贯穿百年党史的一条主线，包括"中国式现代化革命道路"和"中国式现代化发展道路"，开辟这一道路成为党领导中国人民百年奋斗的主题，成为党最重大的历史贡献。中国人民之所以能够站起来、富起来和强起来，其根本原因就是在党的领导下走出了这样一条正确的科学的道路。

二 "中国式现代化新道路"的现实逻辑

"中国式现代化新道路"只有在改革开放特别是新时代中国特色社会主义道路之中才获得其充分表现和最典范形态,这就涉及第二个需要深度审思的重大问题:"中国式现代化新道路"出场的时代语境与现实逻辑。这就是全球百年未有之大变局和中华民族复兴全局进入全面建设社会主义现代化国家的新阶段。如果说,历史逻辑是对"中国式现代化新道路"出场的历史语境的把握,那么,现实逻辑追问的是这一新道路必然出场的时代语境。

全球百年未有之大变局之所以成为"中国式现代化新道路"出场语境的现实逻辑,是因为这一大变局不仅仅表现为中美两个大国博弈过程中呈现的地位和力量的"东升西降",而且是两个大国所领导的新旧全球化时代体系之间正在发生的大转换。以美国为首的西方资本逻辑主导的单一全球霸权、霸凌体系,就是几百年来西方现代性一直支配全球、宰制全球的旧全球化时代体系。无论老殖民主义、老帝国主义还是新殖民主义、新帝国主义,都是西方资本现代性全球霸权的必然表现。在哲学表达上,这一旧全球化时代体系就是西方资本逻辑的单一中心性,或者是以非西方为"被支配客体"的单一"主体—客体"全球霸权体系,它们必然要求以西方文明、西方霸权、西方话语为唯一规范宰制世界,让全球化参与者按照西方标准同质化。这一旧全球化体系导致的两次世界大战和全球分裂,已经遭到了越来越多被奴役、被歧视、被压迫民族和国家越来越激烈的抗争。中国崛起所反映的,正是旧全球化时代体系的衰落以及中国倡导和领先的新全球化时代体系。这一体系倡导的价值与文明是多元主体、和而不同、和平发展、平等交往、合作共赢、文明互鉴。多元而平等交往的主体际关系体系,替代战争争端和文明冲突的和平发展、合作共赢,替代西方单一标准的文明霸凌的文明互鉴,都高度体现了新全球化时代体系无比优越于旧全球化时代体系的超越性和优越性,"一带一路"倡议的实施和"人类命运共同体"理念的建构得到越来越多国家(地区)人民的赞扬和支持,当然也必然遭到为了维护旧全球化时代霸权体系的美国及若干西方国家的无底线破坏。新全球化时代体系呈现的人类文明新形态，本质上就是"中国式现代化新道路"的全球表达。毫无疑问，"中国式现代化新道路"之"新"，就在于以多元主体的价值—文明共同体建构来取代旧全球化时代造成的全球分裂。总之，中国崛起后所引领的新全球化时代体系，反过来更加强烈地呼唤和催生"中国式现代化新道路"的出场。如果说，在1840年鸦片战争以来的"世界走向中国"的旧全球化时代，中国主要依靠汲取和运用外来思想和文化来拯救中国、发展中国，那么，今天进入新全球化时代，"中国走向世界"就必须要开创自己的路即"中国式现代化新道路"，然后才能走向世界，开创新全球化时代的文明体系。

中华民族伟大复兴的全局在成功完成"全面建成小康社会"之后进入全面建设社会主义现代化国家新阶段，其战略使命就是要让党领导中国人民建设社会主义现代化强国。那么，有两个问题必然要告知全党和全国人民。其一，我们要建设一个什么样的社会主义现代化国家或曰目标蓝图是什么？其二，我们要怎样建设这样的社会主义现代化国家或曰开创什么样的道路通向这一辉煌目标？概言之，就是建设一个什么样的社会主义现代化国家和怎样建设（开创、选择什么现代化道路）这一国家？对于前者，党的十九大已经明确指出：我们要建设一个中国特色社会主义现代化强国，这一强国主要特征是"富强民主文明和谐美丽"。这一目标的确定，无疑是党的理论的一大创造，这一现代化目标充分展现了超越西方、苏联、旧中国关于现代性的新现代性内涵和特征，具有强烈的中国风格、中国气派、中国特色和时代特点，站在了世界与时代的最前沿。这一目标是对以往中国式现代化道路经验的高度概括和科学抽象，呈现"中国新现代性"本真特征。在目标确定之后，习近平总书记的"七一"讲话和党的十九届六中全会概括地提出了"中国式现代化新道路"，就完整地解决了通向中国新现代性辉煌目标的切实道路。一个国家的现代性目标无疑带有根本指导性和引领性，但是如果没有切实可行的道路，那么目标依然是空想。恩格斯指出：科学社会主义之所以超越空想社会主义，主要在于"共产主义是关于无产阶级解放的条件的学说"①。这一条件主要指道路。因此，明确通向目标的现实道路，使新征程的新理论、新思想、新战略成为真正的科学。因此，我们不仅要全面理解和把握中国新现代性目标，更要深度理解中国式现代化新道路。

如果说"中国新现代性"是对"中国式现代化新道路"探索经验的抽象概括，那么，两者本质上是一致的，或者说，"中国式现代化新道路"本质上就是"中国新现代性道路"。然而，就实现方式而言，两者存在明显的差别，这就是"抽象"（中国新现代性）与"具体"（中国式现代化新道路）的差别。尽管抽象源于具体，但是在认识论和实现方式上又先于具体，"抽象上升到具体"又呈现一个先验的然而又是合理的辩证逻辑。理解这一逻辑，需要有方法论自觉。

三 "中国式现代化新道路"的理论逻辑

百年大党领导中国人民百年奋斗之所以能实现"站起来、富起来和强起来"的辉煌奇迹，就在于开创了"中国式现代化新道路"；而之所以能开创这一新道路，是因为马克思主义"行"。更具体地说，是中国化马克思主义"行"。

没有马克思主义，就不可能超越和摆脱西方束缚中国的现代化旧道路；没有马克思主义中国化，也就不可能开辟"中国式现代化新道路"。这就是"中国式现代化新道路"的理论逻辑。马克思主义中国化与"中国式现代化新道路"开辟之间，呈现为理论与实践、思想与现实相互作用、共进共长的关系。一条道路，只有上升到理论反思的高度才能达成思想的自觉；一种理论，只有转变为行动指南、成为道路探索才能成为实践自觉。作为新的思想指导、引领开辟"中国式现代化新道路"的中国化马克思主义，其核心是"唯物史观的中国逻辑"。"唯物史观的中国逻辑"就是开辟"中国式现代化新道路"伟大实践的哲学表达和思想引领，它的出场，深刻揭示了"中国式现代化新道路"的必然性，以此为现实根基，成为不同于"唯物史观

① 《马克思恩格斯选集》第1卷，人民出版社2012年版，第295页。

西欧逻辑"的中国表达。

"唯物史观的中国逻辑"的出场史存在五个关键节点。

一是在现代化道路指导思想上,马克思主义替代进化论,成为中国人民抛弃旧道路、开辟新道路的历史起点。自 1840 年鸦片战争以来,旧民主主义革命照抄照搬西方现代化旧道路之所以屡遭失败,首先是因为其指导思想"物竞天择、适者生存"的天演进化论本质上就是西方资本逻辑现代性的文化表达,这一表达主张"丛林法则"的社会达尔文主义,必然是维护西方霸权的意识形态。颠覆这一旧道路、开创新道路的关键,就在于第一次世界大战彻底瓦解了西方文明的形象,让中国人在旧精神崩溃中彷徨。这时,"十月革命一声炮响,给我们送来了马克思列宁主义"①,有了在马列主义与中国工人运动结合中诞生的中国共产党,从此开天辟地,换了人间。以唯物史观为核心的马克思主义替代了进化论作为中国先进知识分子的新思想旗帜,才有可能开辟新现代性道路。

二是马克思主义中国化替代照搬照抄国外马克思主义的教条主义,成为成功开辟"中国式现代化新道路"的思想条件。陈独秀、王明等在指导中国革命实践中不从中国实际出发、教条主义地照搬照抄"唯物史观西欧逻辑",结果导致两次大失败。在延安时期,以毛泽东同志为代表的中国共产党人从中国实际出发,反对本本主义和教条主义,让马克思主义的唯物史观在中国大地上重新出场,考察、发现民族解放和中国现代化的独特规律,以"中国式革命的逻辑思想"真正开辟了一条新民主主义的"中国式现代化革命道路",推翻了"三座大山",建立了新中国,让中国人民站立起来了。

三是新中国成立之后,为了开辟"中国式现代化发展道路",以毛泽东同志为代表的中国共产党人继续探索"走自己的路",反对苏联把马克思主义形而上学化、僵化教条化,继续在探索"中国式现代化发展道路"中发展"唯物史观的中国逻辑"。而后的实践证明:正因为我们始终坚持在探索"中国式现代化发展道路"进程中继续"走自己的路",才有可能超越苏联僵化的老路。

---

① 《毛泽东选集》第 4 卷,人民出版社 1991 年版,第 1471 页。

四是改革开放以来，我们成功地开辟中国特色社会主义道路，让中国人民富起来，成为"中国式现代化发展道路"的典范。"真理标准大讨论"成为开启新时期改革开放大门的思想先导，破除观念崇拜、不断解放思想、推动观念变革成为改革开放大踏步向前的强大思想动力。中国发展道路创造的奇迹再一次证明：改革开放是强烈推动当代中国马克思主义哲学创新的实践动力，"唯物史观的中国逻辑"是强烈推动改革开放和中国特色社会主义发展的强大思想动力。

五是进入新时代，特别是进入全面建设社会主义现代化国家的新阶段，我们既明确了"富强民主文明和谐美丽"的中国新现代性目标，更进一步明确"中国式现代化新道路"，"唯物史观的中国逻辑"与时俱进地具有新时代、新阶段形态。

"唯物史观中国逻辑"不仅摆脱了马克思批评的那种教条化"唯物史观西欧逻辑"的束缚，在更深层次上成为关于世界现代性道路的"马克思之问"和"列宁之问"的中国解答。马克思在《资本论》中深刻彻底批判了资本现代性道路，追问超越资本逻辑的现代性道路何以可能。列宁领导的俄国"十月革命"打破了世界现代性道路由资本逻辑宰制和一统天下的格局，开辟了社会主义现代化道路，但是，这一道路究竟能否成功，成为著名的"列宁之问"。在中国大地上走自己的路，"中国式现代化新道路"用"唯物史观的中国逻辑"揭示了中国社会变革和发展的特殊规律，因而也就为解答世界现代性难题提供了中国方案。

四 "中国式现代化新道路"的中国逻辑

无论"中国式现代化新道路"或曰"中国式现代化道路"概念中有无"新"字，都有"中国式"，这就是"新"特征之根据所在，也是创造、走出这条道路的关键和灵魂。有学者指出：所谓"中国式"，就是指用中国风格、中国气派、中国方式创造的中国道路。这一表述固然不错，但仍失之浮泛。其实，从根本上来看，所谓"风格""气派""方式"都指向一个对象，这就是指"中国式现代化新道路"的中国逻辑。其关键在于我们要回答这一道路的中国逻辑

"新"在何处？在这方面，学界发表的文章论述颇多，然而问题也相对较多。究其原因，主要是缺乏方法论自觉，即没有建立完整的坐标系加以参照比较，孤立地谈论"中国式"之"新"就会不得要领、难以自洽。没有坐标系就没有比较，也就没有判断"中国式"之"新"是否新的标准，因而也就无法判断出是否新；但是，如果仅仅在一个坐标系参照比较下得出的新特征，很可能在另一个坐标系比较中就成为共性品质而非新特征，反之亦然。笔者认为，理解这一道路之"新"需要在以下五个坐标系或谱系的综合参照下才能加以把握。多种坐标系的存在是历史自在必然形成的谱系，不是研究者或某种主观观念外在地抽象地嵌入、任意选择的产物。"中国式现代化新道路"恰好是历史与现实之对话、辩证超越和扬弃这些坐标系弊端的结果形态，它的"新"是历史地发生、出场创造的现实产物，而不是单纯主观选择比较的产物。从方法论自觉选择加以比较的多种坐标系视角来看，毋宁说是对这一现实必然的历史逻辑的自觉反思。而更为关键的，这些坐标系之间绝不是毫无联系、可以任意抽象、切割、孤立地加以比较和对待的，恰好相反，需要从抽象上升到具体，最终在历史与逻辑的统一中、在抽象上升到综合具体中来把握"新"的特征。这就不再是一堆单纯碎片化的"新"特征，而是"中国式现代化新道路"完整的中国逻辑。

第一坐标："中国式现代化新道路"超越与扬弃了西方资本逻辑主导的经典现代化道路。西方现代化是世界原初第一个现代化道路和模式。西方现代化在创造世界现代化许多普遍性状的同时，由于资本逻辑追求剩余价值的贪婪本性，必然地导致现代社会发生三大崩溃：一是资本现代性贪婪本性必然造成人与人这一社会关系的全面异化、阶级对抗和冲突，进而造成社会全面崩溃；二是资本现代性贪婪、无节制地榨取自然资源，造成人与自然对抗，使人类生存的自然条件崩溃；三是导致全球分裂，东方从属于西方，资本全球霸权统治着世界，新老殖民主义、新老帝国主义宰制的资本全球化体系就是旧全球化时代体系，必然导致全球体系的崩溃。"中国式现代化新道路"坚持中国特色社会主义，必然在对应的三个方面加以超越。一是在基本经济制度基础上以逐步消除两极分化、主张共同富裕、和谐发展来抵御、弥补和消除资本逻辑带来的社会裂隙;以生态文明、绿色发展和"人与自然生命共同体"主张来抵制和消除资本逻辑引发的人与自然的全面冲突;三是以自我发展、多元主义、平等交往、合作共赢、文明互鉴的新全球化时代体系来取代以美国为首的西方霸权主义的旧全球化体系,以改变世界秩序来逐步抵制和消除全球分裂,建设"人类与自然生命共同体"。

此外,中国绝不会亦步亦趋地照抄照搬西方那种"启蒙现代性""经典现代性""后现代"和"欧洲新现代"发展道路,而是创造了"中国新现代"发展道路:用"数字中国"带动工业化创造"新型工业化"道路;用"城镇化"和"乡村振兴"并举来开辟"中国式城镇化新道路";充分发挥政府、社会经济杠杆作用来共同完善社会主义市场经济,形成"中国式现代化经济体系";用坚持共产党领导、以人民为中心的"协商民主"与"选举民主"的融和统一,建立"全过程民主"和"全方位民主";用"基本公平"与"比例公平"统一来重构差异性社会的正义与和谐;以马克思主义为指导思想、社会主义核心价值为轴心灵魂构成多元合法积极文化进而统一构成中国特色社会主义文化体系;以"生态"与"为民"统一、"人与自然和谐共生"为核心构建新现代性的中国式绿色发展道路,既不同于经典现代性那种人与自然对立的文明,也不同于后现代主张"生态中心"而敌视人的荒野文化。

第二坐标:超越和扬弃了旧中国现代化老路。从 1840 年鸦片战争开始,中国被西方列强用坚船利炮打开国门,沦为半殖民地、半封建社会,并入西方霸权统治的世界版图。为了拯救危难中的中国,实现中华民族伟大复兴,无数中国仁人志士致力于救国救民,从洋务运动、戊戌变法、太平天国到辛亥革命等,都尝试照抄照搬西方道路,无论部分抄还是全抄,抄得像或不像,结果都是屡抄屡败。历史证明:西方资本逻辑现代性道路不能救中国。因此,用马克思主义中国化来重新开辟中国式现代化新道路,才能实现中华民族伟大复兴。

第三坐标:超越和扬弃苏联经典社会主义现代性道路。列宁领导的十月革命开辟了社会主义现代化道路,但是而后的苏联并没有成功实现列宁的梦想,解答"列宁之问"。苏联走的僵化教条的经典社会主义现代化道路，存在着严重的弊端。中国用改革开放和中国特色社会主义道路超越了苏联经典社会主义现代化道路，用基本经济制度超越了苏联僵化的单纯公有制和计划经济体制，用中国式 "全过程民主" 超越了苏联的高度集权体制，等等。中苏对比可以看到：在超越和扬弃西方现代化道路之时，我们当然可以将 "坚持党的领导" 和 "坚持社会主义道路" 当作 "中国式现代化新道路" 之主要 "新" 特征，但是在与苏联经典社会主义现代化道路的比较坐标中就不能这样判定，上述两点恰好是同质性而非差异性的。在这一坐标中，比如在经济领域，中国特色社会主义道路恰好在于打破了苏联模式，创造了以公有制为主体、多种经济成分并存的基本产权制度，按劳分配为主体、多种生产要素分配并存的分配制度和社会主义市场经济体制共同构成的基本经济制度。这一经济制度内部的相互作用既汲取了公有制和多种经济成分各自的优越性，又相对避免和减缓了其他问题，因而成为既能够超越单纯的资本逻辑的西方现代化道路，又能够超越苏联僵化教条的经典社会主义现代化道路的新道路。

第四坐标：超越和扬弃了新中国成立之初基本照搬苏联经典社会主义现代化道路实施的 "老路"。虽然自新中国成立到改革开放之前，以毛泽东同志为代表的中国共产党人为中国式现代化道路的探索提供了最为重要的政治制度基础和社会主义道路，经过努力奠定了初期工业化基础，人民生活得到改善，但因为外有帝国主义封锁，内部缺乏建设社会主义经验，从总体上看，我们当时还是照搬照抄了苏联的经典社会主义现代化道路和建设模式。尽管以毛泽东同志为代表的党中央对苏联 "老路" 所包括的僵化、教条的形而上学进行自觉抵制，但是，"一边倒" 的结果依然存在着若干问题，因而，需要而后在改革开放这一 "关键一招" 中加以重新探索。

第五坐标：超越和扬弃改革开放前端 "杀出一条血路" "摸着石头过河" 方式的道路探索坐标。探索中国式现代化发展道路是前无古人的事业。早期没有现成经验可以借鉴，没有现成理论可以顶层指导预设，只能诉诸感性实践探索，走一步看一步，摸着石头过河，在实践中杀出一条血路。客观地说，改革开放早期的探索付出了相对沉重的代价，也交了许多 "学费"。今天，站在全面建设社会主义现代化国家新征程的历史方位上，我们的 "中国式现代化新道路" 之最 "新" 探索就要认真全面总结历史经验，包括改革开放以来的道路探索经验，重新以理性自觉、顶层设计思维来指导未来道路探索和战略实施。唯物史观的中国逻辑的时代化出场，成为中国式现代化新道路在新时代历史方位上的自觉表达。

总之，"中国式现代化新道路" 是前无古人的创举，破解了人类社会发展的诸多难题，摒弃了以资本为中心的西方现代化必然导致的两极分化的现代化、物质主义膨胀的现代化、对外扩张掠夺的现代化老路。反过来看，走向现代化的中国方案就是以人民为中心、共同富裕、物质精神文明协调、生态文明、自我发展的全新道路。

"中国式现代化新道路" 之 "新" 的中国逻辑需要在 "文明互鉴" "历史互鉴" 中加以把握。超越和扬弃是在充分汲取别国道路和自身历史道路经验教训基础上展开的辩证过程。扬弃就是辩证否定和超越，就是既克服又保留，在保留、继承和汲取合理的因素的基础上克服其弊端和缺点。只有经过这样辩证否定后的新道路，才真正具有超越历史的优越性。这一新道路在既扬弃西方的资本逻辑现代化又扬弃东方的苏联现代化老路的基础上，既辩证地否定，又在克服的基础上保留，其包含的矛盾和潜在问题必然比前两者更加集中。加速发展很可能使新道路的内在矛盾积累得更多、情形更突出，一旦冲突爆发就可能更加激烈。因此，我们决不能掉以轻心，更不能单向度地仅仅看到新道路的优越性之 "新" 而回避矛盾，不能全面辩证地加以把握，那么就会误大事。

五 "中国式现代化新道路" 的文明逻辑

中国走出了一条 "中国式现代化新道路"，为什么说 "开创了人类文明新形态"？聚焦于此，学界发表了许多文章加以阐释，但是其中有两个紧密相关的问题始终没有得到深入阐释：第一，中国式现代化新道路作为一种现实的、实践的、必然的进程，究竟为何又具有了创造人类价值—文化—文明逻辑的意义进而能够创造人类文明新形态？即是说，现实与价值、道路与文明、合理性（正当性和规范性）

与现实性的关系究竟是怎样统一的？这一追问具有很强的理论意义和现实意义。第二，在更深的方法论自觉意义上，作为"中国式现代化新道路"的哲学表达，唯物史观中国逻辑需要将这个问题转换为一个唯物史观的内在向度或功能问题（"问题中的哲学"转换为"哲学中的问题"）来加以考察：以揭示人类社会发展总体规律为己任的唯物史观，内在地包含着价值—文化—文明逻辑（维度、规范或功能）吗？

这两个问题在本质上是一致的。毫无疑问，一种道路探索的问题，如果不上升为哲学反思就难以得到更深层的理性解答。以往人们把以改变世界为己任的唯物史观视作实践哲学、行动指南时，着重强调其揭示人类社会发展规律的真理性、客观性向度和功能，而忽略甚至否定唯物史观具有价值、文化、文明的向度、规范、功能。没有后者，就无法说明作为揭示人类社会发展规律的唯物史观何以可能同时坚持"以人民为中心"、主张"人类命运共同体""人与自然生命共同体"以及"正义""正当性""合理性""合目的性"等"属人性"的价值规范要求。为此，理论界在辩论"马克思主义政治哲学"是否有根据立足问题时，就有学者质疑：那些在追求"正义"原则时脱离唯物史观的现实基础而滑向追求道德制高点的唯心主义外在空想的学者，是否有理由主张"马克思主义政治哲学"？也有学者从认识论"求真"与"评价论""求善"统一的角度阐释这一逻辑，但是，如果历史道路本身没有价值向度，不从唯物史观的本体论自身考察阐明价值、文化、文明的客观向度（首先不是主观观念的存在），那么这一问题依然没有从根本上得到解答。即便讨论唯物史观双重功能，但是如果不从唯物史观的核心范畴——实践，或者更准确地说交往实践本身机理出发去阐明道路现实何以内在地、客观地包含着价值、文化、文明向度，那么，要阐明中国式现代化新道路何以可能开创人类文明新形态，就至少缺乏本真性的根据。

其实，从出场学或交往实践的唯物主义视域出发来观察问题，一切就够简单了。历史、社会生活、道路本身都是实践的。人们创造历史、开创道路，是一种实践活动。笔者曾一再指出：实践都是交往实践，都是作为社会的人即多元主体经过改变共同的中介客体而结成的交往实践。交往实践存在着"主体—客体—主体"的存在论或本体论结构，就是社会存在的抽象形态。任何交往实践结构都具有三重结构。第一重结构就是本体论意义上社会存在的客观结构。在交往实践"主体—客体—主体"结构中，多元主体和客体均为客观的、物质的存在要素，交往实践活动结果创造着现实的道路，"中国式现代化新道路"正是党领导中国人民在百年奋斗的实践中开拓创造的结果。这一道路开辟的进程不仅是人民改变自然客体的生产活动，而且是创造和改变人们的社会关系（交往关系乃至于扩展为全球化体系）的活动。因此，开辟道路的实践是社会实践、交往实践。交往实践的每一次活动虽然是多元主体出于不同目的共同作用的产物，然而活动对于多元主体都产生相同或相异、有利或不利的结果，这就是客观的价值结构。马克思在《资本论》中分析资本逻辑的生产活动（生产交往实践）时认为，对于资本家而言是财富的积累，相反对于劳工而言却是贫困的积累，同一的生产交往实践本体对于两者的价值向度呈现对立、对抗关系，这就是西方资本逻辑现代性道路的内在根本矛盾。价值结构首先是客观的结构，而不是观念的结构。每一种道路的创造，因而也就包含着价值向度、进而升华为文化向度、文明向度。文化是价值体系，文明是文化体系的结果形态。这些向度，植根于现实的道路之中，又超越现实向度，成为引导、支配现实必然性前行的方向性存在。用哲学语言来表达，价值向度构造道路的"价值自我"，而现实向度是构成道路的"现实自我"。"现实自我"是"价值自我"的存在基础和现实场域，而"价值自我"是"现实自我"的超越性存在，指向未来。"中国式现代化新道路"之"新"在现实层面上超越西方资本逻辑旧道路之时，就同时在价值向度上创造"共同富裕""合作共赢""文明互鉴"的新文明形态，就在"五位一体"文明层次上创造了超越资本现代化道路、超越全球霸权主义的旧全球化时代的人类新文明。这一文明新形态既不是西方资本逻辑主导的经典现代性文明，也不是后现代，而是超越经典现代性与后现代的新现代性文明。

当今世界，我们正处在东西方新旧两种人类文明形态大转换的夹缝之中，文明冲突和思想撞击在所难免。"中国式现代化新道路"追求文明互鉴的"和合"体系，超越西方资本逻辑主张的"力"（依靠一己私利和霸权统治世界）的文明、"同"（追求抽象的"普世价值"安置世界）的文明，主张多元主义、多样性文化的和谐共生的文明。然而，这一主张需要得到全球广泛的价值认同和支持。"中国式现代化新道路"历史地解决了让中国人民"不挨打"（站起来）、"不挨穷"（富起来）的问题，然而要"强起来"，还要冲破以美国为首的西方世界为了维护旧的全球霸权体系而对中国道路污名化（"挨骂"）的问题，即人类文明新形态的正当性、合理性、合法化问题。"中国式现代化新道路"创造性地成为人类文明新形态，就必然经历正当性、合理性、合法化过程的考验。

是为序。

2023 年 2 月 28 日

（部分内容已发表于《阅江学刊》2022 年第 1 期）

目　录

一　马克思主义哲学视域下的中国式现代化

二　马克思恩格斯哲学思想的当代价值

三　马克思恩格斯经典文本研究

四　国外马克思主义研究

五　马克思恩格斯哲学思想研究评价

一　马克思主义哲学视域下的
中国式现代化

中国式现代化的实践智慧品格

党的二十大报告提出："从现在起，中国共产党的中心任务就是团结带领全国各族人民全面建成社会主义现代化强国、实现第二个百年奋斗目标，以中国式现代化全面推进中华民族伟大复兴。"① 对中国式现代化的阐发和探讨，是一个可以从多学科切入的重大问题。在此问题上，哲学有着区别于其他具体学科的特殊视角，它要求以一种反思意识的形式追问中国式现代化的理论根据和思想前提，澄清和彰显其独特的哲学品格。中国式现代化在根本上是由中国人民和中华民族现实的实践活动所开创的现代化，它所蕴含的实践智慧，鲜明而集中地体现了其哲学内涵和品格。

一　超越普遍主义与特殊主义抽象对峙的实践智慧

中国式现代化的实践智慧品格，首先体现在它克服和超越了在中国现代化问题上长期困扰人们的普遍主义与特殊主义的抽象对峙，为理解和深化中国现代化的理论与实践开辟了现实道路。

这里所说的"普遍主义"和"特殊主义"，是指哲学史上有着深

* 贺来，吉林大学哲学基础理论研究中心暨哲学社会学院教授、中国马克思主义哲学史学会马克思恩格斯哲学思想研究分会副会长。

① 习近平：《高举中国特色社会主义伟大旗帜 为全面建设社会主义现代化国家而团结奋斗——在中国共产党第二十次全国代表大会上的报告》，人民出版社 2022 年版，第 21 页。

厚历史传统的两种思维方式。普遍主义相信存在着某种外在于人与世界的永恒的、先验的根据和尺度，它构成了人与世界必须遵循的普遍本质和终极目的，对于一切具体的、特殊的存在及其运动发展都具有无条件的约束与规范力量。对此，哈贝马斯曾这样概括：这种哲学思维方式贯穿在从柏拉图到黑格尔的哲学发展史，其核心是强调普遍的根据和尺度在"自身内部就包含着普遍同一性的承诺，因为它们处于等级森严的概念金字塔的顶端，……理想的抽象本质赋予了存在其他一些特征，诸如普遍性、必然性和永恒性等"①。与之相反，特殊主义试图彻底瓦解普遍主义对先验、永恒的普遍尺度和根据的执念，强调人与事物在特殊时间、特点和情势之中无法被任何普遍性规范和原则所约束的绝对差异性和个别性，因而一切把特殊性归结于普遍性的企图和做法，都是对特殊性的遮蔽和抹杀。

在中国现代化历程中，上述普遍主义与特殊主义的对峙并非纯粹的哲学论争，而是长期贯穿于人们关于现代化理论和实践中的两种深刻冲突和对立的思维定势，对于理解中国现代化进程具有根本性的意义并产生了重大影响。自鸦片战争以来，西方资本主义的全球扩张，打开了传统中国社会的封闭格局，造成了古老中国"整个陈旧的社会制度逐渐瓦解"②。从此，现代化成为中华民族不可逆转的、最为迫切的主题和任务。有学者指出，与那些"发生在同一社会经济形态或同一生产方式之内的社会、经济、政治、文化的种种变化"的以"微型变迁"为特征的现代化类型不同，中国的现代化是"突破社会形态或生产方式的非常大的变化，也就是深刻的社会变革"的以"巨型变迁"为特征的现代化类型。③ 正是在回应这一复杂和艰巨的主题和任务、寻求和探索中国现代化现实道路的过程中，普遍主义与特殊主义成为了两种最具代表性的思想和实践进路。

遵循普遍主义进路，必然把现代化还原为某种超历史、超时空的普遍性原则和公式，认为它拥有可以运用到任何时空和所有地方的本

---

① ［德］于尔根·哈贝马斯：《后形而上学思想》，曹卫东、付德根译，译林出版社2001年版，第30页。

② 参见《马克思恩格斯文集》第10卷，人民出版社2009年版，第674页。

③ 参见罗荣渠《现代化新论》，北京大学出版社1993年版，第238—239页。

质规定性，因而对不同的、异质性的社会和民族都具有不容置疑的规范力量。依此逻辑，中国的现代化就成为现代化普遍原则和公式在中国的具体体现和落实。在近代以来中国历史上，这种普遍主义进路曾有过种种典型的表现形式，例如，把西方现代性经典社会理论和二战后形成的"现代化理论"及其历史经验普遍化，片面强调西方现代化方案的同质化和霸权性假定，以此理解和规范中国现代化道路，认为西方现代化模式是包括中国在内的后发国家现代性建构的终极目标和典范。再如，把苏联为代表的现代化模式普遍化，如同当年 28 个半布尔什维克把苏联的革命原则教条化照搬到中国革命实践一样，把其现代化模式同样视为中国现代化的不二法门。又如，非反思地坚持马克思曾明确拒斥的"一定要把我关于西欧资本主义起源的历史概述彻底变成一般发展道路的历史哲学理论，一切民族，不管它们所处的历史环境如何，都注定要走这条道路"① 的观念，把马克思针对具体历史条件的论述教条化和绝对化，以之作为中国现代化必须无条件遵循的依据。

与之相反，特殊主义进路则否认现代化的一切共同规律和规定，拒斥一切关于现代化的普遍原则和规范，认为现代化之路完全是一切依时间地点情势转移的"地方化进程"，坚持只有彻底超越关于现代化的普遍性的"抽象真理"，从每个社会、文化和民族有机体自身独特的脉络出发，才能内生而非外在地推动自身的现代化进程。按照这种逻辑，必然割裂中国现代化与世界现代化的关系，否认中国现代化是人类现代化事业的有机组成部分，把中国现代化视为可以脱离人类现代化历史和成就的"自足"和"自因"的进程。

上述普遍主义和特殊主义两条进路虽然相互对峙，但它们对于中国现代化道路的理解和实践，在实质上两极相通，共同遵循着抽象的"理论哲学"而非"实践哲学"的思想逻辑，其核心在于执着于单一、片面的先验理论原则，以之作为中国现代化的出发点和归宿。普遍主义从同质性、一元化的抽象的普遍原则出发，强制性地要求中国现代化的具体实践符合某种外在标准，忽视了中国现代化的具体情境

① 《马克思恩格斯文集》第 3 卷，人民出版社 2009 年版，第 466 页。

和历史条件，忽视了中国人民对于现代化道路的主动创造和选择性，从而使现代化变成了马克思曾明确拒斥的"现实应当与之相适应的理想"①，中国的现代化道路因此丧失其真实的现实生活根基。正由于此，前述种种固守普遍主义进路的实践在中国现代化进程中均留下了沉重而深刻的教训。与此相对的是，特殊主义思维方式虽然洞察到了普遍主义立场的独断性和抽象性，自觉意识到了中国现代化应充分重视的历史条件和特殊境遇，但当它把自身推向极端时，却陷入一个内在的悖论，即它把自己坚持的"特殊性"原则本身变了绝对的教条，把"时间、地点和语境的相对情况"变成了无条件的先验理论原则，正像日本学者酒井直树指出的那样："某种地方主义（Provincialism）和对普遍主义的渴望是一枚硬币的两个侧面。特殊主义与普遍主义不是二律背反（antinomy）而是相辅相成的。实际上，特殊主义从来不是让普遍主义感到真正地头疼的敌手，反之亦然。"② 这必然导致它以独断的态度否定和拒斥一切普遍性向度并存在滑向相对主义的危险，而这种危险在现实中又很容易与封闭、保守结盟，其结果同样使中国现代化道路丧失其应有的现实性。

中国的现代化是中国人民和中华民族的实践性事业，它内在地要求我们克服上述二者从单一的、抽象的、先验的理论原则出发的思维定势，遵循和确立与之相适应的实践哲学思维。中国式现代化所体现的正是这种实践哲学思维，它扬弃了普遍主义与特殊主义的抽象对峙，同时又在二者的张力中为中国现代化开辟了现实道路，在此，其独特的实践智慧得到充分显现。

中国式现代化的实践智慧，首先体现在它区别于上述普遍主义进路，真正深入中国特定的社会历史现实，并根据这一现实的具体情况寻求中国现代化的现实路径。中国现代化作为中国人民和中华民族的实践活动，与致力于永恒和普遍法则的抽象理论活动有着原则不同，它必须与中国社会和中国人的实际相结合，坚持实事求是的思想路线，正如习近平总书记明确指出的，"我们建设的现代化必须是具有

---

① 《马克思恩格斯文集》第 1 卷，人民出版社 2009 年版，第 539 页。

② 张京媛：《后殖民理论与文化批评》，北京大学出版社 1999 年版，第 388—389 页。

中国特色、符合中国实际的"①。这其中既包括对中国社会特殊历史定位的自觉，即我们处于并将长期处于社会主义初级阶段，因而应立足这一历史定位去推动中国的现代化；也有对中国社会特殊空间定位的自觉，即在全球化背景下，中国是世界上最大的发展中国家，拥有巨大人口规模的、内部差异巨大的、多重矛盾并存的社会现实；既有对特殊民族文化传统的自觉，即中国现代化不是对文化传统的消解和舍弃，因而具有鲜明的民族特质；也有对中国社会发展特殊动力机制和路径选择的自觉，即我们必须拒绝简单的新自由主义的市场理性原则，而注重市场理性与社会理性的平衡和协调；等等。

作为最早对"实践智慧"作出规定的哲学家，亚里士多德认为，与以追求永恒的、普遍的存在为目的的理论智慧不同，实践智慧"不只是对普遍者的知识，而应该通晓个别事物"②。在当代实践哲学中，例如杜威指出，人的行动和实践领域的事物不能求助于普遍性的一般准则，因为"行动总是特殊的、具体的、个别的、单独的。因而对于所应做的行为的判断也必然是特殊的"③；伽达默尔同样认为，实践智慧是"针对具体情况的，因此它必须把握'情况'的无限多的变化"④。作为中国化马克思主义哲学的代表人物，毛泽东对实践智慧的这一品格作出了最为精辟的论述："如果不研究矛盾的特殊性，就无从确定一事物不同于他事物的特殊的本质，就无从发现事物运动发展的特殊的原因，或特殊的根据，也就无从辨别事物，无从区分科学研究的领域。"⑤ 这意味着，不尊重中国具体的社会情境，不把握中国区别于西方和俄国的特殊矛盾，从抽象的普遍原则出发指导和规范中国革命和现代化建设，必然陷入教条主义和主观主义的陷阱。尽管毛泽东与亚里士多德等人对于实践和实践智慧的具体理解有着重大不同，

---

① 《习近平谈治国理政》第 4 卷，外文出版社 2022 年版，第 164 页。
② 苗力田主编：《亚里士多德全集》第 8 卷，中国人民大学出版社 1992 年版，第 128 页。
③ ［美］约翰·杜威：《哲学的改造》，许崇清译，商务印书馆 2017 年版，第 100 页。
④ ［德］汉斯·格奥尔格·伽达默尔：《真理与方法》上卷，洪汉鼎译，上海译文出版社 1992 年版，第 26 页。
⑤ 《毛泽东选集》第 1 卷，人民出版社 1991 年版，第 309 页。

但是他们均强调特殊事物和具体情境在实践活动中的重要性。在此意义上，中国式现代化对于抽象普遍主义的拒斥以及它对中国现代化实践的具体性和特殊性的自觉，充分体现了上述实践智慧传统及其品格。

与之同时，中国式现代化并没有因为对抽象普遍原则的拒斥而陷入特殊主义的极端中。中国式现代化要求通过中国人民的创造性实践活动，参与、影响和深化世界的现代化进程，在人类的现代化事业中融注中国现代化的独特经验和重大成果。这一过程，同时是提升、丰富和拓展人类和世界现代化普遍性内涵的过程，差别仅在于，这种"普遍性"将不再是排斥特殊性和个别性的"抽象普遍性"，而是包涵中国现代化道路历史和成就的"具体普遍性"。在此意义上，中国式现代化超越了狭隘的、封闭保守的孤立主义，并始终葆有对于人类和世界现代化普遍性面向的追求。它充分体现了这样的自觉：现代化是整个人类社会和世界历史发展不可逆转的潮流和趋向，顺应并加入其中，通过自己的探索，推进和深化这一人类和世界的共同事业，为创造更具包容性、更加丰富的因而也更具普遍性的世界现代化作出独特贡献。黑格尔认为，"实践之善"的特点在于它超越了理论抽象的普遍性，同时又在"具体的概念"中把"个别性""特殊性"和"普遍性"辩证统一起来，从而具有"具体普遍性"和"绝对现实性"的品格。列宁扬弃了黑格尔实践观中的唯心主义因素，作出了这样的规定："实践高于（理论的）认识，因为它不仅具有普遍性的品格，而且还具有直接现实性的品格。"① 在此意义上，中国式现代化所体现的正是把这种"现实性"和"普遍性"内在统一的实践智慧品格。

可见，中国式现代化既扬弃了普遍主义对抽象的普遍原则的迷信，使"普遍性"在与特殊情境的内在结合中获得了具体的内涵和现实性品格，同时它又克服了特殊主义的偏狭性和自发性，使"特殊性"永远保持着对普遍性的指向性和开放性。中国现代化实践摆脱了同质性、一元化的抽象教条，在与中国特殊国情和民族历史传统等的结合中获得了具体的历史规定性，同时，在中国特殊情境中进行的现

① 《列宁全集》第 55 卷，人民出版社 2017 年版，第 183 页。

代化的创新性实践，又具有人类现代化的共同特征和规定性，并参与生成、拓展充实人类和世界现代化这一普遍性事业的内涵和意蕴。中国式现代化化解了普遍主义与特殊主义的抽象对峙，在二者的辩证张力中，实现了普遍与特殊的内在沟通和结合，为摆脱近代以来困扰着中国现代化历程的这两种各有重大弊端的思维进路、克服其抽象对立，贡献了独特的实践智慧。

二 在人类现代化的复杂图景中探求"深度现代化"的实践智慧

中国式现代化的实践智慧品格，还进一步体现为它在人类现代化的复杂图景中，为中国社会历史发展寻求"深度现代化"的战略选择。在这一战略选择中，凝聚着它对人类现代化复杂图景种种矛盾关系的辩证理解，体现着它面对这些矛盾关系进行综合平衡和内在融合，并在此基础上探索高水平现代化的自觉。

在复杂的相互冲突的、异质性的矛盾关系中，通过对它们自觉协调和综合，在更高层面上作出更为合理的选择，采取更为明智的行动，这是实践智慧的重要品格。在哲学史上，亚里士多德曾指出，实践智慧不同于理论智慧，在于它具有两个突出特点。一是它对人的自由的选择行动的自觉和重视。富有实践智慧的人是"善于谋划的"，能够开展"对有用事情的正确谋划，对应该的事情，以应该的方式，在应该的时间"。① 二是"自由的选择行动"不是"任性"，而是对各种对立向度和矛盾关系的恰当综合和积极和解。亚里士多德用"中庸之道"或"中道"来表达这种人们在两个相互矛盾的极端之间实现平衡和协调所达到的"适度"，"德性作为对于我们的中庸之道，它是一种具有选择能力的品质"②，这种"适度"构成"实践的逻各斯"的核心规定。黑格尔以思辨的方式在其辩证法中表达了这样的思想：

---

① 参见苗力田主编《亚里士多德全集》第 8 卷，中国人民大学出版社 1992 年版，第 131 页。

② 苗力田主编：《亚里士多德全集》第 8 卷，中国人民大学出版社 1992 年版，第 36 页。

抽象的知性对立的矛盾双方通过中介实现辩证和解和内在综合,从而跨进到更高的真理,是精神的活动本性。马克思主义经典作家克服了黑格尔"辩证中介"思想的思辨性和神秘性,从人的现实的实践活动出发,对实践智慧这一品格作了更为深刻的表述。马克思指出:"两个相互矛盾方面的共存、斗争以及融合成一个新范畴,就是辩证运动。"① 在当代实践哲学中,如何在异质性的矛盾关系中实现内在的融通和综合,成为不少哲学家的自觉追求。例如,舍勒颇具代表性,他认为:"如果我站在这个新时代的大门口题献一个名称,而这个名称又将包含着这个时代的总体趋势的话,那么,只有一个名称在我看来似乎是适应的,这就是'谐调的时代'。"② 在种种矛盾关系和对立面的巨大张力之间,把它们协调和升华为一种新的存在方式和行动,是"现代世界"的发展要求和趋向。当代实践哲学的这种自觉,正像豪克概括的那样:"综合为变化创造了新的前提,从而能够避免过分的片面性,哪怕是在变化的过程中。"③

中国的现代化是一个在复杂的矛盾关系结构中展开的动态过程。这种矛盾关系结构根源于中国现代化实践所具有的特殊历史性。这集中体现为相互关联的双重维度:一是从中国现代化与人类现代化进程的关系中所呈现的特殊历史性;二是中国现代化自身的发展特征所呈现的特殊历史性。从前者看,中国用短短几十年的时间,走过了西方现代化几百年的发展过程,后者在长期历史发展中历经不断深化和拓展的多个阶段,所有这些阶段所积累的经验和所显露的矛盾,压缩在中国短暂的时空之中,与原发的、内生且经过长期演化的现代化类型相比,多重矛盾的累积和叠加成为中国现代化进程一个不可回避的基本现实。从后者看,中国是在西方工业文明的冲击下从一个前现代社会被动开启现代化进程的,而在今天,吉登斯等人所指称的"盛期现代化"所显示的"现代化的后果"随着全球化进程在中国现代化进程中也以种种形式不断显露,由于这一特点,正如不少学者已经清晰指出的,前现代化、现

---

① 《马克思恩格斯文集》第 1 卷,人民出版社 2009 年版,第 605 页。
② 刘小枫选编:《舍勒选集》,上海三联书店 1999 年版,第 1416 页。
③ [德] 古茨塔夫·勒内·豪克:《绝望与信心》,李永平译,中国社会科学出版社 1992 年版,第 208 页。

代化和盛期现代化等不同阶段的特征和矛盾在中国社会同一历史时空中共存并相互纠缠。这双重的历史性以及由此所导致的由复杂的矛盾关系所构成的社会现实，迫切呼唤我们的实践智慧。

在我们看来，中国式现代化正凝聚了这种实践智慧，它要求在对我们自身实践历史性充分自我理解的基础上，辩证地正视矛盾、解决矛盾，开辟更具综合性和"谐调性"的"深度现代化"。这方面包含着丰富内容，本文无法一一展开讨论，仅以"市场理性"与"社会理性"这一具有核心意义的矛盾关系为切入点，揭示其实践智慧品格。

众所周知，现代化是从传统社会向现代社会的重大转型。虽然人们对这一重大转型实质的理解不尽相同，但长期以来，无论在理论上还是现实中，占主导地位的范式均是把以"市场理性"为中心的生产方式和社会形态的确立视为现代化的核心。波兰尼在《大转型：我们时代的政治与经济起源》中说："在我们的时代之前，市场只不过是经济生活中的附属角色。一般而言，经济体系是被涵括于社会体系之中的"①，现代化则意味着"要让社会的运转从属于市场。与经济嵌入社会关系相反，在这里，社会关系被嵌入了经济体系之中，经济因素对社会存续所具有的生死攸关的重要性排除了任何其他的可能结果。因为一旦经济体系通过分立的、以待定动机为基础并被授予特殊地位的制度来运转，社会就必须按照使该体系得以根据自身法则运转的方式来塑造自己。这正是人们熟知的那个论断的意涵：市场经济只有在市场社会中才能运转"②。沃勒斯坦从全球化和现代世界体系形成的视角出发，同样认为，"资本主义是理解现代性的基本概念"，而判断资本主义制度的根本标准，关键要看其社会生活的基础是不是市场机制中的"无止境的资本积累"，是否会为不追求市场价值的行为者及其行动"带来惩罚"并导致其"离开"③，现代化的其他维度，如

① [英]卡尔·波兰尼：《大转型：我们时代的政治与经济起源》，冯钢、刘阳译，当代世界出版社 2020 年版，第 69 页。

② [英]卡尔·波兰尼：《大转型：我们时代的政治与经济起源》，冯钢、刘阳译，当代世界出版社 2020 年版，第 58 页。

③ [德]科卡、[荷]范德林登主编：《资本主义：全球化时代的反思》，于留振译，商务印书馆 2018 年版，第 245 页。

工业化、城市化、世俗化等均围绕它并以此为基础而生成和展开。就此而言，"市场理性"不仅是一种"经济理性"，而且超出经济领域，成为对全部现代社会生活具有主宰性和价值规范力量的"社会理性"。它表明："在现代社会，经济不再囊括在社会之中，而是社会囊括在经济之中。"①

不可否认，这种以"市场理性"为中心的现代化范式无论对于促进生产力的发展，还是对于深化黑格尔所强调的现代"个人主观性的自由"等，都具有重要的文明价值和历史意义。但同样不可否认，随着现代化进程的深入，它所蕴含的一系列尖锐矛盾已从不同方面凸显出来。

首先是"市场理性"与"社会理性"这一深刻矛盾。当"市场理性"成为整个社会生活的中轴原理时，社会生活的其他的丰富内容必然面临被其"殖民化"并失去自主成长和发展的危险，对此，黑格尔曾指出，如果把"市场理性"的原则无边界地扩张到全部社会生活并成为主宰社会生活的绝对力量，那么其结果将可能导致人与人的尖锐对立和社会生活共同体的瓦解和崩溃。波兰尼的反思更为尖锐："如果允许市场机制成为人的命运、人的自然环境，或者哪怕是他的购买力的数量和用途的唯一主宰，那么它就会导致社会的毁灭。"② 在波兰尼看来，把土地归结为商品，意味着对自然界丰富内涵和功能的破坏；把人归结为商品，意味着人的生命尊严和价值等完全被物化。这种倾向无限制地被激化，将导致整个社会无法持续存在。在当代西方哲学社会科学中，如法兰克福学派，对这种现代化范式所带来的社会异化作了深入的分析和揭示。其次是人的物质生活与精神生活的矛盾。以"市场理性"为轴心的现代化必然以经济增长和物质财富的积累为中心目标，经济指标因此成为现代化水平的主要评价和衡量尺度，对物质财富的"贪婪攫取欲"以及与此关联的消费主义、享乐主义压倒对精神生活意义的超越性追求，精神生活的物化和平面化等成

① ［法］皮埃尔·罗桑瓦隆：《乌托邦资本主义——市场观念史》，杨祖功等译，社会科学文献出版社2004年版，第72—73页。
② ［英］卡尔·波兰尼：《大转型：我们时代的政治与经济起源》，冯钢、刘阳译，当代世界出版社2020年版，第74页。

为"现代化的通病"。当代哲学对现代的消费社会、大众文化、文化工业等进行的多方面批判，所揭示的正是现代化过程中人的精神生活的困境。再次是人与自然环境的矛盾。"市场理性"及其物质主义倾向与现代化作为一个"范围及于社会、经济、政治的过程，其组织与制度的全体朝向以役使自然为目标的系统化的理智运用过程"① 是内在一贯的，它非批判地假定了人之外的自然环境承受力的"无限性"，相信通过市场体系中不断循环和扩大的生产与消费运动，将不断把人们带入一个自由富足的"美丽新世界"，由此所导致的后果必然是生态的破坏和自然环境的恶化。

如何回应上述现代化进程所展现的这一系列矛盾，是人类现代化演进过程中所遭遇的重大挑战。"中国式现代化"之"新"，其核心要义之一就是要在一个更高远和更加开阔的历史方位上，创造性地克服上述矛盾关系，寻求和创新一种更加全面的、更具综合性的现代化发展道路，从而"为解决人类问题贡献了中国智慧和中国方案"②。这里的"中国智慧"，其实质是在人类现代化的复杂图景中寻求"深度现代化"的实践智慧。

这种"中国智慧"在习近平总书记的这一表述中得到了集中表达："我们坚持和发展中国特色社会主义，推动物质文明、政治文明、精神文明、社会文明、生态文明协调发展，创造了中国式现代化新道路，创造了人类文明新形态。"③ 这标志着现代化逻辑的一次具有根本意义的转换，它意味着：中国式现代化将扬弃长期以来拥有支配性地位的、以"市场理性"为本质特征的现代化模式，在"市场理性"与"社会理性"的创造性综合中，开辟现代化的崭新形态。正因为此，我们明确用"全面建设社会主义现代化国家"来指称中国现代化的目标，它鲜明地表达了这一旨趣：一方面，我们的现代化道路应该占有"市场理性"推动生产力发展的积极成果，充分发挥"市场"

① 艾恺：《世界范围内的反现代化思潮——论文化守成主义》，贵州人民出版社 1991 年版，第 5 页。
② 中共中央党史和文献研究院编：《十九大以来重要文献选编》上，中央文献出版社 2019 年版，第 8 页。
③ 《习近平谈治国理政》第 4 卷，外文出版社 2022 年版，第 10 页。

在资源配置中的决定性作用，以避免马克思、恩格斯所警示的向"极端贫困的普遍化"和"全部陈腐污浊的东西又要死灰复燃"① 的前现代状态倒退，同时我们的现代化又是以"社会主义"为鲜明指向的，因此，与"市场理性"无限制膨胀并支配全部社会生活的现代化模式有着根本不同，它要求"社会理性"充分吸收"市场理性"的合理成果，同时以"社会理性"规范"市场理性"并使后者服务于前者，在充分发挥市场的作用的同时，规范和健全其功能，在充分发挥资本作用的同时，引导其合理发展，把"社会本身"，即"处于社会关系中的人本身"② 的根本利益和全面发展作为现代化最重要的价值追求。这种对"市场理性"与"社会理性"关系的全新理解和实践，意味着对以"市场理性"为核心的现代化范式的"祛魅"，标志着一种"新型现代化"的创造和人类文明新形态的开启。

上述对"市场理性"与"社会理性"这一具有中轴性地位的矛盾关系的重新理解，为现代化进程中其他一系列突出的矛盾关系的辩证和解奠定了基础。"市场理性"与"社会理性"的内在统一，把人的全面发展视为现代化的根本目标，必然内在地要求克服"见物不见人"的倾向，"以辩证的、全面的、平衡的观点正确处理物质文明和精神文明的关系"③。正如习近平总书记所指出的："当高楼大厦在我国大地上遍地林立时，中华民族精神的大厦也应该巍然耸立。"④ 它必然自觉地规避以一时经济繁荣牺牲和损害环境的现代化陷阱，把自然环境保护与现代化建设统一起来，从"生态文明"的视角约束和规范人们的经济活动和生活方式。同样，它必然要克服"市场理性"的主宰地位，也意味着克服以此为基础所形成的"政治国家与市民社会的分裂"及其导致的人民民主权利所陷入的"非现实的普遍性"⑤，必然要求我们加强社会主义民主建设，不断健全民主制度和拓宽民主渠

---

① 《马克思恩格斯文集》第 1 卷，人民出版社 2009 年版，第 538 页。
② 《马克思恩格斯文集》第 8 卷，人民出版社 2009 年版，第 204 页。
③ 中共中央文献研究室编：《习近平关于社会主义文化建设论述摘编》，中央文献出版社 2017 年版，第 126 页。
④ 中共中央文献研究室编：《十八大以来重要文献选编》中，中央文献出版社 2016 年版，第 122 页。
⑤ 《马克思恩格斯文集》第 1 卷，人民出版社 2009 年版，第 31 页。

道，满足人民在法治、公平、正义等方面的需求，真正成为社会、国家和自己命运的主人。这表明，中国式现代化实现了对"现代化逻辑"的重构，蕴含着对"深度现代化"的自觉追求，体现出鲜明的实践智慧品格。

三 每个人"全面发展"和人民"美好生活"的价值目标中所蕴含的实践智慧

上述两个部分的探讨，实质上已经包含着这样的深层意蕴：中国式现代化的实践智慧品格最终必然落实于它对中国现代化价值目标的独特理解和切实践行。无论是对普遍主义和特殊主义抽象对峙的克服，还是在复杂的现代化景观中对"深度现代化"的探求，都内在地蕴含着这样的价值诉求：追求和创造人民的"美好生活"和每个人的"全面发展"，被确立为中国现代化的最高价值目标。这一价值目标体现在个人、社会和人类等不同层面，共同展现着中国式现代化的"实践之善"。

"实践之善"，即对人的良善生活的追求和创造，是实践智慧的旨趣。亚里士多德认为，实践智慧不同于技艺，因为"实践"与"制作"有着根本不同，后者所关注的是"外在的目的"，而实践智慧是"关于对人的善和恶的真正理性的实践品质"①，具有实践智慧的人"善于考虑对自身的善以及有益之事，但不是部分的，……而是对于整个生活有益"②，因此，对人的"好生活"或善的关切构成了实践智慧的根本诉求。康德与黑格尔虽然具体观点迥异，但都共同地把实践与"善"内在联系起来。在当代实践哲学中，一个重要主题就是把实践智慧与对现代化的反思和人类文明的未来命运结合起来，把它视为克服现代化所导致的种种困境并寻求人类文明新的价值目标的重要途径。近代以来科学技术和市场逻辑的扩展，被认为是通向"好生

---

① 苗力田主编：《亚里士多德全集》第 8 卷，中国人民大学出版社 1992 年版，第 125 页。

② 苗力田主编：《亚里士多德全集》第 8 卷，中国人民大学出版社 1992 年版，第 124 页。

活"的根本保证，然而，20 世纪以来人类所经历的种种挑战和灾难，推动人们重新反思和重建现代化的目标和方式，为此，恢复实践智慧的传统，重构现代化与人的良善生活之间的内在关联，成为当代实践哲学的重要关切。例如，伽达默尔把现代技术逻辑的膨胀所导致的"生活世界"的侵蚀诊断为当代人类文明的最大挑战，并把哲学解释学所彰显的"对话逻辑"视为今天人类最为需要的实践智慧，"实践正在指导某人，并在团结中活动。因此，团结是决定性条件和全部社会理性的基础"①，改变自行其是的"主观理性"，并代之以主体间的"对话理性"，推动人与人之间的团结，重建被侵蚀的人的"生活世界"，应成为人们实践行为的基本价值目标。其他哲学家，如阿伦特对于劳动与行动的区分、哈贝马斯对于劳动与交往行动的区别等，都体现出区分"制作"与"实践"，运用实践智慧重构"现代性"的努力。

马克思主义哲学继承了哲学史上的实践智慧传统，同时通过对西方现代性的深入反省，充分揭示了以资本逻辑为中心的现代化模式所导致的人与人、人与自然以及人与自身关系的深刻矛盾，自觉地把每个人自由全面的发展把握为社会历史发展的最为根本的价值理想，从而使对"实践之善"的理解获得了全新内涵。中国式现代化作为马克思主义与中国具体实际相结合的重大成果，内在地要求从人民的美好生活和每个人的全面发展这一原则高度理解其价值目标。正如习近平总书记所强调的，"现代化的本质是人的现代化"②。"只有坚持以人民为中心的发展思想，坚持发展为了人民、发展依靠人民、发展成果由人民共享，才会有正确的发展观、现代化观。"③ 具体而言，这种"实践之善"在个人、社会和人类整体等层面体现出来。

在个人层面上，中国式现代化的"实践之善"集中体现在通过推进现代化，使每个中国人既成为推动中国现代化发展和深化的"动力

---

① ［德］汉斯·格奥尔格·伽达默尔：《科学时代的理性》，薛华等译，国际文化出版公司 1988 年版，第 76 页。

② 中共中央文献研究室编：《十八大以来重要文献选编》上，中央文献出版社 2014 年版，第 594 页。

③ 《习近平谈治国理政》第 4 卷，外文出版社 2022 年版，第 171 页。

主体",又成为拥有和享受中国现代化建设成果的"目标主体"。就前者而言,中国现代化的社会主义性质,决定其推动力量不是社会生活中的某些人或某一类人,每个劳动者的积极支持和参与才是其最深厚、最持久的动力源泉,因此,要通过观念变革与体制机制创新,不断深化中国人的思想解放,就如同马克思所说的那样,"任何解放都是使人的世界和人的关系回归于人自身"①,从而充分发挥每个人的自主性和创造潜能。改革开放以来,中国现代化事业之所以获得不断进步,其中一个宝贵经验就是不断扩大了个人自主性的空间,拓展了每个人发挥创造精神的天地。习近平总书记指出:"人民是历史的创造者,是决定党和国家前途命运的根本力量。"② 这一真理在中国现代化的进程中得到了最鲜明的显示。就后者而言,中国式现代化将真正把全面提升全体中国人的生活质量、实现每个中国人的美好生活作为现代化的根本目的。这意味着每个人都有平等的机会享受现代化和社会发展所带来的物质成果和精神成果,正如党的二十大报告所指出的:"中国式现代化是全体人民共同富裕的现代化。"③ "我们要坚持在发展中保障和改善民生,解决好人民最关心最直接最现实的利益问题,更好满足人民对美好生活的向往,推动人的全面发展、社会全面进步,努力促进全体人民共同富裕取得更为明显的实质性进展。"④

在社会层面上,中国式现代化的"实践之善"集中体现为社会生活共同体的"公共性之善治"。全体中国人的美好生活和每个人的全面发展,需要社会"公共性的善治"提供支撑和保障。按照马克思的观点:"人的本质不是单个人所固有的抽象物,在其现实性上,它是一切社会关系的总和"⑤,这意味着每个人的生存状态和生活品质,都深受社会生活共同体的内涵及其规范体系的影响。因此,每个中国人

① 《马克思恩格斯全集》第 3 卷,人民出版社 2002 年版,第 189 页。
② 中共中央党史和文献研究院编:《十九大以来重要文献选编》上,中央文献出版社 2019 年版,第 15 页。
③ 习近平:《高举中国特色社会主义伟大旗帜 为全面建设社会主义现代化国家而团结奋斗——在中国共产党第二十次全国代表大会上的报告》,人民出版社 2022 年版,第 22 页。
④ 中共中央党史和文献研究院编:《十九大以来重要文献选编》中,中央文献出版社 2021 年版,第 820 页。
⑤ 《马克思恩格斯文集》第 1 卷,人民出版社 2009 年版,第 505 页。

要真正成为现代化的"动力主体"和"目标主体",内在地要求社会生活的"公共性之善治"为之创造条件和提供环境。同时,由于社会生活中每个人的利益诉求和价值偏好是多样化的和异质性的,因而需要公共性的制度、规则和程序调节彼此之间的差异和矛盾,尽可能减少冲突,通过社会成员团结合作,凝聚推进现代化事业的合力。

在此意义上,建构社会共同体合理的规范秩序,生成社会的"公共性之善治",是中国式现代化的"实践之善"不可缺少的重要维度。党的十八届三中全会通过《中共中央关于全面深化改革若干重大问题的决定》,在工业、农业、国防和科技现代化之外,把"推进国家治理体系和治理能力现代化"明确为"现代化"的重要内容。党的二十大报告明确指出,"发展全过程人民民主"是中国式现代化的本质要求。① 这些都体现这样的高度自觉:不断优化和完善政治权力关系、公民权利关系并且不断促进二者的良性互动,提高党的科学执政、民主执政、依法执政水平,切实贯彻全面依法治国基本方略,确立社会主义的人权法治保障体系,建立共享改革发展成果的社会财富分配机制等,从而真正在社会和国家治理层面落实"人民至上""民主法治""公平正义"等基本价值理念。只有这样的"善治",才能真正激发每个人参与和推动现代化事业的热情和创新活力,才能使每个中国人切实享受现代化进程所带来的发展成果,并由此使现代化成为与每个中国人息息相关并合力推进的共同事业。

最后,中国式现代化的"实践之善"还体现在它所指向的"人类整体之善"。在全球化的世界历史时代,人类的普遍交往使得中国的现代化不可能在一个封闭孤立、自给自足的状态中展开,而是与整个人类的整体生存发展密切关联并对后者产生深远影响。这需要回应的一个根本问题是:中国的现代化与人类的整体生存发展,究竟是相互冲突还是命运与共并增进人类的共同福祉和"整体之善"?中国式现代化对此给出了肯定的回答。

---

① 参见习近平《高举中国特色社会主义伟大旗帜 为全面建设社会主义现代化国家而团结奋斗——在中国共产党第二十次全国代表大会上的报告》,人民出版社 2022 年版,第23 页。

这首先体现在中国式现代化"拓展了发展中国家走向现代化的途径，给世界上那些既希望加快发展又希望保持自身独立性的国家和民族提供了全新选择"①。发展中国家由于它特有的"后发"性质，其现代化之路与西方原生的现代化相比，面临着诸多特殊的重大难题与挑战。在此问题上，前述中国式现代化在克服现代化问题上的普遍主义与特殊主义的抽象对立、面对复杂性现代化图景中对多重矛盾关系的创造性和解等方面所展现的实践智慧，为其提供了有益的经验和借鉴。习近平总书记指出："我们党领导人民不仅创造了世所罕见的经济快速发展和社会长期稳定两大奇迹，而且成功走出了中国式现代化道路，创造了人类文明新形态。这些前无古人的创举，破解了人类社会发展的诸多难题，摒弃了西方以资本为中心的现代化、两极分化的现代化、物质主义膨胀的现代化、对外扩张掠夺的现代化老路，拓展了发展中国家走向现代化的途径，为人类对更好社会制度的探索提供了中国方案。"② 这表明：现代化并不是按照某种先天标准规定好了的"现成存在者"，而是一个在具体实践中不断调整、适应和创新的过程，中国式现代化打破了对西方现代化模式的路径依赖，拓宽了现代化发展的空间，为广大发展中国家的现代化提供了重要启示。

从更宽广的视野看，它还体现在通过对现代化理论和实践的丰富和深化，中国式现代化开启了一种超越近代以来资本主义文明的新文明形态的可能性，为面向未来，推动当代人类文明形态的转型和跃迁，进行了积极的探索并提供了重要的示范。现代化既是人类社会的重大变迁过程，同时也蕴含着深刻的文明意义，甚至可以说，近代以来，现代化是影响人类文明演化、推动人类文明进步最为深厚的动力。这即是说，中国式现代化对现代化内涵和路径的创新性理解和实践，同时也就是人类文明新形态的开拓和创造。中国式现代化一方面信奉和弘扬和平、发展、公平、正义、民主、自由等全人类共同价值，同时又凝练出"以人民为中心""人类命运共同体""五大发展

---

① 中共中央党史和文献研究院编：《十九大以来重要文献选编》上，中央文献出版社2019年版，第8页。

② 习近平：《以史为鉴、开创未来 埋头苦干、勇毅前行》，《求是》2022年第1期。

理念""共同富裕""五大文明协调发展"等一系列重要价值理念，并使之成为规范现代化进程的实践理性，为克服和突破以"市场理性"为中轴的资本主义文明形态开辟了新视野，为积极回应人类文明发展的内在要求，推动并建构人类新的文明形态作出了建设性的探索。就此而言，中国式现代化要求超越狭隘的西方所谓"民族国家"视野，把促进世界人民的美好生活和人类的全面发展作为其价值指向，因而体现出促进人类文明"整体之善"的世界历史意义。

综上所述，无论从个体的层面，还是从社会生活共同体和人类整体的层面，中国式现代化都紧紧围绕着人民的美好生活和人的全面发展这一价值核心，体现着对"实践之善"的自觉追求。三个层面虽然侧重有所分别，但它们构成相互蕴含和支撑的有机整体：个体层面的"实践之善"是中国式现代化的价值归宿，社会层面的"实践之善"为个体层面的"实践之善"建立公共的规范和制度保障，人类层面的"实践之善"是对个人和社会层面的"实践之善"的进一步确证和拓展。三者的内在统一，同样彰显了中国式现代化的实践智慧品格。

（已发表于《哲学研究》2022 年第 12 期）

马克思的现代性思想与
中国式现代化的实践逻辑

臧峰宇*

现代性是在历史向世界历史转变的过程中形成的，现代社会的历史主体在创造世界历史的过程中对象化为现代化进程，由此塑造了现代文明形态。中国式现代化探索起步于近代东西方文明的冲突与碰撞，以由先进思想指导的社会革命为现实根基，在社会主义建设与改革开放进程中不断深化马克思主义中国化的历史主题。理解中国式现代化的实践逻辑与人类文明新形态，深思其何以成为中华民族的历史选择并呈现中华文明的新气象，首先要把握马克思的现代性思想与其对现代文明转型的期待。

一 马克思现代性思想的双重向度

深受英国古典政治经济学和法国革命政治学影响的马克思在青年时代认同现代理性观念，重视现代科技发展对人类生活的深刻变革，拒斥与历史规律相背离的保守思维。随着对现代经济生产过程的研究逐渐深入，马克思看到与现代经济生产方式相伴而生的社会变革催生了不同于过去一切时代的变动。在这种变动及其加速运转中，"一切

* 臧峰宇，中国人民大学哲学院教授、中国马克思主义哲学史学会马克思恩格斯哲学思想研究分会副会长。

固定的僵化的关系以及与之相适应的素被尊崇的观念和见解都被消除了，一切新形成的关系等不到固定下来就陈旧了。一切等级的和固定的东西都烟消云散了，一切神圣的东西都被亵渎了。人们终于不得不用冷静的眼光来看他们的生活地位、他们的相互关系"①。这个不可逆转的过程塑造了新的生活世界和社会关系，改变了人们的思维方式和价值观念，形成了与以往不同的文明形态。马克思的现代性思想正是在对现代生产过程及其内在逻辑的研究中展现的，体现为肯定现代化的进步意义与否定资本现代性的双重视角。

从现代化的进步性角度看，马克思肯定现代社会形成以来人类创造的文明成果，强调现代生产过程中的经济因素对现代社会运行具有基础性意义。现代性观念在人们的生产生活过程中对象化为现代文明的普遍性，以前所未有的方式离开传统社会秩序的轨道，使人们进入对传统等级观念祛魅的世界。具有特定文化传统的民族在现代化进程中满足生产和发展的实际需要，形成世界性的普遍交往关系。正如马克思所说："各民族的精神产品成了公共的财产。民族的片面性和局限性日益成为不可能，于是由许多种民族的和地方的文学形成了一种世界的文学。"② 当历史走向世界历史，生产的社会化促进文明从封闭走向开放，一切地域之间或民族之间的隔阂被摧毁了。在物质生产和精神生产领域，各民族的互相往来和互相依赖普遍化。由此需要一种新世界观作为理解由现代性开辟的世界历史的观念前提，并在世界历史的展开过程中进一步理解其间创造的物质基础。

现代生产以及随之而来的现代化进程具有首创精神，为世界历史的形成奠定了物质基础。现代性的对象化实践导致了世界市场的形成，由此形成商品生产和消费的国际性。"不断扩大产品销路的需要，驱使资产阶级奔走于全球各地。它必须到处落户，到处开发，到处建立联系。"③ 自给自足的自然经济和封闭保守的价值观念被新的生产方式和文化精神取代了，生产和消费的世界性促成了经济全球化。随着

---

① 《马克思恩格斯文集》第 2 卷，人民出版社 2009 年版，第 34—35 页。
② 《马克思恩格斯选集》第 1 卷，人民出版社 2012 年版，第 404 页。
③ 《马克思恩格斯选集》第 1 卷，人民出版社 2012 年版，第 404 页。

旧的社会制度崩溃，新的社会主体登上历史舞台，"资产阶级历史时期负有为新世界创造物质基础的使命：一方面要造成以全人类互相依赖为基础的普遍交往，以及进行这种交往的工具；另一方面要发展人的生产力，把物质生产变成对自然力的科学支配"①。在这里，我们看到世界历史普遍性的伟力，它不仅在世界范围内对象化，而且在特定的社会历史条件下具体化，成为各民族必经的历史进程。

这种必经的历史进程表现为一种历史趋势，个人在其中摆脱传统观念的束缚，释放自我意识的创造性，具体表现为"人对自然的能动关系，人的生活的直接生产过程，从而人的社会生活关系和由此产生的精神观念的直接生产过程"②。这种直接生产过程提升了人们的现代素养和文明程度，直接提高了生产力和经济发展水平，为社会发展奠定了坚实的物质基础。马克思看到，在现代生产过程中创造的生产力，"比过去一切世代创造的全部生产力还要多，还要大。自然力的征服，机器的采用，化学在工业和农业中的应用，轮船的行驶，铁路的通行，电报的使用，整个整个大陆的开垦，河川的通航，仿佛用法术从地下呼唤出来的大量人口——过去哪一个世纪料想到在社会劳动里蕴藏有这样的生产力呢?"③ 这样的生产力决定了与之相适应的新的生产关系，创造了一个新世界。但是，在现代社会发展过程中，现代性观念蜕变为关于资本扩张和殖民体系的合理性主张，甚而现代性的一般样态被强制解释为资本现代性这种特殊样态，这种特殊样态为马克思所深切批判。

从否定资本现代性的角度看，马克思指出资本和劳动的关系是全部现代社会体系围绕旋转的轴心。遵循利益最大化原则，强化了资本逻辑并形成了利益对立关系，使交换价值凌驾于道德责任之上，经济利益优先于道德正当，甚至成为道德正当的化身。在马克思看来，物质生产和资本主义生产关系的生产，以及商品生产与价值增殖的共时性，体现了资本现代性的秘密。资本表现为物的形态，但在特定的运

① 《马克思恩格斯选集》第1卷，人民出版社2012年版，第862页。
② 《马克思恩格斯文集》第5卷，人民出版社2009年版，第429页。
③ 《马克思恩格斯文集》第2卷，人民出版社2009年版，第36页。

动过程中，生产出体现资本逻辑的交换关系和权力关系，这种运动使资本不断增殖并不断谋求剩余价值，由此构成资本现代性的强大动力。在这个意义上，马克思对现代性的批判并不是一种观念批判，而是对现代物质生活关系的批判，即从生产力和生产关系的现实冲突中解释社会现实：异化劳动不仅生产商品，而且生产一种社会关系，"通过异化劳动，人不仅生产出他对作为异己的、敌对的力量的生产对象和生产行为的关系，而且还生产出他人对他的生产和他的产品的关系，以及他对这些他人的关系"①。这种劳动不仅使工人与其类本质相异化，而且使资本家的追求陷入与自我实现相背离的境地，看似满足了某种感性的欲望，实则陷入一种虚幻、无聊的状态，造成非人的力量在全社会的统治。

马克思青年时代对异化劳动的批判后来在对以拜物教批判为核心的资本逻辑批判中得到深化，他将批判指向这种非人的力量统治的事实，指向资本现代性的内在逻辑及其体现的对抗性关系，揭示了资本主义社会是资本逻辑的必然产物。资本逻辑的现实化体现为资本无限增殖和膨胀的过程，资本是现代社会支配一切的经济权力，劳动是资本的"酵母"。资本逻辑看似以剥削劳动力的形式体现在流通领域，实际上无处不在，在生息资本里同样发挥作用。正如马克思所言："如果说资本起初在流通的表面上表现为资本物神，表现为创造价值的价值，那么，现在它又在生息资本的形式上，取得了它的最异化最特别的形式。"② 马克思在资本运动过程中把握现代性的流变，认为资本现代性造成了一种盲目地奴役人的力量，这种奴役人的力量反映了劳动与资本的"抽象人格"之间的关系，这种关系阻碍了人的自由与全面发展，使人们在努力实现自我的过程中陷入异化的渊薮，异化劳动是资本逻辑的必然结果。马克思用人的异化与异化的扬弃说明摆脱现代性困境的过程，将消除资本逻辑的过程阐释为劳动异化及其扬弃的过程。物质资料生产方式是包括现代社会在内的全部人类社会的基础，现代文明正是基于物质资料生产方式展开的，当资本逻辑造成的

---

① 《马克思恩格斯全集》第 3 卷，人民出版社 2002 年版，第 276 页。
② 《马克思恩格斯全集》第 46 卷，人民出版社 2003 年版，第 939 页。

经济危机愈演愈烈，形成严重的现代性症候，致力于摆脱劳动异化的新生产逻辑便开始萌生。

在现代性形成之前，生产的目的自然地体现为人的需要，而"在现代世界，生产表现为人的目的，而财富则表现为生产的目的"①。在现代性高歌猛进的途中，自然经济和各种淳朴祥和的社会组织逐渐消亡，农民的民族从属于资产阶级的民族，人们为很多古老文明形式的崩溃而伤感，这种情感上的反应是自然的。正如马克思所说："这些田园风味的农村公社不管看起来怎样祥和无害，却始终是东方专制制度的牢固基础，它们使人的头脑局限在极小的范围内，成为迷信的驯服工具，成为传统规则的奴隶。"② 以往温情脉脉的人际关系变成了现实的金钱关系，直接表现为现金交易。这种现象的内在根据表现为一种物化的神秘形式，随之而来的是物的世界的增值与人的世界的贬值成正比。当货币成为一般等价物，在现代社会体现商品的价值，对货币的追逐就成为现代人的自觉，当这种自觉成为现代人的日常意识，及至超越人们的实际需要，就使人们迷恋人与人之间交换关系的物化，进而形成了货币拜物教。现代化的资本主义模式以这种物化状态为标志，人们的生活世界受到货币拜物教的束缚。

货币拜物教在本质上体现为资本拜物教，在现代社会，体现经济关系并彰显其本质的是资本而非货币，货币拜物教在本质上以资本增殖为基础，以货币体现的人与人之间的关系在资本的运动中发生变化。马克思深刻指出货币转化为资本而发生的重要转变："在资本中，货币失掉了自己的僵硬性，从一个可以捉摸的东西变成了一个过程。"③ 在这个意义上，货币只是以符号的方式反映了拜物教的表象，真正体现拜物教本质的是资本运动过程中的生产关系及其决定的其他经济关系，这是资本现代性折射的最根本的经济事实，是由资本逻辑主导的社会实在。资本拜物教使人与人的关系为物化的关系所取代，从而遮蔽了劳动的社会属性以及劳动者之间的社会关系，人的需要与

---

① 《马克思恩格斯全集》第 30 卷，人民出版社 1995 年版，第 479 页。
② 《马克思恩格斯选集》第 1 卷，人民出版社 2012 年版，第 853—854 页。
③ 《马克思恩格斯全集》第 31 卷，人民出版社 1998 年版，第 387 页。

追求遭到物欲世界的笼罩。在这里，充满了"形而上学的微妙和神学的怪诞"①，资本的抽象化体现为现代形而上学的悖谬。资本增殖使现代社会处于不安定和变动的状态，生产出新的社会关系，在生产和消费不断扩大到世界市场的同时，人与人之间的关系日益陷入冷漠和紧张的境地。

马克思通过分析生产力与生产关系的矛盾来深刻批判资本现代性，认为异化劳动与异化现象的普遍性是资本逻辑的直接结果，是资本现代性的重要表征。他看到商品世界中的实体性存在被符号化，货币的符号存在充斥于交换领域，深感焦虑和茫然的人们与其类本质相背离。他通过审视现代工业和整个财富领域对政治领域的影响，认识到工业化大生产是现代社会发展的根本动力，指出现代社会的生产关系是资本现代性的渊薮，分工还不是出于人们的自愿，现代生产活动对劳动者而言还体现为一种异己的与其对立的力量，强调"必须推翻使人成为被侮辱、被奴役、被遗弃和被蔑视的东西的一切关系"②，变革造成这种关系的特定社会制度，在政治经济学批判中寻求超越资本逻辑和扬弃异化劳动的出路，从而在走向现代性的未来理想样态中超越资本现代性的症候。

马克思对资本现代性的批判体现为对传统形而上学的批判，对资本主义社会的物化形式的去蔽，需要"经济学—哲学"层次的批判。正是因为认识到资本逻辑是无视无产者实际诉求的抽象，呈现了解决现实社会矛盾的"倒影"，马克思不仅揭示了现代资本主义生产方式及其产生的资产阶级社会的特殊的运动规律，而且揭示了人类历史发展规律，由以深化对资本逻辑的认识。③ 现代社会对个人而言体现为一种外在的必然性，劳动过程中的人在其对象中丧失自身。资本逻辑以异化的普遍性掩盖了现代化的多样性，使资本扩大化成为现代化的典型样态，制造了一种先验设定的生产关系图景。马克思将资本视为西方现代化的基因，认为现代社会充斥着资本逻辑，这种伴随现代文

---

① 《马克思恩格斯全集》第 44 卷，人民出版社 2001 年版，第 88 页。
② 《马克思恩格斯文集》第 1 卷，人民出版社 2009 年版，第 11 页。
③ 臧峰宇：《马克思政治哲学引论》，中国人民大学出版社 2020 年版，第 164 页。

明进程的逻辑造成了人们遭受异化的实际处境，也构成人们的内在困惑，因为每一种事物在现实生活中都包含自身的反面。"资本主义生产方式的神秘化，社会关系的物化，物质的生产关系和它们的历史社会规定性的直接融合已经完成：这是一个着了魔的、颠倒的、倒立着的世界。在这个世界里，资本先生和土地太太，作为社会的人物，同时又直接作为单纯的物，在兴妖作怪。"① 追逐物质财富的最大化，是资本的"天然的使命"，这使资本增殖走上疯狂的不归路。资本在增殖过程中彰显独立性和个性，从事生产的现实的个人却与其类本质相背离，被资本逻辑笼罩的现代社会成为一个颠倒的世界。由此可见，马克思通过否定资本逻辑超历史的抽象观念和形而上学范畴，实现了对资本现代性的内在批判。

从超越资本现代性与实现现代文明转型角度看，马克思将资本现代性的具体展开视为一个充满内在矛盾的过程，这种内在矛盾从根本上表现为生产的社会化与生产资料资本主义私人占有之间的矛盾，造成了人的异化以及一系列严峻的社会问题。"赋予新的生产方式以资本主义性质的这一矛盾，已经包含着现代的一切冲突的萌芽。"② 当现代性偏离了启蒙思想家的华美约言，因其内在局限和社会矛盾而陷入危机，必然造成多重的"现代性隐忧"。在马克思看来，资本是一种"普照的光"，体现为具有支配性的经济权力，它作为社会存在形式出场，按其本身的面貌创造新世界。资产阶级在资本运动过程中追求利益的最大化，确证资本增殖的本性。"资产阶级生存和统治的根本条件，是财富在私人手里的积累，是资本的形成和增殖。"③ 资本增殖从根本上说是通过工人创造剩余价值实现的，剩余价值的最大化造成工人的贫困，包含着现代社会一切冲突的萌芽。剩余价值的最大化实际地体现为资本逻辑的现实化，当剩余价值被投入新的生产过程，就会产生更多的剩余价值，从而使资本积累无限扩大。在无产者遭受剥削与异化的同时，整个社会运转遭受拜物教的笼罩，从而使现代文明有

---

① 《马克思恩格斯选集》第 2 卷，人民出版社 2012 年版，第 646 页。
② 《马克思恩格斯文集》第 9 卷，人民出版社 2009 年版，第 287 页。
③ 《马克思恩格斯选集》第 1 卷，人民出版社 2012 年版，第 412 页。

沉入一种堕落境遇的危险。

使现代文明摆脱这种堕落境遇的根本出路是消除资本逻辑的束缚，马克思将否定资本逻辑的过程具体化为对私有财产的扬弃，实现人类解放、自由与全面发展，从而使启蒙理性的华美约言成为一种平等的现实。正如他指出的："对私有财产的积极的扬弃，作为对人的生命的占有，是对一切异化的积极的扬弃，从而是人从宗教、家庭、国家等等向自己的人的存在即社会的存在的复归。"[1] 扬弃私有财产，使现实的个人获得独立性和个性，是使现代文明实现转型的伟大构想。当这一构想付诸实践，无产阶级作为新的社会主体登上历史舞台。马克思在社会历史的深处描述未来理想社会的图景，实则在批判现代性危机的同时提出超越现代性困境的可能之路，呈现一种超越资本现代性的新现代性，从而真正释放了现代性的潜能，这时"批判已经不再是目的本身，而只是一种手段"[2]。

在马克思看来，资本增殖及其对世界市场的需要必然将资本逻辑引向世界，造成资本的全球扩张与不同民族之间的冲突。这是资本现代性的逻辑，而不是现代化的必然逻辑。在不同民族之间的冲突中呈现了现代化的多样性，应当消解现代化的单一性特质。马克思明确否定抽象普遍性观念，深刻理解"既定社会"的"实在主体"，强调"历史是不能靠公式来创造的"[3]。不能把现代化视为一种先验设定的普遍公式，抑或将其具体展开当作一种想象的过程。从历史唯物主义角度着眼，现代化的具体展开实际地超越了偶然的、非本质的臆想，体现为人们在历史性实践中创造的现实的历史。毋庸置疑，只有在特定的社会条件下才能理解历史的具体，只有在现实的历史中才能把握不同民族的历史命运。

马克思强调现代性不仅没有固化，还显现出一种流动的状态，"现在的社会不是坚实的结晶体，而是一个能够变化并且经常处于变化过程中的有机体"[4]。从根本上取代资本逻辑的可能性在于建构一种

---

① 《马克思恩格斯全集》第 3 卷，人民出版社 2002 年版，第 298 页。
② 《马克思恩格斯全集》第 3 卷，人民出版社 2002 年版，第 202 页。
③ 《马克思恩格斯文集》第 1 卷，人民出版社 2009 年版，第 624 页。
④ 《马克思恩格斯文集》第 5 卷，人民出版社 2009 年版，第 10—13 页。

劳动逻辑，使现代化步入新发展道路。这种逻辑及其对象化过程不以资本增殖为目的，而以人的全面发展为中心，从而消解了对抗性的社会关系。不是将社会作为抽象物与个人相对立，不是将人驯化为机器，而是将人作为社会存在物，在合理化的日常生活世界，每个人都是目的而非手段。马克思"设想有一个自由人联合体，他们用公共的生产资料进行劳动，……这个联合体的总产品是一个社会产品。这个产品的一部分重新用做生产资料。这一部分依旧是社会的。而另一部分则作为生活资料由联合体成员消费。因此，这一部分要在他们之间进行分配"①。这时，人是一种社会的存在物，社会对人来说成为本质，现实的个人"固有的力量"联合为一种社会的力量。人与自然界之间以及人与人之间的矛盾得到真正解决，存在和本质、对象化和自我确证、自由和必然、个体和类之间的斗争得到真正解决。在这个意义上，马克思既是资本现代性的批判者，也是新现代性的构建者，他在"无情地批判"资本现代性的同时，提出现代化发展的新版本，从而提升了现代文明的品质。

马克思创建新现代性的方式具有总体性特征，不是对资本现代性的技术修补，而是如颠倒传统形而上学般扬弃私有制和私有观念。在马克思现代性思想的双重向度中可以看到，资本既有"文明的一面"，也有"不文明的一面"，或者说为资本逻辑笼罩的现代文明体现了一种对抗性矛盾，"随着文明而产生的社会为自己所建立的一切机构，都转变为它们原来的目的的反面"②。为此，要在社会层面上建构一种劳动逻辑，在不断提高社会生产力水平的同时，重新分配社会产品，从而指向现代文明转型的现实可能性。当我们以实践的思维方式考察现代性的一般逻辑的具体展开，就会发现它体现为多样的民族形式，而以劳动逻辑取代资本逻辑是优化现代文明的重要路径。

当资本在信息社会以加速的方式自由流动，其与劳动的关系仍然是相对固定的，从技术角度解决资本现代性问题是不可能的。马克思预见到这种问题的普遍性，正如他指出的："机器具有减少人类劳动

---

① 《马克思恩格斯文集》第5卷，人民出版社2009年版，第96页。
② 《马克思恩格斯文集》第9卷，人民出版社2009年版，第147页。

和使劳动更具成效的神奇的力量，然而却引起了饥饿和过度的疲劳。财富的新源泉，由于某种奇怪的、不可思议的魔力而变成贫困的源泉。技术的胜利，似乎是以道德的败坏为代价换来的。随着人类愈益控制自然，个人却似乎愈益成为别人的奴隶或自身的卑劣行为的奴隶。甚至科学的纯洁光辉仿佛也只能在愚昧无知的黑暗背景上闪耀。我们的一切发明和进步，似乎结果是使物质力量成为有智慧的生命，而人的生命则化为愚钝的物质力量。"① 资本现代性造成的问题是显而易见的，社会发展方式变迁从根本上决定了现代文明转型的必要性，创建新现代性实际体现为对资本现代性的内在超越。为此，要以劳动逻辑取代资本逻辑，将现代化发展道路多样性具体化，尊重不同民族实现现代化的自主性，在批判旧世界的过程中建立新世界。现代化源自西方，在资本现代性展开过程中对东方社会产生了重大影响，在与西方文明冲突和碰撞过程中，中华文明努力实现自我超越，进行了现代化的实践探索。

二　中国式现代化的实践逻辑与人类文明新形态的实践创造

在世界历史语境中理解中国式现代化新道路的具体实际，方能把握近代以来中华民族走向现代化的苦难辉煌的历程。鸦片战争及其后百余年间，中国遭到西方坚船利炮侵袭和外族铁蹄践踏，逐步成为半殖民地半封建社会。宗法制社会组织土崩瓦解，正如马克思所指出的："一个人口几乎占人类三分之一的大帝国，不顾时势，安于现状，人为地隔绝于世并因此竭力以天朝尽善尽美的幻想自欺。这样一个帝国注定最后要在一场殊死的决斗中被打垮：在这场决斗中，陈腐世界的代表是激于道义，而最现代的社会的代表却是为了获得贱买贵卖的特权——这真是任何诗人想也不敢想的一种奇异的对联式悲歌。"② 东方社会闭关自守的农耕文明被迫与西方现代文明发生联系，当时中国

---

① 《马克思恩格斯文集》第2卷，人民出版社2009年版，第580页。
② 《马克思恩格斯选集》第1卷，人民出版社2012年版，第804页。

有识之士在文明碰撞中开始了现代化的初步探索。

西方现代化伴随着坚船利炮进入中国，近代中国经济社会发展状况难以产生不同于西方现代化的内生性力量，国民的文化信念因之而不振，这时遭遇的正是资本现代性扩张造成的东方从属于西方的境遇。虽然在 16 世纪中国即有现代化的萌芽，商业和市场一度有扩大之势，经济繁荣程度至 18 世纪曾达于高峰，但因封建专制与思维固化，近代科学在中国发展迟滞，从未形成与现代社会相适应的市场经济。中国在被动进入现代化后，经历"洋务运动""戊戌变法""辛亥革命"都没能找到中国现代化的成功道路。正如毛泽东所说："帝国主义列强侵入中国的目的，决不是要把封建的中国变成资本主义的中国。帝国主义列强的目的和这相反，他们是要把中国变成它们的半殖民地和殖民地。"① 仅仅"师夷长技"并不能"制夷"，也不足以挽狂澜于既倒。

正如毛泽东所指出的："一个不是贫弱的而是富强的中国，是和一个不是殖民地半殖民地的而是独立的，不是半封建的而是自由的、民主的，不是分裂的而是统一的中国，相联结的。在一个半殖民地的、半封建的、分裂的中国里，要想发展工业，建设国防，福利人民，求得国家的富强，多少年来多少人做过这种梦，但是一概幻灭了。"② 面对西方现代化的弊端，以及由此形成的战争与殖民的态势，有识之士对西方现代文明进行内在反思，认识到西方现代化的结构性矛盾，在五四新文化运动中以"民主"和"科学"的启蒙来改造国民性，并结合实际寻找中国现代化道路。这场运动的基调是以新文化推动中国现代化，将反帝反封建作为明确的历史任务。这时的先进知识分子认识到，从器物、技术和制度层面变革还不能彻底改变中国，为此深切反思国民性，谴责资本现代性的文化沦落，在对帝国主义文化与封建文化的双重否定中强调以面向未来的方式塑造新文化，作为开辟现代化新道路的精神力量。随着马克思主义作为社会变革的指导思想传入中国，先进知识分子逐步接受了唯物史观、剩余价值学说和

---

① 《毛泽东选集》第 2 卷，人民出版社 1991 年版，第 628 页。
② 《毛泽东选集》第 3 卷，人民出版社 1991 年版，第 1080 页。

科学社会主义理论，为中国共产党的成立作了思想上的准备。

马克思主义为中国的民族解放事业提供了强大的现实性和科学理性思维，激活了支撑中国现代化的现实历史的伟力，以一场由先进思想指导的社会革命作为中国现代化的现实根基。中国共产党的成立是开天辟地的大事变，党带领人民找到了符合中国具体实际的现代化道路。我们党在成立伊始就将为中国人民谋幸福、为中华民族谋复兴作为自己的初心和使命，党领导的新民主主义革命是"新式的民主革命，虽然在一方面是替资本主义扫清道路，但在另一方面又是替社会主义创造前提"①。在这场革命中，我们党将现代化作为中国社会发展的前景，强调推翻"三座大山"的压迫，提倡现代化军事工业和军队现代化②，在艰苦卓绝的斗争中取得了新民主主义革命的胜利，建立了新中国，确立了社会主义基本制度，使中国现代化具有了根本政治条件。

随着新中国成立，帝国主义强加给中国的一切不平等条约和外国人在中国的特权得到废除和取缔，中华民族实现了完全独立，中国人民从此站起来了。毛泽东在第一届全国人民代表大会第一次会议开幕词中指出："准备在几个五年计划之内，将我们现在这样一个经济上文化上落后的国家，建设成为一个工业化的具有高度现代文化程度的伟大的国家。"③ 中国式现代化由此从梦想走向现实，不仅在实践中彰显历史唯物主义的直接现实性，而且在理论上呈现反映实践思维方式的科学规定。经过完成对农业、手工业和资本主义工商业的社会主义改造，实现生产资料所有制的社会变革，为我国社会主义基本制度的确立奠定了经济基础。社会主义现代化的内涵逐渐明确，具体体现为工业、农业、交通运输业和国防事业的现代化。④

社会主义现代化进程不断彰显中华民族的实践自觉，在内生性探索中体现为一种"历史的选择"。随着毛泽东提出过渡时期总路线，社会主义工业化和社会主义改造同步展开，这时的中国现代化主要体

---

① 《毛泽东选集》第2卷，人民出版社1991年版，第647页。
② 参见《周恩来军事文选》，人民出版社1997年版，第85—86页
③ 《毛泽东文集》第6卷，人民出版社1999年版，第350页。
④ 参见《周恩来选集》下卷，人民出版社1984年版，第132页。

现为工业化，起初带有向苏联学习的浓重印记。在反思苏联现代化弊端的过程中，毛泽东进一步寻找符合中国国情的现代化道路，他在扩大的中央工作会议上的讲话中指出，"我们必须准备进行同过去时代的斗争形式有着许多不同特点的伟大的斗争。为了这个事业，我们必须把马克思列宁主义的普遍真理同中国社会主义建设的具体实际"尽可能好一些地结合起来。① 中国现代化逐渐体现为农业、工业、国防和科学技术现代化，开始实现"两步走"设想，并将共同富裕作为重要目标。"这种共同富裕，是有把握的……那种不能掌握自己命运的情况，在几个五年计划之内，应该逐步结束。"② 可见，共同富裕这一重要特征伴随着中国现代化进程，与马克思主义中国化的历史紧紧联系在一起，在现实中淬炼的中国化马克思主义为扫清中国现代化的障碍提供了理论基础，反映了社会主义的本质要求，彰显了中国道路的实践逻辑。

中国式现代化道路体现了马克思主义的中华民族形式，实现了中华民族在现代化进程中的自我超越，呈现了现代化进程中一种前所未有的进步特征。历史证明，中国式现代化道路既不同于西方资本主义现代化道路，也不同于苏联现代化模式，亦非对马克思主义基本原理的教条化运用，而是基于符合中国国情的实践探索，体现了生产方式变革与中国社会发展能动因素的结合。这是一条符合实现中华民族伟大复兴和中国人民根本利益的现代化新道路，在"百年未有之大变局"中彰显了中国发展的历史选择。可以说，中国式现代化是从一穷二白的基础上起步的，经过艰苦卓绝的探索不断前进，以中国正处于并将长期处于社会主义初级阶段作为基本依据，制定政策、规划未来。中国式现代化遵循的实践逻辑表明，必须不断实现马克思主义在中国的具体化，必须以社会主义的制度优势开拓中华文明的崭新图景，这在改革开放进程中得到了深刻体现。

改革开放更新了人们的思维方式和价值观念，努力更快地赶上时

---

① 《毛泽东文集》第 8 卷，人民出版社 1999 年版，第 302 页。

② 中共中央文献研究室编：《毛泽东传（1949—1976）》（上），中央文献出版社 2003 年版，第 444—445 页。

代。邓小平提出"要适合中国情况，走出一条中国式的现代化道路"①。在结合实际思考社会发展走向的过程中构思中国"整个现代化的蓝图"②，他将"四个现代化"概括为"小康之家"，并用"小康社会"表明中国式现代化③，"把世界一切先进技术、先进成果作为我们发展的起点"④。改革开放为中国式现代化提供了强大动力，在社会主义现代化建设的"三步走"战略中，第三步就是中国到21世纪中叶基本实现现代化。邓小平强调中国式现代化的社会主义方向和原则："我们要实现工业、农业、国防和科技现代化，但在四个现代化前面有'社会主义'四个字，叫'社会主义四个现代化'。"⑤ 这种与西方现代化不同的探索超越了资本现代性症候，形成了中国特色社会主义发展道路，彰显了中国式现代化的重要特征。

改革开放40多年来的探索实践表明，中国式现代化在中国特色社会主义的现实场域呈现了马克思现代性思想中国化的实践逻辑，在马克思主义中国化进程中走出的中国式现代化道路体现了历史规律的决定性和历史主体的选择性。走现代化道路体现了历史规律的决定性，而历史规律的决定性要通过历史主体的选择性来实现，历史规律形成和实现于历史主体的具体的实践活动中。正是因为将现代化发展作为执政兴国的第一要务，坚持以人民为中心，强调人民是历史的创造者和真正的英雄，中国共产党团结带领人民进行矢志不渝的探索，建立社会主义市场经济体制，使14亿多人口的中国摆脱贫困，实现从温饱不足到迈向全面小康的跨越，实现了中国经济社会发展的伟大转折和历史性跨越，其中的实践逻辑反映了中国共产党在马克思主义中国化进程中归纳的社会主义现代化的规律性特征。

党的十八大以来，我们党将人民对美好生活的向往作为奋斗目标，如期打赢脱贫攻坚战，全面建成小康社会，取得了社会主义现代

---

① 《邓小平文选》第2卷，人民出版社1994年版，第163页。

② 中共中央文献研究室编：《邓小平年谱（1975—1997）》（上），中央文献出版社2004年版，第582页。

③ 参见《邓小平文选》第3卷，人民出版社1993年版，第54页。

④ 《邓小平文选》第2卷，人民出版社1994年版，第111页。

⑤ 《邓小平文选》第3卷，人民出版社1993年版，第138页。

化建设的历史性成就。习近平总书记提出国家治理体系和治理能力现代化，强调在"新时代谋划全面深化改革，必须以坚持和完善中国特色社会主义制度、推进国家治理体系和治理能力现代化为主轴，深刻把握我国发展要求和时代潮流，把制度建设和治理能力建设摆到更加突出的位置"①。从而在制度现代化层面实现中国现代化的整体发展。在新时代，全面建成社会主义现代化强国的时间表和路线图日益清晰：在全面建成小康社会的基础上，再奋斗 15 年，到 2035 年基本实现社会主义现代化；再奋斗 15 年，到 21 世纪中叶，把我国建成富强民主文明和谐美丽的社会主义现代化强国。坚持以人民为中心，实现人口规模巨大的现代化，以超过现有发达国家人口总和的规模改写现代化的世界图景，不断提升中国特色社会主义物质文明、精神文明、政治文明、社会文明和生态文明。

站在中国式现代化新的历史起点，更好地满足分配供给的公正性需求，进一步实现共同富裕成为社会共识。随着全面建成小康社会、开启全面建设社会主义现代化国家新征程，我们必须把促进全体人民共同富裕摆在更加重要的位置。在高质量发展中促进共同富裕，不断完善社会治理模式，坚定不移地走中国式现代化道路，在世界历史视域中彰显了中国特色社会主义发展理念的实体性内容，实际地超越了资本现代性的弊端，体现了历史唯物主义的原则高度。其中创造的人类文明新形态表明，特定的世界历史民族在一定的历史进程中承担着特定的历史任务，取得的成就具有世界历史意义。

百年来，中国式现代化取得了举世瞩目的发展奇迹，基本完成了西方国家 200 多年现代化建设的探索，在经济社会发展速度和质量上实现了"时空压缩"。几代中国人接力推进中国式现代化的历史经验表明："世界上没有放之四海而皆准的具体发展模式，也没有一成不变的发展道路。历史条件的多样性，决定了各国选择发展道路的多样性。"② 马克思主义基本原理同中国具体实际相结合体现为一种实践逻

---

① 《中共中央关于坚持和完善中国特色社会主义制度 推进国家治理体系和治理能力现代化若干重大问题的决定》，人民出版社 2019 年版，第 49 页。

② 中共中央文献研究室编：《十八大以来重要文献选编》（上），中央文献出版社 2014 年版，第 699 页。

辑，不能将马克思主义基本原理公式化，而要运用历史唯物主义原则在实践中创造新世界。"独特的文化传统，独特的历史命运，独特的基本国情，注定了我们必然要走适合自己特点的发展道路。"① 马克思主义中国化与中国式现代化彰显了实践的思维方式，遵循历史规律创造历史，在世界历史进程中展现了具有中国风格和中国气派的、体现社会主义本质的现代文明形态。

由此可见，马克思主义中国化与中国式现代化道路的本质的必然的联系是历史性的，洋务运动、维新变法、辛亥革命、五四运动以及其间在中国传播的功利主义、改良主义、空想社会主义、工读主义等思潮都不同程度地参与过中国现代化的最初进程，但真正确立中国现代化的坚实基础并主导其历史进程的是中国共产党领导的现代化事业。在这项事业的现实的历史中，为中国人民谋幸福、为中华民族谋复兴成为一种历史的自觉，这项历史的事业不是先验设定的，而是在现实的历史中塑造的，它实际地体现了受历史传承、文化传统、经济社会发展影响的现代化的中国式探索，体现为党领导人民在百年现代化进程中的赓续奋斗，体现为逐渐改进和内生性演化的结果，进而在世界历史中彰显普遍性内涵。在中国式现代化途中创造人类文明新形态，其意义并非移植西方现代化的样本，而在于建构一种超越资本现代性的文明形态。中国式现代化实现了物质文明和精神文明相协调，人与自然和谐共生，这种文明新形态具有坚实的物质基础，具有彰显其历史规定性的文化特征，具体体现为马克思主义中国化和中华优秀传统文化的创造性转化。

三 中国式现代化新道路与中华优秀传统文化的创造性转化

中国式现代化道路是马克思主义基本原理同中国具体实际和中华优秀传统文化相结合的实践场域，体现了中国人徐图自强、赶上时代的精神历程，彰显了中华民族的历史主体意识。中华优秀传统文化在

---

① 《习近平谈治国理政》第 1 卷，外文出版社 2018 年版，第 156 页。

历史演进中不断得到创新性发展，体现为受现实的历史影响的人文日新的过程。当其被对象化为历史实践，就转换为历史的具体。换言之，实现中华优秀传统文化的创造性转化，要将与时俱进的思想理念、人文精神和传统美德转化为现实的社会文明。当然，并非所有的文化理想都能成为现实，正如恩格斯所说："文明是实践的事情，是社会的素质。"① 文化的实践转化体现为社会存在，形成彰显时代精神的现实物质力量。继承中华优秀传统文化，并非依靠古代文明解决今天的问题，而是要在实践中创造符合新时代发展要求的新文明。

中国共产党以马克思主义为指导，团结带领中国人民取得新民主主义革命和社会主义革命的胜利，在实践中把马克思主义基本原理同中国具体实际和中华优秀传统文化相结合，形成了马克思主义中国化的理论形态，使其成为中国式现代化道路的理论基础，具有深远的历史意义。探究马克思主义基本原理同中华优秀传统文化相结合之于中国式现代化的重要意义，乃是要揭示特定的世界历史民族在实现特定历史任务时秉持的文化自信，这样的文化自信对创造文明新形态具有特殊重要性。马克思主义为中国先进知识分子所理解和接受，必然体现为中国文化形式，其传播和实际运用必然带有中国的特性，并在转化为中国话语的过程中得到彻底的表达。正如毛泽东所说："必须将马克思主义的普遍真理和中国革命的具体实践完全地恰当地统一起来，就是说，和民族的特点相结合，经过一定的民族形式，才有用处……中国文化应有自己的形式，这就是民族形式。"②

从中国式现代化的传统文化资源角度看，用以表示中国式现代化的"小康"具有深厚的中国传统文化背景，是在马克思主义中国化进程中被赋予新义的中国话语。1979年，邓小平在会见日本首相大平正芳时指出："我们要实现的四个现代化，是中国式的四个现代化。我们的四个现代化的概念，不是像你们那样的现代化的概念，而是'小康之家'。"他谈到"小康的状态"和"小康的国家"③ 时强调经济社

---

① 《马克思恩格斯文集》第 1 卷，人民出版社 2009 年版，第 97 页。
② 《毛泽东选集》第 2 卷，人民出版社 1991 年版，第 707 页。
③ 《邓小平文选》第 2 卷，人民出版社 1994 年版，第 237、238 页。

会发展要达到"小康水平",实际上指的是有中国特色的物质丰裕的社会主义现代化,即经济社会发展达到中等发达国家水平。因此,要实现物质文明和精神文明共同发展,"两手抓、两手都要硬",这表明中国式现代化既要尽快赶上西方发达国家的经济发展水平,又要遵循社会主义的本质要求,形成与之相适应的人们的文化素养和社会风尚。

"小康"一词最初源于《诗经·大雅·民劳》,原指丰裕安乐的社会状态。"民亦劳止,汔可小康。民亦劳止,汔可小休。民亦劳止,汔可小息。民亦劳止,汔可小愒。民亦劳止,汔可小安。"孔子将"小康"视为"守礼义""笃父子""睦兄弟""和夫妇"的社会,这样的社会丰实有序,但尚未达到"老有所终,壮有所用,幼有所长,矜寡孤独废疾者皆有所养"的"大同"社会。何休在《公羊传》解诂中提出"衰乱""升平""太平"三世说,以此重新安置儒家的秩序。其中,"升平"世大体上相当于"小康",体现了一种和平崛起的发展状态。①"小康"不仅体现为一种社会发展状态,而且体现为人们对国泰民安的期待。《诗经·大雅·民劳》中提到的"小康""小休""小息""小愒""小安"指的都是百姓安康,过上较为舒服、殷实的生活的状态。

不断满足人民追求美好生活的需要,体现了"小康之家"的中华优秀传统文化底蕴,体现了实现中国式现代化的价值目的。这就要使人民群众摆脱贫困和劳苦的生活,努力实现共同富裕,这种汲取中华优秀传统文化精华的思路体现了中国共产党的文化自觉。"中国共产党从成立之日起,既是中国先进文化的积极引领者和践行者,又是中华优秀传统文化的忠实传承者和弘扬者。"②可以说,马克思主义与中华优秀传统文化是我们党与生俱来的文化基因,在中国式现代化道路上,我们党注重从中国具体实际出发,在实践探索中使中华优秀传统文化在保留自身独特性的同时不断面向未来丰富其现代内涵,进而实

---

① 参见臧峰宇、罗兰·博尔《全面建成小康社会的观念资源与现实探索》,《当代中国价值观研究》2020年第1期。

② 《习近平谈治国理政》第3卷,外文出版社2020年版,第35页。

现中华文明的现代重建。例如，汲取求同存异、和谐共生、兼容并包等思想的时代精华，反对霸权主义和强权政治，坚持睦邻友好和互利共赢，解决一系列文化冲突，在新的价值层面加以文化整合，使中国式现代化成为传承中华优秀传统文化和光耀中华文明的现代化。

与此同时，马克思主义为中华优秀传统文化注入了科学理性精神和强大动力，为其创新性发展提供了深刻思想内涵。"创新性发展，就是要按照时代的新进步新进展，对中华优秀传统文化的内涵加以补充、拓展、完善，增强其影响力和感召力。"① 纵观中华优秀传统文化发展历程，可见创新性发展是中华文化绵延不绝的重要成因。创新的前提是传承，要积极总结符合时代需要的古典智慧，扎根于滋养中国人精神世界的文化土壤，弘扬跨越时空、富有永恒魅力和当代价值的优秀传统文化，由此实现符合时代精神的古为今用和推陈出新。传统文化推陈出新，要不断适应时代发展要求，去粗取精，去伪存真，赋予其新的时代内涵和哲学新义，使其与现代社会相协调，随着时代前进的步伐不断实现创新性发展。

从马克思主义基本原理同中华优秀传统文化相结合的角度看，中国式现代化道路体现了马克思主义中国化的历史选择，满足了中华优秀传统文化实现创造性转化的内在要求。"马克思主义传入中国，能够成为中国的主流意识形态，是因为它适应了中国现代化的需要；马克思主义是在正确解答中国的现代化问题，创造中国的新思想、新文化的活动中成为中国先进文化的代表，并从中获得了中国文化身份的合法性。"② 马克思主义中国化使马克思主义成为中国思想文化的主导观念，实现中国化的马克思主义为中国社会发展注入科学理性精神，使中国古代道德理性传统经受现代文明洗礼。马克思主义中国化在面对中国具体实际的实践探索中不断深化对马克思主义基本原理同中华优秀传统文化的结合与创新，赋予中国式现代化以明确的任务和文化特质。

---

① 习近平：《论党的宣传思想工作》，中央文献出版社 2020 年版，第 57 页。
② 何萍：《从马克思主义哲学中国化的视角看马克思主义与儒学的关系》，《思想理论教育》2015 年第 1 期。

　　百年来，中国共产党始终将马克思主义写在自己的旗帜上，运用唯物辩证法和唯物史观认识和解决中国社会主要矛盾和矛盾的主要方面，激活了积淀几千年的中华文明的伟力，团结带领中国人民延续民族文化血脉开拓进取。马克思主义中国化创造了中华文化的新气象，使中华优秀传统文化吸收科学理性精神，亦丰富了马克思主义的中华文化内涵。体现马克思主义基本原理同中华优秀传统文化相结合的、民族的、科学的、大众的文化，在社会主义建设和改革开放进程中面向世界、面向现代化、面向未来，彰显了中国式现代化的精神气质。朝向文明新形态的中国式现代化植根于中华文化沃土，却并非颂古非今，而是反映中国特色社会主义经济和政治的发展，具有鲜明的时代特色。

　　马克思深刻指出资本现代性在全球流动加速了前现代社会的消逝，"在再生产的行为本身中，不但客观条件改变着，例如乡村变为城市，荒野变为开垦地等等，而且生产者也改变着，他炼出新的品质，通过生产而发展和改造着自身，造成新的力量和新的观念，造成新的交往方式，新的需要和新的语言"[①]。这对中华优秀传统文化的创造性转化具有启示意义，在中国现代化进程中必然形成带有中国风格和中国气派的新的文化观念、话语和交往方式，由此塑造现代中国人的文化品质和精神力量。因此，强调中华优秀传统文化作为中国式现代化的文化基因，并非意味着中国式现代化具有某种前现代特征，而是表明同马克思主义基本原理相结合的中华优秀传统文化具有跨越时空的精神力量，在创新性发展中以独特的方式破解现代化进程中的普遍问题，构成中国人喜闻乐见的现代化的中国文化形式。这是一种不同于西方现代文明的文化发展思路，为发展中国家走现代化道路提供了全新的选择。

　　百年来在中国实践场域中探索的现代化新道路，力图摆脱资本逻辑的束缚，扬弃零和博弈的思维方式，展现了世界历史意义。"当今中国的历史性发展之所以展现其世界历史意义，是因为中华民族的伟大复兴不仅在于中国将成为一个现代化强国，而且还在于：它在完成

---

　　① 《马克思恩格斯文集》第 8 卷，人民出版社 2009 年版，第 145 页。

其现代化任务的同时正在开启一种新文明类型的可能性。"① 也就是说，中国式现代化并非实现西方现代化的某种翻版，而旨在于中国特色社会主义发展进程中完成现代化的历史任务，并以共同富裕为重要特征，在摆脱资本逻辑的探索中实现现代文明向更高形态跃迁。可以说，百年来中华民族在社会发展的历史具体中实现了马克思对现代文明转型的期待，反映了特定的世界历史民族在走向现代化过程中不断解放和发展社会生产力，不断满足人民群众对美好生活需要的历史自觉，释放了强大的社会发展活力。

从中华优秀传统文化的创造性转化角度看，将中华优秀传统文化中的美好理念转化为中国特色社会主义的制度文明，要把中华优秀传统文化转化为现代新文明的实践逻辑。在中华民族 5000 多年文明史和世界社会主义发展 500 年的视野中理解这个问题，就会对中华民族在实践创造中进行文化创造充满信心，理解中华优秀传统文化的创造性转化何以在历史进步中实现。马克思主义基本原理同中华优秀传统文化相结合确立了文化自信的根基，"文化自信是更基础、更广泛、更深厚的自信，是一个国家、一个民族发展中最基本、最深沉、最持久的力量，没有高度文化自信、没有文化繁荣兴盛就没有中华民族伟大复兴"②。从历史事实出发理解文化的发展过程，就会认识到中华优秀传统文化的实践转化是具体的、有条件的，实现其转化的是选择和实践这种文化理念的历史创造者。

历史上以儒家思想为主导的中原政权在战争中往往不是善骑射的游牧民族的对手，受农耕文化影响的人们安土重迁、不舍家园。但是，马上得天下而不能马上治之，在战争中取得政权的游牧民族往往要学习儒家治理理念与实践。③ 民族文化的融合正是在此过程中实现的，经过融合创新的文化在转化为文明的过程中体现了时代进步。文化需要积淀和传承，文明则体现为新旧更替的实践创造，新文明彰显

① 吴晓明：《世界历史与中国道路的百年探索》，《中国社会科学》2021 年第 6 期。
② 《中共中央关于党的百年奋斗重大成就和历史经验的决议》，《人民日报》2021 年 11 月 17 日第 1 版。
③ 参见陈先达、臧峰宇《文化的实践转化与制度文明的时代建构》，《中央社会主义学院学报》2020 年第 4 期。

了更先进的物质力量。现代化的实质是生产方式变革引发的社会变迁，随之而来的是生成适应现代社会生产方式的新文化，文化在人们的生产生活实践中得到创造性转化，现代文明由以取代古代文明。在新时代，中华优秀传统文化创造性转化和创新性发展的着力点是建设新文明形态。文明总是与其所处社会的生产方式相适应，走中国式现代化新道路，实现中华民族伟大复兴，需要发展为此提供保障的中国特色社会主义制度文明，由以激活文化传统的生命力。

中华优秀传统文化的创造性转化是在中国特色社会主义实践场域中展开的，有其明确的时代性和现实的问题域。因而，要基于中国经济社会发展的现实与趋势理解中华优秀传统文化创造性转化的"所以然"与"所当然"。社会主义现代化塑造了超越资本现代性的模式，从中彰显了中华文明的现代形式，使之得到符合时代精神的表达。例如，以儒家思想为主导的中华优秀传统文化强调自强不息、贵和尚中、大一统、居安思危、和而不同、协和万邦，这些思想在中国共产党带领人民踔厉风发的实践中被转化为奋斗精神、和谐情怀、集中统一观念、忧患意识、集体主义精神、国际主义精神，使中华优秀传统文化焕发时代光彩，克服西方"现代性之殇"及其带来的人类危机，成为人们追求共同富裕和共享发展的文化底蕴，为构建人类命运共同体提供了中华优秀传统文化资源。

实现中华优秀传统文化的时代创新与自我超越，指向人的全面发展和社会全面进步。人的现代化是现代化的本质与核心，中国现代化的进程在人们创造新文明的实践中展开，现代文明向新形态跃迁本质上体现为满足不断增长的美好生活需要的社会发展水平与人的自主性能力的提高程度。随着中国经济社会发展水平不断提高，中国人在现代化途中逐渐形成符合时代发展要求的思维方式和价值观念，不断增强与社会主义市场经济相适应的现代意识。创造中国式现代化道路与实现中国人的现代化处于同一历史进程，因为人的现代化要在社会现代化过程中实现，而迈向更高文明程度的现代化，必然将人的全面发展作为出发点和落脚点。社会主义现代化的实践探索与中华优秀传统文化创造性转化为中国人的现代化创造了必要条件，使不断提高现代文明程度的社会主义建设者融入民族复兴的伟业之中。

综上可见，马克思主义基本原理同中国具体实际和中华优秀传统文化相结合，彰显了马克思主义的中国风格和中国气派，满足了中国式现代化的实践需要，为中国现代化提出了明确的任务和路径。中华优秀传统文化通过走向文明新形态的中国现代化实践，实现了创造性转化，在社会主义现代化进程中满足中华儿女共同的文化心理和价值追求。实现创新性发展的中华优秀传统文化体现了中国特色社会主义制度的优越性，体现了中国化马克思主义既一脉相承又与时俱进的文化内涵。正如习近平总书记所指出的，"从世界社会主义 500 年的大视野来看，我们依然处在马克思主义所指明的历史时代。"① 在全面开启建设社会主义现代化国家新征程上，实现中华优秀传统文化创新性发展和创造性转化，要坚持问题导向，秉持历史的观点和实践思维方式，超越资本现代性的危机，在中国特色社会主义的实践场域中进一步促进马克思主义基本原理同中华优秀传统文化相结合，生成中华文化的再生机制，促进民族精神与时代精神的融合，建设社会主义文化强国。在这个意义上，百年来以马克思主义为指导的中国式现代化探索实现了马克思对现代文明转型的期待，在艰苦卓绝的实践中创造了人类文明新形态，具有世界历史意义。

（已发表于《中国社会科学》2022 年第 7 期）

---

① 习近平：《深刻认识马克思主义时代意义和现实意义 继续推进马克思主义中国化时代化大众化》，《人民日报》2017 年 9 月 30 日第 1 版。

马克思的现代观与中国式
现代化新道路的学理基础

庄友刚　谷　一[*]

自从人类历史发展进入现代社会以来，关于"现代"问题的研究文献可以说是汗牛充栋。无论是对现代性发展的肯定性逻辑还是关于现代性发展的反思批判，有关"现代"问题的讨论，构成了自19世纪以来关于社会研究的一个中心热点话题和理论线索。应该如何理解"现代"概念，理论家们从各自的角度出发，提出了相互交叉而又彼此不同的理解和把握。在马克思主义研究内部，从历史唯物主义视野出发对"现代"问题进行探讨的文献也不可胜数，其中许多学者就马克思的"现代"思想进行了深入的阐释。马克思留下了丰富的关于现代社会的论述，但是马克思并没有集中阐明他对"现代"的理解，也没有给"现代"下过明确的定义。马克思对"现代"的把握散见在他不同时期的文献中。这也造成了马克思"现代"思想研究中的一个不足：尽管不少学者就马克思的"现代"思想进行了深入的阐释，但是不同学者只是着重探讨和深化阐释了其中一个或几个方面，而对马克思现代观的整体性和系统性把握不足，存在着零散化和碎片化的现象。另外，在深入探索中国式现代化新道路的今天，马克思的现代观构成了中国式现代化新道路探索的根本思想资源和理论基础。全面呈

* 庄友刚，苏州大学哲学系教授、中国马克思主义哲学史学会马克思恩格斯哲学思想研究分会副会长；谷一，烟台理工学院基础教学部讲师。

现马克思的现代观有助于夯实中国式现代化新道路的理论之基。系统澄明马克思的现代观既是理论的需要也是现实的需要。

一 马克思把握"现代"的方法论原则

马克思把握现代社会的基本方法论原则是与历史唯物主义基本观点相一致的，正如马克思在《〈政治经济学批判〉序言》中所说的，通过政治经济学研究得出的是历史唯物主义的结论，而历史唯物主义的观点和结论得出之后，反过来成为指导进一步研究政治经济学的根本方法。"我在巴黎开始研究政治经济学，后来因基佐先生下令驱逐而移居布鲁塞尔，在那里继续进行研究。我所得到的，并且一经得到就用于指导我的研究工作的总的结果，可以简要地表述如下……"①之后马克思简要而又系统地叙述了关于社会结构和社会发展的历史唯物主义基本观点。同样，马克思通过对现代社会发展的考察形成了历史唯物主义思想，而历史唯物主义思想又反过来成为马克思把握和阐释"现代"观念的基本方法论原则。

马克思对"现代"的理解，当然有时间维度的把握，包含社会历史从古到今的演进进程，其中，现代是相对于古典而言的。此外，马克思对"现代"概念的把握绝不限于时间维度的单一内涵，而是包含着丰富的内容，所涉及的方法论是多方面、多角度的。这里主要强调几个基本方面，它们是在全面、深入理解马克思的现代观时首先需要予以关注的不可遮蔽的视角。

第一，人的生存状况的历史性转换。人的历史发展是马克思阐释社会结构和社会发展的一个基本视角。人的生存和发展状况的历史性转换是马克思把握和审视"现代"及现代社会的一个基本维度。马克思把人的历史发展区分为三个基本阶段，即"人的依赖关系（起初完全是自然发生的），是最初的社会形式"，"以物的依赖性为基础的人的独立性，是第二大形式"，"建立在个人全面发展和他们共同的社会的生产能力成为从属于他们的社会财富这一基础上的自由个性，是第

---

① 《马克思恩格斯选集》第2卷，人民出版社2012年版，第2页。

三个阶段。第二个阶段为第三个阶段创造条件"。① 马克思在深刻把握社会发展规律的基础上，把人的自由而全面的发展确立为人未来发展的理想目标。人的不同存在状态，是马克思划分社会发展阶段的一个基本依据。这里强调两点：其一，马克思着眼于人的历史发展来理解和把握现代社会，强调现代社会的历史性。现代社会与人的发展进程中"以物的依赖性为基础的人的独立性"阶段密切相关。"家长制的，古代的（以及封建的）状态随着商业、奢侈、货币、交换价值的发展而没落下去，现代社会则随着这些东西同步发展起来。"② 其二，"现代"与"前现代"就其内容而言，首先表征的是人的不同生存状态。与不同的生存状态相对应的是人的具体生存方式和发展要求的一系列变革和变化。

第二，物质生产方式的历史变革。物质生产方式的辩证运动是历史唯物主义阐释社会结构、分析社会发展的根本图式。社会的发展过程就表现为社会生产方式的一系列变革和演进的过程。因此，在马克思看来，现代社会的形成和发展是社会生产方式发展和变革的结果。从生产方式的历史变革出发来把握现代社会、阐释"现代"概念的内涵，是马克思现代观建构的又一个基本的方法论维度。这又包括三个基本方面：其一，从生产力方面看，物质生产的发展、劳动生产率的不断提升、从而社会物质财富的不断增长，是社会发展和进步的根本要求和标准。这意味着现代社会之所以成为现代社会，有生产力方面的质性变革和提升。现代社会与以往社会的不同，首先就表现在生产力的迅猛提升和社会物质财富的巨大增长方面。这又与劳动方式的变革和交往的扩大密切联系在一起。从生产力发展来把握和描述现代社会是马克思阐释其现代观的首要切入点。其二，从生产关系方面看，生产关系是社会基本结构的基本构成要素，生产关系的变革是社会发展和演进的重要内容，在阶级社会中尤其表现为阶级关系和阶级结构的变革。现代社会的形成和发展不仅表现为生产力发展的创造性变革，也表现为全新的生产关系的形成和发展，特别是新型阶级关系和

① 《马克思恩格斯文集》第 8 卷，人民出版社 2009 年版，第 52 页。
② 《马克思恩格斯文集》第 8 卷，人民出版社 2009 年版，第 52 页。

阶级结构的形成。从新的阶级关系和阶级结构来阐释现代社会生活、澄明现代社会的内涵、指明"现代"的性质和未来趋势，构成了马克思现代观不可或缺的基本内容。其三，生产方式是生产力与生产关系的辩证统一，社会生活需要在生产力和生产关系的辩证运动中得到合理的澄明。在阐释其现代思想时，马克思不是孤立地从生产力或生产关系出发来说明的，而是时刻紧扣二者的相互作用和辩证运动来阐释的，即强调是二者的交互作用造就了现代社会的内容和特点。从生产力和生产关系的辩证关系来把握从古典社会到现代社会的变迁，是马克思现代观中思维方法论的重要特点。

第三，古典与现代的比较。在古典与现代的对比中来理解和把握"现代"的内容和特征，是马克思阐释其现代观时非常重要的极具个人特点的阐述方式。之所以强调极具马克思的个人特点，是因为在阐释现代概念时，尽管比较方法在很多人那里并不少见，但主要被用于突出现代社会的个别内涵或特征，马克思则是在全方位的对比中来阐明他的现代观的。马克思阐明"现代"内涵的主要维度，是在古典与现代比较的坐标上完成的。这也是马克思现代观建构中重要的方法论特色。这里应明晰带有递进关系的三个层次的问题：其一，在古典与现代的比较中阐明"现代"的内涵，具有特殊的方法论价值。不同的学者对"现代"概念有着不同的理解和阐释。在理解和阐释产生分歧、无法正面阐明"现代"是什么的时候，可以转换角度，探寻与"现代"相对的另一面即古典是什么，包含什么内容，有怎样的特点，以此反向澄明何为"现代"。尽管这并不等于阐明了"现代"本身，但无疑有助于深化对"现代"的理解。其二，在这种对比框架中，现代社会的内容和特点更加鲜明地呈现出来，对现代生存方式的理解和把握更加精准、更加细致，对现代生活要素的把握会更加全面，对这些生活要素之间关系的理解会更加深刻。一定意义上来说，比较的方法为澄明"现代"的内容和形式提供了一个基本的历史性坐标，更使得要阐明的对象具有了显性的特征。其三，从古典到现代的变迁是一个历史进程，在比较的视野中对这种进程的深入考察和把握，不仅深化了对现代的理解，更重要的是为探索现代社会本身的发展规律以及现代社会之后的发展趋势提供了方法论和材料基础。

二　马克思呈现"现代"内涵的主要维度

　　马克思通过比较古典社会与现代社会中人的生存内容和特点的差异来理解和说明其"现代"思想，内容丰富。这是因为社会生活的内容是丰富的、多样的。当然，马克思并没有面面俱到地进行阐述，而是从社会生产和社会生活的主要方面、从古典社会和现代社会的生产和生活的主要特征入手来阐明其现代观。从马克思的实际论述来看，在把握马克思的现代观时，至少有以下几个方面的阐释维度是需要把握而不能遮蔽的。

　　第一，劳动方式的根本性转换。从物质生产出发来说明社会发展进程是历史唯物主义的一个基本原则。笼统地说，现代社会之所以是现代社会，首先表现为物质生产的发展，即社会生产力的大幅度发展和提升。具体而言，古典社会与现代社会在物质生产上的根本区别在于劳动方式的根本性转变，劳动方式的转换是现代社会生产力迅猛提升的直接源泉。古典社会是以手工劳动为主的社会。尽管在古典社会中，生产力的总趋势是不断发展和进步的，劳动效率也是历史性地提升的，但是人类劳动的主要方式没有超出手工劳动的范畴，手工劳动是主要的劳动方式。进入现代社会后，机器生产取代了手工劳动成为社会主要的劳动方式。产业革命的完成，实现了社会生产从手工劳动为主向机器生产为主的转换。就此而言，产业革命可以被看作古典社会与现代社会的一个分水岭。机器生产取代手工劳动成为主要的劳动方式产生了重大的历史后果，这里强调三个方面：其一，劳动生产率的巨大提升。机器生产的效率远大于手工劳动的效率，劳动生产率呈几何级数增长。这意味着社会生产力的迅猛增长。进入现代社会后，在"不到一百年的阶级统治中所创造的生产力，比过去一切世代创造的全部生产力还要多，还要大。……过去哪一个世纪料想到在社会劳动里蕴藏有这样的生产力呢？"① 其二，与生产力的迅速发展相伴随的，是物质财富的迅猛增长。生产力不能与物质财富本身相等同，但

––––––––––––––

　　① 《马克思恩格斯选集》第 1 卷，人民出版社 2012 年版，第 405 页。

是，生产力构成了物质财富增长的客观基础，生产力使用和发挥的结果就是物质财富的创造。生产力越是发展，已有的生产力越是被使用和发挥，社会的物质财富就越是增加；劳动生产率越高，社会获取物质财富的效率就越高，物质财富就越是丰富。正是由于这样，同古典社会相比，现代社会日益摆脱古典社会那种物资匮乏的生存状态。其三，人与自然关系的变化。古典社会以手工劳动为主，人对自然改造的程度相对较低，人对自然界的改变经常被自然界的运动所抹平。人对自然更多呈现为一种敬畏的态度。转向现代社会之后，机器生产促进了社会生产力几何级数的提升，生产力的巨大发展使人类改造外部世界的能力极大增强。这种状况也改变了人对自然的态度，更多地把自然界视为征服的对象，生产力总是被发挥到极致（在马克思的理论中，只有超越了现代社会，作为目的本身的人的能力的发展才成为可能）。

第二，交往的历史性变革。在古典社会中，人的生存和发展以及人们的生活存在地域的、民族的局限性，人与人之间缺乏普遍的交往，人的存在呈现为相对的孤立性和封闭性。尽管在古典社会中，人们的交往总趋势是不断扩张的，但是总体上仍然以地域的和民族的局限性为基本特征，普遍的交往尚未形成。现代社会之所以是现代社会，一个基本现象就是交往的普遍扩张，从古典社会向现代社会的转换就起始于对这种局限性的打破。这里应注意三个密切关联的问题：其一，交往的普遍扩张是"现代"的一个重要的内在规定性。在向现代社会变迁的过程中，交往的扩张达到了"质变"程度，即历史成为世界历史。"一切国家的生产和消费都成为世界性的了。"[1] "历史向世界历史的转变，不是'自我意识'、世界精神或者某个形而上学幽灵的某种纯粹的抽象行动，而是完全物质的、可以通过经验证明的行动，每一个过着实际生活的、需要吃、喝、穿的个人都可以证明这种行动。"[2] 不能真正理解世界历史，也就不能真正理解现代社会。也是在这样的意义上，世界历史的形成可以被看作人类社会进入现代社会

---

① 《马克思恩格斯选集》第 1 卷，人民出版社 2012 年版，第 404 页。
② 《马克思恩格斯选集》第 1 卷，人民出版社 2012 年版，第 169 页。

的又一个重要标志。其二，交往的普遍发展，不仅使物质生产变成世界性的，精神生产也是世界性的了。"各民族的精神产品成了公共的财产。民族的片面性和局限性日益成为不可能，于是由许多种民族的和地方的文学形成了一种世界的文学。"① 其三，交往的普遍发展，不仅是交往的规模、范围的扩大，同时也是交往方式、交往效率的变革和提升。"世界历史""全球化"等话语实际上反映了人类进入现代社会以后普遍交往发展的不同阶段或不同程度。总之，在古典社会中，人受到地域的、民族的局限性制约，在现代社会中，人是世界历史性的存在。交往的普遍发展是理解马克思现代观的又一个重要维度。

第三，经济形态的跃迁。在古典社会的生存状态下，与手工劳动相对较低的劳动生产率相对应，主导经济形态是以自给自足为基本特征的自然经济。进入现代社会后，与机器生产以及普遍的交往等状况相对应，商品经济成为主导的经济形态，物质生产转变为商品生产。说到这里，应注意一个理论细节。商品经济在古典社会中已经存在，只是没有占据主导地位，进入现代社会以后，商品经济取代自然经济成为主导的经济形态。这样的理解在原则上是对的，但是必须注意，现代社会中的商品经济与古典社会中的商品经济是存在重大区别的，二者分属于商品经济发展的不同阶段。现代社会中的商品经济是市场经济，与商品经济以往发展阶段的根本区别在于：劳动力作为商品进入市场进行交换。"最大的交换，不是商品的交换，而是劳动同商品的交换。"② "一旦劳动人口不再作为商品生产者进入市场，不再出卖劳动产品，而是出卖劳动本身，或者更确切地说，出卖他们的劳动能力，那么，生产就会在整个范围内，在全部广度和深度上成为商品生产，一切产品都变成商品。"③ 这是现代社会经济活动的根本特征。因此，笼统地讲商品经济是现代社会的主导经济形态是可以的，但是应该对现代社会的商品经济有更细致的理解。总之，从生产的自给自足

---

① 《马克思恩格斯选集》第 1 卷，人民出版社 2012 年版，第 404 页。
② 《马克思恩格斯全集》第 30 卷，人民出版社 1995 年版，第 105 页。
③ 《马克思恩格斯全集》第 32 卷，人民出版社 1998 年版，第 357 页。

走向生产的商品化，是从古典向现代变迁的重要表征。换言之，生产的商品化是"现代"的重要内容和特征，是其重要的内在规定性之一。从自然经济为主导向商品经济为主导的跃迁，生产的商品化发展带来诸多重大后果。这里强调三个方面：其一，生产的商品化发展带来了社会生活方式的根本性转换和变革。一方面，同物质生产和消费状况相适应，社会生活关系在形式上日益丰富化，造就了越来越丰富的社会关系；另一方面，社会生活在内容上日益简单化，"抹去了一切向来受人尊崇和令人敬畏的职业的神圣光环"，从业人员变成了"雇佣劳动者"，"撕下了罩在家庭关系上的温情脉脉的面纱，把这种关系变成了纯粹的金钱关系"。① 经济因素在社会生活中的基础性作用日益凸显。其二，生产的商品化发展，反过来进一步促进了社会生产效率的变革和进步。这也是现代社会中促进生产力发展的一个重要的基本路径。其三，生产的商品化不仅给社会生产带来了根本性的变化，也带来了社会关系的根本变革，尤其是对阶级关系及其性质变迁的影响。宗法关系日益消亡，阶级对立简单化了，"整个社会日益分裂为两大敌对的阵营，分裂为两大相互直接对立的阶级：资产阶级和无产阶级"②。更重要的是，现代社会的发展塑造了无产阶级的特性及其特殊的历史地位。"在当前同资产阶级对立的一切阶级中，只有无产阶级是真正革命的阶级。"③ "过去的一切运动都是少数人的，或者为少数人谋利益的运动。无产阶级的运动是绝大多数人的，为绝大多数人谋利益的独立的运动。"④ 无产阶级的最终目标是要实现共产主义。由此，现代社会孕育了一种趋势，即最终消灭阶级和阶级对立。

第四，城乡关系的反转。在马克思那里，"现代"根本上指的是人的生存状态。谈及人的生存状态，不能不涉及人生存的空间条件和空间样态。城市和乡村都是人生活的空间场域。更为重要的是，城乡之间的分离和对立是同生产方式的发展、同分工和私有制的发展密切联系在一起的。"物质劳动和精神劳动的最大的一次分工，就是城市

---

① 《马克思恩格斯选集》第 1 卷，人民出版社 2012 年版，第 403 页。
② 《马克思恩格斯选集》第 1 卷，人民出版社 2012 年版，第 401 页。
③ 《马克思恩格斯选集》第 1 卷，人民出版社 2012 年版，第 410—411 页。
④ 《马克思恩格斯选集》第 1 卷，人民出版社 2012 年版，第 411 页。

和乡村的分离。""城乡之间的对立只有在私有制的范围内才能存在。"① 城乡关系的不同状况反映的是私有制发展的不同阶段,反映了劳动方式、交往状况、经济活动方式等的历史性变迁。城乡关系的变化更直观地呈现了现代生活方式的特点。因此,在马克思那里,人生存的空间样态、城乡关系,是他阐释现代思想时的又一个重要维度。换言之,在澄明何谓"现代"的时候,对城乡关系及其对社会生活影响的阐明,是不可或缺的重要内容。

这包括几个在逻辑上递进展开的基本内容:首先,在古典社会中,城市在社会生活中尤其是经济生活中不具有主体地位,乡村的发展程度制约着城市的繁荣程度。其次,进入现代社会后,城乡关系发生了根本性的反转,"农村屈服于城市的统治"②,城市日益成为社会生活最具显示度的领域。再次,城市的发展、城乡关系的变化,与经济形态的跃迁、交往的扩大、劳动方式的转换这一历史进程是一致的,商品经济的主导,必然凸显城市在社会生活中的显示度。最后,正是由于城市的这种历史性发展,城市的建构和发展成为现代社会发展的重要方式和路径,城市化是现代性现象,城市化与现代化有其内在的逻辑一致性。也是在这样的意义上,把握"现代"概念,城乡关系的历史变迁是不可或缺的考察维度。

历史唯物主义强调"从直接生活的物质生产出发阐述现实的生产过程"③。在把握马克思的现代观时,以上四个维度是马克思论述中最为丰富、应首先予以关注的维度。把握了这些基本维度,就能够较为全面地呈现马克思对现代社会概貌的整体理解。当然,这绝不意味着马克思只有这四个维度的阐释。事实上,诸如分工、资本、大工业等都是马克思阐释其现代观念时的重要切入点。在马克思那里,现代社会就是资本关系在经济生活中占主导地位的社会,《资本论》的"最终目的是揭示现代社会的经济运动规律"④。另外,其他维度的阐释,是从各个角度对以上阐释维度的细化、丰富和补充,与上述维度呈现

---

① 《马克思恩格斯选集》第 1 卷,人民出版社 2012 年版,第 184 页。
② 《马克思恩格斯选集》第 1 卷,人民出版社 2012 年版,第 405 页。
③ 《马克思恩格斯选集》第 1 卷,人民出版社 2012 年版,第 171 页。
④ 《马克思恩格斯全集》第 42 卷,人民出版社 2017 年版,第 7 页。

为一种交织、互补的关系，体现在对上述内容的具体阐释之中，在逻辑上不能并列看待。

三 马克思对"现代"发展进程的理解

通过对古典社会与现代社会中人的生存状况和特点的比较，马克思从横向维度阐明了现代社会的基本特征，论述了现代社会的整体概貌。需要注意的是，马克思的现代观不仅包括对现代社会状况和特征的横向把握，还包括对"现代"发展进程的纵向考察和探索。马克思从历史唯物主义视角出发，不仅宏观论述了现代社会是如何到来的，还进一步阐明了现代社会的运行规律，更在此基础上指明了现代社会的历史发展趋势。横向把握与纵向考察结合在一起，构成了完整的马克思的现代观。值得一提的是，在探讨马克思对"现代"发展进程的理解时，有些观念尽管马克思并没有明确提出，但按照其理论逻辑是必然会得出的观念。对于这样一些观念，在梳理和建构马克思的现代观时是需要补充进来的，以便弥补逻辑缺环，形成完整的理论体系。关于马克思对"现代"发展进程的理解，可以从四个基本方面予以把握。

首先，马克思论述并肯定了现代社会到来的规律性和必然性。在历史唯物主义理论中，人类社会的演进是一个有规律的发展过程。历史唯物主义的根本任务，"归根到底，就是要发现那些作为支配规律在人类社会的历史上起作用的一般运动规律"①。现代社会是人类社会发展的特定阶段，现代社会的到来及其自身的发展，是历史规律起作用的结果。这包括三个层次的内容：其一，从古典到现代的变迁是社会生产方式发展的必然结果，是生产方式具体形态质变的结果，表现为上述维度的根本性质变。"现代资产阶级本身是一个长期发展过程的产物，是生产方式和交换方式的一系列变革的产物。"② 现代社会的到来有其历史必然性。其二，经济的社会形态发展是一个自然历史过

---

① 《马克思恩格斯选集》第 4 卷，人民出版社 2012 年版，第 253 页。
② 《马克思恩格斯选集》第 1 卷，人民出版社 2012 年版，第 402 页。

程。劳动方式的转换、交往的发展、经济形态的变革等都是不可跨越的历史进程。"一个社会即使探索到了本身运动的自然规律……它还是既不能跳过也不能用法令取消自然的发展阶段。"① 也正因为如此,马克思强调:"工业较发达的国家向工业较不发达的国家所显示的,只是后者未来的景象。"② 通俗一点来讲,现代化发展是必然的历史进程。其三,现代社会本身的发展是一个有规律的过程。《资本论》研究的目的就在于揭示现代社会的经济运动规律。现代社会自身孕育了它的未来趋势,这种趋势是其自身规律作用的结果。

其次,"现代"的历史进步性与历史狭隘性。对于现代社会,马克思并不是孤立地看待的,而是在社会发展的整体视野中历史性地理解和把握现代社会。其一,机器生产取代手工劳动、商品经济替换自然经济、世界历史的形成等,说明现代社会的到来,就人的生存和发展而言,无疑具有巨大的历史进步性,为实现人的自由而全面的发展创造并积累着条件。正是立足于现代社会的发展,关于人类未来的理想才摆脱了抽象的性质而建立在现实的基础之上。其二,现代社会自身的运行规律和特点,造就了社会的进一步发展,创造了更大更多的社会生产力。"资产阶级除非对生产工具,从而对生产关系,从而对全部社会关系不断地进行革命,否则就不能生存下去。反之,原封不动地保持旧的生产方式,却是过去的一切工业阶级生存的首要条件。生产的不断变革,一切社会状况不停的动荡,永远的不安定和变动,这就是资产阶级时代不同于过去一切时代的地方。"③ 正是由于这样,在现代社会中,"同以前的奴隶制、农奴制等形式相比,都更有利于生产力的发展,有利于社会关系的发展,有利于更高级的新形态的各种要素的创造"④。其三,现代社会经济运行规律蕴含着内在的矛盾,这种矛盾是现代社会自身发展无法解决的。这种状况决定了现代的经济运行方式(或社会生活)不具有永恒的性质。现代社会的狭隘性主要表现为资本关系的历史狭隘性。在马克思那里,对现代社会的批判

---

① 《马克思恩格斯全集》第 44 卷,人民出版社 2001 年版,第 9—10 页。
② 《马克思恩格斯选集》第 2 卷,人民出版社 2012 年版,第 82 页。
③ 《马克思恩格斯选集》第 1 卷,人民出版社 2012 年版,第 403 页。
④ 《马克思恩格斯全集》第 46 卷,人民出版社 2003 年版,第 927—928 页。

与对资本的批判是一致的。

再次，从古典向现代变迁的不均衡性。社会发展是不平衡的，从古典社会向现代社会的转变中，各个国家和民族是不同步的，存在着巨大的差异性。当马克思强调工业较发达国家和工业较不发达国家的区分的时候，已经内在地肯定了现代社会发展的不平衡性。这里应注意三个问题。其一，在世界历史条件下，不均衡发展造就了现代社会的特殊境遇。殖民主义的形成首先植根于不均衡的发展，世界市场的形成和发展同人类社会的不均衡发展有着千丝万缕的联系。其二，不均衡发展同时又蕴含了均衡化的趋势，反过来为相对落后地区加速向现代化的过渡提供了动力。比如世界历史的形成所造成的落后地区的被动现代化进程。世界市场发展中的资金、技术的输出，等等，在客观上促进相对落后地区的现代化进程。在现代社会中，"由于一切生产工具的迅速改进，由于交通的极其便利，把一切民族甚至最野蛮的民族都卷到文明中来了"①。其三，就现代化发展本身而言，不均衡的发展状况也可能造就一种后发优势，后发国家和地区能够汲取已有现代化进程的经验和教训，少走弯路。如马克思所言，尽管既不能跳过也不能用法令取消自然的发展阶段，"但是它能缩短和减轻分娩的痛苦"②。

最后，与上述状况相联系，可以看出，不同国家和地区进入现代社会可以通过不同的方式和路径。尽管工业较发达的国家向工业较不发达的国家所展示的是后者未来的景象，但是这并不意味着实现这种景象只能采取同一个方式和路径。实际上，当马克思强调"缩短和减轻分娩的痛苦"的时候，已经内在地暗示了具体发展方式和路径的多样性。其一，不同地区进入现代社会，由于历史语境和条件的不同，可以通过不同的路径。比如，由于发展的不平衡性以及殖民主义的扩张，不同地区的现代化发展，存在着内生型还是输入型、主动型还是被动型的差异。其二，按照马克思的分析维度，现代化的发展根本上就是在劳动方式上实现从手工劳动到机器生产的转换，在经济形态上

---

① 《马克思恩格斯选集》第 1 卷，人民出版社 2012 年版，第 404 页。
② 《马克思恩格斯选集》第 2 卷，人民出版社 2012 年版，第 83 页。

实现从自然经济到商品经济的转换，在交往发展上实现从地方性、民族性到世界性的转换，一句话，就是人的生存状态的根本转换。只要实现了这种发展，就进入了现代，就实现了现代化。至于以何种方式和路径、在什么时间、什么状态下实现这样的发展，则完全可能因时而异、因地而异、因民族而异、因历史环境而异。其三，不仅进入现代的路径存在差异，超越现代社会的历史路径即社会主义革命的路径也具有多样性。

四　中国式现代化新道路的学理基础

中国正处在社会主义现代化发展过程之中。中国的社会主义现代化建设，既不是西欧现代化模式的再现，也不是苏联模式现代化道路的翻版，而是独具特色的中国式现代化，走的是现代化的中国道路。在这方面，马克思的现代观给我们关于现代化发展进程的思考提供了重要的理论启示，为中国式现代化新道路的探索提供了学理基础和支撑。

首先，马克思关于现代化实质的理解以及关于现代化道路多元性的阐释，彰显了中国式现代化新道路的可能性和价值，中国式现代化发展有其马克思主义理论基础。其一，在马克思那里，"现代"在根本上指的是人的一种生存状态，现代化的实质是人的生存状态的根本变革，是从古典社会生存状态到现代社会生存状态的变迁过程。这种变迁的基本表征，一是机器生产取代手工劳动，劳动生产率极大提升，实现生产的社会化；二是商品经济取代自然经济成为主导的经济形态，实现生产的商品化；三是社会交往普遍提升，人们之间的联系大大加强，实现交往的普遍化，生产和消费成为世界性的活动，人成为世界性的存在；四是大规模的城市化，生产的社会化、商品化要以城市为主要场域来实现，交往的普遍提升也以城市之间交往的扩大最终得以完成。实现了这样的发展也就是实现了现代化。其二，现代化发展的目标指向，在性质上是单一的，即实现人的生存状态的根本变革，而实现这种变革的具体路径和方式是多元的。只要能够达到这样的生产和生活状态，都是现代化的可能路径，现代化路径不具有唯一性。至于选择怎样的现代化方式和路径，则取决于发展主体的历史性抉择。正是在这个意义上，中国式现代化具备坚实的理论基础。其三，历史场景的变换决定了中国的现代化发展不能重复西欧式的路径。比如，实现工业化需要有必要的资金来源。西欧式的工业化路径是通过对内剥夺、对外掠夺，甚至人口贩卖获得了大量的资金，以致英国在工业化初期国内资金就取之不尽，并开始向海外投资。这样的方式和路径对于当代中国的建设而言，既不适合，也不可能重复。历史场景的变换决定了中国的现代化只能走自己的路，也必须走出自己的路。

其次，"现代"进程的不平衡性以及过去现代化发展的方式和后果的狭隘性，使得中国式现代化新道路的探索不仅可能而且必要。经济的社会形态的发展是一种自然史的过程，一个社会即使探索到了自身运动的自然规律，还是既不能跳过也不能用法令取消自然的发展阶段。也就是说，现代的生活状态是人的发展进程中不可跨越的阶段。社会发展是不平衡的，从古典社会向现代社会的变迁，各个国家和民族是不同步的。从一方面来看，在这样的状况下，后发国家的现代化发展存在不利的一面，面临发达国家的殖民和盘剥，在国际竞争中处于弱势的地位。如果不能探索出现代化发展的新路，而只是重复发达国家曾经的现代化路径，那么极大的可能是，永远跟在发达国家后头，处在相对落后的境地。"现代"进程的不平衡性，必然促使后发国家探索现代化发展的新路径。另一方面来看，不均衡的发展状况也会造成一种后发优势，使得后发国家能够充分认识并吸取过去现代化进程中的经验和教训，避免曾经的错误和失误，少走弯路。这种修正和完善，就其实质而言是对现代化路径的新探索，是现代化发展的不同方式。事实上，西方既有的现代化进程，在取得巨大成功的同时也带来了众多的消极后果，招致了各种各样的反思和批判。反思既有现代化方式的问题和不足，不是要回到过去——在这方面，一些后现代主义的主张是在开历史的倒车，而是要寻求现代化发展的新思路。中国作为后发国家，探索适合自己的现代化道路，不仅可能而且必要。

再次，中国式现代化新道路也是中国特色社会主义的本质要求和现实呈现。其一，中国已经完成了社会主义革命，建立了社会主义制度。中国要实现的是社会主义现代化。我们要在社会主义制度下去完成西方国家在资本主义制度下完成的那些发展任务，即生产的商品化、社会化，实现城市化以及交往的普遍化。这是中国的现代化发展与西方的现代化进程的根本不同。这种根本不同决定了中国的现代化发展无法重复西欧式的现代化路径。社会基本制度不是外在于现代化进程的，而是对具体的发展进程存在着根本性制约。社会主义现代化建设有着双重的指向，不仅要实现现代化，还必须符合社会主义的性质和要求。比如，现代化的成果必须由全体人民共同享有，坚持以人民为中心。中国式现代化是社会主义现代化，承载着双重的任务。其二，正是由于要在社会主义制度下完成那些西方现代化进程中在资本主义制度下完成的发展任务，造成了一种"特色社会主义"。现实的社会主义制度是建立在经济发展相对落后基础上的，现代化的任务尚未充分完成。因此，社会主义制度建立之后的一个基本任务就是实现现代化，把未完成的发展任务完成，把社会主义建设和发展所需要的物质基础充实起来。这一方面说明现实的社会主义与当年马克思所设想的作为超越现代社会出路的社会主义，是存在一定差异的。二者在社会性质上是相同的，但是在社会的物质基础方面存在显著的不同，比如是否完成了生产商品化的充分发展。另一方面，和西方的现代化进程一样，都要完成生产的商品化、社会化，实现城市化和交往的普遍化，由此必然使得现实的社会主义在社会生产和生活的某些方面，与西方社会具有相同或相似的特征。所以，中国特色社会主义这一命题，不仅是指凸显民族特色、地域特色的"中国特色"的社会主义，也是指突出社会主义发展阶段特点的中国的"特色社会主义"。其三，中国特色社会主义理论在根本上回答的是中国实现现代化的方式和道路问题。从邓小平理论到习近平新时代中国特色社会主义思想，分属中国特色社会主义理论探索的不同阶段，中国的现代化问题一直是理论探索所环绕的轴心。中国式现代化是中国特色社会主义理论体系，尤其是习近平新时代中国特色社会主义思想的直接理论成果。作为现代化进程，中国式现代化新道路与西方的现代化发展有共通之处；作为社会主义现代化，中国式现代化新道路与西方的现代化进程在方式和后果上又存在重大区别。中国式现代化新道路指向的是一种不同于西方现代化后果的现代社会生存状态和发展状态，就其实质而言指向的是一种新的文明形态。

（已发表于《马克思主义与现实》2023 年第 1 期）

中国式现代化的唯物史观意蕴

董　慧[*]

如何实现美好富强，是中国共产党一以贯之的奋斗目标。经过几代领导集体百余年的砥砺奋进，具有中国特色的现代化创造性发展，成就斐然。以习近平新时代中国特色社会主义思想为指南，以总结党的百年重大成就和历史经验为新起点，"以中国式现代化推进中华民族伟大复兴"[①]，是实现现代化强国梦的必然选择。中国式现代化，是对中国在思想、经济、制度、文化、政治、价值等方面进行现代化探索进程与实践创新的总结概括，也是 21 世纪马克思主义现代化理论的创新实践。它形成于中国共产党人对中国现代化道路的艰辛探索实践中，形成于中国共产党人自觉接受并汲取唯物史观的核心要义和内在精髓的基础之上。面对"怎样坚持和发展中国特色社会主义，建设什么样的社会主义现代化强国、怎样建设社会主义现代化强国"[②] 这一重大时代课题，需要立足于唯物史观，对中国共产党领导下的中国现代化进行深入的脉络梳理，植根中国的历史实践、文化传统、治理效能、发展价值、民生福祉，深刻理解中国式现代化的历程理路与内涵特质，以期为真正实现社会主义强国目标和中华民族伟大复兴提供

* 董慧，华中科技大学马克思主义学院教授。

① 《中共中央关于党的百年奋斗重大成就和历史经验的决议》，人民出版社 2021 年版，第 24 页。

② 《中共中央关于党的百年奋斗重大成就和历史经验的决议》，人民出版社 2021 年版，第 26 页。

具有说服力的理论总结和经验指南。

一　问题的提出

现代化是关系国家发展和民族命运的重点、焦点问题，对于中国这个世界上人口最多的发展中国家和社会主义国家来说，现代化更是具有非同一般的挑战性和政治性，因此现代化一直是炙手可热的研究主题。国外对于现代化的讨论从古典社会学、历史社会学、新政治经济学、发展经济学、后现代社会学、政治学、比较历史学和文化学等不同视角切入，一大批思想家如艾森斯塔德、布莱克、罗斯托、沟口雄三、哈贝马斯、帕森斯、马蒂内利、普雷维什等，聚焦于社会发展、传统社会向现代社会的过渡、衡量现代化的标准、不同国家发展历程及相应的现代化模式与样态、驱动现代化的因素以及与现代化相伴而生的现代性及风险问题进行了深入探讨。在现代化理论上，形成了结构现代化理论、依附理论、世界体系理论、发展社会学理论、比较现代化理论、风险理论等；在现代化模式上，形成了英美、东亚、拉美三种代表性模式，也有将其概括为内源式与后发式两种模式；在现代化经验上，既讨论欧美、苏联、东亚、拉美等国家在现代化进程中的经验与教训，也探讨中国现代化的经验，理论界、学术界尤其高度关注党的十八大以来中国现代化的主要经验，将其概括为坚持中国共产党的正确领导、坚持民主执政、注重制度安排与科学规划、大胆借鉴人类文明成果、兼顾全球发展等。在他们看来，中国毫无疑问开启了现代化发展的新篇章，现代化的成就体现在国家发展、社会进步与人的全面发展等方方面面，习近平总书记治国理政的智慧使得中国现代化独具特色。国内对于现代化的研究兴起于 20 世纪 90 年代，成果汗牛充栋，研究呈现的井喷态势与中国现代化一路高歌的逻辑进程相一致，讨论集中在现代化的理论、现代化的国际经验、党领导下的中国现代化道路探索、中国现代化的经验及未来展望方面。

由此可知，以往学界普遍认为现代化是"发源于西方社会的"[1]，

---

[1] 罗荣渠、牛大勇：《中国现代化历程的探索》，北京大学出版社 1992 年版，第 2 页。

现代化理论也体现了深刻的西方学术传统。现代化是传统社会向现代社会的过渡、转型，也是社会结构、社会形态、社会生活、社会制度、社会文明的全面变革，代表着人类走向文明的理性化进程。"以中国式现代化推进中华民族伟大复兴"①，表明中国式现代化与中华民族伟大复兴，具有理论上的同构性、历史上的一致性、实践上的契合性与价值上的同源性，意味着中国真正崛起，也说明我们需要也有资格和底气在现代化发展、现代化建设、现代化模式、现代化道路上讲中国话，即构筑并深入阐释"中国式现代化"，使之成为具有世界影响力、学术阐释力与实践拓展力的理论范式。为此需要深入挖掘中国式现代化的唯物史观内涵意蕴，这是因为，一方面，只有沿着马克思开创的历史唯物主义道路，从实践和发展的角度，才能清晰梳理中国式现代化的实践脉络，并真正立足于中国社会的历史根基，建构起具有生动性和实体性内容的中国式现代化；另一方面，中国式现代化本身内蕴着唯物史观的精神和智慧，其生发与成熟的过程，既代表着马克思主义中国化的过程，也彰显着历史唯物主义直面和解决中国现实问题的革命性、实践性与开放性。唯物史观的智慧在于启迪我们以世界历史的眼光和包容开放的心态，挖掘现代化实践的历史经验，植根于中国现代化发展道路的深厚历史与鲜活现实，展现中国式现代化的生命活力及其创造的丰硕的文明财富。这也是面向中华民族伟大复兴事业的持续性任务和重要的学术使命。

二　中国式现代化的源与流

中国走向现代化是艰辛而且漫长沧桑的历程。鸦片战争之后，由于西方资本主义的世界扩张运动的外力推动，中国被卷入世界现代化进程，从一个以农业为本的传统社会走向现代社会，因此中国现代化的最初开启，被打上了"裹挟着对外来挑战的回应"②的被迫色彩。

---

① 《中共中央关于党的百年奋斗重大成就和历史经验的决议》，人民出版社 2021 年版，第 24 页。

② ［美］吉尔伯特·罗兹曼主编：《中国的现代化》，国家社会科学基金"比较现代化"课题组译，江苏人民出版社 1995 年版，第 10 页。

而今天的中国式现代化，毫无疑问成为世界现代化浪潮中最具冲击力和震撼力的洪流，既开创了人类现代化道路的新境界，又"创造了人类文明新形态，拓展了发展中国家走向现代化的途径"①。中国式现代化，是对中国现代化建设实践及其所取得的成就和影响力的总体性概括。中国式，是一个具有中华文明气质的豪迈概念，代表着中国制度、中国特色、中国特点、中国方式、中国主体，表明这种现代化具有鲜明的原创性，在一定程度上改写了现代化的内涵，在一定范围内成为公认的成功示范，具有可借鉴的功能和经验。中国式现代化，是中国共产党领导人民探索出来的、彰显中国特色社会主义真谛的现代化。它不仅对于中国人民的富裕和幸福具有重要意义，而且对于发展中国家通往现代性具有示范意义，对于全球治理和人类共同福祉也具有借鉴意义。解码这一奇迹，在新的历史起点上接续推进中国式现代化，需要领会历史唯物主义的真谛，明确中国式现代化是什么，来自哪里，何以形成，如何发展。

一是从思想资源和方法启示来看，马克思对现代化的历史唯物主义批判与反思，为中国式现代化作出了重要贡献。"马克思提供了有关资本主义现代化最早的和最完整的描述之一"②，他看到现代化从产生之日起，就带有暴力、霸权和占有特性，海外殖民贸易的快速扩展"使商业、航海业和工业空前高涨，因而使正在崩溃的封建社会内部的革命因素迅速发展"③，资本主义生产关系的地理扩张与现代化的发展是同步的。在《资本论》中，马克思揭示了资本主义经济现代化的运行法则和规律，描绘了攫取剩余价值以及由此产生的"掠夺性动力机制"④ 这一资本积累的动力学。资本主义现代化是以资本主义的掠夺性、侵占性、榨取性本质为基础的现代化。竞争为现代化注入了持续和普遍的动力，现代化反过来又推动了资本主义的发展。马克思看

---

① 《中共中央关于党的百年奋斗重大成就和历史经验的决议》，人民出版社 2021 年版，第 64 页。

② ［美］大卫·哈维：《后现代的状况》，阎嘉译，商务印书馆 2003 年版，第 133 页。

③ 《马克思恩格斯文集》第 2 卷，人民出版社 2009 年版，第 32 页。

④ ［美］萨斯基娅·萨森：《驱逐：全球经济中的野蛮性与复杂性》，何森译，江苏凤凰教育出版社 2016 年版，第 3 页。

到了资本主义经济活动和经济范畴背后隐藏着的深刻的社会关系，"这种普遍交换，他们的相互联系，表现为对他们本身来说是异己的、独立的东西，表现为一种物"①。资本主义的结构性特点表现为内在性和矛盾性的对立，"这一切发展都是对立地进行的，生产力，一般财富等等，知识等等的创造，……但是这种对立的形式本身是暂时的，它产生出消灭它自身的现实条件"②。马克思的伟大之处在于他发现了"抽象劳动"对于资本主义商品生产而言的历史必然性："'劳动一般'、直截了当的劳动这个范畴的抽象，这个现代经济学的起点，才成为实际上真实的东西"③，所以能够立足于资本主义社会存在和发展的基础，并且是站在最先进的生产力发展的高度，从资本主义复杂结构及其具体变化中抽象出资本主义生产和积累的内在规律。要真正走向现代社会，需要从生产方式出发，从现代生产关系的主体性逻辑出发，这对于中国式现代化具有重要启示。

　　二是从社会发展和历史趋势来看，历史走向世界历史，为中国式现代化的历史必然性准备了前提条件。中国式现代化是在"世界历史"中走出来的代表"中国历史"独特性的社会主义现代化道路，表达的是现代化在中国革命、建设和改革的历史性实践中如何被中国化，如何经过中国的社会现实来获得它存在的合法性。也就是说，它是在历史的环环相扣中、在中国走向社会主义的历史进程、自鸦片战争以来的历史进程、自近代以来的现代化奋斗历程多元宽广的视域中获得鲜活内容并构造其历史必然性的。资本主义"首次开创了世界历史"④，"开拓了世界市场"⑤，将人类带进崭新的历史阶段，生产力与生产关系的矛盾运动也超越了民族的个体性而成为具有普遍意义的世界性矛盾。这既是一种历史必然性，也是决定社会发展道路的根本性矛盾。世界历史"使东方从属于西方"⑥，东方社会的基本经济结构

---

① 《马克思恩格斯文集》第8卷，人民出版社2009年版，第51页。
② 《马克思恩格斯文集》第8卷，人民出版社2009年版，第171页。
③ 《马克思恩格斯文集》第8卷，人民出版社2009年版，第29页。
④ 《马克思恩格斯选集》第1卷，人民出版社2012年版，第194页。
⑤ 《马克思恩格斯选集》第1卷，人民出版社2012年版，第404页。
⑥ 《马克思恩格斯选集》第1卷，人民出版社2012年版，第405页。

不可避免地受到资本主义的冲击。相较于资本主义这一先进的社会形态而言，东方社会无疑是落后的，因为资本主义有最先进的现代生产力。对于落后、不发达国家来说，它们只能通过经济发展，也就是通过最先进最进步的生产力，来为摆脱"从属"走向自由奠定坚实的物质基础。所以马克思设想的俄国公社假如"直接变成现代社会所趋向的那种经济体系的出发点，不必自杀就能获得新的生命"① 包含有经济与历史的双重视角，既揭示了历史发展逻辑规律的普遍性，也说明了社会发展演变的多样性。中国直接跨越了"卡夫丁峡谷"，在世界历史中走向社会主义。中国的现代化尽管在原初意义上是被强行拉入世界历史进程，但走出了一条具有历史多样性的道路，从这个意义上说，中国式现代化体现了历史发展合规律性与合目的性、历史规律与历史选择的辩证统一。

三是从历史选择和政党使命来看，中国共产党百年奋斗，为中国式现代化提供了深厚的历史与实践根基。唯物史观认为历史是人民群众创造的，同时也科学评价个人对于社会历史的推动作用。"群众是划分为阶级的……在多数场合，至少在现代的文明国家内，阶级是由政党来领导的；政党通常是由最有威信、最有影响、最有经验、被选出担任最重要职务而称为领袖的人们所组成的比较稳定的集团来主持的。"② 正是因为中国共产党是历史的选择，是人民的选择，所以自成立起，就"把实现共产主义作为党的最高理想和最终目标，义无反顾肩负起实现中华民族伟大复兴的历史使命"③。中国共产党之所以能够作为世界上第一大执政党，领导着世界上人口最多国家，长期执政70多年，创造了中国特色社会主义现代化事业的辉煌成就，就在于中国共产党是代表着中华民族利益的无产阶级政党，它始终将人民群众凝聚成为不可分离的共同体，以使命执政来统一意志和行动，将实现中华民族伟大复兴的历史使命转化为中国式现代化的生动实践。

第一，中国共产党的成立，标志着中国式现代化有了坚强的领导

① 《马克思恩格斯全集》第 19 卷，人民出版社 1963 年版，第 451 页。
② 《列宁选集》第 4 卷，人民出版社 2012 年版，第 151 页。
③ 习近平：《决胜全面建成小康社会 夺取新时代中国特色社会主义伟大胜利——在中国共产党第十九次全国代表大会上的报告》，人民出版社 2017 年版，第 13 页。

力量。当时中国尝试了各种主义、各种道路、各种模式，但都无法改变中华民族和国家濒临危亡的命运。"世界历史是个整体，而各个民族是它的'器官'"①，十月革命为中国无产阶级走上马克思主义道路提供了样本，激发了中国无产阶级发动社会主义革命的意识。当时中国最突出的社会现实，不仅只是经济的落后，而且是现代与传统、新与旧、先进与落后并存，这种矛盾二重性既表现在生产力上，也表现在由其所决定的阶级关系以及思想观念上。早期马克思主义者李大钊认为马克思唯物史观开启了历史新纪元，要想从根本上解决中国问题，则要"废除统治与屈服的关系"，"打破擅用他人一如器物的制度"。② 需要进行社会主义革命，革命是现代社会建设的第一需要。"一切的政策，一切的主义，都在物质上经济上有他的根源"③，社会主义是对现存秩序批判性的实践行动，包含着对新秩序的憧憬与构想；社会主义是全社会的改革，是无产阶级对政权的统揽，"此时所欲解决的，不是政治问题，乃是经济问题"④。中国先进知识分子在五四运动之后，对马克思主义尤其是唯物史观进行了广泛详细介绍和传播，深刻认识到马克思主义是科学真理，中国革命迫切需要以马克思主义为指导的领导力量。只有中国共产党才能承担这一重大历史使命，社会主义革命是通往现代化的重要途径，是"改造现世界对症之方"⑤。

第二，新民主主义革命为中国式现代化做好了道路铺垫。毛泽东看到，"十月革命，改变了整个世界历史的方向"⑥，中国不可避免地受到冲击，中国的命运与世界资本主义体系紧密联系在一起，中国的社会矛盾多重复杂，需要通过一种特殊的革命方式加以解决。他对当时中国社会矛盾的准确把握以及提出的新民主主义革命是解决中国问题的唯一出路，充分体现了他对中国社会发展是历史必然性与选择性

---

① 《列宁全集》第55卷，人民出版社2017年版，第273页。
② 《李大钊文集》（下），人民出版社1984年版，第574页。
③ 《李大钊文集》（下），人民出版社1984年版，第148页。
④ 《李大钊文集》（下），人民出版社1984年版，第613页。
⑤ 《蔡和森文集》（上），人民出版社2013年版，第56页。
⑥ 《毛泽东选集》第2卷，人民出版社1991年版，第667页。

相统一认识的思维与方法智慧。就历史的整体性而言，新民主主义革命与世界无产阶级运动、世界现代化共处于大历史中并且遥相呼应，它是建立在生产力发展、世界交往的基础之上的，是世界历史的重要环节；就历史的必然性而言，"全部问题都在于使现存世界革命化，实际地反对并改变现存的事物"①，面向民族独立和解放的新民主主义革命，为中国的现代化发展创造了根本社会条件。新民主主义革命是由历史关系、消灭现存状况的经验可能性所促成的，也是由现实社会经济的衰败落后、国内阶级基础的复杂多元、国外资本主义生产方式的冲击渗透等复杂的社会现实所决定的。新民主主义革命的胜利，使得被世界现代化远远抛在后面并处于其强力压迫之下的中华民族站了起来。

第三，伴随着改革开放和社会主义现代化建设，中国式现代化探索真正启航。党的十一届三中全会高度评价关于真理标准问题的讨论，确定了正确思想政治方向，国内社会生产生活秩序稳步恢复，反霸权主义事业取得阶段性胜利，中国在外交方面的努力为向好的国际环境奠定了基础。但社会发展也面临各方面的困难，各种经济体制问题的存在、政治上的不安定因素以及否定社会主义的思潮，对现代化建设造成思想上的阻碍。邓小平站在时代制高点，提出要走一条符合中国国情的社会主义现代化道路，即"从中国的特点出发"②的现代化。这一现代化道路是以邓小平同志为主要代表的中国共产党人对中国社会主义和现代化建设实践的经验总结，也是对当时中国发展和社会建设面对新问题新情况所必须坚持的目标方向的理论概括，它具有如下的基本规定性：中国共产党是社会主义现代化的组织者、领导者，是保证社会主义现代化前进方向的核心力量；这一现代化的本质，是坚持走社会主义道路，以社会主义的方式来实现现代化；改革决定着现代化事业成败，改革既要解决社会主义社会的基本矛盾、当前的主要矛盾，因为"我们的生产力发展水平很低"③，所以要提高

---

① 《马克思恩格斯文集》第 1 卷，人民出版社 2009 年版，第 527 页。
② 《邓小平文选》第 2 卷，人民出版社 1994 年版，第 164 页。
③ 《邓小平文选》第 2 卷，人民出版社 1994 年版，第 182 页。

生产力，进行社会化大生产，"把社会主义经济全面地转到大生产的技术基础上来"①，同时也要关注以往没有出现过的也没有预料到的新矛盾、新问题，尤其是诸如"生产关系和上层建筑"②的改革问题；社会主义现代化的关键抓手是"科学技术的现代化"③；这是"一场深刻的伟大的革命"④，既需要解放思想、团结一致的坚定信心，也需要正确科学的"管理方法、管理制度、经济政策"⑤。

第四，中国特色社会主义的新时代实践，实现了中国式现代化的创新性发展。新时代是中国式现代化道路发展的新坐标，是对中国式现代化所具有的历史承接性与脉络延续性的标识。新时代既是中国共产党领导中国人民进行现代化道路探索的薪火相传，在历经新民主主义革命、社会主义革命和建设、改革开放和社会主义现代化建设的伟大进程基础之上，发展到一个重要历史阶段的必然飞跃，也提出中国式现代化站在新的起点、新的高度去开创更恢宏未来的必然要求。中国式现代化的创新性发展，表现在以习近平同志为核心的党中央，从顶层战略、中观政策、微观路径方面，对现代化进行了全面部署和安排，提出了涉及经济发展、政治稳固、文化繁荣、社会安定、生态和谐等各领域各环节各过程的现代化建设的要求与目标，在党的百年现代化探索史与建设史上具有突出的成就："五位一体"总体布局，丰富了中国式现代化的理论体系；"四个全面"战略布局，夯实了中国式现代化的现实基础；"两步走"战略安排，科学明晰了中国式现代化的目标步骤；共同富裕、农民平等参与现代化进程分享现代化成果、民族地区的现代化、人与自然和谐发展现代化建设新格局等，丰富了中国式现代化的价值追求；人类命运共同体、"一带一路"建设、共商共建共享的全球治理观，拓展了中国式现代化的国际条件。新时代，中国式现代化获得了创生活力，从被动走向主动、从局部走向全面、从粗放走向内涵、从依附走向创生，上升为一种文明自觉与民族

---

① 《邓小平文选》第 2 卷，人民出版社 1994 年版，第 150 页。
② 《邓小平文选》第 2 卷，人民出版社 1994 年版，第 141 页。
③ 《邓小平文选》第 2 卷，人民出版社 1994 年版，第 86 页。
④ 《邓小平文选》第 2 卷，人民出版社 1994 年版，第 152 页。
⑤ 《邓小平文选》第 2 卷，人民出版社 1994 年版，第 149 页。

自觉。

总之，"没有唯物史观就没有正确的、卓有成效的社会主义实践"①。人类解放和社会全面发展是唯物史观的使命关切，而唯物史观也必须在解决具体的社会实践所提出的问题中不断保持自身的生命活力。中国式现代化，不是盲目自发的历史进程，而是中国共产党所探寻到的通往民族富强和人类解放的现实道路，是中国人民自己创造的历史，也是对马克思主义中国化的伟大实践的理论总结和价值升华。中国式现代化，并非是对西方资本主义发展方向和发展样式的依循，毋庸置疑，它的真正源头在中国共产党领导人民进行革命、建设和改革的实践历程中，在马克思主义政党自身历史使命的实现历程中，在"周虽旧邦，其命维新"的理想追求与精神禀赋中。

三　中国式现代化的内涵特质

中国式现代化是中国共产党在不同历史时期，基于不同生产力发展水平、社会基本矛盾、时代任务、历史经验而进行的理论、策略及制度构建，它深深植根于中华民族站起来、富起来到强起来的历史规律和历史逻辑中，深刻体现了中国共产党百年现代化伟业的历史辩证法。同时，在最广大、最现实和最生动的中国特色社会主义伟大实践中，不断彰显自身的内涵与要义。也正是因为中国共产党，能够深刻认识到中国式现代化所具有的独特内涵，并将其上升为对历史规律的必然性认识——"建设富强民主文明和谐的社会主义现代化国家，实现中华民族伟大复兴，是鸦片战争以来中国人民最伟大的梦想，是中华民族的最高利益和根本利益"②，智慧地转变为正确的决策，所以能够在每一个不同发展阶段，凝聚全社会的意志和力量，共同参与到现代化的实践中，丰富与拓展现代化的内涵特质，这是中国式现代化成功的总体性、关键性经验。具体而言，中国式现代化的内涵特质体现在如下方面：

一是实践的历史性。实践的历史性，是历史唯物主义与辩证法原

---

① 陈先达：《历史唯物主义与当代中国》，中国人民大学出版社 2019 年版，第 163 页。
② 《习近平谈治国理政》第 1 卷，外文出版社 2018 年版，第 169 页。

则的体现，表明中国的现代化要立足于中国实际，立足于中国变化的条件，立足于中国社会基本矛盾。它既说明了中国式现代化的出发点、立足点是实践，也表明了中国式现代化本身就是社会历史实践，它是在面对具体的中国社会历史现实基础之上历史地生成的，现代化的实践离不开对于具体社会历史内涵的思考，也离不开对于中国命运的总体思考。对于中华民族伟大复兴而言，现代化是最具理论性和实践性的问题，中国式现代化，表明现代化在中国革命、建设和改革的具体实践中产生了效果，形成了中国经验，改变了中国社会面貌也改变了世界格局。同时中国的现代化实践经验，可以总结和升华为新时代的现代化理论，以此来丰富社会主义现代化理论，拓展不同国家走向现代化的道路。从 1954 年周恩来提出的"四个现代化"，到党的十九届五中全会清晰展望 2035 年中国基本实现社会主义现代化的远景目标，到习近平总书记提出的中国式现代化新道路、中国共产党将团结带领中国人民深入推进中国式现代化，党的十九届六中全会对中国式现代化道路取得的成就、为世界作出的贡献的经验总结，中国式现代化在新时代逐步获得了凸显的中国特性和主体性。

二是发展的价值性。"发展是人类社会永恒的主题"①，发展的价值性，充分说明了中国式现代化所要解决的根本问题是发展问题，发展是中国式现代化的重要价值理念，发展本身也彰显着中国式现代化内蕴的战略价值，意味着社会主义现代化强国和中华民族伟大复兴价值理想的实现。在中国式现代化实践中，逐步形成了对中国的现代化要实现什么样的发展、通过什么方式来实现这种发展、这种发展究竟为了谁、发展的意义何在等一系列问题的理论认识，这就是发展理念。发展理念是对发展价值性的理论自觉，它形成并发展于中国现代化的实践中，同时也支撑和引导着中国的现代化实践。中国共产党能够立足历史与现实、国内与国际，针对发展问题进行探索，所以能够在不同历史时期对现代化究竟以何种发展理念来引导，采取什么样的发展战略、发展方针、发展政策、发展路径来实现不同时期现代化目

---

① 习近平：《致"纪念〈发展权利宣言〉通过 30 周年国际研讨会"的贺信》，《人民日报》2016 年 12 月 5 日第 1 版。

标和任务，形成正确、理性、科学的认识。从新中国成立之初，快速追赶的发展理念，到今天的新发展理念，反映了中国式现代化实践的艰辛曲折历程和取得的巨大发展成就。面对复杂变局，中国式现代化的发展要求和重点发生了重大改变：发展和安全兼顾和统筹、在发展中改善民生，促进公平正义、"推动人的全面发展、全体人民共同富裕取得更为明显的实质性进展"①，但发展要提升质量和效益，不断解决现代化进程中的各种矛盾，努力实现人的全面发展的价值取向是不变的。

三是人民的主体性。人是"表现和确证他的本质力量所不可缺少的、重要的对象"②，主体性是对人的实践性、自主性、创造性的确证，社会历史就是不断彰显人的目的性、选择性和能动性的历史，是体现在人类社会生产生活各个领域的人的主体性得以发挥和实现的历史，是人不断突破自我限度实现解放的历史。人类历史是人民群众创造的，彰显了"群众的历史主动性"③，人民的主体性体现了唯物史观的原则，是对人民主体地位、主体利益与主体力量的强调。中国式现代化是代表中国人民利益、符合中国人民愿望与需要的现代化，是以人民为中心、为人民服务的现代化。人民是中国式现代化事业的建设者、劳动者与参与者，是社会主义社会的全部成员和整体力量。中国式现代化之所以取得巨大成就，究其根源，其本质和经验在于我们的"国家制度深深植根于人民之中，能够有效体现人民意志、保障人民权益、激发人民创造力"④。新时代，中国式现代化获得日益丰富的内涵，表现在：立足于人民城市实现城市治理现代化，各民族共同发展的现代化，共建共治共享的社会治理现代化，满足人民美好数字生活、共享网络化成果的数字化，亿万农民共同建设共同享有的农业农村现代化，满足人民优美生态环

---

① 《中共中央关于党的百年奋斗重大成就和历史经验的决议》，人民出版社 2021 年版，第 24 页。

② 《马克思恩格斯全集》第 42 卷，人民出版社 1979 年版，第 167—168 页。

③ 《列宁全集》第 14 卷，人民出版社 2017 年版，第 379 页。

④ 习近平：《坚持、完善和发展中国特色社会主义国家制度与法律制度》，《求是》2019 年第 23 期。

境需要的生态现代化，以人民健康为本的公共卫生治理现代化，等等，贯穿始终的是将人民的主体性作为社会主义现代化的最高价值诉求和最基础的价值支撑。

四是创新的动力性。创新反映着人类内在的本质性力量，它是代表着人类独特性、主动性、创造性的实践活动，也是主体性、反思性的思维建构。在马克思看来，创新是资本主义生产方式的变革，是传统社会迈向现代社会的动力之源。熊彼特系统建构起创新理论，揭示资本主义发展源源不竭的动力机制。创新是现代化的内在要求，也是推动现代化的重要动力。纵观世界现代化进程，可以发现那些重视创新并能够将创新上升为国家战略、重视社会创新能力培养的民族和国家，会获得发展的内生动力与主动权。以英国为例，其现代化和与之相伴随的城市化，就是由技术变革和创新所引发的工业革命所开启的，伦敦成为当时最具影响力的全球城市。而后来在第二次工业革命时，由于缺乏创新意识和创新热情，所以无法争取到创新主动权，从而由强盛走向衰落。在中国，正是因为中国共产党有着非常敏锐的创新意识，才深刻认识到创新是决定国家发展全局的重大举措，创新能力是国家强大的重要能力，而且中国共产党既有创新的信心与决心，也能创新、敢创新，能够将创新思维转化为创新实践，所以中国式现代化有了强劲的发展动力。习近平总书记强调，创新是"民族进步的灵魂，是一个国家兴旺发达的不竭动力，也是中华民族最深沉的民族禀赋"[①]。把创新置于国家发展战略核心的高度，全面推动创新，形成社会创新的浓厚氛围，这也是中国式现代化所彰显的中国式创新的体现。

五是文明的超越性。文明是唯物史观中重要的基本范畴，它标志着人类社会的发展趋势和进步状态，代表着社会进步与社会秩序，它是人类实践的创造性成果。现代化是文明进步的标志，是人类对更高文明形态的追求，现代化的进程也是文明不断实现自身发展的超越性过程。文明的超越性，体现了中国式现代化在世界文明发展

---

① 习近平：《在欧美同学会成立 100 周年庆祝大会上的讲话》，《人民日报》2013 年 10 月 22 日第 2 版。

史上所开创出来的独特文明样态。超越可以从两个维度来理解，一是中华文明自身的发展进步，二是对资本主义现代文明的超越。具体而言，中国式现代化从中华文明基因中汲取营养，形成坚守"以民为本"的价值底蕴、崇尚"天人合一"的生态理念、推行"和而不同"的交往之道、追求"天下为公"的共同理想的现代化发展道路，彰显了深厚的文明根基；不断吸收世界文明成果，克服了近代以来中国存在的社会困境、国家困境和文明困境，以社会主义的方式解决世界现代化进程中普遍存在的重要问题，努力跨越各种陷阱，以坚守全人类共同价值、构建人类命运共同体占领人类文明道义高地，打破资本主义文明主导的现代性、单边主义对文明多样性的阻碍，实现对"西方以资本为中心的现代化、两极分化的现代化、物质主义膨胀的现代化、对外扩张掠夺的现代化"① 的超越。中国式现代化所展现的文明，是创新、协调、绿色、开放和共享的文明，是强调物质文明、政治文明、精神文明、社会文明、生态文明和人的文明协调统一的高度的社会主义文明，是在全球治理以及促进世界和平发展中贡献了自己力量的文明。

四 结语

从社会主义制度的全面确立到中国之治，从工业现代化到全面现代化，可以说，如果没有历史唯物主义与社会主义实践，没有马克思主义基本原理与中国现实、中国问题、中国实践相结合，就没有中国在世界现代化中所创造的从追赶到超越的奇迹，就没有中国式现代化的生机和繁荣。中国共产党作为马克思主义政党所坚守的观照全人类的大党情怀、推动世界和平发展的大党担当以及促进人类文明进步的大党使命，正是在中国式现代化的实践中形成并发展的。坚定不移地推进中国式现代化，需要运用辩证唯物主义和历史唯物主义立场、观点、方法，深刻把握新征程上将面临的新矛盾与新挑战，尤其是中等收入陷阱的跨越、科技创新的突破、经济高速

---

① 习近平：《以史为鉴、开创未来 埋头苦干、勇毅前行》，《求是》2022 年第 1 期。

增长之后的滞缓、应对重大风险能力的提升等突出矛盾和问题。同时需要坚持党的百年奋斗之"十个坚持"的历史经验，不断凝聚奋进美好现代社会的共识，将中国式现代化的经验持续转化为推动人类文明新发展的强大力量。

（已发表于《哲学研究》2022 年第 6 期）

二　马克思恩格斯哲学思想的当代价值

通过"中国化"创新"马克思哲学"研究的"中国马克思主义哲学"范式

曹典顺　范　云[*]

回顾马克思主义中国化的发展历程，尤其是改革开放以来马克思主义哲学中国化的发展历史，可以欣喜地看到，作为马克思主义哲学中国化理论成果的"中国马克思主义哲学"，已经具有了"哲学范式"的意蕴。汪信砚教授在 2008 年就开始用哲学范式的视角来诠释马克思主义哲学的中国化问题[①]，前不久又出版了《马克思主义哲学中国化——理论与方法》的著作[②]。这一著作是汪信砚教授近 20 年研究马克思主义哲学中国化的概括，是对当代中国马克思主义哲学中国化研究的系统阐述。该著作之所以引起笔者的关注，除了该著作具有重大的学术价值和时代意义外，与本人近年来也在关注和研究"中国马克思主义哲学"的范式问题有关，如本人近年来就撰写过《建构当代中国马克思主义哲学研究的"范式"与"学派"》[③] 等关涉"中国马克思主义哲学"的论文。受汪信砚教授这一著作的启发，笔者认为

---

　* 曹典顺，江苏师范大学哲学范式研究院教授、中国马克思主义哲学史学会马克思恩格斯哲学思想研究分会副会长；范云，江苏师范大学哲学范式研究院硕士研究生。

　① 汪信砚：《当代中国马克思主义哲学的研究范式》，《中国社会科学》2008 年第 2 期。

　② 汪信砚：《马克思主义哲学中国化——理论与方法》，人民出版社 2021 年版。

　③ 曹典顺：《建构当代中国马克思主义哲学研究的"范式"与"学派"》，《哲学研究》2012 年第 3 期。

应该就"中国马克思主义哲学"范式问题再进行一次哲学基础理论意义上的追溯。

一 将"中国马克思主义哲学"理解为实践意蕴上的"中国化"思想创新

"马克思哲学"诞生之后,就一直遇到来自正反两个方面的困扰,反的方面认为"马克思哲学"不具有合理性,正的方面则是将"马克思哲学"视为不可撼动的"教条"。相对于反的方面而言,正的方面的"教条化"理解,危害性更为巨大,也就是说,如果不能突破"马克思哲学"可以"内容创新"的理论束缚,"马克思主义哲学中国化"就只能是一个伪命题,即必须反思性地将"马克思主义哲学中国化"理解为"思想意蕴"上的"马克思哲学"的"中国话语"①。之所以有人将"马克思哲学"理解为不能够进行"内容创新"的"教条",是因为这种观点认为,"马克思哲学"是真理,而真理是不能够创新的。的确,"马克思哲学"是真理,是不能被篡改或不能被异化的,但这并不意味着"马克思哲学"不能够丰富其理论内容。就"马克思哲学"是"真理"而言,"马克思哲学"虽然是"产生于西方'语境'的学问"②,但它不仅强调建构在一定社会现实基础之上的实践,而且揭示了整个人类社会发展的普遍规律,所以,被人们视为"真理"。就人们对"马克思哲学"的"教条化"理解而言,存在两方面的误解。其一,人们混淆了"教义"与"真理"的区别,将"马克思哲学"理解为"教义"。正如恩格斯所言,"马克思的整个世界观不是教义,而是方法"③。"马克思哲学"不同于宗教的"教义",它不是由人所规定的、不可撼动的教条,而是对现实世界及其规律的正确认识,是经得起实践考验,并且能够根据具体条件的变化而发展自身的"真理"。因此,将"马克思哲学"理解为教条的做法,从本

---

① 汪信砚:《马克思主义哲学中国化——理论与方法》,人民出版社 2021 年版,第 127 页。

② 《陶德麟自选集》,学习出版社 2012 年版,第 423 页。

③ 《马克思恩格斯文集》第 10 卷,人民出版社 2009 年版,第 691 页。

质上来说，就是对“马克思哲学”的误解。其二，人们混淆了“绝对真理”与“相对真理”，将“马克思哲学”仅理解为“绝对真理”。“马克思哲学”是“绝对真理”与“相对真理”的统一，一方面，“马克思哲学”揭示了自然、社会和人的思维发展的普遍规律，是经得起实践检验的；另一方面，“马克思哲学”是在不断发展变化的“相对真理”，即“马克思哲学”基本原理的运用应当随时随地都要以当时的历史条件为转移。仅将“马克思哲学”理解为是唯一的、确定的、不可改变的，是对“马克思哲学”的误解。因此，“马克思哲学”的研究者们应当澄清这两种误解，从而对“马克思哲学”进行建立在社会实践基础之上的“内容创新”。

“马克思哲学”的研究内容并不能穷尽所有的“社会实践”，也就是说，只要社会实践还在不断丰富和发展，那么，“马克思哲学”就应该和必须实现“内容创新”，只有如此，才能够履行哲学应该反映时代精神精华的使命。当然，“马克思哲学”能否实现“内容创新”的关键在于人们对实践地位的认识，即实践应当被置于“马克思哲学”“内容创新”的核心位置。这里所指的实践并不是黑格尔式的纯粹精神性的实践，而是基于人类现实社会的物质性生产实践。因为，马克思强调的并不是认识意蕴上的解释世界，而是实践意蕴上的改造世界，马克思所创设的“马克思哲学”也是一种要求“对现存状态进行变革”① 的哲学理论，这种哲学理论内在地要求共产主义者们“实际地反对并改变现存的事物”，“使现存世界革命化”②。事实上，马克思本人十分排斥“意识形态家们”的文字游戏。所谓“意识形态家们”的文字游戏，指的是“意识形态家们”往往将提出的思想和概念说成是历史上发展着的“概念的自我规定”③，把一切客观存在的物质性因素剥离出人类社会历史的发展进程。在这种情况下，人类社会历史的发展就成为了这些“意识形态家们”所创造的历史，“任凭自己的思辨之马自由奔驰”。这种将客观存在的物质世界肆

---

① 林彩燕：《“中国梦思想逻辑”与“人自由全面发展”》，《江苏师范大学学报》（哲学社会科学版）2020 年第 1 期。

② 《马克思恩格斯文集》第 1 卷，人民出版社 2009 年版，第 527 页。

③ 《马克思恩格斯文集》第 1 卷，人民出版社 2009 年版，第 554 页。

意改造成为抽象的、碎片化的精神世界的做法是十分荒谬的，"真正的理论创新总是源自一定时代社会实践的需要"①。这种社会实践所需要的"理论创新"，实质上就是马克思哲学履行其反映时代精神精华的哲学使命所需要实现的"内容创新"。中国特色社会主义现代化建设的伟大实践为马克思哲学的"内容创新"提供了丰富的思想资源，当代中国的马克思主义哲学研究只有与中国的具体实际相结合，从改革开放的实践经验中挖掘能够促进"马克思哲学""内容创新"的资源，才能真正实现"马克思哲学"在实践意蕴上的"内容创新"。

中国马克思主义哲学研究者在总结改革开放前三十年的中国道路探索经验的基础上提出，"中国马克思主义哲学"应该从社会实践意义上进行"马克思主义哲学中国化"的研究与实践，其目的就是要从丰富的中国道路实践中概括和提炼出"马克思哲学"的创新内容。从思想本质上理解，它依然属于"马克思哲学"的成果范畴，也就是说，它既不违背"马克思哲学"的基本思想，又能够以"马克思哲学"的形式进入此前"马克思哲学"没有介入过的思想领地。"中国马克思主义哲学"是在"马克思哲学"的研究基础上实现的理论创新，是"马克思主义哲学与中国具体实践相结合的哲学理论"②，"伴随中国实践而不断丰富的时代精神的精华"③。这种理论创新实质上是基于中国道路建设发展实现的"马克思哲学"研究意蕴上的"内容创新"，也是实践意蕴上的"马克思主义哲学中国化"的"思想创新"。通过"中国化"创新"马克思哲学"形成的"中国马克思主义哲学"既不是对"马克思哲学"的理论改造，也不是对"马克思哲学"进行碎片化使用的主观任意，而是在尊重"马克思哲学"基本思想的基础上，实现的"马克思哲学"的"内容创新"，是"马克思哲学"思想的丰富和发展。如果不把"中国马克思主义哲学"理解

---

① 汪信砚：《马克思主义哲学中国化：传统与创新》，北京师范大学出版社 2018 年版，第 153 页。

② 曹典顺：《基于中国道路的中国马克思主义哲学生成逻辑》，《理论探讨》2021 年第 3 期。

③ 曹典顺：《基于中国道路的中国马克思主义哲学生成逻辑》，《理论探讨》2021 年第 3 期。

为实践意蕴上的"马克思主义哲学中国化"的"思想创新",就很容易产生对"中国马克思主义哲学"与"马克思主义哲学中国化"的种种误解,如错误地认为"'马克思主义哲学中国化'是一个虚假的命题"①,"中国马克思主义哲学是马克思哲学的'异端'","中国马克思主义哲学只是'正统的'马克思主义哲学的'复制品'"②,等等。就"中国马克思主义哲学"实现"内容创新"的实践基础而言,改革开放以来的中国道路建设为"马克思哲学"的"内容创新"提供了丰富的理论创新资源,是中国道路建设不可或缺的中国智慧与中国方案。

二 将"马克思哲学"的理论"植入"到当下中国的"现实生活世界"之中

伴随着"马克思主义哲学中国化"实践进程的不断深入,创新出能够科学指导中国道路的哲学理论,就显得越来越重要,也就是说,只有"自觉"地将"马克思哲学"的理论"植入"到当下中国社会的"现实生活世界"之中,才有可能创设出反映"马克思主义哲学中国化"实践成果的哲学理论——"中国马克思主义哲学",即才能够"按照中国的特点去应用马克思主义哲学,使马克思主义哲学在中国具体化"③。从"马克思主义哲学中国化"研究的进程来看,自20世纪80年代起的中国马克思主义哲学研究就呈现出范式创新且多样化创新的特点,单一的研究范式无法满足中国社会建设发展的需要,也不符合"马克思哲学"与时俱进的理论本性。所以,为了适应社会发展的需要,"马克思哲学"的研究就必须进行范式上的创新,否则就会束缚社会发展的前进步伐。如传统教科书范式虽然在中国社会建

---

① 汪信砚:《马克思主义哲学中国化:传统与创新》,北京师范大学出版社 2018 年版,第 119 页。

② 汪信砚:《马克思主义哲学中国化与中国马克思主义哲学的中国特性——对于西方学者关于中国马克思主义哲学的两种谬见的回应》,《马克思主义研究》2018 年第 12 期。

③ 汪信砚:《马克思主义哲学中国化——理论与方法》,人民出版社 2021 年版,第 17 页。

设早期发挥了重要作用，但其自身存在诸多问题，如误把"现象"作为"现实"、讲坛哲学与论坛哲学分离、神化中国传统哲学、膜拜西方哲学等①，这些问题的存在严重阻碍了中国现代化的发展，所以，必须突破传统教科书范式，进行"马克思哲学"研究的范式创新。随着越来越多的中国马克思主义哲学研究者们关注并重视这一问题，"马克思哲学"研究的范式创新开始呈现出"多元范式"②的趋势。这种趋势"使中国马克思主义哲学研究呈现出空前繁荣的局面"③。然而，这种发展趋势也潜藏着危机，即"面临着因失去共同的理论原则而有可能分崩离析或蜕变为一般哲学研究的危险"④。因此，当代中国马克思主义哲学研究既应该进行范式创新，又应该在坚持"马克思哲学"普遍原理的基础上，创设"中国马克思主义哲学"范式，以防范和应对上述危机，保证当代中国马克思主义哲学研究能够完成其所肩负的理论使命。

"中国马克思主义哲学"之所以被认为是在"马克思主义哲学中国化"践行中所实现的范式创新，是因为"中国马克思主义哲学"是在与"马克思哲学""中国传统哲学"，以及与"西方哲学"对话之中创设的马克思哲学研究的新范式，是马克思主义哲学与中国传统文化的结合。"中国马克思主义哲学"不仅应该成为"中国的西方哲学研究和对中国传统哲学研究"的重要领域，还应该成为这两者的研究范式。⑤ 也就是说，哲学研究者们需要将马克思主义哲学、西方哲学和中国传统哲学放置在一个统一的视阈内，对"马克思主义哲学中国化"进行研究。一方面，从"中国马克思主义哲学"肩负的使命

---

① 曹典顺：《语境与逻辑：当代中国马克思主义哲学教科书范式嬗变》，《马克思主义与现实》2012 年第 2 期。

② 曹典顺：《建构当代中国马克思主义哲学研究的"范式"与"学派"》，《哲学研究》2012 年第 3 期。

③ 汪信砚：《马克思主义哲学中国化——理论与方法》，人民出版社 2021 年版，第172 页。

④ 汪信砚：《马克思主义哲学中国化——理论与方法》，人民出版社 2021 年版，第172 页。

⑤ 汪信砚：《马克思主义哲学中国化——理论与方法》，人民出版社 2021 年版，第59 页。

来看,"中国马克思主义哲学是对中国问题思考而形成的、关于中国问题的具体哲学,肩负着探索'中国向何处去'的使命"①。"中国马克思主义哲学"需要思考如何解决中国道路建设过程中所面临的实际问题,这些实际问题的解决离不开对中国具体实际的考量。所谓中国的具体实际,"既包括中国的现实实际,也包括中国的历史实际,即中国的传统文化"②。这就是说,中国的传统文化是中国的马克思主义哲学研究者们在"马克思主义哲学中国化"践行过程中需要重视的思想资源。另一方面,从马克思本人的学术追求来看,虽然马克思批判旧哲学只是用不同的方式解释世界,忽视了哲学更为重要的改变世界的使命,但这并不意味着,马克思本人否定认识世界和解释世界的重要性,马克思并没有全盘否定传统西方哲学。他所创设的"马克思哲学",吸收了费尔巴哈哲学的"基本内核"与黑格尔哲学的"合理内核",在批判德国古典哲学的基础上实现了对传统西方哲学的超越。按此逻辑理解,"中国马克思主义哲学"的创新性发展也不应该忽视西方哲学。特别是改革开放加快了中国现代化的前进步伐,随着西方思潮的大量涌入,中国社会呈现出更加开放、更加包容的发展样态,中国的马克思主义哲学研究者们更应当正视西方哲学,在"马克思主义哲学中国化"的践行中汲取西方哲学的思想资源,更好地发展"中国马克思主义哲学"。

"中国马克思主义哲学"是"马克思主义哲学中国化"的哲学表达,也可称之为哲学范式表达。就哲学范式的意义理解,"中国马克思主义哲学"实现了三个方面的创新。其一,实现了"马克思主义哲学中国化"的思维方式创新。在"马克思主义哲学中国化"研究问题上,存在一种思维方式上的误区,即有学者认为,可以用"马克思主义哲学在中国"的命题取代"马克思主义哲学中国化"的命题③。这一思维误区始终否认了"马克思哲学"在中国本土化的可能性。

---

① 曹典顺:《语境与逻辑:当代中国马克思主义哲学教科书范式嬗变》,《马克思主义与现实》2012 年第 2 期。

② 汪信砚:《马克思主义哲学中国化——理论与方法》,人民出版社 2021 年版,第 86 页。

③ 汪信砚:《"马克思主义哲学中国化"辨误》,《哲学研究》2008 年第 10 期。

"中国马克思主义哲学"所实现的"马克思主义哲学中国化"的思维方式创新，首先是对这一思维误区的纠正。这就是说，"中国马克思主义哲学"范式下所理解的"马克思主义哲学中国化"不仅是指"马克思哲学"在中国的传播，更是"马克思哲学"与中国具体实际的结合。其二，实现了"马克思主义哲学中国化"的研究路径创新。"中国马克思主义哲学"所实现的"马克思主义哲学中国化"的研究路径创新，主要表现为对传统教科书范式与教科书改革范式的研究路径的突破。这就是说，"中国马克思主义哲学"不是以"教科书模式作为最基本的哲学理论框架和解释原则"①，在教科书体系下进行的规范的"马克思哲学"研究，应当突破这一束缚，实现"马克思哲学"研究的创新发展。其三，拓宽了"马克思哲学"的研究问题和研究领域，是对"马克思哲学"理论的"中国解读"。正如黑格尔所言，"一个民族除非用自己的语言来习知那最优秀的东西，那么这东西就不会真正成为它的财富"②。中国的马克思主义者们如果想要更好地运用"马克思哲学"来指导中国建设，就应该将"马克思哲学"中国化，拓宽"马克思哲学"的研究问题和研究领域，创新发展"马克思哲学"，使"马克思哲学"成为中国的哲学理论。

"中国马克思主义哲学"是试图通过整合与统一"马克思哲学"研究的不同思路，消弭"马克思哲学"研究中存在的学术分歧，来实现对"马克思哲学"研究范式的创新③。这一"范式研究"的推进，不仅凝聚了"马克思哲学"研究的学术力量，而且推动了"马克思哲学"研究的发展，也就是说，"中国马克思主义哲学"真正实现了"马克思哲学"研究意义上的"范式创新"。这种"马克思哲学"研究意义上的"范式创新"，可以从中国的"马克思哲学"研究进程中探寻其重要性与必要性。中国马克思主义哲学研究者们在长期的研究过程中，运用不同的研究方法，通过多样化的研究视角和不同的研究

---

① 孙正聿：《崇高的位置：世纪之交的哲学理性》，吉林人民出版社1997年版。

② ［德］黑格尔：《黑格尔通信百封》，苗力田译，上海人民出版社1981年版，第202页。

③ 汪信砚：《马克思主义哲学中国化——理论与方法》，人民出版社2021年版，第340页。

思路,创造出丰硕的研究成果。但是,由于缺乏"中国马克思主义哲学"作为"马克思哲学"的研究范式,"马克思哲学"研究中产生的学术分歧往往很难消解,这在一定程度上延缓了"马克思哲学"的研究进程。因此,只有使"中国马克思主义哲学"成为"马克思哲学"研究者们自觉践行的"马克思哲学"的研究范式,才能够有效解决"马克思哲学"研究所存在的这一困境。因为,"中国马克思主义哲学"作为一个学术存在,可以被"概括为多种研究范式,如经济哲学研究范式、政治哲学研究范式、文化哲学研究范式和社会哲学研究范式等"[1]。即"马克思哲学"的研究仍可以通过多样化的研究思路与研究方法来进行,只是这些研究被纳入"中国马克思主义哲学"这一规定了"研究领域的合理问题和方法"[2] 的范式之中。也就是说,中国的"马克思哲学"研究者将"中国马克思主义哲学"自觉认同为"马克思哲学"研究所实现的范式创新,是对"中国马克思主义哲学"研究的学术资源与学术力量的整合与凝聚。"中国马克思主义哲学"实现了"马克思主义哲学与中国的时代主题和优秀文化的历史性发展","把中国问题的历史本质与现实的理论逻辑统一起来,形成中国的马克思主义哲学"[3],推进了"马克思哲学"研究的良性发展。

三 用"中国马克思主义哲学"完成了 "马克思哲学"的理论创新

从"马克思哲学"世界观的发展历程来看,"马克思哲学"实现了对传统唯心主义世界观的超越,创造性地提出了唯物史观理论。需要指出的是,唯物史观只是对整个人类社会历史发展进程作出了一般规律意义上的世界观概括,对于具体意蕴上的中国社会的发展和建设

---

① 曹典顺:《基于中国道路的中国马克思主义哲学生成逻辑》,《理论探讨》2021 年第 3 期。

② [美]托马斯·库恩:《科学革命的结构》,金吾伦、胡新和译,北京大学出版社 2012 年版,第 8 页。

③ 李俊文:《中国马克思主义哲学的发展进程与思考》,《学习与探索》2020 年第 11 期。

问题，马克思的唯物史观理论并没有论及，为了能够科学地、正确地指导现实意蕴上的中国道路建设，"马克思哲学"的研究就应该进行世界观意义上的"理论创新"，即"马克思主义哲学中国化研究的根本目的是要探明马克思主义哲学中国化的规律，以便为马克思主义哲学中国化的未来发展提供理论范导"①。"中国马克思主义哲学"要实现"马克思哲学"在世界观意义上的"理论创新"，并不是要否定"马克思哲学"的世界观理论，而是在肯定"马克思哲学"的世界观理论基础上实现创新发展，因此，"中国马克思主义哲学"的世界观理论，从本质上来说仍属于"马克思哲学"的世界观理论，是具有中国特色的"马克思哲学"的世界观理论。从这个意义上理解，"中国马克思主义哲学"所要实现的世界观意义上的"理论创新"既是必要的，也是必然的。"马克思哲学"的世界观理论要想指导中国道路的建设实践，就需要符合具体意蕴上的中国社会建设的发展规律，使得"人民自觉地引用马克思主义哲学的世界观和方法论观察和分析问题"②。由于"马克思哲学"的创立和发展的原初语境与当代中国社会现实存在很大的差别，所以，"马克思哲学"的世界观理论只有进行"理论创新"，才能够实现与中国道路建设实践密切联系，从而真正指导中国道路发展。

"中国马克思主义哲学"既是客观存在的"马克思主义哲学中国化"研究的理论概括，也是中国道路的哲学表达，这就是说，"中国马克思主义哲学"在"马克思哲学"的基础上，回答了中国应该走什么道路和怎样建设中国社会的哲学问题，即它属于创新了的"马克思哲学"的世界观问题。之所以认为"中国马克思主义哲学"是创新了的"马克思哲学"的世界观问题，是因为"中国马克思主义哲学"通过"运用马克思主义哲学考察和分析中国的当前现实，从中提

---

① 汪信砚：《在微观层次上深入开展马克思主义哲学中国化研究》，《武汉大学学报》（人文科学版）2006年第3期。

② 汪信砚：《马克思主义哲学中国化——理论与方法》，人民出版社2021年版，第333页。

升出具有时代性和普遍性的哲学问题……指导中国的当前实践"①。这种对中国当前社会实践的指导存在两方面不可忽视的前提。一方面,"中国马克思主义哲学"对中国现实社会的实践指导,应当建立在运用"马克思哲学"的基础上对中国当前现实进行考察和分析,即运用正确的世界观去考察中国当前现实。上文提及,"中国马克思主义哲学"并不是违背"马克思哲学"思想原则的另起炉灶,而是在尊重"马克思哲学"的基本原理、基本方法等基础上的创新发展。也就是说,"中国马克思主义哲学"虽然在世界观意义上与马克思所创立的"马克思哲学"有所不同,但并未违背"马克思哲学"思想原则,是基于"马克思哲学"与时俱进的理论品格所实现的创新发展。另一方面,本文所指的世界观,并不是通常意义上人们运用什么样的眼光去看待和分析事物的世界观,而是指"以哲学社会科学所形成的关于整体世界的思想为对象"②的一种世界观理论指导。这种世界观理论,是在"马克思哲学"对中国当前现实的考察与分析的基础上形成的,肩负着"指导中国的当前实践"的重任,它需要通过对"中国的当前现实"的考察与分析,探索出符合中国实际情况的指导方案。也就是说,"中国马克思主义哲学"对中国社会建设的指导,在一定意义上属于一种基于中国现实和中国实践的世界观理论指导。

"中国马克思主义哲学"对"马克思哲学"在世界观意义上的"理论创新"的实现,主要表现在三个方面:其一,"中国马克思主义哲学"实现了"马克思哲学"在世界观理论上的中国化。"马克思哲学"的发展经历了一个由"民族哲学"到"世界哲学",再到"民族哲学"的过程。前一个"民族哲学"是指"马克思哲学"诞生之初是以德国哲学的形式而存在的,而后一个"民族哲学"以中国的马克思主义哲学、苏联的马克思主义哲学、西方的马克思主义哲学等多种形态出现,是"马克思哲学"民族化的结果。"马克思哲学"的世界观理论同样如此,即"中国马克思主义哲学"所实现的"马克思

---

① 汪信砚:《马克思主义哲学中国化与当代中国哲学建设》,《马克思主义研究》2009年第 8 期。

② 曹典顺:《论哲学社会科学研究的世界观前提》,《学习与探索》2010 年第 1 期。

哲学"在世界观意义上的"理论创新",是"马克思哲学"的世界观理论中国化的成果,其被赋予了中国特性。其二,"中国马克思主义哲学"实现了"马克思哲学"在世界观理论上的时代化。"马克思哲学"与其他哲学的最大区别就在于它的实践性,正是实践性,使"马克思哲学"具有了与时俱进的理论品质,能够与时代的发展保持一致。"中国马克思主义哲学"立足于时代发展的前沿,将"马克思哲学"的世界观理论与时代发展、时代特征相结合,不仅以人类先进的文明成果丰富"马克思哲学"的世界观理论,而且不断开拓"马克思哲学"的世界观理论的新境界,赋予了"马克思哲学"的世界观理论以时代特性。其三,"中国马克思主义哲学"实现了"马克思哲学"在世界观理论上的大众化。马克思曾指出,"理论一经掌握群众,也会变成物质力量。理论只要说服人,就能掌握群众"①。"马克思哲学"的世界观理论的大众化,就是要让人民群众更好地认识、理解和自觉践行"马克思哲学"的世界观理论。

"马克思哲学"作为一种相对于中国传统社会的外来世界观理论,并非一开始就能够为中国人民所接受,而其要为中国人民所接受,哲学家们就应该进行世界观意蕴上"马克思哲学"研究,即哲学家们应当自觉将"中国马克思主义哲学"打造成能够符合中国社会发展需要且能够指导中国建设的科学的世界观。就如何打造这一"科学的世界观"而言,哲学家们需要注意两方面内容。一方面,创新"中国马克思主义哲学"为"马克思哲学"研究的"科学的世界观",离不开对"马克思主义中国化、时代化、大众化"②的大力推进;另一方面,应当明确"中国马克思主义哲学"就是"中国道路的哲学表达"③。就前者而言,马克思主义的中国化、时代化和大众化,能够帮助人们实现对马克思主义错误认知的廓清,认识到马克思主义是符合中国社会的"科学的世界观",从而进一步确证,作为马克思主义重要组成

---

① 《马克思恩格斯文集》第 1 卷,人民出版社 2009 年版,第 11 页。
② 汪信砚:《马克思主义中国化、时代化、大众化研究三题》,《山东社会科学》2010年第 11 期。
③ 汪信砚:《马克思主义哲学中国化与中国道路的哲学表达》,《哲学研究》2018 年第 1 期。

部分的"中国马克思主义哲学",不仅是"马克思哲学"改造世界意义上的"理论创新",还是"马克思哲学"研究的"科学的世界观"。就后者而言,当下时代仍属于"资本逻辑"起作用的时代,但随着时代的发展,"资本逻辑"在形态、内容等方面都发生了改变,传统的工业资本、金融资本等,被知识资本、文化资本等取代。①作为科学阐释"资本逻辑"的"马克思哲学"也应当随之实现创新,特别是"马克思哲学"在世界观上的创新,因为,哲学家们如果不对"马克思哲学"的世界观进行创新,以传统的观念来看待当今时代的"资本逻辑",就很可能无法对发生了巨大变化的"资本逻辑"进行正确且科学的诠释。"中国马克思主义哲学"正是基于对以上问题的考量,实现了"马克思哲学"研究在世界观上的创新。这种创新是"一个与中国道路探索密切相关的动态存在"②。"中国马克思主义哲学"作为与"中国道路探索密切相关的动态存在",诠释了"马克思哲学"的科学性与实践性,是"马克思哲学"研究的"科学的世界观"。

四 用"中国马克思主义哲学"实现了"马克思哲学"研究意蕴上的方法创新

从理论本性的角度理解,"马克思哲学"是一个开放发展的理论体系,需要不断地拓展研究领域和研究内容,但"以往人们的研究在方法论上存在着不少局限,它们严重地制约了马克思主义哲学中国化问题研究的广度、深度和创新程度"③,因此,如果不实现研究方法上的创新,就很难保证其对发展了的"马克思哲学"进行全面科学和深入的把握,以至于无法准确理解不断创新发展的"中国马克思主义哲学",也就是说,要实现"马克思哲学"研究的深入就应该进行方法

① 曹典顺:《当代中国马克思主义哲学研究的问题意识》,《哲学研究》2013 年第 11 期。
② 曹典顺:《基于中国道路的中国马克思主义哲学生成逻辑》,《理论探讨》2021 年第 3 期。
③ 汪信砚:《视野·论域·方法——马克思主义哲学中国化问题研究的三个方法论问题》,《哲学研究》2003 年第 12 期。

论上的创新。实验心理学家冯特曾说过，"科学的进展是同研究的方法上的进展密切相关联的"①，"马克思哲学"的研究亦是如此。马克思强调，"全部社会生活在本质上是实践的"②，所以，"马克思哲学"要想在真正意义上发挥改造世界的作用，仅仅依靠"科学的世界观"是远远不够的，还应该按照"正确的方法论"，实现由"精神力量"到"物质力量"的转化。因此，作为"马克思主义哲学中国化"的理论成果以及中国道路的哲学表达，"中国马克思主义哲学"也应该实现研究意蕴上的"方法论创新"。这一方法论上的创新，不仅有利于在方法论意义上解决"马克思主义哲学中国化"何以可能，以及如何可能的问题，还有利于确立"中国马克思主义哲学研究"所应该遵循的基本方法论原则，有效防止"中国马克思主义哲学研究"走歪路、走歧路。"马克思哲学"研究之所以要实现方法论上的创新，是要纠正和突破以往"马克思哲学"研究所存在的方法论局限，并且摆脱由这种局限所带来的"马克思哲学"研究僵化的制约，从而在广度和深度上推动"马克思哲学"研究的发展，进而为"中国马克思主义哲学"研究提供"正确的方法论"指导。

从中国先进文化形成和发展过程中理解"马克思主义哲学中国化"的"中国马克思主义哲学"，是从"马克思主义哲学中国化"运动本身来考察"马克思哲学"在中国的发展。"中国马克思主义哲学"拓宽了"马克思哲学"理论研究的研究论域，推动了"马克思哲学"中国化研究的深入，创新了"马克思哲学"的方法论。从"马克思主义哲学中国化"的历史进程考察，李大钊、陈独秀、李达等"开创了马克思主义哲学中国化传统"③。这种传统表现为早期的马克思主义者们自觉运用"马克思哲学"的"方法论揭示中国社会的特殊发展规律"④，并试图运用这些规律来分析中国社会的现实问题，探索出符合中国国情的革命道路。就此意义而言，这种"马克思主义哲学中国化传统"，通过"理论与实际相结合"的研究方法，实

---

① 张述祖：《西方心理学家文选》，人民教育出版社1983年版，第1页。
② 《马克思恩格斯文集》第1卷，人民出版社2009年版，第501页。
③ 汪信砚：《马克思主义哲学中国化传统的形成和发展》，《哲学动态》2014年第1期。
④ 汪信砚：《马克思主义哲学中国化传统的形成和发展》，《哲学动态》2014年第1期。

现了对"马克思哲学"改造客观世界功能的诠释,展现出具有中国特色的马克思主义哲学。也就是说,在"马克思主义哲学中国化"的早期,中国的马克思主义者们就开始自觉创新"马克思哲学"的方法论。其后的中国马克思主义者们,立足于"马克思哲学"的基本原理,围绕中国的具体实际创新出诸多的研究方法,如"实践检验真理标准"等,并在此基础上开创了改革开放的伟大事业,取得了中国现代化建设的新成就。"马克思哲学"传入中国至今,形成了众多"马克思哲学"研究的成果,"中国马克思主义哲学"作为其理论表达,在"马克思主义哲学中国化"进程中实现对"马克思哲学"在研究论域上的拓宽,即实现了"马克思哲学"从指导中国社会革命到社会改革再到社会建设的发展。

如果说"中国马克思主义哲学"从多维度视角研究、微观个案研究、内外两方面的比较研究三个方面实现了"马克思哲学"在方法论意义上实现的创新①,这种创新属于"中国马克思主义哲学"对"马克思哲学"的第一层次的研究范式创新。那么,在"中国马克思主义哲学"的第一层次研究范式之下,还需要探讨第二层次意义上的具象的"中国马克思主义哲学"。也就是说,第一层次研究视阈意蕴上的"方法创新"不仅表征了"中国马克思主义哲学"实现了"马克思哲学"在方法论上的创新样态,而且为"中国马克思主义哲学"的研究者预留了研究空间。根据唯物史观的演变逻辑进行划分,第二层次意义上的"马克思哲学"研究范式至少可以概括为三大范式,即哲学批判的研究范式、政治经济学批判的研究范式,以及人类学研究的研究范式。② 对这"三大范式"的具象研究,不仅强调了"马克思哲学"演进中的"问题意识"和"内在逻辑",更要求理论观照现实,即探讨"三大范式"理论对中国道路发展的意义与贡献,深入概括"中国马克思主义哲学"如何实现其对"马克思哲学"的方法论创新。只有对"马克思哲学"发展进程中的三大研究范式进行深度剖

---

① 汪信砚:《马克思主义哲学中国化——理论与方法》,人民出版社 2021 年版,第384—386 页。

② 曹典顺:《唯物史观理论演进的研究范式》,《中国社会科学》2019 年第 8 期。

析，厘清这三者之间的内在关联，才能够明晰"每种研究范式唯物史观的基本原理都是用理性逻辑的概念思维来把握现实生活世界"①，才能够真正明确"马克思哲学"的方法创新对于改变现实生活世界的重大意义。总之，"中国马克思主义哲学"就是要通过"马克思哲学"研究方法上的创新，推动"马克思哲学"研究范式的多元化发展，进而繁荣"中国马克思主义哲学"。

"中国马克思主义哲学"之所以被认为是认知逻辑上的"正确的方法论"，是因为"中国马克思主义哲学"的上述方法论意义上的范式研究方法，既实现了马克思主义哲学的中国化，也实现了中国传统哲学的现代化，也就是说，"中国马克思主义哲学"的认知逻辑实现了对"马克思主义哲学中国化"的正确和科学把握。从马克思主义哲学在中国的传播历史来看，"一开始就是中国马克思主义者自觉结合中国的具体实际来宣传、阐释和应用马克思主义哲学的过程"②。这种对马克思主义哲学的宣传、阐释与应用是建立在对中国实际情况的充分考察之上的，包括对当时中国现实社会发展状态的考察以及隐藏在社会现状背后的传统文化因素的分析。也就是说，如果没有将马克思主义哲学与中国传统文化相结合，实现中国传统哲学的现代化，那么，马克思主义哲学就很难得到中国社会的普遍认可。如果不把马克思主义哲学与中国现实相结合，那么，马克思主义哲学也不可能在中国得到广泛传播。除此之外，"中国马克思主义哲学"被认为是认知逻辑上的"正确的方法论"，还可以从两个"更有利于"中得到证明。其一，"中国马克思主义哲学"的认知逻辑更有利于"马克思哲学"研究的创新发展。从"马克思哲学"研究创新发展的视角理解，"马克思哲学"是一个不可切割的整体，对"马克思哲学"的研究与发展，应该避免苏联教科书体系的模式。在尊重"马克思哲学思想"原则前提下创新的"中国马克思主义哲学"，是对"马克思哲学"完整化、体系化的研究，其认知逻辑是"马克思哲学"研究上的"正

---

① 曹典顺：《唯物史观理论演进的研究范式》，《中国社会科学》2019 年第 8 期。

② 汪信砚：《马克思主义哲学在中国的传播与马克思主义哲学中国化》，《马克思主义研究》2013 年第 8 期。

确的方法论"。其二,"中国马克思主义哲学"的认知逻辑更有利于指导中国道路的建设。"中国马克思主义哲学"的认知逻辑的整体性,意味着"中国马克思主义哲学"可以从政治、经济、文化、社会、生态等方面,对中国现实社会的建设发展进行全面的指导。

五 结语

通过对作为哲学范式的"中国马克思主义哲学"的理论反思,以及在范式创新意义上对"中国马克思主义哲学"与"马克思主义哲学中国化"内在关联的论证,可以清晰地感受到《马克思主义哲学中国化——理论与方法》一书所展现出的问题意识,即该书所认为的,作为"马克思主义哲学中国化"理论与实践成果的"中国马克思主义哲学",不是"马克思哲学"的"化中国"逻辑解释或阐释,而是反思性、自觉性和原创性的"马克思哲学"的中国话语。该书的上述问题意识明确了"中国马克思主义哲学"应该也必须是"马克思主义哲学中国化"践行中所实现的"马克思哲学"的创新性成果。这种创新不仅体现在中国社会发展的实际需要、对中国传统文化考察与融合的需要等之上,还体现在"马克思哲学"研究内容上实现了创新,以及为了回答中国道路问题和指导中国社会建设问题所进行的世界观与方法论上的创新。本文通过对"中国马克思主义哲学"的范式论证,回应了汪信砚教授提出的"马克思主义哲学中国化"理应成为当代中国马克思主义哲学研究范式的逻辑,阐明了如何通过这种研究范式来拓宽"马克思哲学"的研究论域,阐明了中国社会发展的现实需要和中国道路的建设等问题都与"中国马克思主义哲学"存在着内在和不可分割的关联。人们只有深入剖析"中国马克思主义哲学"与"马克思主义哲学中国化"的这种内在关联,才能够更为清晰地认识到"中国马克思主义哲学"在当下中国所取得的巨大成就中作出了怎样的贡献,从而有利于深化"中国马克思主义哲学"所具有的科学性与正确性研究,推进"中国马克思主义哲学"研究向纵深方向发展。

(已发表于《兰州大学学报》(社会科学版) 2022 年第 4 期)

马克思"真正的共同体"思想的
历史演变及其当代启示

桑明旭*

近年来，随着"人类命运共同体"的阐释和研究成为学术热点，有关马克思共同体思想的探讨也空前高涨起来。其中，以马克思"真正的共同体"思想为基础理论资源来阐释"人类命运共同体"并将后者指认为前者在当代的具体实践，是一个较为主流的研究方式。毫无疑问，"人类命运共同体"理念的提出有着深刻的马克思共同体思想渊源。回到马克思论述"真正的共同体"的原初语境，准确揭示这一思想的历史演变及其内在逻辑，并以此思考当前构建人类命运共同体的相关理论和实践，有着基础理论问题研究和重大现实问题阐释的双重学术意义。

一 马克思"真正的共同体"思想的历史演变过程

马克思的"真正的共同体"思想并非一经提出就达到了马克思主义的理论高度。通过分析马克思在不同时期的代表性论述，我们可以宏观把握其"真正的共同体"思想从不成熟到成熟的发展演变过程。

马克思对"真正的共同体"的首次正面论述出自《〈科隆日报〉

---

* 桑明旭，苏州大学哲学系教授、中国马克思主义哲学史学会马克思恩格斯哲学思想研究分会副会长兼秘书长。

第 179 号的社论》（1842 年 6—7 月）。在该文中，针对《科隆日报》第 179 号社论有关"国家'照管'的范围要大一些"的观点，马克思批评道："国家的真正的'公共教育'就在于国家的合乎理性的公共的存在。国家本身教育自己成员的办法是：使他们成为国家的成员；把个人的目的变成普遍的目的，把粗野的本能变成合乎道德的意向，把天然的独立性变成精神的自由；……与此相反，社论不是把国家看作是相互教育的自由人的联合体，而是看作是被指定接受上面的教育并从'狭隘的'教室走进'更广阔的'教室的一群成年人。"①需要指出的是，根据马克思不同时期的用词习惯，在这里使用的"自由人的联合体"概念以及后来使用的"自由王国"概念，在所指层面上与"真正的共同体"概念是一致的。从马克思思想发展进程来看，此时的马克思是一个黑格尔主义者，是青年黑格尔派的一员；从这一论述的内容来看，此时马克思的"自由人的联合体"思想或"真正的共同体"思想也明显受到黑格尔哲学的影响。在这里，马克思借助黑格尔哲学意在表达的观点是，既然国家是"伦理理念的现实"和"绝对自在自为的理性"②，那么它必然是由合乎道德意向、富有自由精神、兼具集体性和个性的自由人组合而成的共同体。因此，如果把教育变成是接受某种扼杀人的自由的上级指令，那么这种做法则是违背国家理性的。这一时期，马克思还在其他两个文本中谈及"真正的共同体"。一篇是《评部颁指令的指控》。在该文中，针对有关"《莱茵报》企图'阐述旨在动摇君主制原则的理论'"的指令，马克思反驳道："《莱茵报》从来没有偏爱某一特殊的国家形式。它所关心的是一个合乎伦理和理性的共同体。"③ 另一篇是《关于〈莱茵报〉遭到查封的备忘录》。马克思在该文中再次强调："该报所涉及的主要是内容，是自由人应该成为国家原则那种意义上的民主。该报要求在国家中实现合乎理性和合乎伦理的共同体的那些条件。"④在这里，"自由人应该成为国家原则"的联合体或"合乎理性和合乎

---

① 《马克思恩格斯全集》第 1 卷，人民出版社 1995 年版，第 217 页。
② ［德］黑格尔：《法哲学原理》，商务印书馆 2017 年版，第 288 页。
③ 《马克思恩格斯全集》第 1 卷，人民出版社 1995 年版，第 426 页。
④ 《马克思恩格斯全集》第 1 卷，人民出版社 1995 年版，第 965 页。

伦理的共同体"也就是这一时期马克思所理解与认可的"真正的共同体"。很显然，这种理解和论点，不论是叙述风格还是理论逻辑，黑格尔的痕迹都是十分明显的。

马克思对"真正的共同体"的第二次正面论述出自《评一个普鲁士人的〈普鲁士国王和社会改革〉一文》（1844 年 7 月）。在这篇文章中，马克思第一次明确使用了"真正的共同体"概念。针对《普鲁士国王和社会改革》一文关于"'在人们不幸脱离了共同体和他们的思想离开了社会原则这种状况下爆发的'起义会被扼杀"① 的论断，马克思批评道："工人自己的劳动使工人离开的那个共同体是生活本身，是物质生活和精神生活、人的道德、人的活动、人的享受、人的本质。人的本质是人的真正的共同体。"② "那个脱离了个人就引起个人反抗的共同体，是人的真正的共同体，是人的本质。"③ 在马克思写下上述文字的时代，从人的本质出发理解人的生存状态与共同体形式，是费尔巴哈人本学的鲜明特征。从马克思思想发展历程来看，在这一时期费尔巴哈对马克思的影响确实"比黑格尔以后任何其他哲学家都大"④，用恩格斯的话来说，他和马克思"一时都成为费尔巴哈派了"⑤。从上述论述的内容来看，费尔巴哈人本学也是其中的主导逻辑。在这里，马克思借助费尔巴哈人本主义逻辑想要强调的是，"真正的共同体"不同于"政治共同体"，它不是先验的国家理性的外化，而是人的应然生活状态，这种应然生活状态体现着人的本质。应当说，不再将"真正的共同体"理解为国家理性的现实化或外化，而是理解为人的本质即人本身，是马克思"真正的共同体"思想的一大进步。事实上，在《莱茵报》后期，马克思已经意识到了"合乎伦理和理性的共同体"的内在矛盾。按照黑格尔的逻辑，国家理性的现实化可以克服市民社会的混沌和任性从而形成"真正的共同体"，但是现实状况却恰好相反，国家总是维护私人利益，阻碍"真正的共

---

① 《马克思恩格斯全集》第 3 卷，人民出版社 2002 年版，第 393 页。
② 《马克思恩格斯全集》第 3 卷，人民出版社 2002 年版，第 394 页。
③ 《马克思恩格斯全集》第 3 卷，人民出版社 2002 年版，第 395 页。
④ 《马克思恩格斯文集》第 4 卷，人民出版社 2009 年版，第 266 页。
⑤ 《马克思恩格斯文集》第 4 卷，人民出版社 2009 年版，第 275 页。

同体"的形成。正是在费尔巴哈人本学的启发下，马克思"真正的共同体"思想在理论出发点上才实现了从国家理性到人的本质的转换。但是也要看到，正如马克思后来所反思的那样，他此时对人的本质的理解是抽象的，这决定其"真正的共同体"思想也是抽象的，即对与"真正的共同体"有关的所有问题的解释都只能遵循"人的本质的复归"这一应然逻辑，并在"人是人的最高本质"这一命题中寻找答案。

马克思对"真正的共同体"的第三次正面论述出自他和恩格斯合写的《德意志意识形态》和《共产党宣言》。《德意志意识形态》中说："从前各个人联合而成的虚假的共同体，总是相对于各个人而独立的；由于这种共同体是一个阶级反对另一个阶级的联合，因此对于被统治的阶级来说，它不仅是完全虚幻的共同体，而且是新的桎梏。在真正的共同体的条件下，各个人在自己的联合中并通过这种联合获得自己的自由。"①《德意志意识形态》是马克思初创唯物史观与清算从前哲学信仰（尤其是对费尔巴哈哲学的信仰）的开篇之作。在这里，马克思不再将"真正的共同体"理解为人的本质，而是将它理解为与"冒充的共同体""虚假的共同体""虚幻的共同体"相反的共同体形式，即建立在生产力高度发展和普遍交往基础之上、各个人可以摆脱异己力量制约的自由人联合体。在这种共同体中，不存在一些人反对另一些人、一个阶级反对另一个阶级，在特殊利益和共同利益的矛盾得到根本解决的条件下，每个人都可以在共同体中获得自由全面发展。《共产党宣言》中说："代替那存在着阶级和阶级对立的资产阶级旧社会的，将是这样一个联合体，在那里，每个人的自由发展是一切人的自由发展的条件。"② 也就是说，当生产力发展到一定历史阶段即公共权力的政治性质消失、阶级差别消失以及个体获得真正自由的时候，由"自由人"联合而成的共同体也就祛除了虚幻、虚假的性质，成为"真正的共同体"。可见，奠基在唯物史观之上的"真正的共同体"思想不再遵循人本主义的应然逻辑，而是遵循以现实的个

① 《马克思恩格斯文集》第1卷，人民出版社2009年版，第571页。
② 《马克思恩格斯文集》第10卷，人民出版社2009年版，第666页。

人及其物质生产实践为出发点、以生产力发展及其导致的分工、私有制和阶级斗争的变化为分析线索的客观逻辑。

马克思对"真正的共同体"的第四次正面论述出自《资本论》及其手稿。在这里，马克思将唯物史观的研究方法具体化为政治经济学批判，通过剖析资本主义生产方式，对"真正的共同体"展开了更为细致的分析和论证。马克思在《1857—1858 年经济学手稿》中分析"资本主义生产以前的各种形式"时指出："在资产阶级社会里，工人完全丧失了客体条件，他只是在主体上存在着；而和他对立的东西，现在却变成真正的共同体，工人力图吞食它，但它却吞食着工人。"① 马克思在此处对"真正的共同体"的论述与前文提到的几处不同，它在这里主要指"现实的共同体"，即在现代资本主义社会中实际存在并居于主导地位的共同体。马克思认为，正是由于交换价值的普遍化造成了个体的孤立和群的解体，这导致现代资本主义社会的共同体呈现出颠倒的特征，即"真正的共同体"不是自由个体的联合，而是自由货币的联合，"货币同时直接是现实的共同体"②。在《资本论》第一卷，马克思在分析"商品的拜物教性质及其秘密"时说道："设想有一个自由人联合体，他们用公共的生产资料进行劳动，并且自觉地把他们许多个人劳动力当作一个社会劳动力来使用。在那里，鲁滨逊的劳动的一切规定又重演了，不过不是在个人身上，而是在社会范围内重演。"③ 马克思在这里所表达的观点是，在"自由人联合体"或"真正的共同体"中，商品的拜物教性质消失了，劳动虽然还具有社会性质，但已不再是抽象的社会劳动；劳动产品虽然还是社会产品，但已不再具有交换价值属性，超越资本关系制约的一个个现代意义上的"鲁滨逊"组成了"真正的共同体"。在《资本论》第三卷中，马克思在论述"三位一体的公式"时指出，"自由王国只是在必要性和外在目的规定要做的劳动终止的地方才开始；因而按照事物的本性来说，它存在于真正物质生产领域的彼岸。……在这个必

---

① 《马克思恩格斯全集》第 30 卷，人民出版社 1995 年版，第 489—490 页。
② 《马克思恩格斯全集》第 30 卷，人民出版社 1995 年版，第 178 页。
③ 《马克思恩格斯全集》第 44 卷，人民出版社 2001 年版，第 96 页。

然王国的彼岸，作为目的本身的人类能力的发挥，真正的自由王国，就开始了”①。“自由王国”与“真正的共同体”是意义相同的概念，马克思在这里使用“自由王国”概念，意在凸显“真正的共同体”的如下特征：人的生产活动不再受外在的必要性和目的性支配，人的能力的发挥和发展才是共同体及其成员的目的和需要。

二 马克思“真正的共同体”思想 历史演变的基本维度

通过上述分析可以发现，马克思“真正的共同体”思想不是一经出场就保持不变的，而是先后经历了黑格尔主义、“费尔巴哈派”（恩格斯语）和唯物史观三大阶段，在唯物史观阶段也存在一个从唯物史观初创到唯物史观具体化运用即政治经济学批判的演进过程。具体而言，马克思“真正的共同体”思想的历史演变可以逻辑地划归为如下维度。

第一，在存在样态上，实现了从“政治共同体—类共同体—自由人联合体”的转变。在黑格尔主义阶段，马克思认为“真正的共同体”是合乎理性和伦理的政治共同体。在“费尔巴哈派”阶段，马克思区分了人的两种生活，“前一种是政治共同体中的生活”，“后一种是市民社会中的生活”② 即人的类生活，后者是前者的基础。在现代社会，异化劳动夺走了人的类生活，扬弃异化劳动、重塑人的类生活的共同体即是“真正的共同体”。创立唯物史观之后，马克思认识到共同体的存在样态并不取决于抽象的类本质和类生活，而是“取决于他们进行生产的物质条件”③。基于此，马克思不再将“真正的共同体”理解为“类共同体”，而是将其理解为建立在生产力高度发展和普遍交往基础之上的“自由人联合体”。

第二，在现实主体上，实现了从“政治公民—抽象个体—现实个

---

① 《马克思恩格斯全集》第 46 卷，人民出版社 2003 年版，第 928—929 页。
② 《马克思恩格斯全集》第 3 卷，人民出版社 2002 年版，第 172—173 页。
③ 《马克思恩格斯文集》第 1 卷，人民出版社 2009 年版，第 520 页。

人"的转变。在黑格尔主义阶段，马克思认为人的本质在于其政治属性，在于其政治公民的身份，"真正的共同体"的主体是作为国家成员的政治公民。进入"费尔巴哈派"阶段，马克思放弃了这一观点，强调一个人"只有作为个体，他才能成为国家公民"①，人的本质不在于其是国家一员，"人的根本就是人本身"②。创立唯物史观之后，马克思对人的本质的理解突破了西方人本主义传统，明确将人的本质理解为"一切社会关系的总和"③。在实际生活中，每个人都是处在不同社会关系中的现实的个人，抛开具体社会关系的人是不存在的。现实的个人是一切共同体的主体，"真正的共同体"的主体则是实现自由全面发展的现实的个人，其具体特征是"自由个性"④。

第三，在内在原则上，实现了从"理性原则—人本原则—生产原则"的转变。在黑格尔主义阶段，马克思认为"真正的共同体"的内在原则是国家理性，"国家应该是政治理性和法的理性的实现"⑤，可以塑造个体的自由公民意识，克服市民社会这一"需要的体系"的局限和不足，一旦现实生活中出现干扰和破坏"真正的共同体"的相关因素，国家理性将会对其进行纠正。在"费尔巴哈派"阶段，马克思认为"真正的共同体"的内在原则是人本原则，即"人是人的最高价值""人是人的最高本质""人是目的不是手段"等人本主义道德律令。这些道德律令可以实现人的本质的完全复归，为"真正的共同体"的运行提供保障。创立唯物史观之后，马克思转向从物质生产出发来理解和把握"真正的共同体"的内在原则，当然，这种物质生产超越了私有制和强制性分工的制约，是一种自觉的、有计划的生产。

第四，在所有制基础上，实现了从"私人占有—共同占有—重建个人所有"的转变。在黑格尔主义阶段，马克思在《关于〈莱茵报〉遭到查封的备忘录》中强调，倡导建立"合乎理性和合乎伦理的共同

---

① 《马克思恩格斯全集》第 3 卷，人民出版社 2002 年版，第 97 页。
② 《马克思恩格斯全集》第 3 卷，人民出版社 2002 年版，第 207 页。
③ 《马克思恩格斯文集》第 1 卷，人民出版社 2009 年版，第 501 页。
④ 《马克思恩格斯全集》第 30 卷，人民出版社 1995 年版，第 108 页。
⑤ 《马克思恩格斯全集》第 1 卷，人民出版社 1995 年版，第 118 页。

体"的主张与君主制原则并不矛盾,"它把君主制国家看作是理性国家的可能的实现"①。从逻辑上看,既然认为可以在君主制国家建立"真正的共同体",那么也就相当于将私人占有或私有制这种君主制国家的所有制形式看作是"真正的共同体"的所有制基础。进入"费尔巴哈派"阶段,马克思转向扬弃私有制的立场,并在阐释"真正的共同体"与私有财产、异化劳动的关系的过程中对私有制进行了严厉批判。创立唯物史观之后,对私有制的批判更是构成马克思分析"真正的共同体"的最为直接的理论支撑。他认为,正是"由于私有制摆脱了共同体,国家获得了和市民社会并列并且在市民社会之外的独立存在"②,并采取"虚幻的共同体""虚假的共同体""冒充的共同体"等共同体形式。因而,以共产主义革命的方式建立"真正的共同体","就是同传统的所有制关系实行最彻底的决裂"③,并对生产资料实行集体占有。在政治经济学研究中,马克思立足于对资本主义私有制的批判性分析,强调要"在资本主义时代的成就的基础上","在协作和对土地及靠劳动本身生产的生产资料的共同占有的基础上,重新建立个人所有制"④。这种重新建立的个人所有制,构成了"真正的共同体"的所有制基础。

第五,在公共利益与私人利益的关系上,实现了从"公共优先—私人优先—公私融合"的转变。在黑格尔主义阶段,公共利益优先是马克思"真正的共同体"思想的基本主张。依照黑格尔的理论逻辑,现实的共同体或市民社会是私人利益冲突和角逐的战场,"必须有一个国家作为独立的东西在它面前"⑤,以维护和保障公共利益,从而才能以此为前提确保私人利益的真正实现。进入"费尔巴哈派"阶段,马克思意识到国家代表的不是公共利益,而是私人利益。一切共同体都由追求私人利益的个体构成,"'思想'一旦离开'利益'就一定

① 《马克思恩格斯全集》第 1 卷,人民出版社 1995 年版,第 965 页。
② 《马克思恩格斯文集》第 1 卷,人民出版社 2009 年版,第 584 页。
③ 《马克思恩格斯文集》第 2 卷,人民出版社 2009 年版,第 52 页。
④ 《马克思恩格斯全集》第 44 卷,人民出版社 2001 年版,第 874 页。
⑤ [德] 黑格尔:《法哲学原理》,商务印书馆 2017 年版,第 224 页。

会使自己出丑"①，私人利益总是处于优先位置，在"真正的共同体"中也不例外。马克思在创立唯物史观之后对私人利益与公共利益的关系有了更加深刻的认识，他认为不论是私人利益优先还是公共利益优先，都不是"真正的共同体"的价值取向。"真正的共同体"是超越私人利益与公共利益冲突、实现私人利益与公共利益融合的共同体，这种融合同时意味着私人利益和公共利益本身的消解。

第六，在个体与共同体的关系上，实现了从"颠倒的整体性—抽象的个体性—现实的公共性"的转变。在黑格尔主义阶段，马克思侧重于强调共同体之于个体的意义，因为在他看来，作为整体的国家具有克服个体局限性的功能和作用。进入"费尔巴哈派"阶段，马克思认为在"真正的共同体"中个体之间的关系不应该被异化为人与物的关系，不应该表现为人与人的分离和疏远，而应该表现为作为同一物种或类的人与人之间的关系。很显然，马克思此时更加重视人的个体性，当然这是脱离现实社会关系的抽象个体性。创立唯物史观之后，马克思在辩证意义上阐明了个体与共同体的关系在"真正的共同体"中的表现形式：一方面，个体的自由全面发展以及个体之间的自由联合只有在共同体之中才具备实现的条件，"只有在共同体中，个人才能获得全面发展其才能的手段"，"只有在共同体中才可能有个人自由"②；另一方面，"每个人的自由发展是一切人的自由发展的条件"，共同体（一切人）及其发展并不优先于个体（每个人）。显然，这是一种超越个体与共同体对立、倡导个体与共同体协同发展的、现实的、公共性的观点。

第七，在历史坐标上，实现从"现代民主制阶段—人的本质复归阶段—必然王国的彼岸"的转变。处于黑格尔主义阶段的马克思是一个激进的民主主义者，他在批判普鲁士官僚等级制度、书报检查制度的过程中，呼吁在现代民主制原则基础上建立"真正的共同体"，并认为"这样一种共同体的要求应该而且可以在任何国家形式下实

---

① 《马克思恩格斯文集》第1卷，人民出版社2009年版，第286页。
② 《马克思恩格斯文集》第1卷，人民出版社2009年版，第571页。

现"①。也就是说,当一个国家真正践行了民主制原则,也就建立了"真正的共同体"。进入"费尔巴哈派"阶段,马克思转向了共产主义立场,并认为"真正的共同体"的历史坐标在"通过人并且为了人而对人的本质的真正占有"②的历史阶段。创立唯物史观之后,马克思一方面坚持了共产主义立场,另一方面剔除了之前所持的抽象人本主义因素,强调"真正的共同体"的历史坐标在资本逻辑被彻底扬弃之后,即"必然王国的彼岸"。

第八,在实现方式上,实现了从"构建新的国家形式—扬弃异化劳动(抽象意义上)—生产力高度发展"的转变。迈向"真正的共同体"是马克思毕生的追求,在其思想深受黑格尔影响的时候,构建"一种同更深刻、更完善和更自由的人民意识相适应的崭新的国家形式"③,被他视作"真正的共同体"的实现方式。在"费尔巴哈派"阶段,马克思认为人的本质完全复归后的共同体才是"真正的共同体",而扬弃异化劳动则是人的本质完全复归的条件。创立唯物史观之后,马克思认识到不是异化劳动决定私有制,而是私有制决定异化劳动,从而转向从生产力高度发展、交往普遍化、私有制和分工灭亡、无产阶级革命等多个维度阐述"真正的共同体"的实现方式。在后续的政治经济学研究中,马克思基于对现代资本主义生产方式的辩证批判,从资本的文明面及其内在矛盾、物的依赖性阶段为"自由个性"阶段所创造的条件、利润率趋向下降规律以及自由时间的增加、工作日的缩短等宏观与微观诸多方面对"真正的共同体"的实现方式进行了更为细致的阐释。

三 马克思"真正的共同体"思想的历史演变与"人类命运共同体"

在当前,系统梳理马克思"真正的共同体"思想的历史演变及其

---

① 《马克思恩格斯全集》第 1 卷,人民出版社 1995 年版,第 426 页。
② 《马克思恩格斯全集》第 3 卷,人民出版社 2002 年版,第 297 页。
③ 《马克思恩格斯全集》第 1 卷,人民出版社 1995 年版,第 306 页。

内在逻辑，之于澄清马克思主义基础理论问题的重要价值是不言而喻的。同时，这项研究对于推进有关"人类命运共同体"的理论阐释和实践探索也具有基础性的启示。

第一，马克思"真正的共同体"思想具有清晰的历史逻辑，不能非历史地对待和援引这一思想。毋庸置疑，在"人类命运共同体"的阐释和研究中，马克思"真正的共同体"思想是基础性的理论资源，但是，如果我们占有的理论资源和引证的理论观点仅仅是马克思在黑格尔主义阶段、"费尔巴哈派"阶段所阐发的不成熟思想，那么我们以此所开展出的理论研究不仅会大大降低马克思"真正的共同体"思想的应有理论高度，而且也会遮蔽"人类命运共同体"的真正内涵。因此，我们亟须清晰地认识和把握马克思"真正的共同体"思想的历史逻辑，准确区分这一思想的不成熟状态与成熟状态，自觉站在唯物史观和政治经济学批判基础之上来阐释这一思想之于"人类命运共同体"的重要意义。

第二，"真正的共同体"与"人类命运共同体"存在区别，不能将二者直接等同起来。澄清马克思"真正的共同体"思想的历史演变，以马克思创立唯物史观之后阐发的理论观点为依据，可以发现二者存在如下区别。一是存在样态不同。"人类命运共同体"是以共同利益为基础、共同价值为取向的全球发展共同体，而"真正的共同体"则是建立在生产力高度发展和普遍交往基础之上的"自由人联合体"。二是现实主体不同。"人类命运共同体"的现实主体是全球化时代的民族国家，在民族国家依然存在的历史阶段，现实的个人还谈不上真正的自由，因为"一到有可能谈自由的时候，国家本身就不再存在了"①。与之不同，"真正的共同体"的现实主体是获得"自由个性"的现实的个人。三是内在原则不同。"人类命运共同体"的内在原则是联合国宪章的宗旨和原则，正如习近平总书记所言："我们要继承和弘扬联合国宪章的宗旨和原则，构建以合作共赢为核心的新型国际关系，打造人类命运共同体。"②"真正的共同体"的内在原则是

---

① 《马克思恩格斯文集》第 3 卷，人民出版社 2009 年版，第 414 页。
② 《习近平谈治国理政》第 2 卷，外文出版社 2017 年版，第 522 页。

超越资本主义生产方式基础之上的自觉的、有计划的生产。四是所有制基础不同。"人类命运共同体"立足当代世界资本主义私有制和社会主义公有制并存的所有制现实,而"真正的共同体"的所有制基础则是公有制以及在公有制基础之上重新建立的个人所有制。五是私人利益与公共利益的关系不同。这种关系在"人类命运共同体"中主要表现为"在追求自身利益时兼顾他方利益,在寻求自身发展时促进共同发展"①,即在承认主体利益存在矛盾冲突的基础上合理管控矛盾冲突,以实现最大化的合作共赢。在"真正的共同体"中,私人利益和共同利益则实现了彻底融合。六是个体与共同体的关系不同。在"人类命运共同体"中,个体与共同体的关系依然建立在普遍交换或"物的依赖关系"基础之上。在"真正的共同体"中,个体实现了自由发展,并且这种自由发展构成共同体(一切人)自由发展的条件。七是历史坐标不同。当今世界依然处在全球资本主义时代和"必然王国"阶段,这构成"人类命运共同体"的宏观历史坐标。"真正的共同体"的历史坐标则处在全球资本主义的彼岸,"必然王国"的彼岸。八是实现方式不同。从根本上说,实现"人类命运共同体"和"真正的共同体",都依赖于生产力的发展,但是前者所依赖的生产力主要表现为全球产业的合理分工、全球资源的合理分配以及各个国家和地区之间的务实合作,而后者所依赖的生产力则需要达到扬弃私有制和分工之后的高度发达状态。

第三,"真正的共同体"与"人类命运共同体"存在深度关联,不能简单地将二者割裂开来。澄清马克思"真正的共同体"思想的历史演变,以马克思创立唯物史观之后阐发的理论观点为依据,我们同样可以发现二者存在如下关联。一方面,"人类命运共同体"以"真正的共同体"为长远目标指向。面对当今时代全球发展和全球治理的诸多难题,构建人类命运共同体的首要任务便是打造合作共赢的新型国际关系,促进全球可持续发展。这是构建人类命运共同体的直接目标指向。从马克思"真正的共同体"思想来看,任何共同体都是不断

---

① 习近平:《论坚持推动构建人类命运共同体》,中央文献出版社 2018 年版,第207 页。

发展着的，而"真正的共同体"是一切共同体发展的未来前景。因而，不论是从"人类命运共同体"理念来看，还是从"人类命运共同体"的客观发展趋势来看，迈向"真正的共同体"都是一个清晰明确的长远目标指向。另一方面，"真正的共同体"以"人类命运共同体"为现实基础条件。在《1857—1858年经济学手稿》中，马克思将共同体发展分为自然形成的共同体、抽象的共同体、真正的共同体三个阶段，并强调"第二个阶段为第三个阶段创造条件"①。基于此，总体上处于共同体发展第二个阶段的"人类命运共同体"为"真正的共同体"的实现创造必要的条件，是不言而喻的事实。不仅如此，这种条件作用还表现为，构建人类命运共同体不是被动地顺应"第二个阶段"的发展，而是积极主动地引领和推动人类社会迈向"第三个阶段"。

第四，在"真正的共同体"中，个体与共同体的关系是辩证的，在构建人类命运共同体的过程中也要辩证地对待和处理这组关系。对个体与共同体关系的认识的不断深化，是马克思"真正的共同体"思想演变的基本线索。既然"人类命运共同体"是以"真正的共同体"为长远目标指向的，那么在它的建构过程中，也要坚持个体与共同体的协同发展。一方面，要充分彰显全球共同体之于各个民族国家的重要性，积极抵制和批判单边主义、霸权主义思潮。另一方面，要坚持民族国家的主体性地位，自觉与那些倡导消解民族国家主体性的后现代主义思潮划清界限。坚持各个民族国家的独立自主地位和主权平等，是构建人类命运共同体的基本主张，这一主张与西方相关论者所强调的"民族国家已经过时""民族国家正在终结"② 等观点存在本质不同，我们不能在弘扬共同体意识的时候滑入后现代主义的理论误区。

第五，"人类命运共同体"是现实的共同体，不能仅仅将其理解为一种主观价值设想；构建人类命运共同体不能单纯地依托于理性和道德的力量，而是要诉诸实际的行动。马克思对"真正的共同体"的

---

① 《马克思恩格斯全集》第30卷，人民出版社1995年版，第108页。

② 俞可平：《全球治理引论》，《马克思主义与现实》2002年第1期。

理解的发展变化告诉我们，任何共同体都具有历史性和现实性，都是由现实的个人组合而成。这对我们的启示在于，"人类命运共同体"不仅是一种全球发展理念和全球治理方案，更是可以在现代世界历史阶段构建而成的人类生存发展状态。我们不能将其矮化为黑格尔意义上的绝对理念或费尔巴哈意义上的类本质。同时，在构建人类命运共同体的过程中，倡导全人类秉承公共理性、树立共同价值固然十分重要，但是也要看到，公共理性、共同价值是建立在共同的生产活动及其决定的共同利益基础之上的，并且公共理性的原则和共同价值的观念也只有通过实际的行动才可能转化为现实。关于这一点，正如习近平总书记指出的那样："构建人类命运共同体，关键在行动。"①

（已发表于《求索》2022 年第 5 期）

---

① 习近平：《论坚持推动构建人类命运共同体》，中央文献出版社 2018 年版，第418 页。

马克思资本权力批判思想及其意义

刘志洪*

资本的权力化业已成为现实的突出现象与学界的流行话语。其实，在马克思那里，资本本身就是一种权力，并且是现代资产阶级社会支配一切的权力。不同权力形态之间总是发生着复杂的相互作用，从而在特定时间中形成相对稳定的权力架构，深刻地形塑社会的面貌与历史的变迁。特别是当中的主导权力，在很大程度上规约社会历史的总体水准与运行方向。资本在现代资本世界权力架构中处于主导地位，决定着此权力架构的总体面貌与变化方向，规约着人类的生存状态与社会的发展方向。在资本及其权力支配下，现代人类取得了长足进步，但又陷入诸多深层悖论之中，无法实现根本的发展和真正的自由。马克思深刻揭示了资本掌控的这种最高权力及其历史效应，阐发了扬弃资本权力、通达美好未来的道路。然而，目前为止，它尚未得到应有的重视与研究，甚至尚未完全进入研究者的视野。现实和理论共同呼唤马克思资本权力思想的"出场"与"在场"，使资本权力这一当代资本世界的权力主宰得以进一步澄明。

一 资本权力的矛盾

黑格尔强调，矛盾是"一切自己运动的根本，而自己运动不过就

---

* 刘志洪，中国人民大学哲学院副教授、中国马克思主义哲学史学会马克思恩格斯哲学思想研究分会副秘书长。

是矛盾的表现。外在的感性运动本身是矛盾的直接实有"①。矛盾规约事物的面貌与运动。马克思深刻地解剖了资本权力的矛盾。在资本权力内部和周遭充斥着深刻的矛盾，这些矛盾展开与解决的方式，形塑了这种权力的总体规定与行进路径。虽然所有权力形态都具有矛盾或必然遭遇矛盾，但资本权力的矛盾最为深刻和突出。对于资本的矛盾，马克思决不否认和回避，相反，他总是首先确认这些矛盾的存在，进而着力揭示这些矛盾。而对于资本权力的矛盾，马克思也持同样的态度。在他看来，资本内在的系统矛盾蕴含着资本权力自我扬弃的强大力量与必然性。

资本的矛盾性内在地锻造了资本权力的矛盾性。作为一种实际的力量，资本的权力也和它的"母体"——资本一样，蕴含着数量众多的矛盾。例如，资本与现代世界的矛盾（这是资本权力矛盾的基本对立面）、资本与人及其劳动的矛盾（死劳动与活劳动的矛盾、资本家和工人的矛盾）、资本权力与资本权力的矛盾（资本权力间的矛盾、资本家与资本家的矛盾）、资本权力与其他权力的矛盾（资本家与权力所有者或试图获取权力的人的矛盾）、资本权力形成期的矛盾、资本权力运行中的矛盾、资本权力之效应的矛盾，等等。在此，我们着重分析资本权力的基本矛盾、主要矛盾与根本矛盾。

（一）基本矛盾：资本—（劳动）—世界

作为支配世界的力量，在资本权力身上，始终存在着一个基本矛盾：资本与世界的矛盾。资本与现代世界，构成了资本权力矛盾的两个对立面。马克思总是在这两个对立面的辩证关系中，考察资本的权力及其运动。资本与现代世界既存在本质的同一性、一致性，又存在根本的差异、对立乃至冲突。资本创生、规约了现代世界，这个世界在总体上不过是资本规定性的展开与实现。现代世界既借资本之力对前现代世界加以扬弃，取得显著的进步，又受到资本深层的宰制与利用，只能停留在资本所允许的范围内，而无法越出雷池。不仅如此，即使在资本的总体支配之下，现代世界中也总是有某些同资本相差

---

① ［德］黑格尔：《逻辑学》下卷，杨一之译，商务印书馆1976年版，第66—67页。

别、相抗衡的力量存在，甚至还涌动着最终扬弃资本的力量——不断发展的生产力。

在资本与现代世界两极之间，有一个最为关键的中介：劳动。劳动既对象化为资本，强化资本的力量，又在资本的统治下，改造和形塑现代世界。凭借对劳动的掌控和吸纳，资本统治了整个现代世界。反过来看，现代世界也非对象化于劳动，并通过劳动不断发展着最终推翻统治的生产力。但是，在资本与劳动之间，在劳动与世界之间，都存在着深刻的矛盾。在这个意义上，资本权力的基本矛盾可以标示为：资本—劳动—世界。

资本既须以劳动为前提，又须让劳动成为自己的"果实"。一方面，资本需要促成劳动的发展，因为它的增殖以劳动的发展为条件。"劳动生产力的发展……是资本的价值增加或资本的价值增殖的必要条件。因此，资本作为无止境地追求发财致富的欲望，力图无止境地提高劳动生产力并且使之成为现实。"① 但另一方面，资本也需要限制劳动的发展，将劳动束缚在适合资本发展的范围内。由于"超过一定点，生产力的发展就变成对资本的一种限制"，从而，资本也就变成"对劳动生产力发展的一种限制"②。这就是说，资本为了阻止人类劳动的能力及其果实超越自己，必须限制这种劳动能力相对于它的"过度"发展。"资本按照自己的本性来说，会为劳动和价值的创造确立界限，这种界限是和资本要无限度地扩大劳动和价值创造的趋势相矛盾的。"③ 当然，劳动既依附于资本，服从和服务于资本的逻辑；又反抗着资本，并酝酿着推翻资本统治的生产力基础与客观力量。

在劳动与世界之间，同样存在着深刻矛盾。从古至今，劳动与世界一直都存在着对象化与非对象化的矛盾。劳动不断改变着现实世界，而世界也总是反作用于劳动，影响乃至塑造劳动。进入现代，劳动与世界的矛盾增加了许多新的内容，也更为凸显了。劳动的异化与世界的危机，都既是劳动和世界间矛盾的表现，也是其矛盾的构成内

---

① 《马克思恩格斯全集》第 30 卷，人民出版社 1995 年版，第 305 页。
② 《马克思恩格斯全集》第 31 卷，人民出版社 1998 年版，第 149 页。
③ 《马克思恩格斯全集》第 30 卷，人民出版社 1995 年版，第 405 页。

容。受资本逐利的驱使，劳动在客观的意义上对自然、社会乃至人造成了某些不利的影响。而受资本形塑的世界，源于资本的利益诉求，反作用于劳动，也使劳动发生某些可怕的异化，在根本上阻碍劳动主体的发展。

需要注意的是，在构成矛盾链条的资本、劳动和世界三者之中，资本是主宰的统治者和主动的施动者，而世界和劳动则是受宰制的对象和受利用的手段，尽管也反作用于资本。或者也可以说，资本以自己为中介，将劳动和世界捆绑起来，让它们共同为自己"卖命"。当然，这个中介是马克思所说的那种扬弃了两极、表现为主体的中介。①不过，在劳动和世界之中，也孕育和发展着最终消灭资本的强大力量。按照马克思的思想，劳动又区分为死劳动与活劳动，资本通过吸吮和支配活劳动，使之成为死劳动进而转变为资本自身，强化自己统治世界的力量。

（二）主要矛盾：私人权力与社会力量

在资本的权力中，隐含着资本作为私人权力和作为社会（公共）力量的主要矛盾。资本既是私人权力，同时又孕育着社会力量，这两个向度构成了一对真实的矛盾。马克思深刻地描述道：随着资本的不断积累，资本本身的权力增加。社会生产条件人格化为资本家而同它们的真正创造者相对立，"资本越来越成为社会力量……然而是异化的、独立化了的社会力量，这个力量作为物并且通过这种物作为个别资本家的权力而同社会相对立……资本转化成的普遍社会力量同单个资本家对于这些社会生产条件的私人权力之间的矛盾越来越触目惊心，并预示着这种关系的消灭，因为它同时包含着把物质生产条件改造成为普遍的，从而是公共的、社会的生产条件"②。

显然，在马克思看来，资本的力量或权力具有两重性。换言之，资本具有两种不同的力量或权力。一种是"作为个别资本家的权力"，

① 《马克思恩格斯全集》第30卷，人民出版社1995年版，第293页。
② 《马克思恩格斯全集》第32卷，人民出版社1998年版，第501页。

即私人权力；另一种是"普遍社会力量"，也可以称为社会权力。①
私人权力在本质上是自私的，是为私人自己的利益服务的，亦即私独
性的。而作为"社会力量"的资本权力，具有公共性的萌芽。诚如奈
格里所言："资本一开始就表现为集体力量、社会力量，表现为分散
性的扬弃，先是扬弃同工人交换的分散性，然后是扬弃工人本身的分
散性。"② 这种权力虽然在资本主义社会中也是异化的，同社会相对立
（正由于资本的社会力量是异化的，因此它在本质上是社会权力），但
内在地具有转变为真正的、代表社会公共利益的力量的可能性。

结果，这两种异质的力量或权力出现了尖锐的矛盾。而且，它在
资本积累推进过程中会变得愈加尖锐。不过，在这一矛盾中，包含着
资本主义生产方式自我扬弃和转化的因素，预示着资本主义生产方式
将被一种社会的、公共的生产方式亦即共产主义的生产方式所取代。
资本具有的私人权力将愈益消失，日渐转化为普遍的社会的公共性力
量，即真正的社会性力量。换言之，随着资本的自我扬弃和社会性质
的改变，这种社会权力能够真正改变它的根本性质和总体效应。可
见，矛盾性蕴含着资本权力自我扬弃为一种代表未来的社会性存
在——真正的公共力量或公共权力的可能性。

（三）根本矛盾：无限扩张与自我扬弃

资本的权力存在着一个根本性的矛盾：资本必须无限地扩张权
力，但权力的扩张最终又必然反过来消灭资本及其权力自身。资本总
是要尽可能地增强自己的权力，因为，按照资本的本性与逻辑——不
断的自行增殖，它必须持之以恒地尽可能加强对世界的支配，亦即不
断扩大自己的权力，方能维持存在与发展。然而，不断膨胀的权力又
必然发生自我扬弃，成为社会的普遍力量。换言之，资本将失去这种
为它带来生命与荣光的权力。

梅扎罗斯也指出，资本将自己的力量扩张到极限以实现自身，因

---

① 参见《马克思恩格斯全集》第 46 卷，人民出版社 2003 年版，第 293 页。

② ［意］奈格里：《〈大纲〉：超越马克思的马克思》，张梧、孟丹等译，北京师范大学
出版社 2011 年版，第 162 页。

而绝对地使一切服从于它自身的严格控制机制。但"具有讽刺意味的
是，当它成功时……垄断资本被迫对从结构上来说不可能控制的区域
也采取直接控制。因此，超出一定程度后，它（直接）控制越多，
（有效）控制就会越少，甚至会削弱并最终破坏'矫正措施'的机
制"①。不仅如此，当这种权力扩大到一定程度，它会反过来吞噬资
本、扬弃资本、消灭资本，改变资本的社会性质。一句话，资本权力
的膨胀与爆裂都是不可避免的。另外，资本只有不断扩张权力，才会
走向自我灭亡。也就是说，资本只有具备充分扩张权力的空间与过
程，才能通往自我扬弃。资本及其权力只能通过内在的自我扬弃予以
超越，而无法通过外在的方式加以消灭。

　　或许，可以借用马克思的方式说，当资本的权力扩张到其界限的
时候必然灭亡，但还没到这个界限的时候，它是决不会灭亡的。资本
权力的这一根本矛盾，和资本的根本矛盾——不断自行增殖而导致自
我消亡相一致。资本自行增殖的过程，也就是其权力不断扩张的过
程。这个合二为一的过程，最终必然令资本走向自己的另一面。当
然，随着现实的变迁，资本也能够被迫地意识到并试图克服和掩盖这
一可怕的矛盾。因此，它既总是尽可能地扩大自己的权力，但又不能
无限制地进行这种扩张，而将权力的扩张控制在一定范围之内，即适
合其存在与运行的程度之内。资本想尽一切办法，包括通过经济危机
这种"暴力方式使资本回复到它能够充分利用自己的生产力而不致自
杀的水平"②。

二　资本权力的性质

　　对作为事物重要规定的性质的认识，有助于深入澄清和敞开事
物。资本的权力在运作过程中展露出若干显著性质，它们表明了这种
统治现代世界的权力的基本面貌。在这些性质中，独立性、统治性、

---

①　［英］梅扎罗斯：《超越资本——关于一种过渡理论》下，郑一明等译，中国人民
大学出版社 2002 年版，第 1044—1045 页。

②　《马克思恩格斯全集》第 31 卷，人民出版社 1998 年版，第 150 页。

反人性、自生性、世俗性和历史性最为重要和显著，最深刻地表现了资本权力的存在状态。

（一）显著的独立性

资本的权力是一个有机的系统或总体。较之其他权力，它具有更高的系统性或总体性，甚至可以说具有自成系统性或自成总体性。国家的权力主要集中于政治领域，地产的权力主要在经济领域，精神的权力则主要在文化领域。与此不同，资本的权力虽发轫于经济领域，但决不只是一种经济的权力，而是社会的总体性权力，并构成现代社会全部权力的基础。从支配的对象看，资本不仅掌控经济领域，而且操纵政治、文化和自然，支配整个现代世界。"资本权力在各种关系中运作，且构成总体的力量关系，深化资本主义的社会形态。"[1] 更重要的是，在支配的方式上，资本将现代社会的一切存在与联系都纳入自身之中加以运作，建构了一个强大而坚固的统治体系。这个体系难以从外部攻破，而只能在内部摧毁，即由资本促成的生产力的高度发展导致资本的自我扬弃。

直至现在，仍有不少学者将资本，包括马克思意义上的资本认定为"经济权力"[2]。需要注意的是，尽管马克思一度把资本说成经济权力："资本是资产阶级社会的支配一切的经济权力"[3]，但他后来改变了这一说法，坚定地认为资本是一种包含经济权力在内的支配社会的总体权力，或者说总体性的社会权力。"资本越来越表现为社会权力"，"表现为异化的、独立化了的社会权力"[4]，并且"资本就意识到自己是一种社会权力"[5]。可以认为，资本支配着社会的各个方面，它既是经济权力，也是政治权力，还是文化权力和生态权力。资本的权力不仅掌控宏观领域，而且渗透进微观领域。简言之，总体性让资

---

① 陆寒：《论马克思以人的关系性批判为导向的资本权力批判——〈1857—1858 年经济学手稿〉政治哲学解读》，《江汉论坛》2011 年第 7 期。

② 闫方洁：《文化研究视角下资本主义控制逻辑的多重布展》，《东北大学学报》（社会科学版）2016 年第 2 期。

③ 《马克思恩格斯全集》第 30 卷，人民出版社 1995 年版，第 49 页。

④ 《马克思恩格斯全集》第 46 卷，人民出版社 2003 年版，第 293 页。

⑤ 《马克思恩格斯全集》第 46 卷，人民出版社 2003 年版，第 217 页。

本具有更强的支配性力量，令资本权力更为强大。

资本的权力不但是一个总体，而且是自成总体的，亦即独立的。这种独立性构成资本权力的重要属性。在人类的历史和现实中，有些权力在形成和壮大之后，逐渐变得不再受人掌控，而成为独立的、脱离人的存在。资本的权力就是这样的代表。虽然资本也一定程度地解放和激发了人的独立性，但它将人的独立性纳入自身之中，变成自己的独立性。资本的独立性也蕴含了其权力的独立性。资本的权力拥有完整、有机的运作体系，以独立的姿态运行并施加影响。因而，马克思形容资本权力，用得最多的一个词就是"独立"或"独立化"。譬如，"资本表现为异化的、独立化了的社会权力"①，"一般社会形式上的对象化劳动……作为独立的权力与活的劳动力相对立"②，"劳动的客观条件对活劳动具有越来越巨大的独立性"③，等等。物化劳动和劳动的客观条件，指的都是资本。这种总体性与独立性，使资本权力成为一个独立的总体，拥有自己的意识、意志与行动，仿佛具有生命一般。用马克思的语言描述，资本的权力如同有生命的人一样能够站起两条腿走路。

（二）隐蔽的统治性

资本的权力不仅拥有独立性，而且具有统治性。支配是权力的题中之义，更是资本权力的核心属性。如果没有统治性，资本权力就不成其为权力。强大的权力在独立之后，很可能反过来支配乃至统治孕育出它的世界。资本的权力正是如此，它统治着现代全部的人与世界。这种统治依次展开为对生产、经济生活、社会生活和现实世界四个层面的支配，表现为人对物、人对人、物对物以及物对人四种关系的支配。④ 资本以层层递进、逐级深入的方式控制了整个现代世界，使整个世界都处于它的权力的严密监控之下。

---

① 《马克思恩格斯全集》第 46 卷，人民出版社 2003 年版，第 293 页。
② 《马克思恩格斯全集》第 46 卷，人民出版社 2003 年版，第 425 页。
③ 《马克思恩格斯全集》第 31 卷，人民出版社 1998 年版，第 243 页。
④ 刘志洪、王赢：《支配现代世界：马克思对资本权力的澄明》，《湖北社会科学》2016 年第 4 期。

资本权力的支配性与统治性，不仅表现在统治人与世界上，而且表现为对其他重要权力形态的支配。作为现代权力架构中的"普照的光""特殊的以太"，资本的权力对现代社会其他权力具有明显的决定性，深刻地规约着国家权力、地产权力和精神权力等权力的性质、效应与地位。资本权力具有相对于其他重要权力形态不可辩驳的支配性。① 可以说，统治性不仅让资本权力实实在在地成为一种权力，而且让它成为主宰世界的最高权力。拥有强大权力的资本在现代世界中是一个名副其实的统治者。

（三）深层的反人性

支配并不一定就是负面的，也不一定就是反人性的，但资本的权力在根本上是反人性的。这种反人性构成资本权力的本质属性。首先，这种权力是非人的。"资本只是作为物的权力同工人对立。不带有人的性质。"② 说资本权力是非人的，即它是外在于人、不属于人的力量。资本的权力不仅是非人的，而且于人而言，是"异己"的，亦即与人相对立、相敌对。马克思经常将"异己的"和"独立的"联用来形容这种权力。资本的权力不仅是"异己"的，而且更是"异化"的。马克思多次指出，资本的权力是一种与人相异化的权力。对于人，特别是工人而言，资本是同他们相异化、统治和剥削他们的权力。"从资本的形式方面来看，这些对象条件必须作为异化的、独立的权力……而与劳动相对立。"③ "社会财富的越来越巨大的部分作为异己的和统治的权力同劳动相对立。……不归工人所有，而归人格化的生产条件即资本所有。"④

之所以说资本权力是异化的，原因在于它是自私从而反人性的。这种源于人的劳动的权力，它的全部活动都是为了实现自己的目的。为此，资本把所有的人和物都作为实现自己目的的手段与工具。结果，"对于工人来说异己的、属于资本的权力，而且完全成为敌视工

---

① 刘志洪：《资本权力：现代权力架构中的主宰》，《学术交流》2017 年第 4 期。
② 《马克思恩格斯全集》第 46 卷（上），人民出版社 1979 年版，第 249 页。
③ 《马克思恩格斯全集》第 32 卷，人民出版社 1998 年版，第 127 页。
④ 《马克思恩格斯全集》第 31 卷，人民出版社 1998 年版，第 243—244 页。

人、镇压工人、为了资本家的利益而反对每个工人的权力"①。马克思曾在一段时间内只是说资本的权力是独立的、异己的，但在这里，他对资本权力的形容发生了变化，将其描述成反对、敌视和镇压工人的，从而更为明确地强调了资本权力对人的宰制。"工人必然会越来越贫穷，因为他的劳动的创造力作为资本的力量，作为他人的权力而同他相对立。"② 但是，和工人一样，资本家也是异化的。资本只是把资本家作为自己的人格化身乃至非人的增殖工具。虽然资本本质上是人与人之间的生产关系，可以说是人的产物，但它不仅不受人的控制，而且还统治人，甚至规训、形塑和利用人。

（四）惊人的自生性

资本权力的可怕之处不仅在于其独立性、统治性与反人性，而且在于它能够不断自我生成、自我强化和自我再生。换言之，资本的这种权力具有自生性。"自生"的意思并不是说资本可以无条件地滋长自己的权力，而是说只要具备必要的条件，只要资本关系仍然适合于生产力的发展要求，资本就能取得这种权力。"任何形式的权力都具有生产的功能，能够在运作过程中不断地再生产出社会行动者之间的关系，编织出社会关系网络。"③ 资本天生试图攫取权力乃至最高权力。并且，在资本主义生产关系产生和发展起来之后，它具有足够的力量和条件来获取这种权力，从而，资本能够做到自行生成权力。

资本的权力不仅自我生成，而且还自我强化。资本总是千方百计地谋求强化自身的权力。因为，正如一旦不能自行增殖资本就会灭亡一样，一旦不能自我强化，资本也会丧失自己的权力。当然，在生命周期内，正如总能实现价值增殖一样，资本也总能在积累过程中实现权力的扩张。这是资本权力源源不断产出的过程。但比起自我强化，更为重要的是，资本的权力还不断地自我再生，不仅再生出原来的自己，而且再生出更大的自己。通过对活劳动特别是剩余劳动的吮吸，

① 《马克思恩格斯全集》第 47 卷，人民出版社 1979 年版，第 566—567 页。
② 《马克思恩格斯全集》第 46 卷（上），人民出版社 1979 年版，第 266—267 页。
③ 彭斌：《作为支配的权力：一种观念的分析》，《浙江社会科学》2011 年第 12 期。

资本的权力持续扩大。"资本权力在人们的关系中不断被生产和再生产出来，并且不断持续形成和发展。"①

（五）突出的世俗性

毫无疑问，资本的权力是世俗的，甚至是一切权力中最为世俗的。虽然在资本权力之前，上帝、教皇和君主的权力在本质上都是世俗性的，但表面而言，上帝的权力和教皇的权力由于其宗教色彩而显得神圣，君主的权力由于是"神授"的，也带有某种神圣性。同它们相比，资本的权力彻头彻尾地是一种"凡物"，完完全全地是世俗性的。马克思指出，相对而言，古代世界显得神圣与崇高，而现代世界则表现得世俗与鄙俗。根据古代的观点，人总是表现为生产的目的，而在现代世界，恰恰相反，生产总是表现为人的目的，财富则表现为生产的目的。② 这正是资本及其权力造成的。这种现代的权力植根于俗世，目标也定位于俗世。

虽然资本权力有时也会插手"天国"事务，但就连这也是为其世俗性服务的，也是其世俗性的一种展现。资本为了坐稳现世主宰的位置，假惺惺地把人变成上帝，更准确地说，让人以为自己成为了上帝，以为自己掌控着商品、货币、资本乃至一切，但实际上，这个上帝不过是资本制造出的幻象而已。当然，资本的这种纯粹世俗的权力也不完全满足于世俗性，它想方设法给自己披上神圣性的外衣，让自己散发出无尽的"神圣"光芒。与其说上帝死了，不如说资本取代了上帝。资本"全面地接管了神圣的上帝的权力，成为世间的神"③。它浑身充满着活力，操控着人的生命存在，统治着整个世界。资本把自己装扮成最有价值、最有力量、最为合理、最为美好的存在，强劲地激起人们对自己的崇拜之心，利用自身的神秘性或幽灵性建构了一种新的拜物教，让自己成为人们顶礼膜拜的对象，但这种拜物教性质

---

① 陆寒：《论马克思以人的关系性批判为导向的资本权力批判——〈1857—1858 年经济学手稿〉政治哲学解读》，《江汉论坛》2011 年第 7 期。

② 《马克思恩格斯全集》第 30 卷，人民出版社 1995 年版，第 479 页。

③ 罗骞：《论马克思的现代性批判及其当代意义》，上海人民出版社 2007 年版，第192 页。

不过是资本权力之世俗性的极端体现。正如神并非真正的而是虚幻的一样，资本的这种神圣性也绝不是真正的神圣性，而是一种虚伪的神圣性。它不过是从另一个极端颠倒地反映了资本及其权力的世俗性。

（六）必然的历史性

同资本一样，在资本权力的诸种性质之中，没有比历史性和暂时性让马克思强调得更多的了。如果说马克思在《资本论》及其手稿中只做了一件事，那就是指认资本及其生产方式并非自然的，更非永恒的，而是历史的、暂时的，必将被更合理、更高级的生产方式所代替。许多政治经济学家以为资本是永恒的，甚至连辩证法大师黑格尔也将资本形容为"普遍永恒"的。[1] 马克思与此截然不同。在《资本论》第 1 卷第 2 版跋中，他明确将辩证法的本质阐释为否定性、批判性与革命性。马克思的目的在于强调资本主义的历史性、暂时性与相对性。同一切历史中的事物一样，虽然资本贵为现代世界的最高"统治者"，但也无法逃脱辩证法所揭示的现实事物的命运。

资本如此，资本的权力亦如是。这种支配现代世界的权力，不是从来就有的，更不会永远存在下去。它随资本的产生而生成，也将随资本的灭亡而终结。虽然资本权力的统治具有必然性，但这种必然性"不过是历史的必然性，不过是从一定的历史出发点或基础出发的生产力发展的必然性，但决不是生产的一种绝对的必然性，倒是一种暂时的必然性"[2]。资本的权力只是人类世界发展到一定阶段的产物。它只是统治人类某个发展时期，不是也不可能统治人类的所有发展阶段。之前，我们看到的都是资本权力所展现的强大而可怖的面孔，但在这里，我们看到的是这种权力由盛转衰、自我扬弃从而自我灭亡的另一面。历史性、暂时性清晰表征了资本权力的命运与前途。

---

① ［英］梅扎罗斯：《超越资本——关于一种过渡理论》上，郑一明等译，中国人民大学出版社 2002 年版，第 32 页。

② 《马克思恩格斯全集》第 31 卷，人民出版社 1998 年版，第 244 页。

三 资本权力的特点

特点不同于性质。一事物的性质和其他事物（包括同属不同种的事物）的性质可以是相同的。与此不同，特点是一事物区别于具有某些共同规定的他事物（如同属不同种的事物）的东西。换言之，特点必定是事物和他事物（尤其同属不同种事物）不一样的东西。马克思曾以生产为例强调，学术研究的关键内容是揭示存在若干共同点的事物之间的"本质的差别"①。"指出特征……是了解历史发展的钥匙。"② 资本的权力呈现某些鲜明的特点，使之从各式各样的权力形态中显露出来。阿伦特认为，如果组织良好、富有活力，权力的力量就会愈发强大，进而不可阻挡。资本的权力之所以比其他形态的权力更为强大，或者说，资本之所以拥有更强大的统治力量，就是因为它组织良好、富有活力。资本拥有完整甚至可以说成熟、完备的统治体系。

（一）统治更为"水平"

资本权力的统治更为"水平"。一般而言，国家的权力和宗教的权力等权力形态较为集中，更多地表现出自上而下的"垂直性"特征。在伏尔泰看来，掌握权力的人都想成为专制者，强烈的支配欲是无法治愈的疾病。在现实中，一旦拥有绝对的权力，人们往往就会滥用这种权力。没有受到有效制约的绝对权力极易腐蚀当权者的头脑，从而导致权力的滥用。这种"垂直"的权力架构容易在表面的"祥和"中潜伏和激化矛盾，从而变得不稳定。在不同权力形态之间，虽然同一层次的不同权力之间经常相互竞争与攻讦，但更为突出的情形是高层次权力对低层次权力的支配，或者说低层次权力对高层次权力的服从。在这种权力链条中，低层次权力的拥有者总是盼望拥有更大的权力和更高的地位，从而，权力的争夺总是显得很激烈。

---

① 《马克思恩格斯全集》第 30 卷，人民出版社 1995 年版，第 26 页。
② 《马克思恩格斯全集》第 31 卷，人民出版社 1998 年版，第 67 页。

相对于国家权力与宗教权力，资本的权力较为分散，呈现出与"垂直性"不同的"水平性"。罗德里克·马丁考察了资本主义的权力结构，他认为"资本主义制度产生了一种复杂的、离散的和不平等的权力分配"，"奴隶制度和封建制度中权力关系的结构基本上是单一的"，而"资本主义制度中权力关系的结构则不是单一的"。[1]"奴隶社会和封建社会的权力是集中的，而资本主义的权力则是分散的。之所以分散，就在于迅速的革新速度、日益复杂的社会分工、对上级的有效选择和比较自由的联合，这些既增加了依赖方式的多样性，又提供了摆脱依赖的手段，从而缩小了权力的等级，形成了一种复杂的、分散的、独特的权力结构。这就使得资本主义的交换关系和权力关系较少地建立在强制的基础之上。"[2]这种间接强制性、流动性的权力结构，使各种资本具有竞相成长和扩张的空间。虽然资本一般或资本总体掌握着统治性的权力，但在现实中，资本表现为许多彼此漠不关心的具体资本的相互竞争与相互排斥。并且，每一个具体的资本及其人格化身都拥有同它的量相匹配的权力[3]，尽管大资本拥有更多的权力。从而，在这些具体资本的权力之间，存在着一定程度的相互制约，这在某种意义上抑制了资本权力的过度集中与滥用，从而呈现出历史的进步意义。

（二）统治更为抽象

资本的统治具有显著的抽象性。马克思深刻地指出，现代社会中"个人现在受抽象统治"[4]。事实上，不仅人，而且社会，还有自然，都处于抽象的统治之中。不论是劳动、交换还是消费，不论是商品、货币还是利益，不论是原则、观念还是关系，不论是经济、政治、文化还是科学技术，等等，都由抽象深刻地支配着。这是现代的重要特征。"抽

---

① ［英］罗德里克·马丁：《权力社会学》，丰子义、张宁译，生活·读书·新知三联书店1992年版，第213页。

② 朱启才：《资本主义的权力结构与社会变迁》，《云南师范大学学报》（哲学社会科学版）2002年第5期。

③《马克思恩格斯全集》第30卷，人民出版社1995年版，第405页。

④《马克思恩格斯全集》第30卷，人民出版社1995年版，第114页。

象成为统治", 构成资本统治的方式, 并且是一种独特的方式。那么, 这种抽象的统治源自哪里? 答案是资本。正如马尔库塞所言,"抽象是资本主义自己的杰作"①。交换价值否定和抹杀了人及其活动和产品的一切个性与特性。"不管活动采取怎样的个人表现形式, 也不管这种活动的产品具有怎样的特性, 活动和这种活动的产品都是交换价值, 即一切个性, 一切特性都已被否定和消灭的一种一般的东西。"②

资本及其统治的抽象性, 造成了现代世界与现代性的抽象性。在当前高度现代性阶段, 资本权力和统治的抽象性进一步强化。我们所生活的世界, 变成了一个"全球抽象总体"。而主导形态由产业资本向金融资本的转换, 表明资本本身也进一步抽象化了。"资本脱掉了感性的物质外衣变成赤裸裸的抽象, 由此它才可能在全球的上空随意地游走。"③ 一句话, 无论是资本、资本世界, 还是资本对世界的统治, 都变得越来越抽象了。当然, 也需要注意, 虽然资本权力是以抽象作为统治方式的, 但这并不意味着资本权力及其统治就是"抽象的"、空洞的, 相反, 它是最为实在的、具体的。

(三) 统治更为隐蔽

较之其他权力形态的统治, 资本的权力具有更大的隐蔽性, 让人们难以明确而深切地加以察觉。"军队、教会当然还有国家的统治直接通过身体或精神惩罚 (这些惩罚甚至包括死亡或同等的精神惩罚) 的实施或威慑, 获得了塑造行为的权力。"④ 与此不同,"资本行使权力的方式却是隐性但是实质性的。资本所有者无权直接使用武力对付拒绝与自己进行交易的人。……强制力本身仍然属于国家而非资本家"⑤。

① [德] 马尔库塞:《理性和革命》, 程志民等译, 上海人民出版社 2007 年版, 第265 页。
② 《马克思恩格斯全集》第 30 卷, 人民出版社 1995 年版, 第 106—107 页。
③ 罗骞:《论马克思的现代性批判及其当代意义》, 上海人民出版社 2007 年版, 第154 页。
④ [美] 罗伯特·海尔布隆纳:《资本主义的本质与逻辑》, 马林梅译, 东方出版社2013 年版, 第 24—25 页。
⑤ [美] 罗伯特·海尔布隆纳:《资本主义的本质与逻辑》, 马林梅译, 东方出版社2013 年版, 第 25 页。

这种权力"一开始就是一种隐性的统治力量，在权力的表层，恰恰表现为一种个体之间的自由与平等状态"①。

资本的权力是"可感觉而又超感觉的"②。这种权力不仅统治十分隐蔽，而且连其存在都显得隐匿。由于这种隐蔽性，在日常生活中，虽然多数人都能一定程度模糊地感觉到资本所拥有的权力，然而，又无法清晰、准确地把捉和感知它。"作为无处不在的'狡计'，资本隐身为幽灵、为幻象，为不在场的在场，人们甚至可以安然地忘却它的存在，将它悬置为一个'不在家的上帝'，来谈论尘世的生活，世俗的存在。"③ 资本的权力"神龙见首不见尾"，让"百姓日用而不知"。这种超感觉的性质就是它的隐匿性，或者说神秘性。

资本权力的统治不但更为隐蔽，而且更具有迷惑性与欺骗性。它或者让人以为它并没有进行什么统治，或者使人误以为它是最优甚至唯一可能的统治方式，让人在心灵深处喜欢上它。这是资本统治巨大的迷惑性与欺骗性。马克思引证了英国社会主义经济学家霍吉斯金对于资本的描绘："资本是一种神秘的词，就像教会或者国家，或者由宰割其他人的人为了掩盖残害别人之手而发明的普通术语中的其他任何词一样"④，认为他阐述了资本主义经济发展的真实情况。神秘性让作为主宰的资本成为一种"神灵"或"偶像"。

这种隐蔽性和神秘性甚至时常让资本研究专家们摸不着头脑。海尔布隆纳质疑道："在权力制度的悖论中，其主角主要意识到自己是无权力的，这是资本主义最神秘的属性之一。当资本家阶级本身就受市场力量的摆布时，又怎么能将该阶级视为制度中的'统治'阶级呢？"⑤ 的确，在深层的意义上，资产阶级并没有什么权力，但这并不意味着资本没有权力。事实上，资产阶级的"无权"恰恰意味着资本

① 仰海峰：《资本逻辑与空间规划——以〈资本论〉第一卷为核心的分析》，《苏州大学学报》（哲学社会科学版）2011 年第 4 期。

② 《马克思恩格斯全集》第 44 卷，人民出版社 2001 年版，第 88 页。

③ 罗骞：《论马克思的现代性批判及其当代意义》，上海人民出版社 2007 年版，第152—153 页。

④ 《马克思恩格斯全集》第 35 卷，人民出版社 2013 年版，第 245 页。

⑤ ［美］罗伯特·海尔布隆纳：《资本主义的本质与逻辑》，马林梅译，东方出版社2013 年版，第 47 页。

的"有权"。对资产阶级的统治，是资本权力的重要表现，甚至是一种更为深刻的表现。

（四）统治更为灵活

马克思指出，灵活性是资本及其生产的突出特点。"资本……具有灵活性，生产方式不断变革，从而，生产关系、交往关系和生活方式等方面不断变革，与此同时，在国民的风俗习惯和思想方式等等方面也出现很大的灵活性。"① 资本的灵活性集中地表现为其流动性。灵活性是里，流动性为表。按照马克思的思想，现代性的这种流动性主要源于资本的流动性。资本的生命中不能没有流动，只有在流动中，资本才能实现价值增殖的核心目的。哈维专门研究了资本的流动性："资本是资本主义社会的生命之源，它像血液一样在其中流淌穿行，有时候像涓涓细流，有时候则波涛汹涌，并逐渐蔓延开来，不放过这个世界的每一点空隙和每一个角落。"② 流动得越快，资本的生命力就越强，增殖就越快。而资本的流动，使整个现代世界都随之流动起来。

资本的这种灵活性和流动性也赋予其权力以灵活性与流动性。梅扎罗斯指出，同前资本的统治体系相比，资本的统治体系"具有极大的灵活性和动态机制"③。国家权力、宗教权力和地产权力等的运作，在急剧的社会变迁中时常显露出缓慢、笨拙乃至僵化的色彩。较之于这些权力形态，资本权力总是处于积极活跃的运动状态，更为灵活，更能够审时度势和随机应变。它总是及时地掌控关键领域，发现新的重点领域，并迅速地占领新的领域。资本权力的灵活性更重要的体现在于其自我调整。在发展的数百年中，资本主义作出了多次大幅度的自我改变、自我调整乃至自我超越。正是得益于此，资本主义才能维持至今。

哈维认为，1973 年以来，资本积累的方式更加灵活了，从福特主

---

① 《马克思恩格斯全集》第 36 卷，人民出版社 2015 年版，第 335 页。

② ［英］大卫·哈维：《资本之谜：人人需要知道的资本主义真相》，陈静译，电子工业出版社 2011 年版，序言 1。

③ ［英］梅扎罗斯：《超越资本——关于一种过渡理论》上，郑一明等译，中国人民大学出版社 2002 年版，第 77 页。

义转向了一种新的、灵活的积累体制。① 这也意味着资本支配的灵活性在增加。这种灵活性与流动性是资本权力能够取得比国家权力、宗教权力和地产权力更大成功的原因之一。虽然资本的原则"为积累而积累，为生产而生产"是固定的，但它总是处于持续的运动变化之中。以往反对资本主义的运动常常低估乃至忽略这一点。②

（五）统治更为深入

资本支配了现代人和世界的方方面面、时时刻刻。随着不断地膨胀与扩张，资本愈益明显地支配了人们生活的点点滴滴，愈渐有力地渗透、侵蚀和冲击着社会的肌体，进而愈益深入现代世界的运行机制，愈加深层地渗进乃至侵入当代人类的骨髓。资本的权力无孔不入，深入到整个世界及其各个维度、各个角落，深入到每一个存在物及其各个面向与维度，深入到它们的运动、关系与环境。资本如同幽灵般无处不在，弥漫于现代世界之中。伍德说得不错："即使市场并不像通常发达资本主义社会那样，仅仅是大垄断集团与跨国公司的权力工具，它仍是一种强制力量，能够决定所有的人类价值、行为和关系。没有哪一个旧式专制君主还曾经希望深入到市场支配下的个人生活中去——人们的选择、喜好、关系等等最简单的细枝末节上，不仅在工作场所，而且在生活的方方面面。"③

资本深入到微观甚至极其微观的层次，它让自己的统治"深入人心"，不仅侵入人们的灵魂，而且占据人们的灵魂。在资本特别是其当代主流形态——金融资本的影响下，拜金主义、享乐主义、投机主义和炫耀攀比心理等相当盛行。人们的精神与行动被金融资本所改造和同化，顺从于金融资本的秉性与节奏，被市场"预期"牵着鼻子走。2015 年和 2016 年中国股市和楼市的"暴涨"，都是被这种"预

---

① ［英］大卫·哈维：《后现代的状况——对文化变迁之缘起的探究》，阎嘉译，商务印书馆 2013 年版，第 165 页。
② ［英］大卫·哈维：《跟大卫·哈维读〈资本论〉》，刘英译，上海译文出版社 2013 年版，第 284 页。
③ ［加拿大］艾伦·米克辛斯·伍德：《"市民社会"与民主的贬值》，约翰·基恩：《市民社会：旧形象、新观察》，王令愉、魏国琳译，上海远东出版社 2006 年版，第 61 页。

期"支配的。这种"预期"也就是"信心",认为会涨,就会涨。对涨有信心,就争相买进,结果真的会涨。这就是金融资本的魔力,然而,这种魔法只在一定范围内才是有效的,一旦超过了社会所能承受的限度,金融资本不仅"法力"不再,而且自身还会崩溃。

(六) 统治更为牢固

由于上述五个特点,资本权力必然性地呈现出最后一个主要特点:统治更为牢固。更擅长统治,统治更为有力,再加上统治的深刻性、灵活性与隐匿性,这让资本稳稳地坐在权力的宝座上,更为稳当而牢固地统治着现代人。这是资本权力在统治结果上所呈现出的特点。表面上看,资本的统治与权力是一种弱支配、弱权力,但实际上却是一种强支配、强权力。用葛兰西的术语说,资本的权力是一种"霸权",亦即一种被被统治者自觉认同和服从的权力。甚至,连对资本的批判也必须遵循资本的原则、通过资本所允许的途径模仿资本的方式展开,这是资本强大统治力的绝妙表现。很容易看到,大量批判资本主义的著作,也希冀通过强调自己对资本批判的猛烈和深刻来吸引消费者。正是由于这种牢固性,让资本的权力披上了一层"永恒性"的面纱,也让很多人误以为这种权力及其支配地位是自然的、永恒的。当然,牢固性不等于永恒性。正如高山也会由于地质结构的变化而坍塌一样,资本的统治也会由于其自身的运动规律而垮塌。随着历史的发展,这种牢固性只会成为过眼云烟。

余论 马克思资本权力批判思想的意义

马克思的资本权力批判思想丰富而深邃,不仅具有不可磨灭的理论贡献,而且蕴含了富有智慧的实践启迪;不仅具有重要的时代价值,而且蕴含某些恒久的历史意义。在总体上和根本上,这一思想相对于其他资本权力思想乃至权力思想,具有显著的优越性。不仅相对于马克思之前和同时代的思想家如此,而且相对于马克思之后的许多思想家也是如此。

在资本权力领域,马克思提出了许多开创性见解,全面而又深刻地解剖了资本的权力。这一思想是人类思想史上关于资本权力的一次系统性、集大成的研究，具有综合创新的意义。它大幅度地丰富和深化了人类对资本权力的思想认识，对于人类洞察资本权力具有重要的理论启示，且能够有效弥补其他资本权力思想的不足，具有显著的优越性与独特性，是资本理论和权力思想中值得认真对待的内容，也是马克思主义资本理论和权力学说的重要组成部分。

马克思对资本权力及其统治的揭示与批判，为人类分析与批判现代社会特别是其权力架构奠定了坚实的基础，对于人类的资本思想和权力学说都作出了重要的理论贡献。他不仅呈现了资本权力的总体规定，澄清了现代社会的权力架构，而且解蔽了现代人与世界受资本宰制的状态，揭示了现代性研究的最佳视角，并拓展了权力理论与资本理论。可以肯定，在很长的历史时间中，研究资本的权力，都绕不开马克思及其资本权力思想，都应该自觉地从中汲取理论智慧，正如资本主义批判一样。这一思想为我们在新的时代条件下透悉日益凸显的资本权力，提供了富有裨益的理论基础与方法指引。

比理论价值更为重要的是实践启迪。马克思的资本权力思想，不但对当代人有普遍性的启示，而且对中国特色社会主义具有尤为重要的启发。随着资本在当代中国的运行与发展，其权力亦日益增长并运作开来，愈益显著地影响当代中国的建设与发展，从而本质地关涉着中华民族的前途与命运。资本在发挥不可忽视的有益作用的同时，亦造成若干的不利影响。尤其是某些具有强大权力的私有垄断资本，其造成的严峻不良后果在现实生活中日渐显现，格外需要中国共产党领导的国家权力的引领与制约。中国特色社会主义的建设与发展，不能不妥善应对和处理资本权力问题：既允许资本一定程度的存在，充分发挥和利用其积极意义，发展社会主义；亦有效制约和超越资本，确保对资本权力的控制，守护社会主义的本色；最终促成资本及其权力的自我扬弃，实现共产主义。这是当代中国立足本国国情，汲取人类发展经验与教训，全面深化改革，开拓适合自己的发展道路，探索最优发展模式的必由之路。

（已发表于《吉林大学社会科学学报》2022 年第 2 期）

"基础"与"主导"之辨析[*]

——主客体辩证统一视域中历史唯物主义的形成与深化

王一成[**]

"基础"与"主导"这对范畴，是张一兵教授在其《马克思历史辩证法的主体向度》（以下简称《向度》）一书中标识马克思历史唯物主义之两个不同层面的核心概念。在作者看来，广义历史唯物主义所指认的是人类社会历史存在和发展的一般性基础，即"物质生产"[①]，这是马克思在实现哲学革命之后始终坚持的科学方法。由此出发，坚持从"物质生产"出发分析现实的人类社会历史是历史唯物主义不可动摇的底线原则。与之相对应，狭义历史唯物主义所指认的是不同历史条件下社会生活过程中的主导因素，就特定经济的社会形态而言，"社会物质关系和经济力量占主导和支配地位是人类历史发展过程中的特殊阶段"[②]。这也是马克思后期在政治经济学批判的过程中对历史唯物主义的进一步深化。

以我之见，以"基础"与"主导"为参考坐标来厘清历史唯物主义的两个不同层面，具有重要的理论意义：一方面，它纠正了传统

* 本文系江苏省社科基金项目"当代法国学界对《资本论》的解读及其评价研究"（编号：22ZXC007）和江苏省高校哲学社会科学研究一般项目"雅克·比岱'另一种马克思主义观'的批判性研究"（编号：2020SJA1337）的阶段性成果。

** 王一成，苏州大学哲学系讲师。

① 张一兵：《马克思历史辩证法的主体向度》，南京大学出版社 2002 年版，第 110—111 页。

② 张一兵：《马克思历史辩证法的主体向度》，南京大学出版社 2002 年版，第 124 页。

哲学解释框架的理论偏差，恢复了马克思历史辩证法的完整视域，用作者自己的话说，即"既坚持历史唯物主义的原则，又能在此基础上重新高扬历史辩证法的革命批判精神"①；另一方面，它可以帮助我们理解马克思在不同时期、基于不同的思考主题和理论水平对历史辩证法主客体向度的不同阐释，在主客体辩证统一视域中把握历史唯物主义的形成与深化。然而，《向度》一书是一个历史的文本，因此我们也要用历史的态度面对它。在此，我提出一些相关问题，以求教学界同仁，希望有助于进一步推进对历史唯物主义的研究。

一 作为基础的"基础"与"基础"： 一般"基础"还是一般"规律"？

首先，我们有必要做一个区分，即"存在"与"发展"的区分。"人类社会的存在"与"人类社会的发展"，这是两个不同层面的理论视角，如果套用结构主义的术语，我们可以称之为"共时性"与"历时性"的差别。张一兵教授在《向度》一书中提出"基础"与"主导"这对范畴就是为了说明，在马克思那里，"人类社会的存在"有一个永恒的一般基础，即"物质生产"；而"人类社会的发展"在不同的历史阶段上起主导作用的因素是不同的，譬如说，在人类文明的史前阶段是血缘氏族中的"人的生产"，在中世纪的欧洲是宗法关系，在中国中央集权制的王朝时代是政治力量，而到了资本主义时代则变为了经济力量。遗憾的是，第二国际以来的传统哲学解释框架错误地将特定历史时期的"主导"因素泛化整个人类社会存在和发展的一般规律，即把经济因素视为人类社会历史发展的一般规律了。

应当说，对于批判"经济决定论"而言，"基础"和"主导"的区分具有强烈的针对性，但同时也带来了新的问题：第一，广义历史唯物主义是不是只关注"人类社会的存在"问题（"一般存在"），而不涉及"人类社会的发展"问题（"历史性存在"），只有狭义历

---

① 张一兵：《马克思历史辩证法的主体向度》，南京大学出版社 2002 年版，第二版自序第 7 页。

史唯物主义才是在解决"人类社会的发展"问题？第二，仅仅从"物质生产"出发能否科学把握人类社会历史的动态变迁，继而清晰说明不同历史性生产方式的过渡关系？第三，承认"物质生产"的基础性原则是否就代表着马克思历史唯物主义不可动摇的底线原则？实际上，上述三个问题都共同指向了一个根本性的问题：怎样理解广义历史唯物主义的方法论实质。具体而言，广义历史唯物主义所确立的是考察"存在"的方法，还是揭示"存在"本身的"发展"规律？

我们不妨回到文本做一个分析。马克思、恩格斯在《德意志意识形态》（以下简称《形态》）中批判的是德国思辨哲学家们的唯心史观，这些"哲学家"撇开现实的历史，抽象地谈论人的解放，因此在第一层理论意义上，只要批判他们唯心史观的理论前提就可以了，即指出人类社会存在的基础性和决定性的因素是"物质生产"。但问题是，马克思、恩格斯同他们论战的目的，不仅仅是要解决理论上的问题，更重要的在于从现实的社会历史过程中找到人类解放的理论依据。因此，广义历史唯物主义的实质不仅仅在于确立考察"存在"的方法论前提，而且还在于从人类社会历史的内在矛盾运动中抽象出历史演进的一般规律。这是广义历史唯物主义的第二个理论层面。因此我以为，马克思的历史唯物主义不仅仅是一种描述经验现象的历史学，而且是一种从新的理论地平（"物质生产"）出发考察人类社会存在、现实历史中人的活动的"历史科学"方法论；更进一步，历史唯物主义也不仅仅是一种只考察"人类社会的存在""现实的个人"的历史活动的科学方法论，而且还是一种基于社会历史本身的内在矛盾运动来考察"人类社会的发展"的历史辩证法。

由此出发，"存在"问题和"发展"问题在马克思那里就成为了一个不可分割的理论整体：从"人类社会的存在"的基始性层面出发考察"存在"的社会历史性，目的就是要去揭示"人类社会发展"的内在矛盾规律，以此来为人类解放找到科学的理论依据。如果说广义历史唯物主义代表着马克思历史辩证法所要坚持的底线和原则，那么我认为，承认"物质生产"的基础性原则仅仅是这一底线的前提，而不是全部内容——广义历史唯物主义揭示的是人类社会存在和发展的一般规律。不可否认，"人类社会的存在"确实以物质生产为永恒的自然基础,这是马克思在《形态》中所反复表述的。不同历史时期存在着不同的"主导"因素,也并不否认"基础"的永恒基始性。但问题是,仅仅从"物质生产"这个基础出发,无法说明"人类社会的发展"的内在规律。"主导"因素的辨识往往只是一个经验层面的现象描述,它无法说明两个问题:其一,"基础"在不同历史条件下何以成为"主导"?其二,不同历史阶段的"主导"是如何过渡的?

在马克思那里,"物质生产"是"人类社会存在"的一般基础,并且他始终坚持从这个基础出发来分析思考问题,但这仅仅是历史唯物主义的前提、出发点和逻辑起点,而不是全部内容。在《形态》第一卷"费尔巴哈"章中,马克思、恩格斯不论是在第一笔记本中谈论"四种生产",即物质生活资料的生产与再生产、人的生产与再生产、社会关系的生产与再生产、意识的生产①,还是在第四、第五笔记本中论述"现实的个人"部分②,都前置了一个相当明晰规定:前提。

> 我们谈的是一些没有任何前提的德国人,因此我们首先应当确定一切人类生存的第一个前提,也就是一切历史的第一个前提……③
> 我们开始要谈的前提不是任意提出的,不是教条,而是一些只有在想像中才能撇开的现实前提。④

也就是说,从"物质生产"这个"基础"出发,仅仅是历史唯物主义考察人类社会存在和发展的出发点和逻辑起点,是历史唯物主

---

① 参见〔德〕马克思、恩格斯《德意志意识形态(节选本)》,人民出版社 2003 年版,第 22—25 页。
② 参见〔德〕马克思、恩格斯《德意志意识形态(节选本)》,人民出版社 2003 年版,第 11—12 页。
③ 〔德〕马克思、恩格斯:《德意志意识形态(节选本)》,人民出版社 2003 年版,第 22—23 页。
④ 〔德〕马克思、恩格斯:《德意志意识形态(节选本)》,人民出版社 2003 年版,第 10—11 页。

义方法论的前提，是作为方法的起点，是作为基础的"基础"。如果把历史唯物主义的底线原则仅仅定位于此，那就会带来一个理论后果，即历史唯物主义与古典经济学所蕴含的社会唯物主义无法进行有效的区分（特别是英国李嘉图式的社会主义者）。历史唯物主义或历史辩证法的确以"物质生产"为起点，但它更为关注的是这种"物质生产"会引发哪些社会历史效应，会产生哪些历史性的社会关系的矛盾。以"基础"承认"存在"的始终性只是一个方面，广义历史唯物主义更重要的是通过考察"存在"的历史性"发展"来揭示"发展"的一般规律。马克思考察这些前提的目的在于得出这样一个结论："上述三个因素即生产力、社会状况和意识，彼此之间可能而且一定会发生矛盾……生活的生产方式以及与此相联系的交往形式就在这些束缚和界限的范围内运动着。"① 通过以分工为基础的生产力视角和以所有制关系为基础的交往形式视角来展现四种所有制形式，也同样是为了说明这个问题。

当然，对"物质生产"概念我们不能做片面的理解，它包含着丰富的社会历史内容，"四种生产"在本质上是一个同体的过程。但我认为，仅仅强调作为"基础"的"物质生产"来表明广义历史唯物主义的实质，在表述上会引起诸多的误解。譬如说阿尔都塞，在《意识形态和意识形态国家机器（研究笔记）》这一文本中，他也是从考察物质生产与再生产出发的，然而在他看来，"关于生产的物质条件的再生产，我们只要指出它的必要性的存在就足够了"②。于是乎，他撇开客观的物质生产，转而研究人的生产与再生产（"劳动力的再生产"），并发现意识形态国家机器在其中起着主导性地位，从而维系着整个资本主义生产关系的再生产。我的观点是，广义历史唯物主义是一种科学方法论，这种方法论的前提是从物质生产出发来考察人类社会的存在与发展，但这种方法的核心指向应该被表述为"以生产

---

① ［德］马克思、恩格斯：《德意志意识形态（节选本）》，人民出版社 2003 年版，第 27 页。

② ［法］阿尔都塞：《哲学与政治》（下），陈越译，吉林人民出版社 2011 年版，第 271 页。

力与交往形式的矛盾运动①来考察人类社会历史的动态变迁的一般规律",这也是马克思、恩格斯在《形态》中确立的历史唯物主义的底线原则。

二 "基础"与"主导"的辩证关系：广义历史唯物主义的主体批判向度

或许有人要问，这不是又回到"经济决定论"上去了吗？似乎是这样的，但不尽然。传统哲学解释框架的失误在于，它将"生产力"与"生产关系"沉降到经济学层面来理解，并且过于强调不同历史时期的线性演进关系，从而导致了对历史唯物主义解读的机械化倾向。关键在于，怎么理解"经济"和"决定"这两个概念。如果把"经济"理解为"生产力与生产关系的内在矛盾"，而非静态性的客观物质要素，同时把"决定"理解为所能有的"范围"，而不是线性的对应关系，那么"经济决定论"是可以成立的。生产力与生产关系的内在矛盾运动贯穿人类社会历史发展的全部过程，原始社会如此，私有制社会如此，未来共产主义社会也同样如此。对于马克思在《政治经济学批判·序言》（以下简称《序言》）中的那段经典表述②，张一兵教授的观点是：

> 我发现，马克思除去对人类社会存在与发展的"第一级"和"原生的"一般基础——物质生产——的确定之外，实际上主要是在说明人类历史发展在进入文明时期以后社会存在和发展的基本情况，因为他这里所讲到的"经济结构"和"有法律和政治的上层建筑"，只是在原始公社解体后才可能出现。并且，生产关系在未来的共产主义也不会表现为"不以人们意志为转移的"东西。我有理由认为，马克思这里所表述的历史唯物主义观点主

---

① 随着马克思研究的进一步深入，在后来的文本中，"生产力与交往形式的矛盾"被更精确地表述为"生产力与生产关系的矛盾"。

② 参见《马克思恩格斯全集》第31卷，人民出版社1998年版，第412—413页。

要是以人类进入社会经济形态后的特定历史现实为依据的。它并不是人类社会历史存在的一般状态。①

对此，我个人有不同的看法。我以为，这仍然是马克思在历史唯物主义的广义层面上谈论他的科学历史观。首先，马克思在"经典表述"中指认的是他移居布鲁塞尔之后，"所得到的、并且一经得到就用于指导我的研究工作的总的结果"②。很明显，这直接对接的就是《形态》所确立的历史唯物主义的底线原则："从直接生活的物质生产出发阐述现实的生产过程，把同这种生产方式相联系的、它所产生的交往形式即各个不同阶段上的市民社会理解为整个历史的基础，从市民社会作为国家的活动描述市民社会，同时从市民社会出发阐明意识的所有各种不同理论的产物和形式，如宗教、哲学、道德等等，而且追溯它们产生的过程。"③ 其次，唯物史观对于政治经济学批判而言，是一种方法论前提，前者对应的是广义历史唯物主义的一般原则，后者则是狭义历史唯物主义的理论任务。《序言》中的经典表述部分正是马克思对唯物史观的正面阐述，即既从物质生产出发分析"人类社会的存在"，又从"生产力与生产关系"矛盾运动的视角揭示"人类社会的发展"的一般规律。虽然马克思是以"经济的社会形态"为典型来表述唯物史观的，但不可否认这是广义历史唯物主义的一般原则，具有广泛的解释力。再次，此时的马克思还没有系统研究史前社会，对于原始社会的状况是不够了解的，但即使原始社会存在，也不能否认"生产力与生产关系"矛盾运动的一般规律。恰恰相反，"人体解剖对于猴体解剖是一把钥匙"④，"资产阶级社会是最发达的和最多样性的历史的生产组织。因此，那些表现它的各种关系的范畴以及对于它的结构的理解，同时也能使我们透视一切已经覆灭的

---

① 张一兵：《马克思历史辩证法的主体向度》，南京大学出版社 2002 年版，第 167 页。
② 《马克思恩格斯全集》第 31 卷，人民出版社 1998 年版，第 412 页。
③ ［德］马克思、恩格斯：《德意志意识形态（节选本）》，人民出版社 2003 年版，第 36 页。
④ 《马克思恩格斯全集》第 30 卷，人民出版社 1995 年版，第 47 页。

社会形式的结构和生产关系"①。通过研究经济的社会形态,马克思科学抽象出唯物史观的一般原则,这对于他晚年进行人类学研究和历史学研究都是具有重要启示作用的。最后,在未来的共产主义社会中,生产力的巨大发展是其必需的前提,生产力与生产关系的矛盾同样存在,只是它们之间的关系不再表现为"对抗性"的因素。

因此,一旦我们把广义历史唯物主义所确立的"基础"定位为"生产力与生产关系"的内在矛盾运动,那么就可以顺着做一个推进:第一,"基础"在不同历史条件下何以成为"主导"?显然,这是由一定的生产方式、更确切地说是一定的生产力水平所决定的。"一定的生产方式或一定的工业阶段始终是与一定的共同活动方式或一定的社会阶段联系着的,而这种共同活动方式本身就是'生产力';由此可见,人们所达到的生产力的总和决定着社会状况,因而,始终必须把'人类的历史'同工业和交换的历史联系起来研究和探讨。"② 以此来考察资本主义阶段,"主导"就只不过是"基础"的历史性的特殊表现。第二,不同历史阶段的"主导"又是如何过渡的?答曰:生产力与生产关系的内在矛盾运动。"社会的物质生产力发展到一定阶段,便同它们一直在其中运动的现存生产关系或财产关系(这只是生产关系的法律用语)发生矛盾。于是这些生产关系便由生产力的发展形式变成生产力的桎梏。那时社会革命的时代就到来了。"③ 第三,由此解决的问题便是:广义历史唯物主义从内在矛盾运动的视角来审视人类社会历史的动态变迁过程,自然也能生发出主体向度的批判性。在历史辩证法的视域中,没有哪一种社会生产方式是自然永恒与固定不变的,人类社会的存在问题与发展问题都可以在历史自身的矛盾运动中找到合理的解释。在《形态》中,马克思、恩格斯也正是立足于此,从广义历史唯物主义的一般原则出发来论证资本主义的历史暂时性与共产主义的历史必然性问题(虽然这部分论述还有待于进一步科学化、具体化)。第四,纵观马克思实现哲学革命之后的思想历程,

---

① 《马克思恩格斯全集》第30卷,人民出版社1995年版,第46页。

② [德]马克思、恩格斯:《德意志意识形态(节选本)》,人民出版社2003年版,第24页。

③ 《马克思恩格斯全集》第31卷,人民出版社1998年版,第412—413页。

我们发现，历史唯物主义主体向度的批判依赖于客体向度的不断深化。在一定意义上，"主导"层面的科学批判理论（狭义历史唯物主义）对于理解"基础"层面的人类社会历史的一般规律（广义历史唯物主义）具有重要的认识作用。

三 主客体向度之辩证关系：主体向度的批判依赖于客体向度的挖掘

历史唯物主义中的主客体向度是辩证统一的，自 1845 年写作《关于费尔巴哈的提纲》开始，马克思就不再只从主体或客体的单纯角度来理解人类社会的历史发展了，而是把主体—客体统一在一定的、历史的、具体的人类实践活动中（"革命的社会实践"）。然而在不同时期，基于不同的思考主题与研究水平，马克思对于历史唯物主义主客体向度之辩证关系的理解是不尽相同的。

在《形态》中，马克思与恩格斯共同确立了广义历史唯物主义的一般原则，揭示了人类社会发展的客观规律。但由于经济学和历史学研究的不足，他们此时主要还是在一般历史学意义上以经验描述的方式来谈论人类社会的历史发展。尽管马克思、恩格斯在生产力与交往形式之间搭建起了一条矛盾的线索，并且也看到了生产力的巨大发展是共产主义实现的"绝对必需的实际前提"①，但他们仍然无法说明两个问题：第一，不同的历史时代是如何过渡的？第二，为什么资本主义生产方式有其无法克服的自身矛盾而必然为共产主义所取代？马克思、恩格斯此时对共产主义、对无产阶级革命的论述，主要依靠的理论支点有两个：第一，从广义历史唯物主义所确立的一般原则出发来考察特定的资本主义社会形态，他们发现交往形式对生产力的阻碍作用依然是资本主义所不能摆脱的内在矛盾，私有制成了生产力发展的桎梏，大工业条件下生产力只获得了片面的发展，许多"生产力在

---

① ［德］马克思、恩格斯：《德意志意识形态（节选本）》，人民出版社 2003 年版，第 30 页。

私有制下根本得不到利用"①，这是一条由于研究水平的局限而隐匿的狭义历史唯物主义的客体向度；第二，在此基础上，主体向度的批判源自于"大工业不仅使工人对资本的关系，而且使劳动本身都成为工人不堪忍受的东西"②。我们看到，马克思、恩格斯在《形态》中实际上是在广义历史唯物主义的客体向度上，引出其资本主义批判理论的，他们对于狭义历史唯物主义客体向度的分析是直接嫁接在广义历史唯物主义的一般原则基础之上的，或者说他们此时的资本主义批判理论是在揭示人类社会发展的一般规律之后的自然延伸。因此，我把它定位为一条隐匿的线索，并且只有和之后的科学批判理论对比，我们才能发现它的隐性在场。

到了《共产党宣言》（以下简称《宣言》），情况稍有变化。《宣言》第一章第一句话便开宗明义地指出"至今一切人类社会的历史都是阶级斗争的历史"③，并开始阐述人类社会在一般意义上是怎么通过生产力与生产关系的内在矛盾运动发展至今的，即资本主义如何诞生、它出现的历史必然性、承担了哪些历史职能，并从其基于自身的不可克服的内在矛盾性出发论证了"两个必然"。在这里，广义历史唯物主义的客体向度被明确界定为"生产力与生产关系的内在矛盾运动"，狭义历史唯物主义的客体向度也很清晰："资产阶级的生产关系和交换关系，资产阶级的所有制关系，这个曾经仿佛用法术创造了如此庞大的生产资料和交换手段的现代资产阶级社会，现在像一个魔法师一样不能再支配自己用法术呼唤出来的魔鬼了。"④一句话，此时的马克思认为资本主义生产关系已经不适应生产力发展要求了，现实依据何在呢？中介环节是工商业危机、生产过剩。⑤而主体向度的承担者则是在现代资本主义的历史进程中产生的现代产业无产阶级。在马

---

① ［德］马克思、恩格斯：《德意志意识形态（节选本）》，人民出版社 2003 年版，第 59 页。

② ［德］马克思、恩格斯：《德意志意识形态（节选本）》，人民出版社 2003 年版，第 59 页。

③ ［德］马克思、恩格斯：《共产党宣言》（单行本），人民出版社 1997 年版，第 27 页。

④ ［德］马克思、恩格斯：《共产党宣言》（单行本），人民出版社 1997 年版，第 33 页。

⑤ 参见［德］马克思、恩格斯《共产党宣言》（单行本），人民出版社 1997 年版，第 33 页。

克思看来，随着资本主义的不断发展，社会日益分化为两大阶级：资产者和无产者。无产阶级在现实的历史中通过多个方面不断成长起来，并且陷入绝对贫困化的境地，具备了成为资产阶级掘墓人的主客体条件，革命的时机到来了。因此，在《宣言》这个文本中，马克思、恩格斯的理论逻辑是比较清晰的，从广义历史唯物主义的客体向度出发，并就资本主义这一特定历史条件下的生产方式进行了深入剖析，在此基础上实现历史辩证法主客体向度的统一。如果说《形态》还是在一般历史观意义上直接引出批判理论，那么《宣言》则要往前推进了一步，把基于狭义历史唯物主义客体向度之上的主体向度批判做实了。但这里面还存在着一些问题，即具体的资本主义生产方式批判理论还不够成熟，这也是马克思后期在《资本论》及其手稿中进一步深化的。

最后，在《资本论》及其手稿中，马克思深入挖掘的是资本主义生产方式的内在矛盾性，也就是狭义历史唯物主义的客体向度。《〈政治经济学批判〉序言》中讲的"两个决不会"① 并非是一种悲观主义的论调，而是他在政治经济学批判中进一步深化了对狭义历史唯物主义客体向度的判断。马克思也没有放弃历史辩证法主客体向度的统一，他通过对资本主义经济运动规律的揭示，力图证明：第一，资本主义生产方式有其不可克服的自身矛盾，资本主义生产的真正限制是资本自身②；第二，通过理解资本主义这个特定的经济的社会形态，我们能够获得对于前资本主义社会的一般认识③；第三，主体向度的批判仍然在场，但只是以一种科学的形式存在于马克思对资本主义生产方式的批判中。马克思指出："一种历史生产形式的矛盾的发展，是这种形式瓦解和新形式形成的惟一的历史道路。"④ 马克思从来没有说经济的社会形态是永恒不变的自然法则，恰恰相反，他是在历史辩证法主客体统一的基础上揭示资本主义生产方式的历史合理性与历史暂时性，而共产主义革命的可能性就源于资本主义的内在矛盾运

---

① 参见《马克思恩格斯全集》第 31 卷，人民出版社 1998 年版，第 413 页。

② 《马克思恩格斯全集》第 46 卷，人民出版社 2003 年版，第 278 页。

③ 参见《马克思恩格斯全集》第 30 卷，人民出版社 1995 年版，第 46—47 页。

④ 《马克思恩格斯全集》第 44 卷，人民出版社 2001 年版，第 562 页。

动中。

综上所述，马克思对主体向度的论述，或者换一种表达方式，人类主体的命运、无产阶级革命的前途、共产主义实现之可能性，都是建立在对于客体向度（社会历史的内在矛盾运动）的不断深入理解基础之上的。科学社会主义的核心，既不是无视人类主体的实践活动，把社会历史发展视为某种恒定的自然过程（这是资产阶级的自由主义意识形态）；也不是撇开对于社会历史内在矛盾性的分析，而只是弘扬主体的革命性和能动性（这是空想社会主义的乌托邦）。依我之见，但凡只强调主体向度的批判性，大多是无视或片面理解社会历史本身的内在矛盾运动规律。在后来的科学社会主义运动与实践中，不管是列宁领导的俄国革命，还是毛泽东领导的中国革命，弘扬人的主体能动性是一个极为突出的方面，但这种主体能动性的发挥并不是随意的发挥，而是建立在对于特定历史条件下革命内在规律的深刻认识基础之上的。"十月革命"的成功离不开列宁对资本主义发展的帝国主义阶段的判断，新民主主义革命的胜利也离不开毛泽东对中国社会性质的分析以及对落后国家革命规律的探索。

三　马克思恩格斯经典文本研究

论马克思《巴黎手稿》写作的
思想资源问题

宫敬才*

马克思《巴黎手稿》自 1932 年正式发表到现在始终是国际学术界争论的热点之一，核心是如何理解其中的人道主义和异化劳动理论，研究者以为这就是《巴黎手稿》的主题思想。这是纯哲学语境理解的结果，不符合马克思当时的思想实际。《巴黎手稿》是政治经济学与哲学有机统一的经济哲学语境，主题思想是质疑和批判资产阶级私有财产制度。这种主题思想的铸就与马克思写作《巴黎手稿》时依凭的思想资源有直接关系，较有代表性的是资产阶级经济学、青年恩格斯的经济学、费尔巴哈哲学和黑格尔哲学。《巴黎手稿》研究的历史明证可鉴，研究者们或是忽略部分思想资源的客观存在及其影响作用，如资产阶级经济学和青年恩格斯的经济学；或是对部分思想资源的影响作用作出扭曲性判断，如对费尔巴哈哲学和黑格尔哲学的判断。两种做法的共同作用使然，马克思《巴黎手稿》的语境和主题思想皆被误解。关注和研究马克思《巴黎手稿》写作时依凭的思想资源问题，发现和揭示出二者之间细微且复杂的内在联系，我们就能更容易地进入马克思当时的心智世界，进而准确全面地理解《巴黎手稿》的经济哲学语境和主题思想。

---

* 宫敬才，河北大学哲学与社会学学院教授、中国马克思主义哲学史学会马克思恩格斯哲学思想研究分会副会长。

一 问题的提出及其说明

在研究和论说马克思《巴黎手稿》（以下简称《手稿》）的理论来源问题时，人们最为关注费尔巴哈哲学思想的影响作用。有为数不少的学者认为马克思此时的思想处于费尔巴哈哲学阶段，人学公式背后的思维方式是证据。此为简单化理解马克思此时思想发育程度的典型。其次是黑格尔哲学。人们更为关注黑格尔哲学的唯心主义性质及其马克思的相应批判，但黑格尔哲学对马克思的有益影响则估计不足。更为明显和严重的问题是现有做法无视基本事实的客观存在，这就是作为主要思想资源之一的经济学，具体来说是资产阶级经济学和青年恩格斯的经济学。不顾及这二者的客观存在及其影响作用，就不可能准确全面地把握《手稿》的思想资源问题，更不可能准确全面地理解《手稿》的具体内容。这样的理论情势会造成连锁反应，结果之一是对《手稿》语境的错误理解和定位。纯哲学语境的理解导致仅仅关注纯哲学话题如人道主义和异化劳动理论，而《手稿》的真实主题思想即对资产阶级私有财产制度的质疑和批判，则是被抛诸研究者的视野之外。殊不知，这种做法会导致严重的理论后果：其一，《手稿》的主题思想被扭曲；其二，《手稿》与马克思后续写作的文献如《政治经济学批判大纲》与《资本论》之间思想的内在联系被抛入视野黑洞之中。第二种后果影响深远。直到现在，人们在研究《政治经济学批判大纲》时聚焦《政治经济学批判大纲》与《资本论》之间的思想联系，无视《手稿》与《政治经济学批判大纲》《资本论》之间的思想联系，客观存在的《手稿》——《政治经济学批判大纲》——《资本论》的三点一线被人为割断为两点一线，《手稿》经济哲学语境起源的地位和作用被彻底淹没。

从经济哲学语境角度看，这里的问题不是理论来源，而是思想资源，即马克思构筑经济哲学语境时依凭的思想资源。思想资源的指称范围远远大于理论来源的指称范围，从这里才能真正地看清楚马克思经济哲学语境的构筑与前人思想的实际关系。更为重要者，从思想资源的角度看问题，被以往研究忽略但对马克思有重要影响作用的理论因素会自然而然地显现出来，如资产阶级经济学和青年恩格斯的经济学。思想资源是底色，借此可以更清楚地看到马克思在经济哲学意义上与前人思想的批判、继承和超越关系。

二 资产阶级经济学

马克思研究政治经济学的学术背景是资产阶级经济学。马克思持续一生地批判资产阶级经济学是人人皆知的客观事实，但这一经济学对马克思构筑经济哲学和政治经济学语境起过刺激或激发作用，则被研究者忽略。如果从亚当·斯密《国民财富的性质和原因的研究》正式出版（1776 年）算起，1844 年的资产阶级经济学已有近70 年的历史。此时的资产阶级经济学已形成了相对完整的学术体系，主要构成要素如下。第一，基本范畴：资本、雇佣劳动和土地；利润、工资和地租；资本家、工人和地主。第二，政治经济学分析框架：生产要素意义的公式是资本—雇佣劳动—土地；分配意义的公式是利润—工资—地租；生产要素所有权意义的公式是资本家—工人—地主。第三，价值立场。亚当·斯密以后的资产阶级经济学一再公开地宣称，自己站在一般意义的人的立场上说话，实质是为资本和资本家说话。第四，学科性质认知。此时的资产阶级经济学一口咬定经济学是科学，其中不能存在价值立场。[1] 这一立场被现代资产阶级经济学所继承并自信地认为，经济学是像自然科学一样的硬科学，如在中国极为流行的经济学教科书、由美国经济学家曼昆所著的《经济学原理》中说："经济学家努力以科学的态度来探讨他们的主题。他们研究经济的方法与物理学家研究物质和生物学研究生命的方法一样：他们提出理论、收集资料，并分析这些资料以努力证明或否定他们的理论。"[2]

马克思面对和利用这一学术体系进行自己的政治经济学研究。虽

---

① ［英］西尼尔：《政治经济学大纲》，蔡受百译，商务印书馆 1977 年版，第 12 页。

② ［美］曼昆：《经济学原理》（上册），梁小民译，生活·读书·新知三联书店、北京大学出版社 1999 年版，第 19 页。

然到写作《政治经济学批判大纲》时创立了独树一帜且自成逻辑的政治经济学理论体系，但马克思写作《手稿》时还离不开资产阶级经济学这一学术体系，还必须以它为参照系和出发点。《手稿》写作的开始就沿用了资产阶级经济学的分析框架，具体表现是马克思以工资、资本的利润和地租三栏分列的形式开始《手稿》的写作。试想，如果没有这一相对完整的学术体系，马克思的《手稿》会是什么样子？甚至马克思能写出《手稿》吗？从这一角度看问题，我们不得不承认，资产阶级经济学是马克思写作《手稿》时基本和主要的思想资源，进而是马克思构筑经济哲学和政治经济学语境基本和主要的思想资源。

当然，写作《手稿》时的马克思并不是完全沿袭资产阶级经济学的学术体系，而是与这一学术体系处于胶着的关系状态中。其中有沿用，主要表现于基本范畴和分析框架，但更有自己独具特色的内容，具体表现如下：第一，马克思的语境是经济哲学语境，具体来说是政治经济学与哲学的有机统一，这与资产阶级经济学的科学经济学语境形成鲜明对照。第二，马克思的价值立场是站在雇佣劳动者的立场上为雇佣劳动者说话，这与资产阶级经济学竭力为资本和资本家说话在本质上区别开来。第三，此时的马克思已发现了资产阶级经济学不少的根本性缺陷，并力所能及地加以指明，如对资产阶级经济学逻辑前提即人学前提和法哲学前提的质疑和批判，对资产阶级经济学片面理解资本、劳动和工人等范畴的批判，等等。这种批判是马克思经济哲学思想的有机组成部分，也是我们研究马克思经济哲学的重要思想资源。

总之，马克思《手稿》与资产阶级经济学的思想关系很复杂，其中有继承，有批判，有超越。这种复杂关系证明了事实的客观存在，资产阶级经济学是马克思写作《手稿》和构筑经济哲学语境的思想资源。资源的意义表现于两个方面：一是提供了能够作为参照系和出发点的学术范式；二是从反面对马克思产生刺激或激发作用。

三　青年恩格斯的经济学理解

《手稿》的思想资源问题而不顾涉青年恩格斯经济哲学思想的影

响作用是理论硬伤。确实有人意识到并指出这一点，如英国学者麦克莱伦在《青年黑格尔派与马克思》一书中说，恩格斯发表于《德法年鉴》上的《国民经济学批判大纲》"对马克思发生了决定性影响"。可惜的是大部分研究者无视这一事实的客观存在。考虑到如下细节性事实，青年恩格斯对《手稿》写作时期马克思的决定性影响能够更清晰地凸显出来。《国民经济学批判大纲》以英国工业革命时期的社会经济事实和资产阶级经济学为批判对象，是马克思主义史上第一篇基于无产阶级立场写作的政治经济学文献。此时的马克思研究政治经济学只有半年左右的时间，还不能阅读英文文献，阅读的亚当·斯密和李嘉图等人的政治经济学文献是法译本，对英国工业革命及其带来的根本性社会历史变化还知之甚少。青年恩格斯的论文投稿于《德法年鉴》，作为年鉴两主编之一的卢格由于生病而不能从事编辑工作，马克思是这篇论文除作者外的第一位读者。可以想见，这篇论文对急于找到理解政治经济学的突破口，因而对政治经济学新观点求知若渴的马克思会产生多么具体且巨大的激发作用。激发作用主要体现于三个方面：一是以英国为主的政治经济学学科性知识；二是英国工业革命时期的社会经济状况；三是经济哲学观点。顾及这些细节性事实，如下结论就会出现在我们面前：青年恩格斯是马克思经济哲学思想的启蒙者和领路人。①

　　启蒙者和领路人的说法似有夸张之嫌，但看了恩格斯这篇论文中的如下观点，并与马克思几个月之后开始写作的《手稿》加以对比，夸张之说便不攻自破。第一，质疑和批判资产阶级经济学的法哲学前提即私有财产制度天然合理论。第二，指斥资本主义工厂制度不亚于古代的奴隶制，这证明了资产阶级经济学的虚伪性质。第三，政治经济学研究的人学出发点是纯粹的人。第四，资产阶级经济学的本质在于阐释私有财产制度的规律。第五，未来社会的理想是两个和解，即人类与自然和人类内部人与人之间矛盾的和解。第六，人类社会的出

---

　　① 恩格斯与马克思经济哲学的关系是一个极为重要却历来被学术界忽略的理论问题。对这一问题的历史性梳理和分析请参见宫敬才《恩格斯与马克思经济哲学体系》，《北京师范大学学报》2019 年第 3 期。

路在于消灭私有财产制度。第七，资产阶级经济学三位一体的分析框架违背客观事实。第八，科学技术是生产力。第九，只有结合资本与劳动才能正确地认识私有财产制度。第十，劳动是人的自由活动。第十一，私有财产制度导致阶级对立。第十二，经济危机导致社会革命。第十三，未来社会的经济制度是计划经济。第十四，科学技术的人性化运用是未来社会的重要内容。第十五，资产阶级经济学敌视人，是无人经济学。第十六，在资本主义社会，科技发明使人异化。按照恩格斯论文表述顺序摘录出来的 16 个观点给人以似曾相识之感，因为其中的大部分内容重又出现于马克思《手稿》之中，少部分出现于马克思以后写作的文献特别是政治经济学文献中，如科学技术是生产力、经济危机导致社会革命的观点和指斥资产阶级经济学三位一体的分析框架。这些观点的罗列和对比以微观、实证形式证明，青年恩格斯确实是马克思经济哲学思想的启蒙者和领路人，其经济哲学思想对马克思经济哲学语境的构筑发挥了决定性的影响作用。

如上判断和支撑判断的例证是对传统性认知的冲击与挑战，但客观事实确实如此。好在马克思总在不断地以间接形式承认这一点、提到这一点。《手稿》的《序言》中说，青年恩格斯的《国民经济学批判大纲》是"内容丰富而有独创性的著作"①。马克思在 1859 年写作的《政治经济学批判》（第一分册）《序言》中说，青年恩格斯的论文是"批判经济学范畴的天才《大纲》"②。在《资本论》第一卷，马克思曾五次引用青年恩格斯的这篇论文，借以印证自己的观点。三个例证表明，对青年恩格斯《国民经济学批判大纲》作出高度评价是马克思一以贯之的做法。这种做法告诉我们两个基本事实：一是青年恩格斯的论文对《手稿》产生了决定性影响；二是该论文对马克思有持续一生的重要影响。

四　费尔巴哈哲学

《手稿》中的思想与费尔巴哈哲学思想的关系是个较为复杂的问

---

① 《马克思恩格斯文集》第 1 卷，人民出版社 2009 年版，第 112 页。
② 《马克思恩格斯文集》第 2 卷，人民出版社 2009 年版，第 592 页。

题。复杂就需要分析和鉴别，否则，理解上的简单化是必然结果。在《手稿》的争论历史中，其中的思想与费尔巴哈哲学思想的关系问题较受关注，不幸的是有为数不少的研究者对这一关系作出简单化理解。这样的例证有法国哲学家阿尔都塞、部分苏联学者和中国的大部分学者。他们认为，《手稿》是受费尔巴哈哲学思想严重影响的结果，其中的人学思想是例证。他们由此断定，由于费尔巴哈哲学思想的影响而使《手稿》中的思想具有不成熟性质。法国的阿尔都塞走向离谱的极端，认定《手稿》中的人学思想是资产阶级意识形态。表面看，上述理解并非捕风捉影，因为马克思确实在《手稿》中两次高度赞扬费尔巴哈。①

就实质说，上述观点是简单化理解《手稿》中的思想与费尔巴哈哲学思想关系的结果。马克思在高度赞扬费尔巴哈的同时，利用自己研究政治经济学获得的新哲学感悟改造费尔巴哈哲学。这种改造直接体现于对费尔巴哈哲学思想的批评中②，更多和更根本的体现是对费尔巴哈的哲学范畴和观念进行改造、重新解释和赋予新内容，结果是费尔巴哈哲学的范畴外壳仍然存在，实际内容则是马克思自己的思想。请看如下例证：

例证一：在费尔巴哈哲学中类概念占有重要地位，其含义是人与动物相比生物学意义上的独特之处，如"爱"。马克思在《手稿》中袭用了费尔巴哈哲学中的类概念，但赋予的含义与费尔巴哈哲学有本质区别，它是人"自由自觉的活动"③。由情感到活动亦即实践是本质性的跨越，哲学视域发生了根本性转移，人类社会历史及其客观基础与人的类特征有机结合在一起，从此后理解人的本质问题有了正确出发点。

例证二：费尔巴哈哲学中的自然界是直观的对象，是早已存在于人类社会出现以前的前提。马克思视自然界为"人化的自然界"，费尔巴哈意义的与人无关的自然界对人说来是无。④ 马克思对自然界的

---

① 《马克思恩格斯文集》第1卷，人民出版社2009年版，第112、199—200页。
② 《马克思恩格斯文集》第1卷，人民出版社2009年版，第200—201页。
③ 《马克思恩格斯文集》第1卷，人民出版社2009年版，第163页。
④ 《马克思恩格斯文集》第1卷，人民出版社2009年版，第191、220页。

理解是伟大发现，这一发现为一系列经济哲学观点的提出打开了方便之门，典型是人化自然辩证法思想。^①直到现在，人们仍然没有充分认识到《手稿》中"人化的自然界"思想的哲学意义。殊不知，正是这一思想为马克思政治经济学与哲学的有机结合奠定了理论基础，使经济哲学语境的构筑有了现实可能性。"人化的自然界"是哲学范畴，但没有对政治经济学的研究，"人化"之中的"化"即劳动的本质和特点就无法被揭示出来。就此而言，读一读马克思在《德意志意识形态》对费尔巴哈历史和现实有机结合的批判，一切皆会显现出来。^②

例证三：问题域的根本性转换。费尔巴哈哲学中的自然界是直观的对象，需要研究的是自然科学性质的问题即"自然界的形成过程"问题。马克思反其道而行之，从世界历史和人的角度看待自然界，使问题的性质和视域发生了根本性变化，结果是变成了如下问题："对社会主义的人来说，整个所谓世界历史不外是人通过人的劳动而诞生的过程，是自然界对人来说的生成过程。"^③费尔巴哈哲学视域中的自然界是与人无涉的静态存在，把人与自然界联系起来的中介是直观。《手稿》经济哲学语境中的自然界是"人化的自然界"，是人的本质力量的显现和确证，联系二者的中介不是直观而是劳动，不是主观的意识活动而是客观的实践活动。对于马克思来说，问题域的根本性转换是大事，因为这为超越费尔巴哈哲学找到了突破口，为建立自己的人化自然辩证法迈出了关键一步。

例证四：哲学分析框架。费尔巴哈在反叛黑格尔唯心主义哲学的过程中建立了自己的唯物主义哲学体系。这一体系继承英法两国唯物主义的哲学传统，又思路清晰地把思维与存在、精神与物质之间的关系拔高到哲学基本问题的高度。这就是哲学分析框架。马克思自觉彻底地批判费尔巴哈的哲学分析框架是在《关于费尔巴哈的提纲》《德

---

① 马克思文献特别是政治经济学文献中有较为系统的人化自然辩证思想，可惜的是被大部分研究者所忽略。对马克思人化自然辩证法思想的梳理和论证请参见宫敬才《谶论马克思的人化自然辩证法》，《河北学刊》2014年第1期。

② 《马克思恩格斯文集》第1卷，人民出版社2009年版，第428—529页。

③ 《马克思恩格斯文集》第1卷，人民出版社2009年版，第196页。

意志意识形态》中完成的，但这样的批判在《手稿》中就开始了。这里不是指名道姓地批判，而是提出自己的哲学分析框架与之相抗衡，"非对象性的存在物是非存在物"①。用通俗易懂的哲学语言表述这一哲学分析框架是主体、客体及二者之间的辩证关系。有什么样的哲学分析框架就会有什么样的哲学思想，后者是前者的产物。仅凭这一点我们就可以说，《手稿》时期的马克思并没有被费尔巴哈哲学思想所左右，而是以非自觉形式开始自己哲学体系的创建过程。这个过程不应该被忽略，而是应该被承认、被研究。

四个例证已能说明问题，《手稿》中的思想与费尔巴哈哲学思想之间存在较为复杂的关系。以往的简单化理解为正确把握《手稿》的经济哲学语境问题带来了不利影响，现在是纠正过来的时候了。《手稿》时期的马克思确实受到了费尔巴哈哲学思想的影响，如人之异化的思维方式，一些基本的哲学范畴的激发作用，但不能由此就得出结论说，此时马克思的思想被费尔巴哈哲学思想所左右。更为重要的是问题的另一面，这就是马克思对费尔巴哈哲学思想的改造和事实上的超越。注意到这一点，研究这一点，我们才能准确和全面地理解《手稿》的经济哲学语境问题。

五　黑格尔哲学

黑格尔哲学是马克思经济哲学研究无法绕开的话题，也是后人理解马克思经济哲学时必须正视的难点，《手稿》的情况更是如此。就已有的研究成果看，研究者有习惯性路径可依赖，该路径的创立者是恩格斯和列宁。他们看重的黑格尔哲学著作是《逻辑学》，认为黑格尔哲学的合理内核是辩证法。恩格斯在《反杜林论》《自然辩证法》《路德维希·费尔巴哈和德国古典哲学的终结》和列宁在《哲学笔记》中认定这一辩证法的主要内容是对立统一、质量互变和否定之否定规律。实事求是地说，依赖这一路径理解《手稿》中黑格尔哲学的影响问题不会得到符合马克思思想实际的结论。马克思在《手稿》中

---

① 《马克思恩格斯文集》第 1 卷，人民出版社 2009 年版，第 210 页。

认定黑格尔哲学的代表作是《精神现象学》，称其为"黑格尔哲学的真正诞生地和秘密"，其中的精华是劳动辩证法。① 依循马克思路径理解《手稿》中黑格尔哲学的影响问题，才能真切地理解作为思想资源的黑格尔哲学，对马克思构筑经济哲学语境具有多么不可或缺的重要意义。

让我们从头说起。到写作《手稿》的 1844 年，马克思已是第三次与黑格尔哲学系统地打交道。第一次与黑格尔哲学系统地打交道发生于大学二年级，马克思读了黑格尔所有的著作及其弟子的著作。青年黑格尔派的思想氛围左右了这次阅读，自我意识高于一切的哲学立场体现于《博士论文》中。第二次打交道发生于 1843 年。《莱茵报》时期的痛苦经历让马克思愤怒不已，普鲁士集权专制和官僚主义横行的政治现实与黑格尔在《法哲学原理》中对国家的吹捧以至于神化尖锐冲突。黑格尔说，"人民就是一群无定形的东西"②，"人们必须崇敬国家，把它看作地上的神物"③，"神自身在地上的行进，这就是国家"④。马克思在《黑格尔法哲学批判》中以人民主权论与之相抗衡，揭批黑格尔国家观的荒谬之处。这里的语境是政治哲学⑤。马克思主义哲学史研究者习惯性地把马克思此时市民社会决定国家的论断视为历史唯物主义语境中经济基础决定上层建筑原理的最早提出⑥，实际是误解。此时马克思还没有研究政治经济学，不可能具有历史唯物主义语境中经济基础决定上层建筑的意识。尤为重要者，马克思在 1859 年的《政治经济学批判》（第一分册）《序言》中公开承认，他只是在研究政治经济学即"解剖市民社会"之后才提出历史唯物主义原

---

① 《马克思恩格斯文集》第 1 卷，人民出版社 2009 年版，第 201、205 页。

② ［德］黑格尔：《法哲学原理》，范扬、张企泰译，商务印书馆 1961 年版，第 298 页。

③ ［德］黑格尔：《法哲学原理》，范扬、张企泰译，商务印书馆 1961 年版，第 285 页。

④ ［德］黑格尔：《法哲学原理》，范扬、张企泰译，商务印书馆 1961 年版，第 259 页。

⑤ 《马克思恩格斯文集》第 3 卷，人民出版社 2002 年版，第 37—39 页。

⑥ 《马克思恩格斯文集》第 3 卷，人民出版社 2002 年版，第 9—12 页。

理。① 真实情况是,《黑格尔法哲学批判》中市民社会决定国家的论断只是政治哲学语境中人民主权论的另一种表述。

马克思第三次与黑格尔哲学系统打交道是在研究政治经济学半年之后的 1844 年。与前两次相比,这次与黑格尔哲学打交道的特点如下:第一,这次打交道是经济哲学语境而非政治哲学语境;第二,关注和批判的重点文献是《精神现象学》而不是《法哲学原理》;第三,在具体内容层面,这次打交道与政治经济学密切相关而不是与政治哲学和法哲学密切相关。马克思对黑格尔哲学的批判集中于两点:一是对财富、异化等现象理解的唯心主义性质,二是像资产阶级经济学一样对劳动的片面性理解。②

马克思从《精神现象学》中挖掘出对自己最有益因而最重要的是劳动辩证法,"黑格尔的《现象学》及其最后成果——辩证法,作为推动原则和创造原则的否定性——的伟大之处首先在于,黑格尔把人的自我产生看做一个过程,把对象化看做非对象化,看做外化和这种外化的扬弃;可见,他抓住了劳动的本质,把对象性的人、现实的因而是真正的人理解为人自己的劳动的结果"③。这种劳动辩证法的核心是人,是处于劳动过程中的劳动者。用这种劳动辩证法看待人及其历史,"人学历史唯物主义"便呼之欲出。④ 基于此我们说,黑格尔的劳动辩证法对马克思的经济哲学而言具有理论基础的重要意义。

不仅如此,马克思看重黑格尔的《精神现象学》还有一般层面的原因,这就是批判的内在气质。马克思说:"《现象学》是一种隐蔽的、自身还不清楚的、神秘化的批判;但是,因为《现象学》紧紧抓住人的异化不放——尽管人只是以精神的形式出现——所以它潜在地包含着批判的一切要素,而且这些要素往往已经以远远超过黑格尔观

---

① 《马克思恩格斯文集》第 2 卷,人民出版社 2009 年版,第 591 页。
② 《马克思恩格斯文集》第 1 卷,人民出版社 2009 年版,第 203—205 页。
③ 《马克思恩格斯文集》第 1 卷,人民出版社 2009 年版,第 205 页。
④ "人学历史唯物主义"是新提法,对其的展开和论证请参见宫敬才《论马克思的劳动历史唯物主义理论》,《北京师范大学学报》2018 年第 3 期。

点的方式准备好和加过工了。"① 劳动辩证法和批判的内在气质出现于
黑格尔的如下论述中。他在讲到劳动过程中主人、奴隶及二者之间关
系发生根本性质的变化时说："对于事物的陶冶不仅具有肯定的意义，
使服役的意识通过这种过程成为事实上存在着的纯粹的自为存在，而
且对于它的前一个环节，恐惧，也有着否定的意义。""在主人面前，
奴隶感觉到自为存在只是外在的东西或者与自己不相干的东西；在恐
惧中他感觉到自为存在只是潜在的；在陶冶事物的劳动中则是自为存
在成为他自己固有的了，他并且开始意识他本身是自在自为地存在着
的。奴隶据以陶冶事物的形式由于是客观地被建立起来的，因而对他
并不是一个外在的东西而即是他自身；因为这种形式正是他的纯粹的
自在自为，不过这个自为存在在陶冶事物的过程中才得到了实现。因
此正是在劳动里（虽说在劳动里似乎仅仅体现异己者的意向），奴隶
通过自己再重新发现自己的过程，才意识到他自己固有的意向。"②

　　黑格尔以劳动为核心构筑出微观的意象世界。在这个世界中，
主人、奴隶、主人与劳动的关系和奴隶与劳动的关系及其性质变化
是基本的构成要素。在劳动过程及其结果中，构成要素发生了根本
的性质变化。主人不劳动，在生存意义上又不得不依赖劳动，由此
变成了劳动的纯否定因素。奴隶必须劳动即必须"陶冶事物"，在
劳动对象面前，奴隶是主体；在劳动即"陶冶"过程中，奴隶同样
掌握主动权；在劳动结果面前，奴隶是真正的创造者。在劳动面前
作为纯否定因素的主人，由于没有奴隶劳动便不能生存，因而具有
了奴隶的性质。基于此我们说，正是在劳动过程中，主人和奴隶的
地位发生了根本性颠倒。这个微观、精巧、深刻而又实用的意象世
界是理论模型，马克思用它去分析和衡量社会历史生活，特别是资
本主义社会的劳动，其巨大的理论张力就能显示出来，一系列极具
经济哲学性质的观点的提出不是可望而不可即的难事。马克思在
《手稿》中确实这样做了，如下例证就可证明这一点：第一，"人化

---

① 《马克思恩格斯文集》第 1 卷，人民出版社 2009 年版，第 204 页。
② ［德］黑格尔：《精神现象学》（上卷），贺麟、王玖兴译，商务印书馆 1979 年版，
第 131 页。

的自然界"论；第二，自然界的社会历史性质论；第三，人之本质劳动论；第四，劳动创造世界论；第五，私有财产主体本质论；第六，主、客体关系哲学分析框架论，等等。① 这六个观点在马克思后来写作的文献特别是政治经济学文献中一再出现并成为理论基础，典型者是《德意志意识形态》《政治经济学批判大纲》和《资本论》。

总之，《手稿》中的思想与黑格尔哲学的关系是有待研究的课题，依赖已有路径理解这一关系的结果是误解这一关系。马克思的做法具有示范意义，它告诉我们，黑格尔哲学具有浓重的社会历史性内容，这种内容的具体化结果之一是经济哲学。② 马克思在构筑经济哲学语境的关键时期受到了黑格尔经济哲学的重大影响，使马克思经济哲学带有明显的黑格尔经济哲学痕迹。

六　讨论性结论

就《手稿》经济哲学语境意义的思想资源问题而言，上述几个方面的内容只能作为例证看待。如此说的根据是马克思在构筑《手稿》的经济哲学语境时还依凭了其他思想资源。古希腊神话和希腊化时期的哲学思想使马克思发现了主体性的客观存在及其存在论意义的高于一切③，这种发现以哲学与政治经济学相结合的形式出现于《手稿》中，成为其理论支撑点之一。又如文艺复兴时期以来的人本主义思想对马克思在《手稿》中构筑经济哲学语境产生了直接影响，引证莎士比亚和歌德的作品就是证据。这样的事实告诉我们，《手稿》写作时依凭的思想资源是有待研究的问题，这一问题研究清楚了，我们才能全面准确地理解马克思《手稿》的经济哲学语境，进而全面准确地理解《手稿》中的经济哲学思想，特别是其中质疑和批判资产阶级私有

---

① 《马克思恩格斯文集》第 1 卷，人民出版社 2009 年版，第 163—210 页。

② 黑格尔的经济哲学思想历来被研究者所忽略，唯一的例外是匈牙利哲学家、西方马克思主义的主要创始人卢卡奇。对黑格尔经济哲学思想的梳理和分析请参见宫敬才《论黑格尔的经济哲学及其对马克思经济哲学的影响》，《马克思主义与现实》2016 年第 3 期。

③ 《马克思恩格斯文集》第 1 卷，人民出版社 2009 年版，第 12 页。

财产制度的主题思想。

（已发表于《河北大学学报》（哲学社会科学版）2021 年第 5 期）

恩格斯《家庭、私有制和国家的起源》一书的历史性贡献

吕世荣*

恩格斯《家庭、私有制和国家的起源》一书（以下简称《起源》）写于 1884 年，自出版至今已有 100 多年的历史，其间人类社会发生了巨大变化，该书的影响力却持续深入。客观来看，学术界对该书的评价存在不少分歧，充分肯定的有之，质疑的观点也不少。究竟如何看待《起源》一书的历史地位，仍是我们需要探讨的问题。

从思想史角度来看，《起源》一书是恩格斯晚年最后一部重要著作，其在马克思主义哲学史上具有独特历史地位。恩格斯在该书第一版序言中指出："以下各章，在某种程度上是实现遗愿。不是别人，正是卡尔·马克思曾打算联系他的——在某种限度内我可以说是我们两人的——唯物主义的历史研究所得出的结论来阐述摩尔根的研究成果，并且只是这样来阐明这些成果的全部意义。"① 这里就该书的写作目的说得很清楚：其一，完成马克思的遗愿；其二，用唯物史观的理论和方法阐述摩尔根的研究成果；其三，不是阐述摩尔根成果的个别意义，而是阐明这些成果的"全部意义"。

关于马克思和恩格斯晚年所进行的原始社会研究的目的及意义，

---

* 吕世荣，河南大学哲学系教授、中国马克思主义哲学史学会马克思恩格斯哲学思想研究分会副会长。

① 《马克思恩格斯文集》第 4 卷，人民出版社 2009 年版，第 15 页。

国内外学者有过重要的讨论。有苏联学者认为，马克思重视原始社会的研究"反映了他力求扩大和加深他以前制定的关于世界历史的一般唯物主义观念，力求全面而深入地研究政治经济学，特别是详尽地弄清楚资本主义以前各种社会形态的经济规律"①。英国学者莫里斯·布洛赫认为，马克思和恩格斯研究人类学有两个目的："第一，他们想从人类学中得到一些确实的证据，证明他们发现在资本主义制度下起作用的那些一般历史原则是自古以来一向起作用的原则。第二，他们希望人类学为他们提供一些与十九世纪资本主义的习俗制度成鲜明对照的或甚至完全对立的例子。"② 国内学者杜章智把此概括为："第一个目的是为了强调人类社会的统一性，强调马克思主义社会发展规律是普遍适用的……第二个目的是为了证明人类社会的变化和间断性，是为了证明资本主义制度下各种惯例、体制（如生产关系、财产关系、家庭关系等）都是历史现象，而不是像资本主义辩护士们所谈的永恒现象。"③ 这里实际上涉及我们以往所理解的唯物史观的内容和使用范围问题。探讨人类社会整体发展规律的普遍性和统一性，根本前提是研究史前社会的社会结构及其存在状态，并在此基础上弄清其与文明社会即与私有制产生以来的社会的联系和区别。

马克思和恩格斯一直把关于原始社会的研究作为自己的理论研究任务之一。然而，由于受历史资料的限制，在他们的思想发展过程中存在着一些观点与原始社会历史事实之间不相一致甚至相矛盾的地方。这集中体现在以下三个方面：第一，关于原始社会组织结构的认识不准确，曾把"潜在的家庭奴隶制"作为原始社会的社会制度，并肯定这种家庭先于氏族而存在；第二，在阶级起源和阶级斗争问题上，曾肯定包括原始社会在内的"一切社会的历史都是阶级斗争的历史"④；第三，把"亚细亚生产方式"作为人类社会"原生形态的社

---

① 转引自杜章智《国外对马克思晚年人类学笔记的研究》，《马克思主义研究资料》第 14 卷，中央编译出版社 2015 年版，第 279 页。

② 转引自杜章智《国外对马克思晚年人类学笔记的研究》，《马克思主义研究资料》第 14 卷，中央编译出版社 2015 年版，第 280 页。

③ 转引自杜章智《国外对马克思晚年人类学笔记的研究》，《马克思主义研究资料》第 14 卷，中央编译出版社 2015 年版，第 280 页。

④ 《马克思恩格斯文集》第 2 卷，人民出版社 2009 年版，第 31 页。

会性质"与原始社会的历史相矛盾，同时还存在着亚细亚生产方式与资本主义社会在现实历史中并存的矛盾。这些表明，研究原始社会的社会结构及其向阶级社会过渡的规律，实现上述苏联学者和英国学者所述的理论目的，既是马克思和恩格斯晚年面临的重要思想任务，也是完善唯物史观的内在要求。本文即是围绕《起源》对上述问题的重新思考与解决，来探讨恩格斯这一晚年著作的历史贡献。

一 论"两种生产"理论，完善人类社会存在和发展的一般规律理论

恩格斯《起源》的历史性贡献之一，即深入论述了"两种生产"理论，完善了唯物史观关于包括原始社会在内的人类社会发展的一般规律理论。

1. 马克思和恩格斯关于原始社会结构的初始观点

原始社会中家庭与氏族之间的关系，是认识原始社会组织结构的关键性问题。马克思和恩格斯曾在《德意志意识形态》（以下简称《形态》）中把部落所有制作为原始社会的起点，并明确将这一社会结构看作"潜在于家庭中的奴隶制"① 扩大的结果。在《资本论》及其手稿中，马克思仍然认为历史中的个人"最初还是十分自然地在家庭和扩大成为氏族的家庭中；后来是在由氏族间的冲突和融合而产生的各种形式的公社中"②。应当指出，从历史的演进来看，上述关于原始社会结构的认识存在不准确的地方，其并不了解氏族的本质及其与家庭之间的真实关系。造成这一状况的原因，除了马克思和恩格斯在19世纪70年代以前所能获取的史料较缺乏外，还在于他们基本上是用单一的物质生产及财产占有的经济关系来解释社会结构。此时的马克思和恩格斯尚未真正认识到：原始社会初期的物质生产关系是被裹挟在血缘关系中的。要克服这一理论困难，需找到打通阶级社会与原

---

① 《马克思恩格斯文集》第 1 卷，人民出版社 2009 年版，第 521 页。

② 《马克思恩格斯文集》第 8 卷，人民出版社 2009 年版，第 6 页。这里的家庭主要是父权制的对偶制家庭。

始社会之间关系的通道，进一步完善和扩展唯物史观的理论和方法。这就是马克思和恩格斯关于"两种生产"理论的逐步探索。

2. 马克思和恩格斯对"两种生产"理论的探索过程

早在 1843 年批判黑格尔唯心主义国家观时，马克思就已认识到家庭（婚姻关系）的重要性，将其看作"国家的现实的构成部分"，明确指出："家庭和市民社会使自身成为国家。它们是动力。"① 但此时马克思对家庭和市民社会的认识还不完全是历史唯物主义的。在《形态》中，马克思和恩格斯提出了"通过劳动生产自己的生命"和"通过生育生产他人的生命"两种不同类型的生产，将通过家庭、性关系所进行的"人自身的生产"视为社会活动不可缺少的一个方面，从人类社会存在和发展的角度论述了人类自身生产的地位和作用。需要指出的是，虽然马克思和恩格斯此时强调了"两种生产"的历史作用，但并没有把"两种生产"及其关系作为认识人类社会发展的世界观和方法论，即没有上升到社会发展规律的高度。在后来的《资本论》及其手稿中，马克思从社会再生产的角度，进一步论述了人自身生产与物质生产的内在联系，明确指出，"生产本身，人口的增长（这也属于生产）"②。在此基础上，马克思从生产与消费的辩证关系出发，一方面将物质财富的生产看作对劳动者力量的消费，另一方面则将对物质财富本身的消费看作劳动力自身的生产。这两个过程构成了现实生活的生产与再生产的互相排挤和互相补充的环节。然而，此时马克思仍不是把人自身的生产上升到唯物史观的范围去论证，也没有将其作为打通阶级社会与原始社会之间关系的通道去理解。

到了晚年的《人类学笔记》，特别是写作了《路易斯·亨·摩尔根〈古代社会〉一书摘要》，马克思关于"两种生产"的思想又有了新发展。这主要体现在：第一，区别了物质资料生产范畴系列和人自身的生产范畴系列。前者主要指人与外部自然的交往，后者则主要指人与"内部自然"的交往，即男女自然生理的交往。两种生产和两种范畴系列的区分，以及对它们之间消长变化的把握，是理解原始社会

---

① 《马克思恩格斯全集》第 3 卷，人民出版社 2002 年版，第 11 页。
② 《马克思恩格斯文集》第 8 卷，人民出版社 2009 年版，第 136 页。

各种复杂现象的钥匙。第二，初步用"两种生产"思想分析了原始社会的社会结构，这主要体现在马克思对摩尔根《古代社会》一书结构的改造。他把摩尔根原书的结构——从生产技术的发展到政治观念的发展，再到家庭观念的发展和私有制、国家的产生，改为从生产技术的发展到家庭形式的变化，再到私有制、国家的产生和政治观念的发展。这一改造纠正了摩尔根唯物主义的不彻底性。第三，论述了氏族的本质及其在原始社会中的基础地位。马克思指出氏族"以婚姻级别制为基础"①，明确了原始社会人类存在的形式和制度是氏族，而不是之后的专偶制和对偶制"家庭"。他明确说道，"按起源来说，氏族要早于专偶制和对偶制家庭"②。这一对氏族与家庭关系的科学说明，纠正了马克思和恩格斯早年把"潜在的家庭奴隶制"看作原始社会单一组织形式的看法。对氏族的本质及其在原始社会中地位的确立，就初步肯定了人自身的生产以及血缘关系在原始社会的决定性作用。不仅如此，马克思还进一步把人类自身生产诸因素及其相互关系具体化了，阐述了诸如"原始社会的物质关系和思想关系""人类社会初期氏族组织的共产制基础""氏族公社和农村公社的区别"等重要理论问题。然而，虽然马克思再一次肯定了人类自身生产在原始社会中的决定性作用，但并没有从作为打通阶级社会和无阶级社会之间关系通道的高度来概括"两种生产"在人类社会中的地位和作用。此外，马克思对家庭与氏族的关系等此类具体问题的论述还不系统。这些都是恩格斯在《起源》中明确提出和系统论述的问题。

3. 《起源》中"两种生产"理论的历史性贡献

延续先前关于"两种生产"理论的讨论，恩格斯的《起源》主要有两个方面的历史贡献。第一，较为系统地阐发了"两种生产"理论。恩格斯在《起源》中说道："根据唯物主义观点，历史中的决定性因素，归根结底是直接生活的生产和再生产。但是，生产本身又有两种。一方面是生活资料即食物、衣服、住房以及为此所必需的工具的生产；另一方面是人自身的生产，即种的繁衍……劳动越不发展，

① 《马克思恩格斯全集》第45卷，人民出版社1985年版，第352页。
② 《马克思恩格斯全集》第45卷，人民出版社1985年版，第499页。

劳动产品的数量，从而社会的财富越受限制，社会制度就越在较大程度上受血族关系的支配。"① 这里明确表达了三层意思：其一，历史在根本上是由社会生活的生产和再生产所决定的，这是关于人类社会的唯物主义立场。其二，人类社会生活包括物质资料和人类自身两种基本形式的生产，两者共同构成人类社会能否存在与发展的决定因素。其三，揭示了社会制度受"两种生产"制约的历史性质，强调"两种生产"在历史过程中的交替作用，明确说明了人自身生产在物质生产水平较低时期的决定性作用，从而在人类社会发展规律的高度对"两种生产"在不同历史阶段上对人类社会的作用作了科学的说明和概括。

需要指出的是，对于恩格斯所阐述的"两种生产"理论，有学术观点将其视为历史二元决定论，认为其违背了马克思关于物质资料生产在历史发展中起决定作用的理论。我们认为这一观点是武断的。在恩格斯"两种生产"理论的基本观点中，人自身的生产被视为人类社会生产的一种，而非与"物质"并行的决定世界本源的"精神"。恩格斯在 1894 年 1 月 25 日《致瓦尔特·博尔吉尔斯》的信中曾明确指出："我们把经济条件看做归根到底制约着历史发展的东西。而种族本身就是一种经济因素。"② 这不仅在于婚姻家庭生产出劳动生产力的主体，而且在于它们的活动本身结成了现实的社会关系，这种社会关系在生产力不发达、物质生产在氏族范围内进行的社会阶段是唯一的社会关系，特别在原始社会起到了决定和支配作用。在这个意义上，恩格斯的"两种生产"理论，不仅不违背唯物史观的一元决定论，而且进一步扩展了唯物史观的理论范围。

第二，把人类自身生产理论上升到唯物史观基本内容的高度，实现了社会整体发展的统一性。这里所关涉的问题意识，即"两种生产"理论的提出是为了打通阶级社会和原始社会的联系，论证原始社会和阶级社会服从统一的人类社会发展规律。如前所述，把唯物史观关于"物质生产和经济关系生产是社会发展的决定力量"这一思想，

---

① 《马克思恩格斯文集》第 4 卷，人民出版社 2009 年版，第 15—16 页。
② 《马克思恩格斯文集》第 10 卷，人民出版社 2009 年版，第 668 页。

直接运用到对原始社会的考察将出现理论错位。要打通阶级社会与原始社会的联系，需要理论和方法上的突破，这种突破不仅要把人类社会看作一个整体，更要把"两种生产"看作统一的整体。恩格斯所阐述的"两种生产"理论的历史性贡献就在于把人类自身的生产包括在唯物史观的基本范畴——直接生活的生产与再生产——之中，以此表明"两种生产"及其相互作用关系是包括原始社会在内的人类社会存在和发展的一般规律，二者在人类社会中共同起决定性作用，这就为考察特定社会生产方式的性质提供了更为全面和精准的视角，打通了从原始社会向阶级社会过渡的环节和通道。不仅如此，"两种生产"理论还进一步深化了唯物史观的生产力、生产关系、社会制度及历史动力的思想内容。比如，生产力不仅主要看生产工具的发展，还包括人自身的智力和体力的增强。生产关系也不仅指阶级社会中人们对财产占有的经济关系，还指以血缘关系为基础的人自身的生产关系。在此意义上，"两种生产"理论不仅是一种社会历史理论，也是一种方法。

二 论氏族制度存在及瓦解的必然性，
完善原始社会理论

"两种生产"理论的提出，旨在解决原始社会与阶级社会的统一性问题，这一解决通过"两种生产"在原始社会演进过程中的作用体现出来。学术界普遍将原始社会向阶级社会的过渡称为"两个转变"，即"从母系氏族向父系氏族的转变和从对偶制家庭向父权制家庭或专偶制家庭的转变"①。第一个转变是氏族公社内部的转变，第二个转变是家庭形式的转变。这里的问题不仅在于肯定"两种生产"在"两种转变"中的作用，且需进一步分析"两种生产"的相互作用是如何推动这一过程的。

1. 马克思初步肯定了"两种生产"力量的消长在"两个转变"

---

① 徐若木：《两种生产和两个转变》，《马克思主义研究资料》第14卷，中央编译出版社2015年版，第381页。

过程中的作用

马克思曾将母系氏族向父系氏族的转变描述为"十分自然的由女系向男系的过渡"①。就其转变的历史动因，马克思首先同意摩尔根的研究成果，即由物质生产和经济因素逐步起主导作用来推动的。在马克思看来，解决母系氏族向父系氏族的转变，其关键问题是解决如何使男子的亲生子女继承他们父亲财产的问题。在起初的母系氏族财产继承关系中，死者的财产归氏族所有。而后伴随着"宗亲"这一亲属关系的出现，死者的财产就进入了人自身生产的范畴系列。而伴随着对偶婚制的逐步形成，作为母亲的女子（还有逐渐作为父亲的男子）开始把亲生子女同其他只是亲属称谓中的"子女"区别开来，财产也逐渐地转向其亲生子女。这一继承规则是氏族公有制向财产私有制转变的重要条件和标志。当男子在生产中的地位逐步突出时，便产生了由男子的亲生子女来继承财产的要求，并最终确立了按男系计算世系的办法，从而完成了母系氏族向父系氏族的转变。这一转变是由血缘关系力量的削减和经济因素的不断增长实现的。

关于从对偶家庭向父权制家庭的转变过程中包含的对立和冲突，马克思强调："现代家庭在萌芽时……以缩影的形式包含了一切后来在社会及其国家中广泛发展起来的对抗。"② 这里，马克思更强调了物质生产和经济因素在这一转变中的作用。他明确指出："实际上，专偶制家庭要能独立地、孤立地存在，到处都要以仆役阶级｜domestic class｜的存在为前提，这种仆役阶级最初到处都是直接由奴隶组成的。"③ 这里的仆役阶级、奴隶，都是物质生产地位提高、经济关系逐步占主导地位的产物。但马克思对这一转变的论述尚需进一步系统化。

2.《起源》从宏观角度进一步论述了"两种生产"在"两次转变"中的作用

依据"两种生产"理论，恩格斯在《起源》中区别了婚姻、家

---

① 《马克思恩格斯全集》第 45 卷，人民出版社 1985 年版，第 469 页。
② 《马克思恩格斯全集》第 45 卷，人民出版社 1985 年版，第 366 页。
③ 《马克思恩格斯全集》第 45 卷，人民出版社 1985 年版，第 367 页。

庭、氏族、公社几个概念。婚姻只是一定时代男女之间两性结合的方式，是人类自身生产的必然环节，它是个动态的概念。在原始社会中，婚姻关系有一个从无限制的血缘群婚过渡到有禁例的群婚，进而实行族外婚的过程。家庭是婚姻的必然产物，恩格斯在这里所讲的家庭具有两种含义：第一种含义指人类社会初期的婚姻状态，严格意义上说不是家庭；第二种含义指原始社会后期所产生的专偶制家庭以后的家庭，它是由婚姻关系、血缘关系、财产关系等组成的社会基本单位，是"一种特殊的社会组织形式"。氏族与家庭不同。氏族既是一个出自共同祖先的血缘亲属集团，又是组织社会生产和生活的经济单位，还是一个处理社会公共事务的管理机关。它是原始社会中由人类自身生产起基础和决定作用的社会组织形式。家庭则是原始社会后期专偶制的表达方式，是社会物质生产和私有财产因素的增长逐步取代人自身生产和血缘关系的产物。在原始社会中，氏族制度在先，专偶家庭是在氏族解体过程中直接产生的。恩格斯的这一看法纠正了《形态》中把潜在的家庭奴隶制看作人类社会初期的家庭形式的错误。

"公社"则属于物质资料生产的范畴系列，属于社会的经济单位。之所以把母系氏族称为氏族公社，只是强调此时的氏族也是组织生产的社会形式。而此时的家庭之所以不是氏族制度的组织结构，是由于它不担负社会经济即物质资料生产的职能。正如对偶制家庭"本身还很脆弱，还很不稳定"①，既没有夫妻共营的独立的经济生活，也还没有成长为独立的社会经济单位。因此，只有氏族才是原始社会的社会组织形式。而当原始社会从母系氏族向父系氏族转变时，由于私有财产因素，男子有了把自己的劳动财富传给亲生子女的要求，这本质上是一种经济性质的要求，同氏族血缘关系和劳动方式发生了矛盾。然而，此时的经济因素虽已逐步出现，但还不占主导地位。不仅在物质资料生产方面仍保存着公有制，而且在人本身的生产方面，即在婚姻关系方面，也仍然保持着妇女与男子的平等地位。父系氏族内部也仍实行着原始的民主制。经济因素完全取代血缘关系，物质生产取代人自身生产占主导地位，那是专偶制家庭出现的标志。

---

① 《马克思恩格斯文集》第4卷，人民出版社2009年版，第49页。

在此基础上，恩格斯重点论述了"两种生产"在原始社会第二次转变中的作用。恩格斯虽然把母系氏族向父系氏族的转变看作"人类所经历的最激进的革命之一"，但这仍然是氏族内部的转变。对原始社会的第二次转变，即从父系氏族中的对偶制家庭向父权制家庭或专偶制家庭的转变，恩格斯给予了更多的关注。恩格斯充分肯定了私有财产等经济因素在这一转变中的决定性作用："专偶制是不以自然条件为基础，而以经济条件为基础，即以私有制对原始的自然产生的公有制的胜利为基础的第一个家庭形式。"① 这种家庭形式的特征是："丈夫在家庭中居于统治地位，以及生育只可能是他自己的并且确定继承他的财产的子女——这就是希腊人坦率宣布的个体婚制的唯一目的。"② 但是，从对偶制家庭向专偶制家庭的转变过程是漫长的。恩格斯在阅读了马克西姆·柯瓦列夫斯基《家庭及所有制的起源和发展概论》后，充分肯定了他提出的"家长制家庭公社"的过渡形式。恩格斯认为，这一过渡阶段的主要特征主要表现为私有化程度的进一步强化以及个体家庭独立劳动比例增大。恩格斯将其描述为"实行个体耕作以及起初是定期的而后来是永远的分配耕地和草地的农村公社或马尔克公社"③ 的起源阶段。

马克思曾提出不能单一地看待原始公社的所有制形式的观点，在其1881年给维·伊·查苏利奇的复信草稿中表达了这一看法："把所有的原始公社混为一谈是错误的；正像地质的形成一样，在这些历史的形成中，有一系列原生的、次生的、再生的等等类型。"④ 恩格斯的研究进一步确立了原始公有制向私有制过渡的具体演进模式：氏族公有所有制（财产归全体氏族成员共有，土地集体耕作）→"家长制公社"（公有地与家庭耕作并存）→农村公社所有制（公有制与私有制并存）→私有制。随着私有制经济的进一步发展，阶级便出现了，专偶制家庭取代了对偶制家庭，完成了原始社会的第二次转变。这时，氏族制度瓦解了，人自身生产的决定作用就被物质生产的决定作

---

① 《马克思恩格斯文集》第 4 卷，人民出版社 2009 年版，第 77—78 页。
② 《马克思恩格斯全集》第 4 卷，人民出版社 2009 年版，第 78 页。
③ 《马克思恩格斯全集》第 21 卷，人民出版社 1965 年版，第 72 页。
④ 《马克思恩格斯全集》第 19 卷，人民出版社 1963 年版，第 432 页。

用所代替，血缘关系被经济关系所代替。这一过程通过呈现原始社会公有制向私有制过渡的形式，修正了马克思把亚细亚生产方式当作人类社会原初所有制形式的看法，同时弥补了摩尔根的不足（摩尔根在阐述家庭形式的转变时，在美洲印第安人中就找不到从对偶制家庭转变到专偶制家庭的例子，缺少一个中间的过渡阶段），也弥补了马克思虽认识到这一过渡阶段的存在（在由各亲属家庭组成的共同家庭经济中），但没有明确提出并深入论述的不足。

3. "两种生产"理论在认识原始社会中的意义

"两种生产"理论既是分析原始社会演进的一种理论和方法，又是通过原始社会历史演进得以证实的真理。从上述内容看，原始社会氏族制度的解体过程，也是"两种生产"力量消长的过程，原始社会演进的动因就是"两种生产"之间的博弈和斗争。这并不违背唯物史观生产力决定生产关系的一般原理。这里的生产关系主要指公有制和私有制的财产关系，推动原始社会生产关系由公有制到私有制转化的仍然是生产力的发展，推动着上层建筑民主制向阶级统治转化的决定性力量仍然是经济基础的变化。只不过这里的生产力不是单纯指物质资料的生产效率和能力，而是包括人自身在内的体力智力的发展和素质的提高。离开人自身这个起根本作用的主体谈生产力的发展是不全面的，也不符合马克思和恩格斯唯物史观的基本思想。当然，生产力的发展如何推动公有制向私有制的转变过程需进一步论证。

三 论私有制与阶级的起源，瓦解资本主义永恒存在的历史前提

"两种生产"理论既揭示了人类社会发展规律的统一性，又肯定了氏族制度存在及其瓦解的必然性。在此基础上，还需要进一步揭示从公有制过渡到私有制、从无阶级社会过渡到阶级社会的原因及其途径，这既是唯物史观必须回答的问题，也是恩格斯晚年《起源》的又一历史性贡献。

1. 马克思和恩格斯为解决私有制和阶级起源问题奠定理论基础

私有制和阶级的存在是资本主义存在的历史前提，探讨二者的历

史起源问题，是论证资本主义必然灭亡、瓦解资本主义永恒存在的历史根据。在《起源》之前，马克思和恩格斯主要是从阶级存在的社会角度探讨这一问题，其思想发展可分为三大阶段。

第一阶段，主要是颠覆各种唯心主义的人类社会发展规律学说，确立从物质实践出发解释人类社会发展的世界观和方法论。在《1844年经济学哲学手稿》中，马克思认识到物质生产是历史上起决定作用的力量，发现和确立了劳动作为人类主体活动的客观性质，并通过对异化劳动和私有制关系的研究，探讨了私有制的起源，为从人类社会自身的发展进程来揭示私有制的起源指明了方向。在《形态》中，马克思和恩格斯进一步从分工角度研究了私有制和阶级的起源，明确指出："分工和私有制是相等的表达方式"①，"分工使精神活动和物质活动、享受和劳动、生产和消费由不同的个人来分担这种情况不仅成为可能，而且成为现实"②。就是说，随着生产力发展和社会分工的出现，产生了劳动及其产品的不平等分配，在此基础上出现了私有制和阶级。在《哲学的贫困》中，马克思又进一步明确了社会历史发展中的人既是"剧中人"又是"剧作者"的主体角色，说明了社会经济关系（包括私有制）是"剧作者"为适应生产力的发展而创造出来的。这些都明确了解决私有制起源问题的世界观和方法论，说明了考察私有制和阶级的起源，应从人类自身的生产劳动过程中寻找答案。

第二阶段，在唯物史观基础上深化了原始社会私有制和阶级的起源问题，同时也出现了把唯物史观运用到原始社会中的局限问题。在《共产党宣言》中，马克思和恩格斯从社会基本矛盾运动角度揭示了资产阶级和无产阶级的起源过程，明确地肯定了资本主义的生产方式就是以私有制为基础的雇佣劳动制："资产阶级生存和统治的根本条件，是财富在私人手里的积累，是资本的形成和增殖；资本的条件是雇佣劳动。"③ 同时，也作出了包括原始社会在内的"一切社会的历史都是阶级斗争的历史"④ 的不准确论断。1852 年 3 月 5 日马克思在

① 《马克思恩格斯文集》第 1 卷，人民出版社 2009 年版，第 536 页。
② 《马克思恩格斯文集》第 1 卷，人民出版社 2009 年版，第 535 页。
③ 《马克思恩格斯文集》第 2 卷，人民出版社 2009 年版，第 43 页。
④ 《马克思恩格斯文集》第 2 卷，人民出版社 2009 年版，第 31 页。

致约瑟夫·魏德迈的信中明确指出,"阶级的存在仅仅同生产发展的一定历史阶段相联系"①,强调阶级是一个历史范畴。到了恩格斯写作《反杜林论》时,针对杜林关于暴力是私有制和阶级产生的原因的观点,恩格斯明确论述了私有制、阶级的产生不是暴力而是生产力和经济关系发展的结果。后来,马克思在探讨资本主义雇佣劳动制的历史起源时,肯定了原始社会公有制的存在,但这个阶段又出现了把亚细亚生产方式中存在土地私有制和君主专制的状态等同于人类原始社会所有制的不准确表达。为什么会产生这种现象呢?究其原因,一是史料的缺乏,二是分析问题的框架的局限。此时,马克思还主要是用物质生产及其关系解释原始社会,即将生产关系仅看作经济关系,把人自身的生产排除在了社会发展基础作用之外,这就不可能科学地解决私有制与阶级的起源问题。

第三阶段,是马克思晚年《人类学笔记》中的思想进展。这时,马克思主要从"两种生产"出发,分析了私有制和阶级产生的过程。他将原始社会的解体以及私有制、阶级起源的过程,看作物质生活资料的生产取代人自身生产在社会中占决定和支配地位、不平等的财产占有关系取代血缘亲属关系占支配地位的过程。"当实际的利益十分冲动时,就寻找一个缝隙以便在传统的范围以内打破传统!"②由于不同家庭劳动的效率不同,同一氏族内部财产之间的不平等就是瓦解氏族公有制的因素。现代家庭和原始家庭的不同就在于,现代家庭"不仅包含着 servitus(奴隶制),而且也包含着农奴制……它以缩影的形式包含了一切后来在社会及其国家中广泛发展起来的对抗"③。对私有制起源问题的解决实际上也就是对阶级起源问题的解决。马克思以私有制的形成为基点,通过对希腊、罗马氏族制度的瓦解和奴隶制形成的研究,具体说明了阶级的产生。他说,"不管地域如何:同一氏族中的财产差别使氏族成员的利益的共同性变成了他们之间的对抗性"④。后来,他终于用"现代"一词,对原始社会后期逐步发展起

---

① 《马克思恩格斯文集》第 10 卷,人民出版社 2009 年版,第 106 页。
② 《马克思恩格斯全集》第 45 卷,人民出版社 1985 年版,第 467 页。
③ 《马克思恩格斯全集》第 45 卷,人民出版社 1985 年版,第 366 页。
④ 《马克思恩格斯全集》第 45 卷,人民出版社 1985 年版,第 522 页。

来的阶级对抗或阶级斗争作了明确限制，纠正了以往阶级斗争理论时限过宽的失误。显然，马克思此时关于从原始社会公有制转化为私有制以及阶级的起源的思想，相对于以往已取得了进一步深化。但是，总体上，马克思此时的相关思想还是不系统、不集中的，特别是关于血缘关系被财产关系所取代的过程及途径的思想还有待深化。

2.《起源》继承并深化了唯物史观关于私有制和阶级起源的思想

如上所述，马克思从"两种生产"理论角度探讨了亲属关系和经济关系在私有制、阶级产生中的作用，但基本上是转述、摘抄和评注。恩格斯则从原始社会生产发展角度进一步论述了原始社会的解体以及私有制、阶级起源的动力。在他看来，原始社会初期人类的进步是以婚姻范围的逐步缩小为标志的，这种变化既带来了人的体力和智力的发展，又促使生存技术的发展而导致物质产品的增多，这是促使部落迅速发展的前提。氏族的出现和发展又使亲属婚姻的禁例日益复杂化，但这仍然是人类自身生产起主要作用的结果，人与人的关系仍主要体现为血缘亲属关系。恩格斯认为，新的家庭形式的确立需要"新的、社会的动力"①。这种"新的动力"，就是日益发展的财产私有制以及由此形成的经济关系。"随着财富的增加，财富便一方面使丈夫在家庭中占据比妻子更重要的地位；另一方面，又产生了利用这个增强了的地位来废除传统的继承制度使之有利于子女的原动力。"②在这里，恩格斯把马克思关于由财产关系所决定的财产继承法在私有制起源中起作用的思想具体化了，他指出，"正在产生的私有制就这样在氏族制度上打开了第一个缺口。第二个缺口是第一个缺口的自然结果：由于在实行父权制以后，富有的女继承人的财产在她出嫁时应当归她的丈夫所有，从而归别的氏族所有，所以，这便摧毁了整个氏族权利的基础"③。可以说，私有财产在由氏族继承向子女继承的转变中起到了重要作用，且进一步促进了财产积累于家庭并使家庭成为一种与氏族对立的力量。

---

① 《马克思恩格斯文集》第4卷，人民出版社2009年版，第65页。
② 《马克思恩格斯文集》第4卷，人民出版社2009年版，第67页。
③ 《马克思恩格斯文集》第4卷，人民出版社2009年版，第114页。

父系氏族中的对偶制家庭过渡到专偶制家庭的根本原因，也是经济关系战胜血缘关系的过程及其结果，两者的根本区别在于血缘关系的传递关系和财产继承关系。恩格斯认为："专偶制是不以自然条件为基础，而以经济条件为基础，即以私有制对原始的自然产生的公有制的胜利为基础的第一个家庭形式。"① 这种形式是丈夫对妻子的统治，并由此意味着"生育有确凿无疑的生父的子女；而确定这种生父之所以必要，是因为子女将来要以亲生的继承人的资格继承他们父亲的财产"②。这就说明：私有制战胜公有制，是经济关系战胜亲属关系的结果。可以看出，同马克思一样，恩格斯也强调氏族社会的解体和阶级社会的产生是"两种生产"相互作用的结果，即经济关系和血缘关系两种力量博弈的结果，只不过恩格斯比马克思论述得更为直接和具体。

除了上述从家庭关系和财产继承关系的变化考察私有制和阶级的起源外，恩格斯从三条线索论述了从公有制向私有制的转化途径和过程，具体论述了私有制因素是怎样影响婚姻、家庭形式和氏族的变化的。

第一条线索是从劳动者和劳动产品分离的过程中分析私有化的演进过程。恩格斯将这一过程分为四个阶段。第一阶段，"财富"的私有。这里的所谓"财富"，指的是剩余产品的出现。"这些财富，一旦转归家庭私有并且迅速增加起来，就给了以对偶婚和母权制氏族为基础的社会一个强有力的打击。"③ 第二阶段，"特殊财产"阶段。这主要是指畜群私有，其"从部落或氏族的共同占有变为各个家庭家长的财产"④。这里的"家庭"是指父系氏族，此时的经济仍然是共产制占主导地位。然而，畜群不再是部落或氏族的公有财产，而是成为家庭公社的财产，这种财产性质的转变带来了生产目的的私有性。第三阶段，个体耕作的生产形式开始出现。这里的个体耕作显然不是后来的个体家庭的形式，但已有个体家庭的萌芽。这个阶段仍然具有公

① 《马克思恩格斯文集》第 4 卷，人民出版社 2009 年版，第 77—78 页。
② 《马克思恩格斯文集》第 4 卷，人民出版社 2009 年版，第 74 页。
③ 《马克思恩格斯文集》第 4 卷，人民出版社 2009 年版，第 66 页。
④ 《马克思恩格斯文集》第 4 卷，人民出版社 2009 年版，第 180 页。

有和私有的二重性质，生产劳动和劳动产品是私有的，土地是公共所有但被分配给个体家庭使用。第四阶段，以占有他人劳动为基础的私有制的确立。这一阶段的主要特点是，个体劳动形式普遍化，且土地变为私有。对此，恩格斯概括道："耕地起初是暂时地，后来便永久地分配给各个家庭使用，它向完全的私有财产的过渡，是逐渐进行的，是与对偶婚制向专偶制的过渡平行地发生的。个体家庭开始成为社会的经济单位了。"① 土地私有是私有制形成过程中具有决定性意义的一步。

第二条线索是经济单位从氏族向个体家庭的转变。前面分析了生产资料由公有向私有的过渡，这一过渡还受劳动的性质是为公还是为私的劳动组合方式的影响。恩格斯在《起源》中以劳动者劳动如何发生变化并引起社会的变化为线索探讨了私有制和阶级起源。从人类社会初期的自然分工到社会分工，从战俘被杀到"被成批的赶到田野和工场去劳动"，从劳动为了自身消费到"直接以交换为目的的生产"等，都说明了原始社会如何从共同劳动和为公而生产的劳动，逐步转为个体劳动和为私人利益而生产的过程。在私有制形成和完善过程中，社会的基本经济单位也由氏族过渡到个体家庭。伴随着劳动的单元从氏族到家长制家庭再到个体家庭，生活资料和生产资料的占有和使用也最终转归个体家庭所有，并最终破坏了原始的公有的所有制形式。

恩格斯通过研究原始社会三次大分工论述了私有制、阶级形成的根本原因和直接原因，这是第三条线索。《起源》指出，"分工、由分工而产生的个人之间的交换，以及把这两者结合起来的商品生产，得到了充分的发展，完全改变了先前的整个社会……它破坏生产和占有的共同性，它使个人占有成为占优势的规则，从而产生了个人之间的交换"②。同时，"氏族制度已经过时了。它被分工及其后果即社会之分裂为阶级所炸毁。它被国家代替了"③。那么，分工究竟怎样改变

---

① 《马克思恩格斯文集》第4卷，人民出版社 2009 年版，第 183 页。
② 《马克思恩格斯文集》第4卷，人民出版社 2009 年版，第 193—194 页。
③ 《马克思恩格斯文集》第4卷，人民出版社 2009 年版，第 188 页。

了"先前的整个社会"？恩格斯描述了社会的三次大分工过程。第一次社会大分工是指游牧业和没有畜群的落后部落之间的分离，这使得经常的交换成为可能，生产率的提高和社会财富的增长对劳动力数量有了更大需求，这促使战俘向劳力的转换，社会出现了第一次大分裂。第二次社会大分工是农业和手工业的分离，出现了直接以交换为目的的商品生产和金属货币，氏族内部出现了阶级分化，个体家庭和私有制逐渐成为社会的基础。第三次社会大分工是商品流通从生产过程中独立出来，货币和商人的出现造成了新的剥削手段和剥削形式，直接出现不参加劳动而又控制劳动的阶级。家庭奴隶制发展为劳动奴隶制，社会完全建立在奴隶劳动的基础上，人类第一个阶级社会出现了。

可以看出，生产力是私有制和阶级产生的根本原因，社会分工则是其产生的直接原因。生产力发展与社会分工的不断扩大，使剩余劳动的出现与占有由可能变为现实，这带来了社会成员结构逐渐演化为土地所有者和农民、牧主和牧民、作坊主和工匠等不同的阶级和阶层。同时，伴随着土地由公社共同耕作逐渐地向个体家庭分配，独立的个体劳动进一步加速社会分化的过程，个体家庭开始成为社会的经济单元。而当子女继承制取代氏族继承制时，私有制就从生产力的发展所引起的社会的经济基础领域的变化转到上层建筑领域了，在此基础上产生了专门从事公共职能的管理者和从事生产劳动的劳动者之间的分工。可以说，私有制的确立过程，就是社会利益分化的过程，进而产生阶级对立的过程。私有制是社会财产的占有和使用状态，而阶级体现的则是财产占有的不平等在人与人之间关系上的反映。

恩格斯强调，社会生产内部"两种生产"的相互作用是产生上述历史过程的根本动因。人类智力和体力的提高与改造自然能力的提高是一致的，正是这种提高才使劳动产品最初产生剩余，进而产生对剩余产品占有的可能性。可见，私有制的确立并非来源于单一的因素，其过程也不是一蹴而就的。它是社会发展综合因素的结果，并且是通过产品私有到生产资料私有的途径逐步实现的，总体上经历了人们根本不知道私有制为何物的公有制阶段—公有私有并存阶段—个体劳动为基础的私有制阶段，再到占有他人劳动为基础的私有制阶段。恩格斯的上述思想与之前马克思和恩格斯的思想之间不仅是继承关系，而且有了深化。在此之前，他们基本上是以对阶级社会的现实分析，去反观和推演原始社会公有制和无阶级社会的状况。而《起源》则是从大量已揭示的人类学事实出发，以公有制和无阶级存在这一深刻的历史基础为依据展开论证的。

3. 《起源》揭示私有制和阶级起源的历史意义

恩格斯在《起源》中对私有制、阶级起源的科学揭示具有深刻的历史意义。他所揭示的私有制、阶级起源的历史过程彻底瓦解了资本主义永恒存在的历史前提。马克思和恩格斯在《共产党宣言》中明确指出，"资本的条件是雇佣劳动"①。资本主义是资本家占有生产资料，以剥削工人的剩余价值为目的的社会制度，是以私有制和阶级存在为前提的。因此，科学回答私有制是如何产生的、阶级是如何形成的，是论证资本主义必然灭亡的历史前提和历史根据，也是完善唯物史观的需要。先前马克思和恩格斯对资本主义内在矛盾及历史命运的论证，基本是从资本主义现实关系中提升出来的。而他们晚年的切入点则是私有制和阶级的产生，从源头上阐明私有制和阶级存在的历史性，这就从根本上否认了私有制、阶级存在的永恒性，进而彻底瓦解了资本主义永恒存在的根基。同时，也对那些将资本主义生产方式看作根植于所谓人的自私本性，并据此视之为永恒自然形式的资产阶级意识形态进行了有力批驳。

同时，《起源》中对私有制和阶级起源的探讨，深化了唯物史观的阶级斗争理论。如前所述，由于马克思和恩格斯早先对原始社会史料掌握的限制，用唯物史观一般原理分析原始社会时曾出现过不准确的地方，不仅认为原始社会一开始就存在着"家庭中的奴隶制"，而且认为包括原始社会在内的全部社会发展动力都是阶级斗争推动的。通过对私有制和阶级起源的研究，恩格斯有力地证明了人类历史上曾经存在没有私有制和阶级的阶段。在《起源》的写作过程中，恩格斯于1883年为《共产党宣言》作了德文版序言，其中写道："因此

---

① 《马克思恩格斯文集》第2卷，人民出版社2009年版，第43页。

（从原始土地公有制解体以来）全部历史都是阶级斗争的历史"①，以"从原始土地公有制解体以来"给"全部历史"作了限定；在《共产党宣言》1888 年英文版序言中为"至今一切社会的历史都是阶级斗争的历史"加了一个修正注："这是指有文字记载的全部历史……摩尔根发现了氏族的真正本质及其对部落的关系，这一卓绝发现把这种原始共产主义社会的内部组织的典型形式揭示出来了。随着这种原始公社的解体，社会开始分裂为各个独特的、终于彼此对立的阶级"②。这样，就把阶级斗争理论和阶级分析方法限定在阶级社会，这既保证了《共产党宣言》的严肃性，又深化了唯物史观的阶级斗争学说。

四 论国家的起源及其实质，为工人运动指明前进的方向

国家的起源也和私有制、阶级的起源问题一样，是马克思和恩格斯必须面对的问题。

1. 关于国家问题的混乱观点

马克思逝世以后，恩格斯担负着指导工人运动的重任。此时的工人运动遭遇来自两个方面的理论干扰。一方面直接来自资产阶级思想家。他们极力论证国家的存在就在于维护自古就有的私有制，将国家描述为社会利益最大化的保证力量，并利用他们所掌握的国家机器，通过所谓合法手段镇压被剥削阶级对私有制和国家的任何抗争。另一方面则来自资产阶级利用各种手段所收买的工人阶级中的机会主义分子。如拉萨尔及其信徒们声称用一切合法手段来争取自由国家和社会主义社会，他们崇拜俾斯麦的"国家社会主义"，主张其可以帮助建立社会主义。而巴枯宁则把国家等同于暴力，主张取消一切国家，借以否认资产阶级国家和无产阶级国家的根本区别，掩盖国家在阶级社会实施阶级统治的实质，从而模糊了工人阶级的斗争目标。连考茨基在《婚姻和家庭的起源》专辑中也否认人类婚姻家庭的历史变化，实

---

① 《马克思恩格斯文集》第 2 卷，人民出版社 2009 年版，第 9 页。
② 《马克思恩格斯文集》第 2 卷，人民出版社 2009 年版，第 31 页脚注②。

际上等于肯定了阶级和国家的永恒性。这些思想和观点不仅在社会民主党内引起思想混乱，而且客观上在党内起到了为资本主义私有制和资产阶级国家辩护的作用。由此，阐明国家的起源和实质，是恩格斯晚年面临的一项十分迫切的任务。

2. 马克思和恩格斯关于国家起源及其实质的理论探索

马克思和恩格斯关于国家起源及其实质的探索与唯物史观的形成和发展联结在一起。早在《莱茵报》时期，马克思就发现了黑格尔国家观的内在矛盾：一方面国家是普遍理性的环节，代表着社会普遍利益的实现；另一方面国家在物质利益面前又表现为私人的工具。马克思和恩格斯通过考察市民社会和现实经济关系明确指出，"受到迄今为止一切历史阶段的生产力制约同时又反过来制约生产力的交往形式，就是市民社会……这个市民社会是全部历史的真正发源地和舞台"①。这在唯物史观的理论地平上，为解决国家的起源、实质和职能等问题，提供了新的理论基础和方法论原则。

国家是建立在市民社会之上的社会组织形式。马克思在《德法年鉴》中指出："决不是国家制约和决定市民社会，而是市民社会制约和决定国家。"② 马克思和恩格斯在《形态》中则进一步强调："市民社会这一名称始终标志着直接从生产和交往中发展起来的社会组织，这种社会组织在一切时代都构成国家的基础以及任何其他的观念的上层建筑的基础。"③ 由此把对国家的理解奠定在经济基础之上，进而论述了"国家只是为了私有制才存在的"④，它是私有制和阶级不断产生和发展的结果。

现代国家采取了"虚幻共同体的形式"，同时具有很强的阶级性。马克思和恩格斯对国家之经济基础的论证，否认了关于国家的抽象理解，即不存在超历史、超阶级、超民族的国家，"国家是统治阶级的各个人借以实现其共同利益的形式，是该时代的整个市民社会获得集

---

① 《马克思恩格斯文集》第 1 卷，人民出版社 2009 年版，第 540 页。
② 《马克思恩格斯文集》第 4 卷，人民出版社 2009 年版，第 232 页。
③ 《马克思恩格斯文集》第 1 卷，人民出版社 2009 年版，第 583 页。
④ 《马克思恩格斯文集》第 1 卷，人民出版社 2009 年版，第 584 页。

中表现的形式"①。但是，"由于私有制摆脱了共同体，国家获得了和市民社会并列并且在市民社会之外的独立存在"②。这意味着，国家在阶级社会中的正当性由其作为社会共同利益的代表来获取，然而总是实际上为特定阶级的利益来服务。"正是由于特殊利益和共同利益之间的这种矛盾，共同利益才采取国家这种与实际的单个利益和全体利益相脱离的独立形式，同时采取虚幻的共同体的形式"③，这表明了国家并非社会共同利益的真正代表。这是由国家的阶级属性决定的。同时，国家往往用意识形态掩盖这种虚幻性，进而为统治阶级统治的合理性进行辩护，最终起到掩盖阶级矛盾的作用。

马克思和恩格斯虽然认为国家是阶级统治的工具，但同时又认为其具有公共功能。从起源看，国家是在特殊利益与共同利益的矛盾中产生的，并采取与实际的单个利益和共同利益相脱离的形式，这就使得国家具有调解二者矛盾、解决社会问题的功能。此外，国家还要面对公共领域的社会问题。这些决定了国家必然具有公共性。正如恩格斯在《反杜林论》中所指出的，"一开始就存在着一定的共同利益，维护这种利益的工作，虽然是在全体的监督之下，却不能不由个别成员来担当"④。需要指出的是，马克思和恩格斯对上述国家观点的阐述，是在对各种形式的唯心主义国家观进行批判中展开的。

在《人类学笔记》中，马克思对上述观点作了进一步深化。其一，在氏族基础上不可能建立政治社会或国家。通过印证摩尔根的观点，马克思指出，只有到了私有制和阶级产生以后，财产的差别越来越大，社会分工不断发展，国家才逐步产生。同时，从氏族制度的瓦解到国家的产生是一个过程，其中存在亦此亦彼的中间阶段，这主要表现在原始社会末期生产资料公有制和私有制并存的阶段。这进一步深化了对国家起源的具体理解。其二，初步探索了从氏族社会管理机构到国家机构产生的演化过程。马克思在摩尔根研究基础上认识到：国家是在氏族组织结构和职能的不断变化中产生的。由于生产力和财

---

① 《马克思恩格斯文集》第1卷，人民出版社2009年版，第584页。
② 《马克思恩格斯文集》第1卷，人民出版社2009年版，第584页。
③ 《马克思恩格斯文集》第1卷，人民出版社2009年版，第536页。
④ 《马克思恩格斯文集》第9卷，人民出版社2009年版，第186页。

产关系的发展，到了野蛮时代的低级阶段，氏族内部就产生了掌握民政的部落联盟的酋长和与之平行并列的执掌军务的最高军事酋长，前者演变为后来奴隶社会的最高行政长官，后者则演变为国王。其三，进一步论证了国家是建立在经济基础之上的社会政治组织。马克思在批判梅恩等人的唯心主义国家观时，明确指出："在存在国家（在原始公社等之后）——即政治上组织起来的社会——的地方，国家决不是第一性的；它不过看来如此。"①

3.《起源》对唯物史观国家理论的继承和深化

在《起源》中，恩格斯结合新发现的原始社会资料，从人类社会源头上进一步论证了氏族机构转化为国家的过程，阐明了国家的起源和本质问题。关于"国家是私有制及阶级斗争不可调和的产物"这一观点，马克思和恩格斯在之前已有很多论述。

在《起源》中，恩格斯主要结合新发现的历史资料，从起源角度进一步揭示了国家产生的过程及途径。他具体论述了三种国家产生的方式：其一，"雅典是最纯粹、最典型的形式：在这里，国家是直接地和主要地从氏族社会本身内部发展起来的阶级对立中产生的"②。其二，与雅典不同的罗马国家是在贵族和平民的斗争中诞生的。罗马氏族末期，氏族社会变成了封闭的贵族制，周围是众多平民，此时私有财产和阶级剥削已经形成。平民起来炸毁了血族制度，并在它的废墟上面建立了国家。其三，德意志国家的诞生，走的是与希腊、罗马不同的道路，它是通过征服罗马的方式建立的。德意志在征服罗马以后，"必须设置一种代替物来代替罗马国家，以领导起初大都还继续存在的罗马地方行政机关，而这种代替物只能是另一种国家"③。恩格斯通过对这三种国家起源方式的分析，说明了国家"靠部分地改造氏族制度的机关，部分地用设置新机关来排挤掉它们，并且最后完全以真正的国家机关来取代它们而发展起来"④。国家不是从来就有的，它是在氏族制度的废墟上兴起的，是私有制和阶级利益对立的产物。

---

① 《马克思恩格斯全集》第 45 卷，人民出版社 1985 年版，第 645 页。
② 《马克思恩格斯文集》第 4 卷，人民出版社 2009 年版，第 188 页。
③ 《马克思恩格斯文集》第 4 卷，人民出版社 2009 年版，第 171 页。
④ 《马克思恩格斯文集》第 4 卷，人民出版社 2009 年版，第 126 页。

恩格斯随之说明了国家是氏族组织职能独立化的产物。如前所述，随着氏族制度和原始社会组织结构的完善与发展，尽管它仍然以血缘关系为纽带，但在管理范围、管理权限方面日益增大，为国家的诞生准备了必要的历史条件。氏族与国家组织相比有两个特征：其一，它是以血缘关系为纽带组成的社会组织；其二，氏族的公共权力与氏族成员完全一致，没有一种所谓特殊权力在氏族成员之上。然而，伴随着生产力不断发展及其带来的三次社会大分工，出现了需要共同完成大型工程和组织这些工程的公共事务，也产生了解决氏族之间冲突的外部事务，这就与氏族的管理制度的权限产生了矛盾。"富人和穷人"、高利贷者和债务人等不同利益集团之间的冲突，也对以同族共居为自然前提、以原始共产制为经济前提、以原始民主制为政治前提的氏族制度提出历史挑战。于是，社会上出现了专门的管理者和生产者，出现了脑力劳动和体力劳动的分工，出现了专门从事公共事务的人员。原来氏族的管理职能就独立出来，实施这些职能的人就获得了一定的特权，并逐步形成了一些凌驾于社会之上的特殊权力机关，这就出现了国家和实施国家职能的特殊利益集团。这些职能部门及其从事人员的特权逐步和社会相分离而成为高高在上的机关，由此国家成为日益同社会相脱离的力量。

在此基础上，恩格斯进一步论证了国家是社会公共权力异化的结果。氏族公共职能独立化是国家产生的前提，国家则是氏族公共职能异化的结果。恩格斯从国家与氏族职能的比较中说明这种异化。"国家和旧的氏族组织不同的地方，第一点就是它按地区来划分它的国民。"① 由此，人们之间联系的纽带，由氏族狭隘的血缘关系，转变为经济关系、政治关系、地域关系。以往氏族的公共领域和公共问题，是氏族全体成员面对的，解决的途径就是氏族议事会行使的公共权力。当以地区来划分居民时，这些问题就变为因利益不同而产生的问题。第二点"是公共权力的设立，这种公共权力已经不再直接就是自己组织为武装力量的居民了"②。由于生产资料公有制，氏族内部人们

---

① 《马克思恩格斯文集》第 4 卷，人民出版社 2009 年版，第 189 页。
② 《马克思恩格斯文集》第 4 卷，人民出版社 2009 年版，第 190 页。

的利益是完全一致的，氏族成员的公共权力就是氏族组织的权力。当氏族的公共权力组织转变成国家组织机构时，就从主要维护国家、地区公共领域的安全，转变为主要处理阶级之间的利益矛盾。"构成这种权力的，不仅有武装的人，而且还有物质的附属物"①，这就意味着国家的形成是氏族"公共权力"异化的结果。这种异化表现在：公共权力的行使已不像氏族组织那样，代表全体人民和全社会公共利益，而主要是站在社会之外以调解阶级矛盾的身份出现，实际上却是代表统治阶级的利益行使权力。同时，这种权力的行使，不再是靠自愿的尊敬，而主要是靠强制。需要进一步指出，上层建筑的异化根源于经济基础的异化。对此，恩格斯认为，"国家是社会在一定发展阶段上的产物；国家是承认：这个社会陷入了不可解决的自我矛盾，分裂为不可调和的对立面而又无力摆脱这些对立面"②。这就澄清了长期以来把国家看作普遍利益代表的错误观点，这些错误观点往往只看到国家的公共性一面，而没有看到国家维护统治阶级利益的实质。

通过上述理论的澄清，恩格斯在《起源》中深入论述了国家的阶级性与公共性之间的关系，这主要包括以下两个方面内容：其一，国家的公共性是基础。如前所述，伴随着私有制和阶级对立的产生，出现了新的划分居民的方式，由此产生了不同于氏族组织的新的公共领域、新的公共问题和新的社会需要，社会分裂为"不可调和又无力摆脱的对立面"，并陷入"不可解决的自我矛盾"。"为了使这些对立面，这些经济利益互相冲突的阶级，不致在无谓的斗争中把自己和社会消灭，就需要有一种表面上凌驾于社会之上的力量，这种力量应当缓和冲突，把冲突保持在'秩序'的范围以内；这种从社会中产生但又自居于社会之上并且日益同社会相异化的力量，就是国家。"③ 这说明：将阶级冲突保持在"秩序"的范围以内是国家的首要社会功能，这也正是阶级社会所面临的基本公共问题。对这一问题的解决充分彰显了国家的公共性。"政治统治到处都是以执行某种社会职能为基础，

---

① 《马克思恩格斯文集》第 4 卷，人民出版社 2009 年版，第 190 页。
② 《马克思恩格斯文集》第 4 卷，人民出版社 2009 年版，第 189 页。
③ 《马克思恩格斯文集》第 4 卷，人民出版社 2009 年版，第 189 页。

而且政治统治只有在它执行了它的这种社会职能时才能持续下去。"①
国家作为"表面上凌驾于社会之上的力量"，是掌握和行使公共权力
的"第三种力量"，具有建立和维护公共秩序的功能，这体现了社会
发展的一般需要。其二，国家的根本属性仍在于其阶级性。从历史起
源看，不同阶级之间冲突的解决呼唤国家的产生，并由此让国家归属
于在经济上占统治地位的阶级。从职能上看，国家"在一切场合在本
质上都是镇压被压迫被剥削阶级的机器"②。因此，决定国家不同于其
他社会组织的是其阶级性，阶级性是国家的根本属性。国家的阶级性
与公共性，在特定阶段上二者从功能上看是矛盾的。国家的公共性职
能发挥得多，就会影响其阶级职能的效率，反之亦然。但从实质上
看，二者又具有统一性。国家的阶级性蕴含于公共性之中，不同阶级
的国家在对待公共性问题上的态度是不同的；同时，国家的阶级性又
不可避免地制约着其公共性的发挥。因此，在肯定国家的阶级性时，
不能否认国家的公共性，同时不能以国家的公共性掩盖其阶级性。当
然，随着社会历史的发展，国家的公共性将最终取代其阶级性，到那
时，国家也就不复存在了。

　　恩格斯在论述了国家的起源和本质之后，专门揭示了现代的代议
制资产阶级民主共和国的实质及其发展趋势。他指出："公民的权利
是按照财产状况分级规定的，这直接地宣告国家是有产阶级用来防御
无产阶级的组织……现代的代议制国家的选举资格，也是这样。"③ 民
主共和国，这种国家的最高形式，是"无产阶级和资产阶级之间的最
后决定性斗争只能在其中进行到底的国家形式……在这种国家中，财
富是间接地也是更可靠地运用它的权力的"④。资产阶级国家作为无产
阶级与资产阶级斗争的结果，不管采取什么形式，其背后都是财富
（即资本）作为统治的最终根据。随着生产力的发展，阶级将逐渐成
为生产的桎梏。当阶级消失时，现代资产阶级国家也将最终走向消
亡，其阶级统治属性逐渐被公共性所代替，其最终的实现就是共产主

① 《马克思恩格斯文集》第9卷，人民出版社2009年版，第187页。
② 《马克思恩格斯文集》第4卷，人民出版社2009年版，第195页。
③ 《马克思恩格斯文集》第4卷，人民出版社2009年版，第192页。
④ 《马克思恩格斯文集》第4卷，人民出版社2009年版，第192页。

义社会。正如恩格斯所说："在生产者自由平等的联合体的基础上按新方式来组织生产的社会，将把全部国家机器放到它应该去的地方，即放到古物陈列馆去，同纺车和青铜斧陈列在一起。"① 这就从人类社会发展的历史大尺度上论述了国家发展趋势及资本主义灭亡的历史必然性。

4.《起源》所阐述国家观的历史意义

《起源》中关于国家起源及其实质问题的阐述，有两个方面的重要历史意义：其一，澄清了 19 世纪中后期在国家问题上的混乱观点。当时，资产阶级宣扬超阶级、超历史的国家观，宣扬国家是"自由""民主"的象征，并提出"国家社会主义"口号迷惑工人阶级，企图使工人阶级放弃反抗资产阶级的斗争。同时，工人内部的机会主义也出现了主张依靠资产阶级国家的帮助来争取社会主义的错误观点。恩格斯在《起源》中清楚地表达了国家的实质在于统治阶级维护统治的工具，尽管当代资产阶级国家的具体管理内容和方式发生了许多新变化，其公共职能也在不断强化，但没有改变其阶级统治的本质。恩格斯的观点澄清了资产阶级国家和无产阶级国家的根本区别，对于纠正工人运动内部的错误观点，确立工人运动的正确方向具有重要意义。

其二，从根源上论证了资本主义社会的必然灭亡这一历史趋势。在此之前的文本中，马克思和恩格斯基本上是从剖析阶级社会自身出发，尤其是在对资本主义社会的内在分析中，来揭示资本主义历史命运的。《起源》考察这一问题的切入点，则主要是家庭、私有制和国家产生的源头，历史地、科学地阐明了家庭、私有制和国家发展的轨迹，这就从根本上探索到资本主义国家存在的历史前提，否认了私有制和国家的永恒性，瓦解了资本主义国家永恒存在的根基，不仅深化了唯物史观基本思想，而且把唯物史观与资本主义必然灭亡的历史命运奠定在更加广阔而坚实的基础之上。

综上所述，恩格斯《起源》的历史性贡献主要表现在：第一，详细阐述了"两种生产"理论，将人类自身生产看作人类社会生产的基本内容，从根本意义上概括了"两种生产"在人类历史中的决定性地

---

① 《马克思恩格斯文集》第 4 卷，人民出版社 2009 年版，第 193 页。

位，揭示了包括原始社会在内的社会发展规律的统一性。第二，以"两种生产"为分析方法，揭示了原始社会氏族制度存在及其瓦解的必然性。第三，进一步揭示了私有制、阶级、国家的历史起源及本质，彻底挖掉了资本主义永恒存在的历史根基，拓展了资本主义必然灭亡的科学基础，彻底驳斥了资产阶级关于资本主义永恒存在的意识形态，为工人运动指明了正确方向。第四，科学地利用摩尔根《古代社会》一书的研究成果，修正和补充了唯物史观的一些理论，特别是马克思和恩格斯以往思想发展中与原始社会不符合的观点，实现了马克思和恩格斯思想发展的自我扬弃和自我超越。

需要进一步指出的是，《起源》中所阐明的以上方面的内容并非相互孤立，而是一个内在联系的整体。"两种生产"既是理论又是方法，恩格斯以此为分析框架，打通了原始社会与阶级社会的联系，并进一步揭示了私有制、阶级、国家的产生及其历史趋势，批判了资产阶级所宣扬的各种关于资本主义永恒存在的谬论，完善了包括原始社会在内的人类社会发展的一般规律的理论。

（已发表于《马克思主义研究》2021年第7期）

青年恩格斯之路与马克思主义城市哲学的开创

——论《英国工人阶级状况》一书的历史意义与当代价值

刘怀玉[*]

关于恩格斯对马克思主义哲学的贡献问题，向来有"另一条道路说"与"第二提琴手说"之争。在相当长一段时间里，恩格斯在马克思主义发展史上的形象被定格为他本人所说的"第二提琴手"的形象——位置上，而他事实上所具有的独创性意义的贡献被遮蔽了，甚至背上了"马克思思想的歪曲者与反对者"的恶名。本文通过研究其青年时代最重要著作《英国工人阶级状况》出版一百七十五年以来的传播史理解史，为"另一条道路说"正名且作新解，旨在说明：恩格斯的重要性不仅仅在于他晚年对马克思学说的系统化通俗化说明，而且在于他青年时代独立探索的另一条研究历史唯物主义之路的原创性意义。这种意义在今天的表现之一就是被一些西方学者片面强调、极端发挥的所谓"恩格斯是马克思主义城市哲学思想之开创者"的说法。

一 众说纷纭、有口皆碑的《英国工人阶级状况》

1844 年 9 月至 1845 年 3 月，恩格斯在莱茵普鲁士巴门市家中写

---

* 刘怀玉，南京大学哲学系教授、中国马克思主义哲学史学会马克思恩格斯哲学思想研究分会副会长。

出了《英国工人阶级状况。根据亲身观察与可靠材料》这部重要著作（下文均简称《状况》），1845 年 5 月底用德文在莱比锡出版。① 恩格斯写此书仅仅用了大约半年时间，但却准备了近两年时间。原民主德国学者霍尔斯特·乌尔利希认为，《状况》一书形成经历三个阶段：一是从 1842 年 11 月至 1844 年 8 月，在英国曼彻斯特进行调查研究、准备材料、形成观点阶段；二是在 1844 年 8 月底 9 月初，在巴黎马克思和恩格斯第二次会面，统一思想观点阶段，计划分头写作《神圣家族》与《状况》；三是自 1844 年 9 月至 1845 年 3 月，在德国巴门市恩格斯写作《状况》一书阶段。②

从更开阔的视角来看，青年恩格斯思想有其异常复杂的心路历程。其中包括：（1）批判虔诚主义、钻研黑格尔哲学的不来梅时期（1837 年 7 月至 1841 年 3 月）；（2）反对谢林启示哲学、捍卫黑格尔辩证法的柏林时期（1841 年 9 月至 1842 年 9 月）；（3）和青年黑格尔派分道扬镳，转向费尔巴哈的柏林时期；以及（4）把黑格尔哲学颠倒过来，超越费尔巴哈，完成世界观飞跃的曼彻斯特—巴黎—巴门—布鲁塞尔时期（1842 年至 1845 年）。这最后一个时期主要包括：批判卡莱尔唯心主义泛神论，走向共产主义与政治经济学批判，完成世界观转变，创立新世界观；换而言之，从哲学共产主义（从接受赫斯影响到通过英国状况研究以及同空想社会主义接触）走向历史唯物主义与科学社会主义。他的《英国工人阶级状况》一书作为他青年时代最重要的成果，也是他一生最具有创造性的著作之一，就是他在 1842 年至 1845 年期间形成的。

恩格斯从 1842 年开始发表一系列有关英国资本主义社会发展状况以及政治经济学批判研究的重要文章。其中包括 1842 年 12 月发表在《莱茵报》上的五篇时评：《英国对国内危机的看法》《国内危机》《各个政党的立场》《英国工人阶级状况》和《谷物法》；1843 年 4 月至 6 月发表在《瑞士共和主义者》上的五篇《伦敦来信》；1844 年

---

① 《马克思恩格斯全集》第 2 卷，人民出版社 1957 年版，第 269—587 页。

② ［民主德国］霍尔斯特·乌尔利希：《恩格斯的青年时代——对恩格斯在 1842—1845 年世界观发展所作的历史传记性研究》，马欣译，生活·读书·新知三联书店 1980 年版。

发表在《德法年鉴》上的《国民经济学批判大纲》《英国状况 评托马斯·卡莱尔的〈过去和现在〉》这两篇重要论著；最后还有同年发表在《前进报》上的《英国状况 十八世纪》和《英国状况 英国宪法》这两篇文章。

《状况》一书作为社会调查报告、社会数据统计文献和统计分析、社会地理研究：经济分析与政治檄文等不同类型文本汇总，内容非常丰富，从而也缺少逻辑结构上的严谨性与明晰性。从篇章结构上包括引论三篇："致大布列颠工人阶级""序言""导言"，集中阐明研究工人阶级状况对于认识现代社会、形成唯物主义的工业社会历史观的重要意义。正文十一章，包括总论、分论与结论几个部分。用恩格斯自己的话说：先考察无产阶级的"共同特点"，然后再就各个部分的具体特点来"更详细地研究这些部分"[①]。"总论"下辖：第一章"工业无产阶级"（全书重点）与第二章"大城市"（本书热点），用唯物主义社会历史观高度与社会调查报告深度相结合的辩证方法，探讨工业革命、现代城市的诞生及工业无产阶级形成及其生活状况之间的辩证关系，体现了一种空间哲学底蕴。第三章"竞争"（堪称全书精华），从经济学、社会学角度揭示了现代社会两大阶级的对抗与斗争及无产阶级在其中的被奴役的不利地位，可谓同时期马克思异化劳动理论的现实佐证。第五章"结果"也是该书的精华，从城市空间政治哲学、生态学、环境学角度集中分析与描述了以曼彻斯特为代表的工业城市社会无产阶级的实际生活状况。"分论"下辖：第四章"爱尔兰移民"，作为第三章竞争逻辑的延续，从经济学、社会调查角度研究英国工人阶级中地位最低、状况最为悲惨的人口群体实际生活面貌。第六章"各别的劳动部门或狭义的工厂工人"，这可以说是本书的重点内容之一。恩格斯从比较具体的经济学、社会学、政治法律学角度研究产业工人这个工人阶级主体的实际工作与生活状况，特别批判了资本主义工厂制度与整个上层建筑的非人道性。第七章"其他劳动部门"，作为第六章逻辑与内容的延续和补充，恩格斯分析了纺织业、金属制造业、机器制造业以及手工业等部门工人阶级的悲惨处

---

① 《马克思恩格斯全集》第 2 卷，人民出版社 1957 年版，第 299—300 页。

境。第九章"矿业无产阶级"与第十章"农业无产阶级",作者从经济社会学与环境学、能源学、生态学角度研究英国工人阶级一些具体的职业阶层的恶劣的工作条件与生活状况。"结论"下辖第八章"工人运动(重点)…",从社会史以及政治法律文化哲学角度指出,工人阶级不仅仅是一个经济上贫困受剥削的值得同情的阶级,而且是代表未来进步方向的革命阶级。而第十一章"资产阶级对无产阶级的态度"(全书重点)作为全书的结语,恩格斯先是无情地揭露批判了资产阶级及其政治经济学的自私自利的剥削阶级本性,进而从意识形态批判与政治斗争角度揭示现代社会两大阶级不可调和的矛盾与解决矛盾的社会革命出路。

《状况》一书第一版虽然销量不佳,但刚刚出版就得到首先是包括马克思在内的同时代人的高度评价,甚至当时普鲁士政府书报检查官也称赞此书是"迄今为止最好的一部描写英国工人阶级状况的德文书"①。但我们要强调的是:第一,《状况》一书的首要历史意义在于它不仅是研究工人阶级状况与出路的社会史著作、历史唯物主义的奠基之作,更是引导马克思开创自己毕生最重要研究事业即政治经济学批判的最重要著作。马克思多年之后在创作《资本论》时盛赞此书的"主要论点,连细节都已经被 1844 年以后的发展所证实了"②,并把《状况》与尤尔的《工厂哲学》二书并列为他研究资本主义工厂制度最好的参考文献。对此,卡弗在《马克思与恩格斯:学术思想关系》一书中高度评价了青年恩格斯在与马克思发表共同见解之前所走的另外一条道路的意义,认为他的那篇《政治经济学批判大纲》之后半部分关于价值理论等内容简直可以说是"《资本论》第一卷的纲要"③;"对马克思来说,恩格斯所走的另一条路具有非常重要的方法论意义,奇怪的是,在任何重要程度上,它却是一条恩格斯不曾再走的路。恩

---

① 参看 [法] 科尔纽《马克思恩格斯传》第 3 卷,生活·读书·新知三联书店 1980 年版,第 131—132 页;[民主德国] 霍尔斯特·乌尔利希:《恩格斯的青年时代——对恩格斯在 1842—1845 年世界观发展所作的历史传记性研究》,马欣译,生活·读书·新知三联书店 1980 年版,第 140—145 页。

② 《马克思恩格斯选集》第 4 卷,人民出版社 1995 年版,第 565 页。

③ [英] 特雷尔·卡弗:《马克思与恩格斯:学术思想关系》,姜海波等译,中国人民大学出版社 2008 年版,第 47 页。

格斯根据亲身观察与可靠材料，来考察当时英国社会，而使马克思发现了一个完全不同的世界……它成了后来马克思《资本论》理论的资料室"。马克思关于资本主义工厂制度、制造业代替手工业一般过程的论述均因袭了恩格斯此书观点。"1844 年之后恩格斯似乎已经完全把政治经济学批判交给了马克思。并且从未表示过遗憾或进一步独立研究的兴趣。马克思似乎也以一个四十年工程所必须的充满活力的狂热担负了这一理论重担。有意思的是马克思接受了恩格斯的经验研究而恩格斯却放弃了经验研究以回应马克思的理论影响。"①

第二，第一国际、第二国际理论家，包括苏联东欧学者甚至一些西方学者均认为，该书是一部与马克思观点"完全一致"的但又是完全独立完成的、通过转向无产阶级立场而创立历史唯物主义的奠基之作。

如梅林认为，在德国青年黑格尔派中几乎所有人都是"通过费尔巴哈对黑格尔思辨的克服而走向共产主义的"②，但恩格斯则是在英国通过无产阶级状况的了解这一条现实逻辑而走向共产主义的。本书通过研究资本主义工业发展、市场竞争规律而研究工人阶级的悲惨的现实命运，但同时又对工人阶级的革命地位与目标作了高度评价。③ 梅林还认为，这本书的主要价值不在于它对资本主义生产方式统治下的英国无产阶级的困苦状况的描写，甚至不在于他对于资本主义社会制度的由衷愤怒，这一切均不是他这部书的代表性的东西。"这部书中最令人惊叹并且从历史上看来最有意义的是，……如此透彻地了解资本主义生产方式的精神，并且根据这种了解不仅说明了资产阶级的上升，而且说明了它的不可避免的衰亡，不仅说明无产阶级的贫困，而且说明了它摆脱贫困的前景。这部书的目的在于指出，大工业怎样产生了现代工人阶级，把他们变成了一个在智力方面和道德方面失去人的资格的、降低到一般动物水平的、在生理上备受摧残的种族；以及

---

① ［英］特雷尔·卡弗：《马克思与恩格斯：学术思想关系》，姜海波等译，中国人民大学出版社 2008 年版，第 50 页等处。

② 《马克思恩格斯文集》第 1 卷，人民出版社 2009 年版，第 386 页。

③ ［德］梅林：《马克思和恩格斯是科学共产主义的创始人》，何清新译，生活·读书·新知三联书店 1962 年版，第 97—110 页。

现代工人阶级怎样由于历史的辩证法（他分别地阐释了历史辩证法的各个规律）而正在成长并且必然要成长到能够推翻自己的创造者的地步。但是，只有使黑格尔的辩证法成为自己的血肉并且能够把它从头足倒置的状态搬正过来的人，才能作出这种研究。正因为如此，恩格斯的这部书为社会主义奠定了基础，而这也正是作者的意图，不过，当恩格斯的书问世时，它给人以深刻印象的却不是这一点，而是它所包含的纯属事实的内容。……在今天看来，这种对'不久的将来'寄托了很多希望的'青年人的热情'，正是恩格斯这部书的一个最大的魅力。"① 与梅林观点相似，考茨基认为，《状况》是第一部科学社会主义著作，同《共产党宣言》完全一致地表达了马克思的唯物主义历史观，它根据工人阶级状况叙述了资本主义生产方式的历史趋势。恩格斯在贫困中看到的不仅是贫困，而且看到贫困内部所包含的高级社会形态的萌芽，即把苦难看作历史发展的环节。②

法国著名的马克思和恩格斯传记作家科尔纽对《状况》一书在创立历史唯物主义上的贡献给予高度评价：通过对英国状况的分析，恩格斯对马克思一般意义上的历史唯物主义观点作出具体解释与实际运用。《状况》一书就其理论概括与抽象能力而言不及马克思的《关于费尔巴哈的提纲》，而就其以现实的细致研究与发现生产力发展如何决定社会发展与阶级斗争而言，远远胜出马克思。如果说《英国状况 十八世纪》重点研究工业革命为何决定了近代英国的经济社会与政治的发展。而《英国工人阶级状况》一书则非常明确地指出18世纪后半叶开始使经济与社会状况起决定性变化的工业革命的发展与英国工人阶级的状况之间的因果关系。这是一个"基本的历史唯物主义的逻辑与观点"③。

苏联著名的青年马克思哲学思想研究专家拉宾认为，马克思和恩

---

① ［德］梅林：《马克思传》，樊集译，持平校，人民出版社 1972 年版，第 137—139 页。

② ［德］卡·考茨基：《恩格斯的生平与著作》，转引自《智慧的明灯》，人民出版社1983 年版，第 165—166 页。

③ ［法］科尔纽：《马克思恩格斯传》第 3 卷，生活·读书·新知三联书店 1980 年版，第 105 页。

格斯的哲学革命经历了一个急剧而深刻复杂的转变过程。其中第一个
阶段（1842—1844 年）（《莱茵报》与《德法年鉴》时期）的内容是
从唯心主义辩证法和革命民主主义向辩证唯物主义和科学共产主义的
转变；第二个阶段（1845—1848 年）（布鲁塞尔时期）是对马克思主
义哲学基础的制定。而这第二个阶段又可以分为三个时期，其第一个
时期就是恩格斯的《英国工人阶级状况》一书，第二个时期包括马克
思和恩格斯对《德意志意识形态》和《关于费尔巴哈的提纲》的写
作，第三时期则开始于《哲学的贫困》的写作而结束于《共产党宣
言》。① 照此来看，是《状况》一书而不是《提纲》一文才是马克思
主义哲学创立的开始。苏联著名哲学家奥伊则尔曼则略有不同地指
出，《手稿》是马克思创立马克思主义哲学的开始，而《状况》一书
则与《神圣家族》并驾齐驱，均对《德法年鉴》时期第一次表述的
关于无产阶级在世界历史上的作用思想作出进一步发展，并认为这本
书首先是一本社会调查之书，是对所谓"历史唯物主义是思辨哲学"
指责的最好反驳。② 总之，"恩格斯通过英国的经济现实和他的政治实
践取得了马克思通过哲学和历史的推理所得到的成就"③。当然，也因
此恩格斯在抽象思维方面长期不如马克思精密，但是他的实践经验与
广泛社会联系等方面又超过了马克思。

　　第三，除此之外，更多的研究者从社会学、历史学、经济学及其
他社会科学角度与方法来评价《状况》一书的重要意义。如苏联学者
卢森贝比较了《神圣家族》与《状况》的异同，认为前者哲学占主
导地位，《状况》一书是"历史与经济学占主要地位"：恩格斯第一
次"从经济上论证了社会主义革命的不可避免性"④。民主德国学者
集体编写的《马克思主义哲学史》认为《状况》一书是恩格斯在发

① ［苏］纳尔斯基等：《19 世纪的马克思主义哲学》，中国社会科学出版社 1984 年版，第 24 页。
② ［苏］捷·伊·奥伊则尔曼：《马克思主义哲学的形成》，潘培新等译，生活·读书·新知三联书店 1964 年版。
③ 参看［民主德国］曼·克利姆《恩格斯文献传记》，中央编译局译，湖南人民出版社 1986 年版，第 137 页。
④ ［苏］卢森贝：《十九世纪四十年代马克思恩格斯经济学说发展概论》，方钢等译，生活·读书·新知三联书店 1958 年版，第 177—178 页。

现无产阶级世界历史作用基础上才哲学地论证出历史唯物主义的世界观。它表明恩格斯创立了马克思主义的社会学。该书是马克思主义社会学第一次调查研究，它在以唯物辩证法为基础分析资本主义社会结构时，具有把多种方法与学识结合起来的特征。正是对无产阶级的生活状况，包括居住条件、饮食、健康等情况的全面的详细的调查研究，致使恩格斯更确切地了解到资产阶级与无产阶级的对抗性矛盾。此书涉及心理学、法学、统计学、工业史、技术史、经济学史、交通事业史、英国工人运动史、文学与医学众多领域。①

如前所述，民主德国传记作家乌尔利希这样写道：《状况》体现出恩格斯毕生坚持的全面的联系的把握社会现象本质规律的唯物辩证法精神，同时又体现出一种高度自觉的社会学调查方法。恩格斯力求从各方面去把握他所考察的对象，同样令人惊叹的是，他为了对事实获得一个完整的概念，而探索一些非常困难的而且往往是不被重视的现象与细节。例如，他在曼彻斯特道首先发现了整个城市与各个市区，研究了城市的布局，房屋的建筑方式与建筑材料，街道、空气、水质以及院落与小巷的情况，就连最偏僻的住有人的角落他也没有放过。他特别对工人的住宅感兴趣，认为这里的所有细节都有价值。其中包括房间数量，大小和住在这里的精确人数，布置的方式方法、家具情况，卧室的数量与情况，房租的高低、卫生设备情况等等。"对于恩格斯来说，为了说明工人家庭的直接的居住条件并从而说明它们的社会状况，每一个事实都是非常重要的。"② 恩格斯把生活的各个方面都列入了对工人阶级社会状况的研究范围，他并不满足于分析工人如何衣食住行，还掌握了无产阶级的普遍的健康状况。恩格斯用这样的方法深刻地观察了资本主义制度对于工人阶级健康状况的影响，是活生生的马克思主义社会学与历史唯物主义研究。

第四，与以上学者强调《状况》一书具有高度社会学方法论色彩

① ［民主德国］马·克莱恩等：《马克思主义哲学史（从马克思主义哲学的产生到巴黎公社之前）》，熊子云等译，中国人民大学出版社1983年版，第232—233页。
② ［民主德国］霍尔斯特·乌尔利希：《恩格斯的青年时代——对恩格斯在1842—1845年世界观发展所作的历史传记性研究》，马欣译，生活·读书·新知三联书店1980年版，第117页。

的历史唯物主义著作看法不同，有不少学者干脆就认为《状况》乃是一部货真价实的历史学、社会学乃至于环境科学、生态学、能源史研究著作。① 篇幅所限，兹不细述。

第五，近年来对《状况》一书跨学科意义与当代价值意义评价较为深刻与著名的，当是英国马克思主义思想史学家麦克莱伦与霍布斯鲍姆。麦克莱伦认为，这是一部关于城市经济发展不平衡的书。论述大城市的第三章构成了这本书的核心。本书是在城市地理学与社会学相对现代的领域的一个创举。该书详细地描写了当时最先进的资本主义国家中工业化所造成的社会影响，这是现代的城市地理学与社会学领域中的一本拓荒之作。②

霍布斯鲍姆认为，本书的核心观点为工业革命所带来的社会变革是一种集中与两极分化的大规模化的过程，其趋势是在一个日益城市化的社会中创造一个数量越来越多的无产阶级和一个数量越来越少而财富却越来越多的资本家阶级。他用"集中化、两极分化与城市化"三个关键词来形容当时英国的社会发展过程，这无疑是极其精辟的。霍氏认为，本书最大的贡献不仅仅是发现了工业化城市化与无产阶级兴起之间内在的客观必然的内在联系，而且是对资本主义工业化与城市化的社会影响的分析。"这是现在也无法超越的贡献，我们必须认真阅读。"③

第六，在目前西方学界还有一种解读模式，这就是不仅把《状况》视为一部马克思主义城市社会学之作，而且将其看成是突破传统历史唯物主义与政治经济学批判逻辑的"城市马克思主义"开山之作。下文详述。

综上所述，对《状况》一书虽然众说纷纭、好评如潮，但概括起来其核心意义无非两个：一是认为此书表明恩格斯完全独立于马克思

---

① 舒小昀、高麦爱、褚书达：《恩格斯〈英国工人阶级状况〉研究读本》，中央编译出版社 2017 年版。

② ［英］麦克莱伦：《恩格斯传》，臧峰宇译，中国人民大学出版社 2017 年版，第 36 页等处。

③ ［英］埃里克·霍布斯鲍姆：《如何改变世界——马克思和马克思主义的传奇》，吕增奎译，中央编译出版社 2014 年版，第 87 页。

之外甚至在马克思之前以"完全不同的道路"发现与马克思同样的唯物主义历史观;二是认为恩格斯开辟了众多的现代社会科学新学科新领域新视野,是一部货真价实的百科全书式著作。这也正是其仍然具有当代影响与价值之所在。本文第二节集中讨论第一个观点之意义,第三节重点思考第二个观点之意义。

二　青年恩格斯"另一条道路"的经典意义之探本究源

关于《状况》"从另一条道路得出与马克思一样结论"的说法,首见于马克思的《政治经济学批判序言》(1859)。他认为恩格斯从研究工业革命出发的现实批判道路与他由于批判黑格尔法哲学而走向政治经济学批判的思想道路可谓殊途同归、不谋而合。① 但更详细描述见证于恩格斯的《共产主义者同盟的历史》(1885):"我在曼彻斯特时异常清晰地观察到,迄今为止在历史著作中根本不起作用或者只起极小作用的经济事实,至少在现代世界中是一个决定性的历史力量……因而也是全部政治史的基础。马克思不仅得出同样的看法并且在《德法年鉴》里已经把这些看法概括成如下的意思:决不是国家制约和决定市民社会,而是市民社会制约和决定国家,因而应该从经济关系及其发展中来解释政治及其历史,而不是相反……于是我们就着手在各个极为不同的方面详细制定这种新观点了。"②

本书最著名的观点是:"工人阶级状况是当代一切社会运动的真正基础与出发点。因为它是我们目前社会一切灾难的最尖锐最露骨的表现"③;"我写的这本书,从第一页到最后一页,就是对英国资产阶级的起诉书"④。据此,列宁以更强烈的热情高度评价《状况》一书的基本思想并使其思想史价值彪炳千古、一锤定音:恩格斯第一个指出,"无产阶级不只是一个受苦的阶级,正是它所处的

① 《马克思恩格斯选集》第2卷,人民出版社1995年版,第33页。
② 《马克思恩格斯选集》第4卷,人民出版社1995年版,第196页。
③ 《马克思恩格斯文集》第1卷,人民出版社2009年版,第385页。
④ 《马克思恩格斯全集》第42卷,人民出版社1979年版,第278页。

那种低贱的经济地位，无可遏止地推动它前进，迫使它去争取本身的最终解放。……通篇都是描述英国无产阶级穷苦状况的最确实最惊人的情景"①。

《状况》一书之"另一条道路"的意义表现在多个方面。

第一，本书是通过研究工人阶级状况的现实经验、历史科学与总体理论分析辩证统一的方式，而不是马克思的纯粹哲学批判方式，超越费尔巴哈人本主义与空想社会主义，走向历史唯物主义。这种现实科学研究方式对于恩格斯的思想发展来说。其重要性在于，它被恩格斯当作某种克服抽象资产阶级人性论、唯心主义的解毒剂，消除了德国的落后状况和青年黑格尔派以及"真正的社会主义"可能在他思想上产生的影响与毒素。他在写作《状况》最紧张时刻（1844 年 11 月 19 日）曾写信给马克思表明了他决意通过这种现实社会研究战胜施蒂纳的"唯一者"那种貌似唯物主义的极端唯心主义之诱惑的心迹：要使我们的思想，尤其使"人"成为真实，就必须经验主义与唯物主义地从个别事物中引申出普遍物，而不是从虚无中引申出现实。他从工业革命是现代社会历史发展第一推动力这一观点出发，开展对英国的社会经济政治与意识形态等方面的分析，引导他完全独立于马克思并以与马克思不同的方式，发展了历史唯物主义的基本原理。更重要的是，不仅在对历史的基本看法上走向历史唯物主义，而且从政治上坚定地与革命的无产阶级站在一起。这就有了真正的马克思主义的阶级基础、实践力量与现实目标。

关于恩格斯与马克思思想转变道路之不同性，一种比较权威与传统的看法是，"马克思转变成为共产主义唯物主义的道路，是同批判德国的思辨唯心主义哲学，研究资本主义发展比较落后的德国政治、经济相联系的；恩格斯的转变，则是对一个比较发达的先进的资本主义国家政治经济与意识形态研究的结果"②。关于这一点，梅林在更早的时候便说过，马克思和恩格斯是经过不同的路线达到他们的思想观

① 《列宁选集》第 1 卷，人民出版社 1995 年版，第 91—92 页。
② ［苏］捷·伊·奥伊则尔曼：《马克思主义哲学的形成》，潘培新等译，生活·读书·新知三联书店 1964 年版，第 192 页；并参看徐琳《恩格斯哲学思想研究》，北京出版社 1985 年版，第 39 页。

念的："他们有着相同的哲学起点，这就是黑格尔的辩证法、布鲁诺·鲍威尔的'自我意识'和费尔巴哈的人本主义；然后他们接触到了英法社会主义，但是，这对于马克思来说成了借以整理关于他所处时代的斗争与前景的思想的方法，对于恩格斯来说相同的角色则由英国的工业来扮演。"①

据此，曼德尔同样认为，马克思更倾向于思辨推理，恩格斯则更富于激情。当马克思从德国去法国的时候，恩格斯到英国学习经营工厂事务，从而在那里大规模地接触到了资本主义工业的现实。正是资本主义社会的矛盾现实所带给他的思想冲击决定了他以后的思想轨迹。如果说马克思几乎是独立地建立起了整个马克思主义的经济学体系，那么恩格斯的功劳则在于他不仅是第一个敦促马克思着手研究政治经济学的人，而且他在那个天才的《国民经济学批判大纲》中已经理解这门科学共产主义的重要意义。马克思和恩格斯走过了一条从宗教批判到哲学批判，从哲学批判到对国家的批判，从对国家的批判到对社会的批判，从对政治的批判到对政治经济学的批判的复杂曲折之路。而政治经济学批判又包括从对"一般的"人类私有财产的抽象哲学批判到对资本主义的社会历史科学批判。正是在这里，曼德尔提出一个非常重要的观点：马克思和恩格斯对私有制批判用了两年时间，对资本主义的批判则用了一生时间。② 青年马克思和恩格斯均停留在对资本主义私有制的不合理性的哲学批判之中，而还没有上升到对资本主义生产关系的内在矛盾发展规律的历史科学认识水平。包括恩格斯的《英国工人阶级状况》一书在内，从严格意义上说还并非一部历史唯物主义著作。给予这位年轻学者以灵感的，与其说是对社会过程的现实矛盾的客观分析理解，不如说仍然是某种道德义愤。但这本书标志着他与空想社会主义分道扬镳。恩格斯在晚年《费尔巴哈与德国古典哲学的终结》一书中已经批判自己当时经济学知识是多么不足。所以，早期马克思和恩格斯的无产阶级概念与共产主义概念，与其说

① 转引自［比利时］曼德尔《卡尔·马克思经济思想的形成——从1843年到〈资本论〉》，吕佳翼编译，光明日报出版社2017年版，第1页。
② ［比利时］曼德尔：《卡尔·马克思经济思想的形成——从1843年到〈资本论〉》，吕佳翼编译，光明日报出版社2017年版，第1—2页。

是由经济学研究的科学逻辑而来，不如说是从哲学上的否定之否定逻辑推导而来的。①

与上述曼德尔所认为的青年马克思和恩格斯思想"共同的不成熟性"论断明显不同，关于恩格斯所走的"另一条道路"的意义，奥伊则尔曼特别强调了英国宪章运动与空想社会主义对恩格斯的影响。而科尔纽则更具体地指出，恩格斯是从无产阶级的阶级斗争与无产阶级革命目标前景来研究英国政治经济与社会的。因此，这种研究使得他思想上政治上发生剧烈的变化。恩格斯刚到英国时还对英国人利益观念至上表示一种讥讽，认为这是执迷不悟的落后表现。从恩格斯给《莱茵报》的文章与通讯以及一些书评来看，他是从在英国状况的影响下迅速地摆脱了赫斯的空想而感伤的共产主义，由于英国状况的研究使他的共产主义已经不再是一种抽象的道德观念，而是无产阶级实践运动的需要与表现。而马克思同时期的转变则是通过彻底而艰难的哲学与政治思想批判而实现的。他不像恩格斯那样是直接转向共产主义的，而是按照他自己的习惯把一切做得更加彻底，即首先批判地审查自己的观念，"和恩格斯的发展不同，他的观点的改变不是发生在社会经济领域内，而是发生在哲学政治领域内。这种出发点的不同，说明了他们对共产主义和唯物主义的不同态度"②。

列昂节夫则从马克思主义经济学创立史的角度高度评价了《状况》一书的科学意义与成熟价值。他认为，恩格斯利用的材料中包括官方的材料，诸如议会报告、议会辩论通告、工厂视察员报告、童工调查委员会报告以及分布的各种统计材料，他研究了斯密、马尔萨斯、麦克库洛赫、尤尔、西尼尔这些英国经济学家与艾利生·卡莱尔、威德及其他一些历史学家的著作，以及一些医生、社会活动家和政治家的发言，最后他从当时英国首都与各郡县的出版物中汲取了丰富的材料。特别是广泛利用了当时社会主义的著作与作品以及宪章派、欧文派与工联主义的出版物。正是敏锐的直接的观察的结果与对

---

① ［比利时］曼德尔：《卡尔·马克思经济思想的形成——从1843年到〈资本论〉》，吕佳翼编译，光明日报出版社2017年版，第14页。

② ［法］科尔纽：《马克思恩格斯传》第1卷，生活·读书·新知三联书店1980年版，第498—499页。

文件和早期社会主义著作进行研究分析成果的结合，使恩格斯的这本书具有"无比的力量"①。

恩格斯正是在曼彻斯特这块资产阶级与无产阶级进行阶级斗争的坚实土地上才开始详细研究社会主义思想。这是他哲学上转向历史唯物主义的关键所在。他用活生生的详细的微观的社会调查与亲身感受印证了后来历史唯物主义所谓"物质生活的生产方式制约着整个社会生活、政治生活和精神生活的过程。不是人们的意识决定人们的存在，相反，是人们的社会存在决定人们的意识"②经典论断的精髓与真谛。"我们已经相当详细地考察了英国城市工人的生活条件，现在我们可以从这些事实做出结论并且再用这些结论来和实际情况互相印证。我们来看一看，生活在这种条件下的工人本身变成了什么样子。这是些什么样的人，他们在体格方面、智力方面和道德方面的面貌是怎样的。"③ 这些观点构成了未来《德意志意识形态》《共产党宣言》特别是《政治经济学批判序言》最直接的思想来源。

第二，恩格斯以研究工业革命与英国工人阶级形成之必然联系为突破口，把握住了历史唯物主义关于生产力决定生产关系这个核心实质。在《状况》开头他便提出了一个非常引人注目的观点："英国工人阶级的历史是从上个世纪后半期，随着蒸汽机和棉花加工机的发明而开始的。大家知道，这些发明推动了工业革命……"④ 18世纪在英国所引起的最重要的结果就是：由于工业革命，产生了无产阶级。由于机器的使用，工业迅速发展，需要大量工人到工厂劳动，于是成批的劳动力便开始从农业地区迁进城市，进入工厂。随着大工业中心的出现，商业中心也产生了，居住在那里的多数是工人阶级，而小资产阶级只是一些小商人与手工业者。大工业之所以迅速发展起来，是因为它用机器代替了手工工业，用工厂代替了作坊，这样中等阶级中的

---

① ［苏］列昂节夫：《恩格斯在马克思主义政治经济学形成与发展方面的作用》，方钢等译，中国人民大学出版社1982年版，第80页。

② 《马克思恩格斯选集》第2卷，人民出版社1995年版，第33页。

③ 《马克思恩格斯全集》第2卷，人民出版社1957年版，第379页。

④ 《马克思恩格斯文集》第1卷，人民出版社2009年版，第388页。

劳动分子变成了工人无产者，大商人变成了工厂主，同时也排斥了小资产阶级，于是居民中的一切差别，都归为两大阵营的对立，即工人与资本家。这种分化过程同样在手工业与商业中发生了。从前的师傅与帮工，一方面变成了资本家，另一方面变成了没有任何希望的沦为贫困的工人。工人成为一个稳定的阶级，所以只是在现在无产阶级才能组织自己的独立运动。① 恩格斯对产业革命与无产阶级的形成的透彻分析与理论概括，最重要的意义是他把哲学用来作为武器，深入了德国哲学家包括青年黑格尔派从来没有染指过的领域，即物质生产领域，而这一广阔领域也是所有旧的哲学家瞧不上的禁区。恩格斯却进入了这个领域，从而发现了社会物质生产是社会发展的基础，揭示了社会发展的规律性，尤其重要的是发现了工人阶级的历史地位与伟大使命，这正是他在世界观上超过青年黑格尔派包括费尔巴哈的根本点。本书中，恩格斯设想取代资产阶级革命主体的新历史主体概念——无产阶级。它既具有哲学上的严密性，也在因工业革命而诞生的工人阶级中找到了社会学上的对应物，因而具有现实确定性。他把当时英国工人阶级分成三种：产业工人，即对工业原料进行加工的工人；开采原料与燃料工人，即煤矿工与金属矿工；农业工人。而产业工人又分成了工厂工人，即受工厂立法保护的大机器工业的工人，和工场手工业类型其他部门的工人。正是他带领马克思一起通过政治经济学批判研究，把无产阶级从一个抽象的历史哲学主体概念转变成为具有特殊时代与国情特征的现实的历史主体实践活动。受恩格斯该书及相关思想的影响，英国马克思主义历史学家汤普逊在其《英国工人阶级的形成》一书中将工人阶级具体化为四种类型：从完全自在的到半自觉的到完全自觉自为的阶级。依次是由经济结构塑造的阶级、具有共同生活方式的阶级、具有各种倾向的阶级，最后是集体行动的阶级。②

　　必须承认，马克思和恩格斯的经典无产阶级概念在后来的理论旅行与传播过程中，其内涵变得越来越丰富，从而也越来越宽泛与模

---

① 《马克思恩格斯全集》第 2 卷，人民出版社 1957 年版，第 286—287 页。

② 参见 ［英］汤普逊《英国工人阶级的形成》，钱乘旦等译，译林出版社 2001 年版。

糊。印度著名的后殖民主义理论家、工人运动史专家查卡拉巴蒂在《重思工人阶级的历史》（1989）以及《地方化的欧洲》（2007）中认为，与经典马克思主义比较严格的无产阶级概念既有着重复性更有所差异性，毛泽东的"农民"、葛兰西的"庶民"、法农的"世界上受苦的人"、列宁和卢卡奇"政党"之类的名词不具备哲学或社会学上的精确性。与马克思的无产阶级哲学概念不断地被"第三世界化"过程相对应，马克思的"资产阶级"与"资本主义"概念实际上被当成"西方"或"欧洲"的同义语。① 而洛威尔则认为："马克思的无产阶级概念经历了从观念的到政治的再到经济的过程，但仍然是一个抽象的形而上学概念，因而'无产阶级团结起来上升为自为的革命阶级最终推翻资本主义'，这样的信念只不过是马克思所精心编织的一个神话。"② 此断言肯定不切实际且有误。实际上，正是恩格斯继马克思把德国古典哲学抽象的观念主体概念改造成为具有世界历史意义的无产阶级哲学思想之后，通过把"无产阶级"概念转变成更为社会科学化的"工人阶级"概念，即通过对当时最发达的资本主义国家的工人阶级实际状况进行深入的社会科学研究，这才使得他与马克思从人本主义走向了历史唯物主义。

第三，本书之特殊意义在于，恩格斯为了调查工人阶级实际生活状况，而发现了现代城市社会，发现了城市是无产阶级与资产阶级冲突的空间，也是无产阶级意识到自己的阶级整体存在与历史使命的所在地。正是这一点才启发后来学者进行马克思主义城市社会理论乃至于城市马克思主义新领域的探索。但这些探索已经超出甚至曲解了恩格斯原初的思想意图，而这一点是恩格斯不应当承担什么历史责任的，但从另外一方面也说明《状况》的当代价值。

为了取得对城市的完整了解，他考察得非常细致，他观察整个城市，也考察各个市区，他研究城市的布局，房屋的建筑方式与用材，街道、院落、小胡同，甚至一些偏僻的角落，他特别注意到了是工人

---

① ［澳］佩什·查卡拉巴蒂：《佩什·查卡拉巴蒂读本》，南方出版社 2010 年版，第 53—54、71 页等处。

② David W. Lovell, *Marx's Proletariat: The Marketing of a Myth*, Routledge, 1988, pp. 214-215.

的住宅、他们的房屋之大小、居住的人数、房间的布置、家具的好坏、租金的高低、卫生设备状况等等。① 居住条件恶劣、饮食质量的恶化、生活状态的不稳定、劳动的强制性剥夺了工人的一切尊严与自由时间，还有就是人口的集中，这些均导致工人阶级的身体状况与道德状况的双重恶化。大城市于是一方面成为资产阶级发财致富的福地乐土，另一方面也成了导致无产阶级贫困堕落的罪恶渊薮。不仅如此，大城市导致了拥挤与孤独、喧闹与冷漠、沟通与隔阂、集中与分裂、对抗与统一……多重意义上的空间矛盾的辩证法。

场景之一，大都市的身体空间：集中而孤独

"像伦敦这样的城市……是一个非常特别的东西。这种大规模的集中，250 万人这样聚集在一个地方……可是他们彼此从身旁匆匆地走过，好像他们之间没有任何共同的地方，好像他们彼此毫不相干……所有这些人愈是聚集在一个小小的空间里，每一个人在追逐私人利益时的这样可怕的冷淡、这种不近人情的孤僻就愈是使人难堪，愈是可恨。"② 这段话大概是《状况》一书中最著名的文字，充满了现代主义都市文学与哲学的气息。以上描述启发了德国社会哲学家齐美尔创立了最早的城市社会学。这位把城市想象为"门"与"桥"的哲学家由此得出结论：大城市的空间化特征就在于：那些"能看见却听不见的人"（陌生人社会）要比那些"能听见却看不见的人"（熟人社会）有更多的烦恼。本雅明后来在《发达资本主义时代的抒情诗人》一书中，引用了恩格斯在《英国工人阶级状况》一书中的大伦敦以及齐美尔笔下的大城市社会学印象。③

场景之二，城市的阶级政治空间：区隔

《状况》一书还有另外一些凄婉动人的优美的城市哲学文本：曼彻斯特"这个城市建筑得如此特别，人们可以在这里住上多少年，天

---

① 周亮勋：《通过调查研究制定科学理论——读恩格斯〈英国工人阶级状况〉》，《马列主义研究资料》1985 年第 2 辑，人民出版社 1985 年版，第 35 页。

② 《马克思恩格斯全集》第 2 卷，人民出版社 1957 年版，第 303—304 页。

③ ［德］本雅明：《发达资本主义时代的抒情诗人》，张旭东等译，生活·读书·新知三联书店 1989 年版，第 55—56、75—76 页等处。

天上街，但是一次也不会走进工人区，甚至连工人都接触不到……"①
"由于无意识的默契，也由于完全明确的有意识的打算，工人区和中
产阶级所占的区域是极严格地分开的。"② 这种现象后来被像布尔迪厄
这样的现代社会学家称之为"区隔"。对此，恩格斯如此描写道：
"每一个大城市都有一个或几个挤满了工人阶级的贫民窟，穷人经常
在住在紧靠着富人府邸的狭窄的小胡同里，可是通常总给他们划定一
块完全孤立的地区。他们必须在比较幸福的阶级所看不见的这个地方
尽力挣扎着活下去。"③

　　在曼彻斯特，工人区与资产阶级所占的区域极严格地分开的。这
是以慈善的名义进行的。在市区中心有一个相当广阔的商业区。这个
区域是不住人的。夜里寂静无声，只有警察提着灯笼在街头上巡逻。
该区域非常热闹。不到深夜不会停止营业的。除了商业街道之外，整
个曼彻斯特住的都是工人，像一条平均一英里半宽的带子把商业区围
绕起来。在这个带形地区之外，住着高等的与中等的资产阶级。而高
等的资产阶级住得更远。他们住在空气流畅的高地上。在新的对健康
有利的乡村空气里，在华丽而舒适的住宅里，每一刻钟或半小时均有
到城里去的公共马车从这里经过。奇妙的是这些富有的贵族为了走近
路到城里商业中心去，竟然可以通过整个工人区而看不见左右两旁的
极其肮脏的贫困的地区。商业区夸张地掩盖着背后的肮脏的工人区。
这种伪善的建筑体系或多或少地为一切大城市所具有的，但像曼城那
样有系统地把工人阶级排斥在大街之外的城市规划设计并不多见。它
是这样费尽心机地把一切可能刺激资产阶级眼睛的与神经的东西都掩
盖起来。一方面这里是世界上安排与设计最好的城市系统，另一方面
则是世界上最糟糕的城市。④

　　许多年之后，恩格斯在《论住宅问题》中对上述阶级在城市空间
中分裂或区隔现象作了进一步解释：实际上资产阶级以他们的方式解
决住宅问题只有一个办法，这就是问题解决了，但又层出不穷。这就

① 《马克思恩格斯全集》第 2 卷，人民出版社 1957 年版，第 328 页。
② 《马克思恩格斯全集》第 2 卷，人民出版社 1957 年版，第 326 页。
③ 《马克思恩格斯全集》第 2 卷，人民出版社 1957 年版，第 306 页。
④ 参见《马克思恩格斯全集》第 2 卷，人民出版社 1957 年版，第 327—328 页。

叫作"欧斯曼计划"。恩格斯这里所说的"欧斯曼计划",并不单单是指第二帝国时代巴黎市长欧斯曼所采取的那套特殊的波拿巴主义办法,即穿过房屋密集的工人街区开辟一些又长、又直、又宽的街道,在街道两旁修建豪华的大厦;这样做,除了使街垒战难以进行这个战略目的以外,用意还在于"造成一个依赖于政府的特殊的波拿巴主义的建筑业无产阶级,并把巴黎变为一个纯粹的豪华都市"①。

"'欧斯曼计划'是指把工人街区,特别是把我国大城市中心的工人街区从中豁开的那种已经普遍实行起来的办法,而不论这是为了公共卫生或美化,还是由于市中心需要大商场,或是由于敷设铁路、修建街道等交通的需要。不论起因如何不同,结果到处总是一样:最不成样子的小街小巷没有了,资产阶级就因为这种巨大成功而大肆自我吹嘘,但是,这种小街小巷立刻又在别处,并且往往是就在紧邻的地方出现。这就是资产阶级实际解决住宅问题的一个明显的例子。资本主义生产方式使我们的工人每夜都被圈在里边的这些传染病发源地、极恶劣的洞穴和地窟,并不是在被消灭,而只是在……被迁移!

"同一个经济必然性在一个地方产生了这些东西,在另一个地方也会再产生它们。当资本主义生产方式还存在的时候,企图单独解决住宅问题或其他任何同工人命运有关的社会问题都是愚蠢的。解决办法在于消灭资本主义生产方式,由工人阶级自己占有全部生活资料和劳动资料。"②

在恩格斯《论住宅问题》发表整整一个世纪之后,法国马克思主义者列斐伏尔如是描述这种换汤不换药的"欧斯曼计划":"首都吸引了一切:人口、人才与财富。这是一个权力和智力中心。巴黎周围分布着附属性、等级化的空间;这些空间同时为巴黎所控制和剥削。帝国主义的法国已然失却了它的殖民地,但在法国国内又建立了一种新殖民主义。如今的法国有着一些超级发达、超级工业化、超级都市化的地区。但同时也有很多每况愈下的欠发达地区。"③ "今天,空间

---

① 《马克思恩格斯选集》第 3 卷,人民出版社 1995 年版,第 194 页。
② 《马克思恩格斯选集》第 3 卷,人民出版社 1995 年版,第 195—196 页。
③ [法] 亨利·列斐伏尔:《空间与政治》(第二版),李春译,上海人民出版社 2015 年版,第 100 页。

已然沦为统治阶级的工具。"其用途主要有：分散工人阶级，将他们发配到指定的地点，通过制度性的规则调控各种物资流动，由此将空间置于权力之下，在维持资本主义生产关系的同时控制空间并以技术官僚的治理方式控制整个社会。①

纽约城市大学地理学家尼尔·史密斯，这位戴维·哈维最杰出的弟子，以纽约下东区的城区返新改造为例向我们展示出一幅"士绅化"景观，它类似于当年恩格斯《状况》中的曼彻斯特的城市规划与《论住宅问题》笔下的法国巴黎旧城改造的"霍夫曼计划"。这是一种以抽象的资本主义空间生产方式摧毁掩盖城市历史的野蛮行径。士绅化预示着城市的阶级征服，新的城市拓荒者试图把工人阶级的地理与历史从城市中完全清除干净。通过城市地理改造，他们同时改写了其社会历史，先发制人地塑造新的城市未来。贫民窟里的陈旧的合租公寓，变成具有了历史意义的褐色石建筑，外立面经过喷沙处理呈现出未来的过去。"在对过去的翻修重建过程中，就算没有完全清除过去，至少也是彻底地改造过的，其阶级与种族的轮廓被彻底打磨光滑了。"②

总之，尼尔·史密斯意味深长、颇有些画龙点睛式的总结说："如果说波德莱尔、恩格斯与伯曼都把巴黎的霍夫曼化看作是资本主义现代性的一个决定性时刻，我们是否可以把士绅化看作后现代性的关键地理呢？把七十年代后的城市重组描述成从政治经济调节的福特主义者转向后福特主义者的形式，从一个更刚性的积累模式转向为更加灵活的积累模式，这在多大程度上是正确的或有益的呢？"③

仿佛觉得尼尔·史密斯的反思还有些言犹未尽，安杰伊·齐埃利涅茨用更开阔的历史空间目光概括出了恩格斯这部研究城市社会的历史名著的深远意义：《状况》与《德意志意识形态》共同预见到了一

---

① [法]亨利·列斐伏尔：《空间与政治》（第二版），李春译，上海人民出版社 2015年版，第108—109页。

② [美]尼尔·史密斯：《新城市前沿——士绅化与恢复失地运动者之城》，李晔国译，译林出版社 2018年版，第35页。

③ [美]尼尔·史密斯：《新城市前沿——士绅化与恢复失地运动者之城》，李晔国译，译林出版社 2018年版，第55页。

个半世纪之后似曾相识的历史一幕：一批又一批发展中国家在追赶西方新自由主义市场经济模式过程中，不断重复上演着一个离开农业生产与农业劳动、趋向于人口与经济活动集中、同时又伴随着贫困增长的城市运动。19世纪40年代的恩格斯笔下的曼彻斯特城市社会空间的分裂病在21世纪全球城市化时代不仅没有消除，而且愈演愈烈！[1]

场景之三，都市空间形式让工人阶级有了统一的主体意识

当然，人口集中也成了无产阶级整体意识形成的场所。人口集中对有产阶级起了鼓舞与促进发展的作用，同时也以更快的速度促进工人的发展，工人开始意识到自己是一个整体、一个阶级。他们已经意识到虽然分散时很软弱但联合在一起就是一种力量。这促进他们团结起来与资产阶级对立并与之作斗争。[2] 大城市是工人运动的发源地，这里工人首先开始考虑自己的状况并为改变这种状况而斗争。这里首先出现了无产阶级与资产阶级的对立。也只是在此时此地工人才开始认清自己的地位与利益，开始独立地发展起来，只是在这个时候，他们才不再在思想感情与意志表达方面也成为资产阶级的奴隶，而在这里起主要作用的是大工业与大城市。[3] 这让我们想到了卢卡奇关于无产阶级作为历史的主体与客体统一如何在克服工厂管理理性化即物化过程中形成自主的阶级意识。只不过，恩格斯是从城市规划与生活空间角度理解无产阶级的阶级意识之形成，而卢卡奇则是从工厂管理的抽象时间统治机制中理解无产阶级被物化与阶级意识觉醒途径的。相比之下，詹姆逊的认知图绘理论似乎更能彰显恩格斯的"另一条道路"的空间辩证法认识论意义：大城市的空间已经与经济和生活水乳交融在一起：个人知觉空间不再可能真实，而是对高度集中压缩时空的主观再现。一个伦敦街道上的人的周围感性世界的本质并不在伦敦街道上，而是"并不在场"地控制整个世界的英国金融资本主义体系。在这种弹性积累扩张的资本主义社会中就出现了新的再现的形式或者说"图绘"的形式，这种形式就是哈维所说的"时空压缩"的

---

① 参见［英］安杰伊·齐埃利涅茨《空间和社会理论》，邢冬梅译，苏州大学出版社2018年版，第28—29页。

② 《马克思格斯文集》第1卷，人民出版社2009年版，第435页。

③ 《马克思恩格斯文集》第1卷，人民出版社2009年版，第436页。

经验与想象。①

恩格斯的"另一条道路"也启发了当代西方社会学家，并把恩格斯视为智能城市、网络社会与城市社会理论的奠基人。例如，阿伦·斯科特就把城市化历史概括为三次浪潮②：18 世纪晚期英国与欧美国家出现的传统式工厂与手工业的作坊体系及其相应的工业城市，最初是基于水力，之后是蒸汽机。恩格斯笔下的曼彻斯特是其代表。从 19 世纪末到 20 世纪 70 年代批量生产体系成为资本主义的主导形式，其在城市方式的表现是北美与西欧制造业等中出现的大都市区域。从 20 世纪末开始，一种以数字技术与高技能知识型劳动力为基地的新资本主义开始逐步形成，其城市形式即全球化网络。

三 青年恩格斯在何种意义上开创了
马克思主义城市哲学研究之路？

恩格斯的《状况》一书的意义不仅仅在于是一部启示后人关注城市社会问题研究的马克思主义经典之作，而且激发一些所谓城市马克思主义者把马克思主义对都市社会问题的研究"越界"、扩展为对马克思主义总问题的都市社会化改造，也就是把"城市中的问题研究"改造成为"问题中的城市研究"，把马克思主义"关于城市问题"的研究转变成了对马克思主义问题的"城市化"解释，把马克思主义的城市哲学思想转变为城市马克思主义。

这其中有三种比较有影响的解释观点。一是认为历史唯物主义是在城市社会历史研究中才被发现的，恩格斯就是其不自觉的开拓者；二是认为整个马克思主义不仅是无产阶级的世界观，而且就其本质而言是一种城市的现代主义批判理论；三是认为今天的马克思主义不仅要研究与关注城市中的工人阶级运动问题，而且要通过城市社会运动来理解与图绘已经全球化了的现代城市社会。

---

① 参见［美］戴维·哈维《后现代的状况》，阎嘉译，商务印书馆 2003 年版，第 326 页等处。
② ［美］艾伦·J. 斯科特：《浮现的世界：21 世纪的城市与区域》，王周杨译，江苏教育出版社 2017 年版。

第一，强调马克思主义要关注城市社会问题，要用马克思主义目光研究城市问题，而且认为只有通过研究城市社会历史，才能创立马克思主义首先是历史唯物主义。其代表人物是列斐伏尔。他与大卫·哈维和曼纽尔·卡斯特尔并驾齐驱，是公认的城市马克思主义创始人之一，他也是西方马克思主义史上第一位自觉而系统地研究马克思主义城市思想的哲学家。他把马克思和恩格斯一生不同时期有关城市哲学问题的经典论述熔为一炉，并将其主题高度概括为"历史唯物主义理论框架中的城市以及随之而来的都市总问题"①。在他看来，从前的马克思主义者（包括马克思和恩格斯在内）的主要缺点是，只是把城市作为工业资本主义高度发展的产物，或作为工业社会的问题之一来理解与解决，而没有将其作为总问题来求解以往社会与现代世界的各种问题（包括全球化）。他认为，《状况》一书通过城市问题研究开辟了另一条发现历史唯物主义的道路，只是后来恩格斯认为马克思有更好的政治经济学批判方法而放弃了城市哲学研究，但《状况》毕竟是马克思主义对城市问题研究的发轫之作。《状况》一书首次赋予都市现象以中枢地位。恩格斯把城市空间和社会关系当作资本主义爆炸式增长与工人阶级意识到来之间的关键调节器。他详细考察了伦敦、诺丁汉的纺织城市、利物浦的港口、利兹和约克郡西区布拉福德纺织城以及曼彻斯特，开启了对工业城市的空间结构的分析航程。

其一，恩格斯揭示了资本主义社会的双重集中化趋势，即伴随着资本集中的人口集中以及由此而来的贫困与富裕、拥挤与孤独等多重意义上两极对立的城市空间辩证法，以空间矛盾的形式呈现出资本主义社会尖锐的阶级矛盾。集中化使得成千上万的人的力量和效率倍增。这种在英国资产阶级的经济和政治支撑下产生的惊人的社会财富，与之相对应的是对工人的牺牲。人类的原子化在这里发展到了顶点。这正是青年马克思抽象人本主义视野中的异化现象。虽然恩格斯谙熟"异化"这样的哲学概念，但他是从具体中去理解和把握异化，在生活中说明异化，在社会实践中把握异化。尤其是"大城市"这一章的观察和分析，对伦敦、都柏林、谢菲尔德、伯明翰和格拉斯哥等城市空间的两极分化进

①　Henri Lefebvre, *La pensée marxiste et la ville*, Paris: Casterman, 1972, p. 7.

行了细致入微的现象学式的解剖：现代城市人愈是聚集在一个小小的空间里，每一个人就愈是追逐个人的蝇头小利，彼此间就越来越感觉到冷漠孤独与厌恶。① 这种以空间异化方式表现出来的辩证法与同时期马克思在《1844 年经济学哲学手稿》中所描绘的货币导致共同体瓦解与个体原子化的异化关系现象具有异曲同工之妙！

其二，恩格斯以惊人预见能力批判了资本主义城市治理所导致的都市秩序混乱：一方面破坏了整体的城市规划，另一方面加剧了城市空间中的阶级隔离以及中心的解体。② 20 世纪下半叶来自经济学、社会学、历史学、人类学各领域的都市研究充分证明了恩格斯的发现：都市空间是（城市的和住宅的）秩序和混乱的统一。它们揭露了整个社会。在都市背景下，直接的剥削通过一系列精密的过程倍增为一种间接的剥削，从经济剥削蔓延为对生活生态生命的剥削，并且从企业（作坊、工厂）空间治理延伸到日常生活的各个空间角落（住宅、街区、交通）的隔离。恩格斯的描述不是道德主义的说教，因为在他眼里工业大城市虽然不可避免地产生了酗酒、卖淫、犯罪和道德堕落，但不可以将其归咎为工业大城市本身。他认为，导致英国工人阶级悲惨状况的原因一方面是工人之间的竞争，另一方面是经济上和社会上的资本主义结构。③

其三，但无论是马克思还是恩格斯，他们都没有把城市当成历史活动的中心与前台，而仅仅将其视为供历史活动表演的背景与舞台。从这一观点和角度来看，城市提供了一种背景；在这一背景下产生了许多事件和重要的现象，这种分析突出了一个相对中立的布景。城市始终存在，那些经济范畴如工资与资本、剩余产品与剩余价值在这一舞台上上演着它们的故事与悲剧。在这一背景中，思想不占据什么位置。有时候，作为历史的背景的城市会突然移向了前台。总之，城市在恩格斯他们那里，"它要么是一种真空，要么是昙花一现"，但从来都不是根基的东西。"这就带来了某些问题"④，恩格斯没有把工人阶级状况问题归结为都市问题，而是诉诸资本主义工业化问题：应该为

---

① 《马克思恩格斯全集》第 2 卷，人民出版社 1957 年版，第 303—304 页。

② Henri Lefebvre, *La pensée marxiste et la ville*, Paris：Casterman, 1972, p. 17.

③ Henri Lefebvre, *La pensée marxiste et la ville*, Paris：Casterman, 1972, p. 22.

④ Henri Lefebvre, *La pensée marxiste et la ville*, Paris：Casterman, 1972, p. 106.

英国工人阶级状况负责的，不是城市，而是资本主义生产方式，也因此恩格斯堵塞了后来马克思主义通向城市问题研究的道路。所以，列斐伏尔认为恩格斯虽然用马克思主义的方式提出了城市问题却没有去解决这个问题。表现在他对《状况》一书作出高度评价，但对《论住宅问题》一书态度冷淡，认为后者的根本问题是取消了城市问题的独立存在意义。把它简单地纳入资本主义工业革命范畴，特别是认为解决住宅问题仅仅是次要的问题，只要消灭了私有制就解决了住宅问题或城市问题。而恩格斯心目中共产主义社会就是城乡差别的消除。但列斐伏尔认为问题决没有如此简单。

　　总而言之，列斐伏尔认为恩格斯缺乏连贯的城市问题意识，他晚年关于未来社会与城市的理解是混乱的。他与马克思一样没有预见到未来社会是"完全城市化社会"，而只是在工业化的意义上理解未来社会，所以发现了城市问题的恩格斯并没有发展出一种城市马克思主义。我们现在必须将其发明出来，就像必须重新发明城市革命一样。列斐伏尔的重要性在于，他在恩格斯提出了住宅问题却没有解决这个问题的基础上，提出一个更大的乌托邦。这就是让无产阶级栖居于城市的权利问题。这是城市化时代无产阶级的政治民主与自由的根本形式。这是具有 21 世纪特色的空想社会主义。

　　第二，认为在马克思和恩格斯经典著作中既存在拥护与关注资本主义城市化发展问题的现代主义基因，也存在着用工业化现代化社会理论模式排挤否定城市化理论模式的倾向，这就为尔后马克思主义内部存在城市主义与反城市主义分歧埋下了伏笔。青年恩格斯一度具有城市马克思主义倾向，但后来他和马克思一样否定了或者说压抑了这种理论倾向。可以说，马克思和恩格斯有城市批判思想但并没有持久的城市问题研究的理论兴趣，更没有完整系统的城市马克思主义理论体系。我们要从马克思特别是恩格斯的著作中重新发明一种城市马克思主义，或者说通过城市现代主义哲学反思，重新理解马克思主义。持此种观点的代表人物是为列斐伏尔立传的作陪、也是为西方马克思主义的城市社会批判理论著史①的安迪·麦瑞菲尔德。他直言，《状

----

① Andy Merrifield, *Metromarxism. A Marxist Tale of the City*, Routledge, 2002.

况》和《论住宅问题》是城市马克思主义的宣言书，显示出恩格斯如何在城市发展模式中把资本主义积累和阶级动力结合起来，把工业运动的规律和城市化结合起来，这是城市马克思主义的雏形。

麦瑞菲尔德把《状况》一书的城市哲学精辟地概括为工业化和城市化与工人阶级形成这三者之间的历史与空间辩证法。这就是机器革命引发工业革命，工业革命产生现代工人阶级，工人阶级的急剧增加与集中促成了工业大都市。在这样的环境中，人口变得集中了，就像资本那样；高度集中的人口说明了城市的一切。当然，都市空间在制造着现代文明富裕的集中化的同时，也在制造工人阶级被隔离与日益贫困化野蛮化的悲惨命运。不过，更深刻的辩证法在于，大都市空间反过来又强化工人阶级的整体革命意识，从而促进历史进步。恩格斯主张，"社会机体的病患，在农村中是慢性的，而在大城市中就变成急性的了，从而使人们发现了这种病的真实本质和治疗方法"。如此形成了"解铃还须系铃人"的都市辩证法："如果没有大城市，没有它们推动社会意识的发展，工人绝不会像现在进步得这样快。"① "悲惨将强化，阶级分化更加尖锐，游击小战斗将形成，凝聚成严肃的有组织的战斗；一场雪崩正在进行，它不会终止。这将获得一个城市，获得一个世界。在孤立、冷漠和粗鲁中，集体的热情变得明显了。大城市正在变成工人运动的温床（也是试验场）。"②

事实上，麦瑞菲尔德敏锐地发现，马克思和恩格斯在《德意志意识形态》《共产党宣言》以及《哥达纲领批判》等著作中包含着不少城市社会思想尤其是城市作为人类未来发展前景的思想③："共产主义运动决不会起源于农村，而总是起源于城市。"④ "资产阶级使农村屈服于城市的统治。它创立了巨大的城市，使城市人口比农村人口大大增加起来，因而使很大一部分居民脱离了农村生活的愚昧状态……它

---

① 《马克思恩格斯全集》第 2 卷，人民出版社 1957 年版，第 408 页。

② Andy Merrifield, *Metromarxism. A Marxist Tale of the City*, Routledge, 2002, p. 41.

③ Andy Merrifield, *Metromarxism. A Marxist Tale of the City*, Routledge, 2002, pp. 21 - 41.

④ 《马克思恩格斯全集》第 3 卷，人民出版社 1960 年版，第 410 页。

使农村从属于城市……"① 而在未来社会，"工人革命的第一步就是使无产阶级上升为统治阶级，争得民主"。接下来，无产阶级将利用自己的政治统治，一步一步地夺取资产阶级的全部资本，把一切生产工具集中在国家即组织成为统治阶级的无产阶级手里，并且尽可能快地增加生产力的总量。再接下来就是把农业和工业结合起来，"促使城乡对立逐步消灭"。而在另外一个地方，恩格斯略有不同地指出，共产主义社会要"把农业和工业结合起来；通过把人口更平均地分布于全国的办法逐步消灭城乡差别"②。

但麦瑞菲尔德又非常无奈地说，晚年恩格斯在重版《状况》一书和批判蒲鲁东主义者解决住宅问题的方案时，明显地失去青年时代对城市问题重要性的兴趣，并低估了无产阶级贫困状况的严重性。恩格斯因为害怕自己陷入蒲鲁东主义所设下的从日常生活小事入手解决资本主义社会根本问题的小资产阶级社会主义的思想圈套，他就把城市问题与住宅问题视为资本主义真正的"无数比较小的、次要的祸害之一"，而不是元凶首恶，不是直接地作为资产阶级的工人所遭遇的剥削的直接后果。③

一方面，麦瑞菲尔德认为晚年恩格斯关于社会主义应当通过消灭私有制、消灭城乡二元化来解决工人住宅问题的主张，实际上已经是城市马克思主义的开幕词了④；但另一方面他又认为，恩格斯对城市辩证法轻描淡写，把城市问题转向别处："恩格斯的马克思主义很少同时为城市说些什么。事实上，它在其中留下了一个政治和存在的真空……他从来不很明白，从来不很清楚理解城市的厚重纤维和更大密度。首先是这种纤维和密度。" 一个非常矛盾的事实是，后来的城市马克思主义者从恩格斯那里找到了令他们为之激动与陶醉不已的城市哲学想象与灵感，并试图努力挖掘出新的更加精细甚至更加辩证的理念；恩格斯坚守这些理念但却心有旁骛、移情别恋。一方面他无可争议的是第一个城市马克思主义者。他奠定了一个基础，指向资本主义

---

① 《马克思恩格斯选集》第 1 卷，人民出版社 1995 年版，第 276 页。
② 《马克思恩格斯选集》第 1 卷，人民出版社 1995 年版，第 294 页。
③ Andy Merrifield, *Metromarxism. A Marxist Tale of the City*, Routledge, 2002, p. 41.
④ Andy Merrifield, *Metromarxism. A Marxist Tale of the City*, Routledge, 2002, p. 45.

生产方式转型和历史中城市化的意义，但另一方面，他从来没有将城市化纳入未来的历史发展的宏观议事日程。所以，他仿佛是一位只管埋头耕种、却不想着看到开花结果收获的马克思主义的都市主义作家。①

第三，认为当年恩格斯是通过研究工人阶级运动而发现城市，创立历史唯物主义，今天马克思主义要在恩格斯的经典思想与方法基础上发明一种新的城市马克思主义，进一步通过先进技术手段在研究社会运动过程中图绘城市社会。其代表人物是美国哥伦比亚大学的艾拉·卡茨纳尔逊。他在全方位研究马克思主义的城市政治经济学与城市工人运动的著作中呼吁：今天马克思主义如果要有自己的城市理论，必须回到恩格斯的《英国工人阶级状况》！

卡茨纳尔逊说，不是马克思，而是恩格斯当年在对世界早期工业革命城市中心的高度压缩的讨论中"照亮了一条令人遗憾地既没有为马克思主义也没有为城市研究者所游历过的路"②。面对史无前例的人口与功能的集中，恩格斯提出了四个问题："城市是怎么来的，隐藏于资本主义积累之中的维持其增长的机制是什么？其最重要的空间特征和人的特征是什么？这些特征是如何影响阶级的形成的？"他把城市空间与社会关系当作资本主义生产的爆炸式增长与工人阶级的意识与政治可能性到来之间的关键调节器。恩格斯的贡献是对资本主义社会结构与城市空间结构，这种社会地理与劳动阶级之间关系的阐述。他开创了对城市空间结构分析，其中包括城市的分区与辐射轴，住宅的地理与状况，公共交通与上班路线，郊区与中心商业区的开发，工场与住宅之间的关系，阶级内部与阶级之间的社会互动的空间布局。③"恩格斯表明马克思主义如何有可能为创造一种对不同类型的工人阶级主体性的解释而将城市整合到其社会理论之中。"为实现其目标，他把空间引入（虽然以高度浓缩方式）马克思的宏观历史唯物主义核

① Andy Merrifield, *Metromarxism. A Marxist Tale of the City*, Routledge, 2002, p. 48.

② ［美］艾拉·卡茨纳尔逊：《马克思主义与城市》，王爱松译，江苏教育出版社 2013 年版，第 135 页。

③ ［美］艾拉·卡茨纳尔逊：《马克思主义与城市》，王爱松译，江苏教育出版社 2013 年版，第 140—146 页。

心之中，引入马克思对资本主义积累的逻辑阐释之中，所采取的方式是利用城市人造方式的组织与重组以表明城市空间是如何界定一个动态的、变化的领域。①

可以说，除了《状况》一书之外马克思主义再没有提出过研究资本主义发展、城市空间、劳动阶级的形成内在辩证关系的方案。这部书最早把工业革命与城市形式紧密联系在一起，特别是细致研究了城市空间组织的变化如何影响到阶级内部与阶级之间的关系，并将这种社会地理学与新无产阶级的痛苦与意识的出现紧密地结合到一处。要知道，在恩格斯写此书之前的一个世纪欧洲已经普遍出现出卖劳动力的工人阶级。恩格斯前无古人的发现是无产阶级化的地点与密度，资本与劳动集中到了新型的城市空间，如同今天知识高度集中化的网络世界造成了知识分子的无产阶级化。

当然，卡茨纳尔逊也毫不客气地指出了马克思和恩格斯的历史局限性：他们很少关心工厂之外的工人阶级实际状况。对于马克思主义来说，工业资本主义时期内社会理论的主要问题聚焦于工人阶级的形成，正是由于马克思和恩格斯把无产阶级当成历史希望，他们把资本主义生产过程放在了第一位，所以长期忽略城市问题。相比一个"去空间化的"马克思主义，必须提出一个"重新空间化的"马克思主义，包括三个议程：资本主义发展宏观进程中的城市发展问题，资本积累的中观系统与过程中的城市形式与作用问题，城市空间形式在微观上对工人阶级意识形成的影响及后者的反作用问题。②

总之，如果说一百七十多年前的恩格斯，是因为关心工人阶级的疾苦而研究城市问题，把城市当成了无产阶级在政治上受压迫、法律上受欺凌、经济上受剥削、道德上受污辱、文化上受愚弄、躯体健康上受摧残的悲惨世界，同时把城市视为无产阶级整体阶级意识觉悟和团结组织起来反抗资产阶级的自由王国，那么 21 世纪的马克思主义之任务，则不仅仅在于用更先进的社会调查手段来理解远比恩格斯年

---

① ［美］艾拉·卡茨纳尔逊：《马克思主义与城市》，王爱松译，江苏教育出版社 2013 年版，第 148 页。

② ［美］艾拉·卡茨纳尔逊：《马克思主义与城市》，王爱松译，江苏教育出版社 2013 年版，第 150—151 页。

代复杂得多的城市社会现实，进而唤醒工人阶级的革命斗志。主要问题不再是城市何以成为理解工人阶级形成阶级意识、成为人类未来希望的视野与空间，问题的复杂、任务的艰巨、逻辑的悖论在于：我们必须看到，今天资本主义社会如何把城市变成压迫磨灭涣散无产阶级革命斗争意志，牢固统治无产阶级的政治工具。问题不仅仅在于像恩格斯那样把城市作为理解无产阶级革命的历史使命的一个空间场所，而且在于必须把城市文明视为未来人类共同的文明形态，特别是要研究资本主义全球化时代包括无产阶级在内的社会弱势群体如何获得美好生活的城市权利问题。这才是恩格斯所开辟的城市马克思主义问题域的真正意义所在。

（已发表于《当代国外马克思主义评论》2021 年第 3 期）

《资本论》的反启蒙实践：
理论境遇与批判进路

周露平*

《资本论》是厘清马克思与启蒙关系的关键性文本。有一种误解认为，马克思只是延续着资产阶级的启蒙路径，做了简要的修补与完善工作。这种误解极大降低了马克思反启蒙的理论贡献，很容易将之划入一般启蒙思想家的行列。《资本论》作为反启蒙的巨制，直接澄清了现代启蒙的实质就是"资本—启蒙"的模式，在这样的原则高度上，穿透资本建构启蒙的诸多幻象，直接批判启蒙背后的资本主义社会关系。在此基础上，《资本论》提出超越资本启蒙、重置未来社会的革命，即以无产阶级革命超越资本启蒙。

一 引言

《资本论》与启蒙思潮的关系探讨是学界研究的重大课题。《资本论》的反启蒙思想不是"照着说""接着说"①，而是"重新说"。有趣的是，后现代主义思潮也给我们造成"重新说"的错觉，尽管这些

---

* 周露平，上海交通大学马克思主义学院副教授。

① 有学者认为，"马克思所谓'人的解放'意义上的新启蒙，就是对启蒙传统的'再启蒙'，对旧启蒙的历史局限性和自我逆反性的辩证扬弃与内在超越"。换言之，马克思的启蒙思考是延续着传统启蒙，进而在这个基础上加以推进，即扬弃启蒙的过程。参见郗戈《马克思的启蒙批判与当代中国的"新启蒙"》，《中共中央党校学报》2017年第3期。

思潮看似激进与极端，但仍然是在"资本启蒙"的框架内加以反思的。只有马克思真正穿透资本建构启蒙的诸多幻象，直接批判启蒙背后的资本生产关系，提出超越资本启蒙、重置未来社会的启蒙，即"无产阶级启蒙"。马克思的理论工作有两个方面：一个是唯物史观的澄清工作，即现代启蒙是资本统治下的社会化启蒙，这是在宏大叙事中把握住现代启蒙的实质，即资本如何启蒙；另一个是《资本论》回应了资本启蒙的具体内容及反启蒙的路径方式，由此建构起超越现代启蒙的无产阶级革命，助力人类解放运动。

具体而言，一方面，要想真正弄清《资本论》对启蒙的态度，必须澄清近代启蒙的思想史。首先，什么是启蒙？康德的启蒙定义流传广且影响大，他认为未启蒙是人缺乏运用理智的勇气，那么启蒙就是赋予人这样的勇气。但这个定义有很大的问题。我们可追问：勇气何来？理智何在？勇气与理智如何统一？我们以为，启蒙不仅是一种运用理智的勇气，更是对运用理智的社会环境加以考察，即启蒙打碎的是传统世界的权力机制，不断祛魅宗教世界的神秘性，进而创造出主体性世界的环境。诚如以赛亚·柏林所言："整个启蒙运动的共同特点是，它否定基督教的原罪说这一核心教条，代之以这样的信念：人之初天真无邪而又善良，或在道德上中立，有可能由教育或环境加以塑造，或者往最坏处说，人虽有严重缺陷，仍能通过与环境相配合的合理教育，或通过譬如说卢梭所要求的那种对社会的革命性改造，得到极大的改善。"[1] 显然，启蒙塑造了以主体性为内容的现代世界，那么这种启蒙由何而来？换言之，是什么推动着整个世界能够跨越地理、民族、宗教与国家的限制，统一在共同生存模式下？究其原因在于，现代资本不断以启蒙文化与实践摧毁习俗世界，同时又为现代世界提供交往准则与精神支柱。资本及逻辑[2]塑造现代文明世界的同时，也启蒙了现代世界的交往原则、精神原则与制度法则等，即启蒙运动其实就是"资本发育并制造启蒙"的过程。

---

① 汪民安等主编：《现代性基本读本》（上），河南大学出版社 2005 年版，第 209 页。
② 资本逻辑是指资本与雇佣劳动的矛盾运动，是资本主义社会的运行核心与关键内容。

另一方面，现代世界也呈现出"启蒙的否定性病症"，尽管哲学家们对此有所反思，但是他们并未真正区分两种启蒙内容：其一，表现为启蒙具有先天合法性，换言之，启蒙是永恒存在的，虽然有问题，但这种问题只是启蒙的内容已经不适合或不属于新的世界，需要启蒙的"升级换代"——他们只是对启蒙的工具理性带来人类生存缺憾的批判，诸如面对环境恶化、生态危机、精神颓废、贫困危机等社会现象。其二，启蒙只是这个世界的原则或环节，是特定历史阶段的产物，换言之，世界需要新的发展节奏与生产逻辑，这不局限于现代性视域之内，而是提出更为宽阔视野下的历史发展逻辑。现代性或后现代性的思想家们对前一种"乐此不疲"，试图在启蒙内部找到调节或优化发展的理念模式，如霍克海默与阿多诺的《启蒙辩证法》，高举反启蒙旗帜，将现代性看作是"启蒙神话"，详细分析与批判了启蒙通过现代文化工业形成的社会范围内的"同质化"理性模式。这里有三种反思的模式，第一种强调启蒙的自在逻辑，否定个体或社会的生成性力量，进而否定社会变革的可能性；第二种通过宏大叙事的解读方式将启蒙看作是人类自我合理化的历史叙事过程，它否定的是历史的进步性框架内的诸多因果关系，如革命与启蒙、社会与启蒙、生产启蒙，只将启蒙看作是人类发展史的大尺度生产性动力；第三种认为启蒙总是设想最为优化的社会整体，将这种社会看作是资本生产的最为合适与标准的配置，否定的是任何瓦解这个社会的历史性能力，如阶级斗争等。

总之，如何判断《资本论》的反启蒙工作？首先要澄清现代启蒙的建构方式及其性质，然后通过《资本论》破解启蒙的问题症结，确定无产阶级革命的新内容，为人类解放提供革命路标。

二 问题的提出：现代启蒙的建构进路与理论症结

众多思想家对资本启蒙历史加以提炼与总结，构建了近现代思想史的反思内容。假如尝试以思想发端与问题解决来划分这些思想家的看法，主要有三重研究进路。第一，经济启蒙的理论设置。古典经济学以利己主义与原子个人为内容，以理性经纪人假设为基础建构了现代经济世界的理论原则，复现了资本启蒙经济生活的理性化过程。如亚当·斯密、李嘉图等对市民社会的经济法则作出了启蒙。他们对经济社会加以范畴化抽象，提出了商品、商业、市场、货币、资本等术语概念的启蒙。在他们的工作基础上，马克思才可能进一步研究得出：现代启蒙是资本以理性原则塑造世界的活动与观念，形成了现代世界的生产时空规则与社会运动法则。但有一个问题必须澄清：古典经济学尽管看到了现代资本的历史建构性作用，将人类的自我解放（如财富、发展与未来等）内容与启蒙经济性的向度结合起来，以此论证资本的合理性；但他们并未对启蒙过程中出现的诸如贫困危机、经济危机、环境危机、精神危机等作出应有的回应——主要原因在于他们以资本或现代所有制作为合法性前提，经济理性成为整个经济性启蒙的核心话语，任何违反经济理性的行为都是违背资本生产原则的。一句话，整个经济学的启蒙是经济发展的逻辑原则与理论总结。

亚当·斯密的《国富论》延续重商主义、重农学派关于"财富的生产来源于人类自身"的看法，同时详细考察了财富的自然性质与人类性质，认为财富来源于劳动。那么，斯密是不是建构起了以劳动为启蒙核心的政治经济学？显然劳动只是现代资本运动的一个物质环节，起到社会物质交换的中介作用，"只有劳动才是价值的普遍尺度和正确尺度，换言之，只有用劳动作标准，才能在一切时代和一切地方比较各种商品的价值"[1]，即劳资关系的结构模型直接建构起经济学的两大基础。斯密的经济启蒙思想的最终目的是解答如何实现现代世界的"富国裕民"问题，为现代资本主义发展提供理论基础与思想保证。斯密在此对诸如社会产业制度、社会财富制度、赋税制度、国际贸易制度等都做了一系列的合现代性规划。他从资本发展的维度宏大叙事地说明了现代世界的生成内容与发展趋势，正如海尔布罗纳所言："经济社会的创造不是一种自然现象，而是由人以及人的思想和行动来创造的。"[2] 资本启蒙表现为双重解放：一个是将社会发展规定

---

① ［英］亚当·斯密：《国富论》，郭大力、王亚南译，商务印书馆2015年版，第11页。

② ［美］罗伯特·L. 海尔布罗纳、威廉·米尔博格：《经济社会的起源》，李陈华、许敏兰译，格致出版社2010年版，第157页。

从封建等级制度中解放出来，以私有财产的制度化与计算化方式加以确定；另一个是从等级、附庸及神秘等社会运动中解放出来，高度彰显出利己主义与原子个人的互动有效性。

总之，古典经济学已经深刻意识到，经济启蒙的全面展开，取决于现代世界的生产关系的转变；同时也是社会财富生产方式、积累方式的本质性变迁，形成了现代私有财产制度。正如马克思所言："工业以至于整个财富领域对政治领域的关系，是现代主要问题之一。"① 同样，斯密也赋予了经济启蒙以市场交往本能即交换倾向，"这种倾向就是互通有无，物物交换，互相交易"②，这是现代启蒙内容的关键内容。由此，古典经济学直接激活了财富世界具备政治性功能与社会性功能的议题，指认现代启蒙内容就是经济启蒙。它直接聚焦为"富国裕民"的现实效应，即为资本发展提供支配性力量，反对中世纪社会的经济生活只是社会关系的附属物的现象。

第二，政治启蒙的政治规定。这分为两条路径：一个是"顶层设计式"的启蒙路径。这主要以霍布斯与马基雅维利为代表。霍布斯明确了教权的界限，为现代君权作启蒙式的交代。首先，现代国家是世俗国家，以排除神性等级对其的干扰，国家运动不再以神意为内容，而是以自然秩序与法则为基础，将国家作为一种可以控制进而改善的事物。其次，需要通过契约形成臣民对君主的服从与协调，臣民绝对忠诚本国君主，同时君主能够保障臣民的生活与安全。霍布斯以契约方式，即以"权利的相互转让"③ 规定了君主的活动界限，目的是规定出符合资本发展的君民关系，以防止社会受到自然状态下的"生存法则"的破坏。最后，君主建立一个世俗国家，提供社会良性发展的规定内容，"在世俗国家中，由于建立了一种共同权力来约束在其他情形下失信的人"④。与之呼应，马基雅维利提出了一种启蒙的"顶层设计"。首先，作为现代世界构成质料的人是可以改变的，人的政

---

① 《马克思恩格斯文集》第 1 卷，人民出版社 2009 年版，第 8 页。
② ［英］亚当·斯密：《国富论》，郭大力、王亚南译，商务印书馆 2015 年版，第 31 页。
③ ［英］霍布斯：《利维坦》，黎思复、黎廷弼译，商务印书馆 1985 年版，第 101 页。
④ ［英］霍布斯：《利维坦》，黎思复、黎廷弼译，商务印书馆 1985 年版，第 104 页。

治生活不是服从神意与天性，而是形成于人的政治理想。其次，国家不是神意世界，而是人工设计的制品。政治活动不仅是神意下的内容，而是可以将之作为一种技术加以操作的；同时，这种具有可操作性的政治活动必须依循理性原则。他们共同反对神定论与等级论，认为合理性的政治可以超越命运，"当命运正在变化之中而人们仍然顽强地坚持自己的方法时，如果人们同命运密切地协调，他们就成功了"①。最后，君主改变的是国家政治能够涉及的道德与交往状况，而且能够靠机运合理性管理好国家。

正如列奥·施特劳斯所言："机运可被驾驭。政治问题成了技术问题。"② 所以说，好的管理技术可以塑造出明君。简言之，霍布斯与马基雅维利都从国家管理的高度提出了政治启蒙的概念。另一个是"平民自发式"的启蒙方法。如卢梭等以平民视角对现代契约制度提出了启蒙思考。如果说前面两者从政治活动的合理性维度规定了现代政治的活动原则，那么卢梭则表达出对现代政治的优化。卢梭洞察到在现代政治框架下，人的政治权利如何通过所有权与法律等被剥夺而沦落为文明世界的"废弃物"的现实。由此，他证实了人的文明进步与人类的群体堕落是同步的历史境遇。他的解决思路是，一方面对封建专制进行抨击，同时又强化平民主义或自然主义在政治生活中的地位。他不同意霍布斯与曼德维尔的《蜜蜂的寓言》中的"人性恶"的观点。卢梭认为人是由于丧失自然状态，同时被塞入了现代社会的欲望，才产生了现代法律与政治制度，"制度是应当由受益人而非受害者创造的"③。现代政治是由既得利益者创造的，政治启蒙侧重于如何维护人类的自然状态，使之免受极端政治的统治。正如马克思所评价的那样，现代政治启蒙（包括政治革命）打碎的是传统习俗世界，将国家统治上升为市民社会的交往行动，实现政治的两大启蒙：一是对政治个体的启蒙，使社会成员能够广

---

① ［意］尼科洛·马基雅维利：《君主论》，潘汉典译，商务印书馆 2009 年版，第125 页。

② 汪民安等主编：《现代性基本读本》（上），河南大学出版社 2005 年版，第 160 页。

③ ［法］让·雅克·卢梭：《论人类不平等的起源》，吕卓译，中国社会科学出版社 2009 年版，第 68 页。

泛参与到政治活动之中；二是对构成政治个体的生产世界（物质要素和精神要素）的启蒙，使之变成了政治革命的内容。"政治解放一方面把人归结为市民社会的成员，归结为利己的、独立的个体，另一方面把人归结为公民，归结为法人"①，仅此而已，并未真正在现代社会建制的基础上加以澄清。

第三，哲学启蒙的理性聚集。启蒙从理性维度追问了历史发展何以可能，即人类理性如何突破自然世界的限制，完成创造第二自然的过程。整个思想史在这个启蒙过程中，不断寻求两者的融合过程。斯宾诺莎身体力行地界限了哲学与宗教信仰的范围，完成了启蒙运动的造反。正如列奥·施特劳斯所言，斯宾诺莎是发动"一场在哲学和宗教上反对前现代传统的现代造反（modern revolt）的传人"②，保持了启蒙精神与宗教信仰的合理性间距。同样如黑格尔所洞察到的那样，斯宾诺莎不是无神论，而是无世界论；而休谟是这次哲学启蒙的最为深刻的怀疑者，康德、黑格尔则走向了批判与总结。他们共同对启蒙精神达成共识，即康德、黑格尔对启蒙作出了一种哲学范式上的反思。康德从启蒙的批判视角提出了历史精神问题。

显而易见，这种启蒙反思本质上仍然从属于资本主导下的理智运动，仅聚焦为社会理性的最大公约化。正如康德所言，一方面，理智是资本规制下的合理性内容，那么人类活动不是本能的运动，而是被赋予了启蒙的创造极限，不断突破着自然的禀赋，"一个被创造物的身上的理性，乃是一种要把它的全部力量的使用规律和目标都远远突出到自然的本能之外的能力，并且它不知道自己的规划有任何的界限"③，并为人类提供合法、合理的秩序原则；另一方面，要明确启蒙的核心，"启蒙运动就是人类脱离自己所加于自己的不成熟状态"④，什么是不成熟，就是运用理智的先天惰性。康德提出"要有勇气运用你自己的理智！这就是启蒙运动的口号"⑤。他还提出了如何进行启蒙

---

① 《马克思恩格斯文集》第1卷，人民出版社2009年版，第46页。
② 刘小枫主编：《施特劳斯与古典政治哲学》，上海三联书店2002年版，第61页。
③ ［德］康德：《历史理性批判文集》，何兆武译，天津人民出版社2014年版，第4页。
④ ［德］康德：《历史理性批判文集》，何兆武译，天津人民出版社2014年版，第22页。
⑤ ［德］康德：《历史理性批判文集》，何兆武译，天津人民出版社2014年版，第22页。

的准则：一是公开运用理性。康德区分了公开与私下的运用①，公开就是面向大众，启蒙大众。二是运用理性的自由性。理性需要外在限制，主体能够自由发挥自己的理性。进而康德提出了启蒙的重点，即在宗教事务上的公开运用、经过启蒙之后的君主对自由理性的把控。显然，资本及其逻辑赋予了启蒙的勇气，提出了人类在资本的控制下一种生产过程，并以理性的形式加以固定，"对理性的普遍使用、自由使用和公共使用相互重叠时，便有'启蒙'"②。因而，费希特在这个基础上，提出了启蒙的文化高度，其实就是人类知识的理性建制的终结功能，"如果人被看作是有理性的感性生物，文化就是达到人的终极目的、达到完全自相一致的最终和最高手段；如果人被看作是单纯的感性生物，文化本身则是最终目的"③。我们无需在费希特这里多做停留，因为他的思想只是康德至黑格尔的过渡环节。

　　黑格尔从精神的真理性维度提出了启蒙的时代性与精神性，严格划分了"异化了的精神世界"与"启蒙世界"的界限，提出了启蒙超越信仰的基本内容，肯定了启蒙对于否定宗教世界、塑造现代世界的具体功能，由此确立了以经济性为原则的功利世界。换言之，黑格尔意识到现代资本塑造世界的基本语境，并以启蒙的方式打开了资本与世界的关系。但问题恰恰在于，黑格尔以精神的原则切断了资本的现实运动与启蒙的理性构造之间的互动，仅仅在精神领域或理性反思领域以启蒙超越了信仰。"启蒙，自称是纯粹性的东西，在这里把精神所认为的永恒生命［永生］和神圣精神［圣灵］都当成一种现实的、无常的事物，并以属于感性确定性的一种本身毫无价值的看法加以玷污。"④ 在这个基础上，黑格尔提出了启蒙的基本概念就是"有用"，有用是人的理性精神的有效性，能够独立在神性之外，以自我

---

① ［德］康德：《历史理性批判文集》，何兆武译，天津人民出版社 2014 年版，第 24—25 页。

② 汪民安等主编：《现代性基本读本》（上），河南大学出版社 2005 年版，第 209 页。

③ ［德］费希特：《论学者的使命　人的使命》，梁志学、沈真译，商务印书馆 2017 年版，第 10 页。

④ ［德］黑格尔：《精神现象学》（下卷），贺麟、王玖兴译，商务印书馆 2017 年版，第 119 页。

的框架界定自己的世界位置，信仰只是启蒙定义的概念行动。换言之，启蒙严格区分开信仰的对象（绝对）与意识的对象（概念），同时信仰的对象能够被意识创造出来并把握为本质，因此"启蒙是在扬弃着信仰本身中原来存在的那种无思想的或者更确切地说无概念的割裂状态"①，信仰世界可以被概念世界所呈现。在私有财产问题上，黑格尔并未真正将启蒙与信仰的两种态度对峙起来，而更多地强调启蒙与私有财产的内在关系。但需要注意的是，黑格尔的精神启蒙实际上是防止市民社会的个人主义对理性的最高原则的毁灭与否定，故他将更多的精力放在研究如何超越市民社会、进而过渡至宗教世界的问题上。《法哲学原理》所交代的市民社会只是现代国家的否定性环节，只有国家才是现代理性的最高原则。黑格尔的精神哲学是现代宗教世界（现代国家精神）的最后一根理性支柱。简言之，黑格尔以绝对理性构造了现代世界，以辩证法的方式再度演绎了市民社会的经济现象与文化现象。但正如后来马克思所批判的那样，黑格尔等人将历史启蒙仅仅限定于西方社会，同时终结了任何试图批判这种启蒙的可能。

　　总之，现代思想家反思启蒙的理论症结在于，他们仍然在启蒙的地基上加以反思，并非一种全景转换式的批判。换言之，他们已经意识到启蒙后果与人类发展目的并非形成秩序优化的整体内容；但问题在于他们只是对启蒙本身加以外部批判，故由于社会批判视角的丧失，进而根本不可能真正呈现出现代世界的启蒙悖论。

三　《资本论》反启蒙的复调结构与理论性质

　　弗朗西斯·福山的"历史终结论"力图证实这样的话题：就未来可能性的维度而言，资本启蒙事件是人类绕不开的终极命题，因为启蒙建构了永恒存在的理性王国即资产阶级社会。尽管国内学者对此反对声不断，但由于是在"资本—启蒙"的错误地基上加以批判，反而永远超越不了这种判断。所以会得出误判，即马克思的工作是在"资

---

　　① ［德］黑格尔：《精神现象学》（下卷），贺麟、王玖兴译，商务印书馆 2017 年版，第 103 页。

本—启蒙"的地基上进行"加以批判"与"重构启蒙"的双重任务。窃以为，这样的议题误读了马克思的思想革命，因为他做了"另起炉灶式"的工作，提出了一个面向未来的启蒙重任；其目的是通过这样的启蒙，塑造出新的革命主体，为建构一个新的社会形态而革命。还有一个误判，认为马克思并未对"反启蒙之后"作出科学回应。如德国的费切尔认为，这种无产阶级—启蒙方案的主要理论缺陷在于，"他认为在消灭了（大的）生产资料私有制之后，社会主义社会中不会再有根本的利益差别；或者说，这些利益差别能够以理性的、明白的方式得到平衡，而不需要那些按照民主方式谋求妥协的公共机构的介入"①，这种指责没有看到《资本论》消灭私有制的隐微论证。究其原因，这种论断很明显立足于西方启蒙框架，即费切尔没有区分开启蒙的"社会优化规律"与反启蒙的"历史进步规律"。前者是西方思想家通过各种理论优化社会，提出了超越启蒙世界的思想话语；后者则在反对前者的基础上，提出了历史如何进步，进而超越资本主义的新社会革命。显然，《资本论》的反启蒙恰恰在无产阶级革命意义上提出了超越路径。

（一）资本启蒙的理论定位与科学批判

马克思是在更高历史向度上重思"资本—启蒙"，完成了从理论反思走向现实批判。思想史是对现代启蒙运动的总结，这是一次源于现实但又脱离现实的理论活动，因为它们更多地关注的是资本框架内的启蒙工作。马克思的理论任务是在新的地基上进行反启蒙，即在消灭所有制的基础上，以无产阶级革命完成超越现代启蒙的重任。

第一，现代启蒙的科学定位：它是资本化的全面启蒙。那么马克思对启蒙如何定位的呢？《共产党宣言》从文明性与否定性双重维度交代了资本启蒙内容，意在说明资本启蒙作为重大历史事件是必然要终结的。但有个绕不开的话题，即资本启蒙的运行机制与运动规律必须得到澄清，这是《资本论》研究的重大内容。《资本论》从现代生

①　[德] 费切尔：《马克思与马克思主义：从经济学批判到世界观》，赵玉兰译，北京师范大学出版社 2009 年版，第 4 页。

活世界的原则高度，提出了启蒙是以资本逻辑为基础、靠现代形而上学为论证的社会建构活动。具体而言，一方面，资本逻辑塑造了现代启蒙的全面效应。启蒙是以资本征服全球为背景，高度提炼出资本塑造世界的行动规则与交往准则等内容。《资本论》揭示了启蒙的核心秘密——现代经济世界的全面发育过程。现代社会的核心就是资本逻辑，它是启蒙理性发育之源。启蒙是资本征服全球的理性塑造，为资本合理性做科学论证，完成了现代性的自我论证；在资本同质化全球的过程中，启蒙实现了资本新时代下的人与世界关系的新翻转，从等级教化世界走向了启蒙理性世界，形成了资本规训人与社会关系的过程。

另一方面，现代形而上学规定了现代启蒙的理论内容。以科学技术为基础的自然科学，以主体性哲学为内容的形而上学，以理性经济人假设为预设的经济学，都可以划归至现代形而上学范畴。它们是以哲学内容或科学抽象诠释与演绎现实世界。现代形而上学是从认识论的根基上对传统宗教世界加以改造，用现代知识（哲学或科学的知识）确认人在历史进程中的位置，并以理论形态加以展示。

第二，现代启蒙的实质：资本塑造出现代剥削机制。传统的习俗世界的剥削机制，是以人的依赖为基础的社会关系，而现代世界是以物为中介的剥削内容的社会关系。主要体现为，其一，资本启蒙源于资本与无产阶级的剥削结构。它不是对无产阶级的被剥削的认同与呈现，而是对资本的剥削合理性的论证。唯物史观揭示出这种启蒙的实质是资本生产的后果，因此，资本及其逻辑是现代世界起源的内容。其二，资本启蒙掩盖了雇佣劳动的社会剥削机制。《1844年经济学哲学手稿》提出异化劳动与私有财产的关系是值得批判的，《资本论》直接将之聚焦为雇佣劳动与资本的关系是要推翻的，它们是这个时代启蒙的核心，同时也是无产阶级苦难的根源。其三，资本启蒙固化了资本伟大的宿命论。它认为资本的文明性能够终结一切社会形态，以一种抽象的历史观凌驾于社会之上。唯物史观从历史发生学视角提出了资本历史是有限的观点。

由此，《资本论》详细交代了资本如何塑造新世界，形成社会化效应的启蒙——资本主义占有规律终结了任何再启蒙的可能，一切都是围绕剩余价值而旋转。资本启蒙完成了劳动力商品化与生产资料资本化的过程，同时也塑造出了社会的理性化准则。这种启蒙的核心就是雇佣劳动的合理化与合法化，"只有当生产资料和生活资料的占有者在市场上找到出卖自己劳动力的自由工人的时候，资本才产生……资本一出现，就标志着社会生产过程的一个新时代"①。简言之，现代启蒙的形成直接证实了资本塑造现代剥削机制的全部内容。

第三，资本启蒙塑造出经济拜物教。《资本论》提出了"资本—启蒙—拜物教"的内容。其一，启蒙是理性原则的重新塑造，同时也是社会关系的强化，更是新的经济意识形态的确立。《资本论》把握住了现代启蒙的核心内容，就是劳动力被抽象化为一种特殊的社会关系。它的任务就是进入资本生产过程，为资本创造价值。但是劳动力商品化的过程，需要通过资本对劳动力的塑造式启蒙。在此过程中，社会性关系以经济拜物教重新规定社会意识结构，形成对资本原则的无限崇拜。其二，启蒙精神击碎宗教神学，资本为启蒙树立了新的宗教意识——经济拜物教起源于社会经济活动。拜物教不仅仅是启蒙的变种，更是启蒙背景下的社会意识建构，形成了超越自然神论的社会宗教。因此，拜物教起源于资本启蒙，巩固了这种启蒙的效果，即它将神性世界的信仰机制移植为世俗世界的崇拜现象，终结任何反思启蒙的行动。

（二）《资本论》反启蒙观的理论性质

《资本论》深刻交代了现代启蒙运动的现实起源。资本驱动了现代世界，不断启蒙着社会建制，形成了控制社会的启蒙权力。

第一，资本形成了现代性的启蒙后果。现代性的启蒙后果直接显示为"资本—启蒙"的四大结构：一是商品启蒙：经济性发育。现代性的核心就是让一切商品化、一切可交换化，经济性启蒙成为社会的核心内容，形成对商品的现代性理解：经济性成为社会交往的标准，商品是联系世界的纽带、是物化世界的物质构成。二是货币启蒙：货币化生存世界诞生。货币是具有高度抽象的社会关系的等价物。由

① ［德］马克思：《资本论》第 1 卷，人民出版社 2004 年版，第 198 页。

此，全球能够形成一个高度依赖的货币化生存世界，即通过货币，个人的生产不仅是特殊劳动，而且可以拓展为世界性的普遍劳动；同时货币也成为社会积累的动力源。这种启蒙结果就是货币化生存成为整个世界的基础。三是资本启蒙：自动化生产世界生成。资本发育的是全面自动化增殖的世界，并以社会分工的环节或社会生产环节加以固化，如科技、机器、自动化等内容加以确立。故资本逻辑成为社会交往的核心内容。四是经济意识启蒙。前面三大启蒙共同营造出精神启蒙：一个高度理性化的世界。它直接启蒙出、塑造出一个精于计算且具有高度契约精神的市民意识等。

第二，反启蒙对象的确立。面对反启蒙，理论界忽视了马克思的重大理论贡献：《资本论》重新建构了面向未来的新的启蒙。现代性启蒙作为资产阶级的精神传统，与资本发展同步而行。哲学与经济学的内容从历史发生学视角提出了资本的"新时代诉求"，这不是简单地放弃与建构新的思想框架，而是整体性颠覆与重建过程。在这个过程中，我们可以清晰地看到两大社会形态的边缘与区分。更为吊诡的是，这不是简单延续过程，而是新生社会内容的覆盖与控制过程。那么，这种启蒙行动本身就是一次社会思维与行动的革命。启蒙形成了两大社会意识：理性主导、信仰支配。理性不只是一种思维结构的变化，而是社会整体性心态，如消费理性、经营理性、工业理性、生产理性等；信仰支配主要体现在对增殖的信仰、对发展的崇拜、对工业制造物的崇拜等。所有这些才是马克思所要反对的启蒙对象，是《资本论》超越现代性启蒙的突破之处。

（三）《资本论》反启蒙的方案呈现

在学界一直有两个误读：一是《资本论》是西方经济学研究的理论推进，这忽视了《资本论》的批判内核；二是《资本论》研究呈现出"术语中心主义"，以术语（范畴或概念）为核心的理论革命，目的是淡化《资本论》的现实革命功能。而两大误读恰恰证实了《资本论》反启蒙的三大批判。

第一，经济启蒙的批判：经济启蒙是资本剥削合理化的启蒙。《资本论》揭示了资本是如何剥削剩余价值的。如工作日问题，资本通过延长劳动时间剥削绝对剩余价值，而不是古典经济学所言，工作日是劳资平等、自由交换的"伊甸园"。关于相对过剩人口的问题，马克思批判"政治经济学这样把工人的相对过剩人口的不断生产宣布为资本主义积累的必要条件"①，因为它们站在资本增殖的立场上加以论证。由此可见，经济启蒙的实质是资本塑造出现代世界，"资本一出现，就标志着社会生产过程的一个新时代"②。生产资料的占有者脱离习俗世界的束缚，进入能以货币交换劳动的时代：劳动力成为商品，工人自由出卖自己的劳动能力。资本启蒙明确展示为资本家对世界的启蒙、无产阶级紧随其后的社会样态，"原来的货币占有者作为资本家，昂首前行；劳动力占有者作为他的工人，尾随于后"③。

第二，政治启蒙的批判：政治启蒙从国家高度保障了剥削的强制性。如现代工厂法的确立，资本通过政治权力规定了工人的剩余劳动时间，以防止工人的反抗，因为"不能单纯依靠经济关系的力量，还要依靠国家政权的帮助才能确保自己吮吸足够数量的剩余劳动的权利"，工人"才在社会条件的逼迫下，按照自己的日常生活资料的价格出卖自己一生的全部能动时间，出卖自己的劳动能力本身"。④ 这种启蒙在政治领域是分裂的。马克思详细考察了工厂法规，这些法规用政治手段强迫工人接受资本的启蒙与工厂的剥削是合理的观念，如埃卡尔特的"理想的习艺所"，即工厂的前身，还有所谓的"换班制度"等。马克思一针见血地指出这些政治启蒙的实质，就是使工人服从资本政治制度，"平等地剥削劳动力，是资本的首要的人权"⑤。

第三，哲学启蒙的批判：资本逻辑是控制启蒙的原则性内容。如资本逻辑是现实的资本增殖规律，现代启蒙真正地呈现出资本生产的特殊性内容：资本和雇佣劳动。《资本论》从经济哲学的高度揭示出，现代资本启蒙就是货币化生存世界的启蒙。而这种货币化首先是劳动力商品的货币化，换言之，人与社会关系都成为资本生产过程的一个

① ［德］马克思：《资本论》第1卷，人民出版社2004年版，第731页。
② ［德］马克思：《资本论》第1卷，人民出版社2004年版，第198页。
③ ［德］马克思：《资本论》第1卷，人民出版社2004年版，第205页。
④ ［德］马克思：《资本论》第1卷，人民出版社2004年版，第312—313页。
⑤ ［德］马克思：《资本论》第1卷，人民出版社2004年版，第338页。

环节与要素。资本是吸附剩余劳动而进行自我增殖过程的主体，"只有当雇佣劳动成为商品生产的基础时，商品生产才强加于整个社会；但也只有这时，它才能发挥自己的全部潜力"①，即表现为资本占有规律如何取代商品所有权规律的本质内容。总之，启蒙的理论症结需要加以科学澄清。《资本论》提示，现代启蒙运动可以归结为精神与资本的双重发育，两者关系成为整个启蒙运动的核心内容。

四 《资本论》反启蒙的进路诠释与超越方式

尽管启蒙范围宏大叙事且包罗万象，但抛开启蒙的历史延续性和时空复杂性，只要深入到启蒙的历史发生学，就能真正澄清启蒙的生成原因，即资本及其逻辑塑造现代世界的宏大的结构性变革行动。简言之，启蒙是资本增殖、资本运动、资本塑造的规训化行动。《资本论》严格剖析这种结构性规训，并以此推动反对启蒙的深入思考，目的是反对资本启蒙，实现无产阶级革命，建立共产主义社会。

（一）反启蒙工作的进路澄清

马克思走的是与现代启蒙进路不同的路向，不是一种简单的理论接着说，而是格式塔的全面变革说：从人类解放的高度提出了反启蒙，这种启蒙范式不再延续西方理性的精神传统，而是深耕于实践原则，提出人类解放的终结议题。《资本论》证实了：扬弃资本不是简单回到一种哲学或形而上学的批判，而是以无产阶级为主体的社会革命。雷蒙·阿隆误判无产阶级启蒙只是哲学意义上的工作，"作为当前社会的异化的典型代表，一无所有的无产阶级将成为世界历史的动力，注定要实现历史的目的。但是，无产阶级的这个使命只能用哲学，用黑格尔的哲学或马克思的哲学来解释，哲学在发现了历史的整个意义后，能够和应该向无产阶级揭示无产阶级的使命"②。但阿隆只

---

① ［德］马克思：《资本论》第 1 卷，人民出版社 2004 年版，第 677 页。

② ［法］雷蒙·阿隆：《想象的马克思主义：从一个神圣家族到另一个神圣家族》，姜志辉译，上海译文出版社 2012 年版，第 21 页。

看到了无产阶级革命的哲学意蕴，并未真正理解无产阶级的历史任务，即重新建构新社会的运行机制，实现生产资料的公有化，以建立新型的社会形态。

正如上面的诘问，马克思是不是接着建构了一种启蒙程序呢？显然不是，马克思提出了一种与资本启蒙迥异的无产阶级—革命内容：一方面，澄清了启蒙的资本主义起源及其理论内容；另一方面，划清了资本启蒙与无产阶级革命的本质区别。假如将马克思的反启蒙行动作为资产阶级启蒙的延续或者修正，则完全舍弃了《资本论》批判现代社会的原则性贡献，即马克思抓住了改造现代世界的主体性力量——无产阶级革命。《资本论》的反启蒙工作建立起以无产阶级解放为内容的革命运动，回应与启蒙相关的质疑：首先，启蒙发动者是精英主体还是人民主体？《资本论》从哲学高度提出，现代启蒙是由资本及其人格化即资本家发动的，是现代资本强制社会大众的启蒙过程；无产阶级的革命不再是资本启蒙本身，而是消灭资本的革命力量。其次，启蒙内容是社会革命还是社会思潮？《资本论》从资本的发生学角度提出，启蒙是资本改造习俗世界的革命行动，成为主导世界的社会思潮；无产阶级的革命思潮不是延续着启蒙运动，而是以人类解放为内容改造着世界，不限于改造社会思潮本身。最后，启蒙活动是历史环节还是历史终结？《资本论》从经济学批判的高度提出，现代启蒙是资本强制剥削剩余劳动的合理性的理论论证，以"公平""所有权""正义""博爱"等意识形态内容加以掩饰，并指向一种历史终结论。在此基础上，《资本论》确立无产阶级革命是终结资本启蒙的根本性力量，并建构起崭新的社会形态，实现人类解放。

（二）无产阶级革命与超越启蒙的语境建构

超越资本启蒙，建构无产阶级的革命路径，需深入两条交叉影响的学术脉络：从思想史而言，站在现实的人类解放维度其提出了思想史革命，即"心与脑"的革命问题，无产阶级与马克思主义哲学彼此协同演进，形成无产阶级革命思想；从人类发展史来讲，无产阶级的革命意识与革命运动深化了无产阶级的历史任务。无产阶级革命重新规划出人类发展命运，这种命运不再以资本作为原则，而是以自由人为联合体，重建个人所有制。

由此，马克思建构的无产阶级革命内容及其未来目标包含两方面：一方面，无产阶级革命是无产阶级的自我解放。作为人类解放的无产阶级革命明确提出，资本启蒙造就了全面化生产模式，提高了社会生产力与社会财富的积累能力，为人类全面自由发展提供了物质基础。"只有这样的条件，才能为一个更高级的、以每一个个人的全面而自由的发展为基本原则的社会形式建立现实基础。"① 另一方面，无产阶级革命引导无产阶级走向一个自由王国，超越了必然王国。自由王国是无产阶级作为一种联合的力量，共同占有生产资料，形成新的社会形态。简言之，无产阶级革命致力于整个人类社会的自由全面发展，而不是致力于哪个阶级的启蒙问题。

（三）反启蒙与人类解放的内在统一

《资本论》的反启蒙意在揭示现代世界的本质根据，进而在资本批判的框架内提出超越现代性启蒙的重任。前面已言，现代性的实质就是资本启蒙，围绕资本启蒙的内容就是资本如何剥削剩余劳动的知识图式。那么反启蒙就转变为如何使人类从资本启蒙的强制框架中得以解放的历史议题。《资本论》认为要将资本启蒙重新放在人类解放的高度加以澄清，那么资本及逻辑（资本逻辑）实质上只是人类发展的环节，构成人类获取物质财富的动力机制与生产机制。扬弃以劳资关系对峙的社会关系，为人类解放提供了未来出路。

具体而言，一是消灭资本，这种消灭不是一种激进主义形式，而是在资本创造财富与自由时间的基础上加以消灭。如自由时间，马克思详细讨论过劳动时间与自由时间的转换问题，"在资本主义社会里，一个阶级享有自由时间，是由于群众的全部生活时间都转化为劳动时间了"② 。在未来社会中，资产阶级的自由时间会全部成为整个社会的自由时间，那么劳动时间就是自由时间了。二是消灭雇佣劳动，将雇佣劳动的异化内容转化为自由劳动的内容，马克思将之定位为在资本

---

① ［德］马克思：《资本论》第 1 卷，人民出版社 2004 年版，第 683 页。
② ［德］马克思：《资本论》第 1 卷，人民出版社 2004 年版，第 605—606 页。

的历史贡献中，形成社会劳动的解放机制。这种机制实质就是劳动解放，"在资本主义时代的成就的基础上，也就是说，在协作和对土地及靠劳动本身生产的生产资料的共同占有的基础上，重新建立个人所有制"①。三是消灭资本启蒙，实现人类的全面发展。在前面两个消灭的基础上消灭资本启蒙，实现社会的自由全面发展。资本启蒙的实质是资本的人格化即资本家的自由全面发展，因为他们占有整个社会的剩余劳动，有充足自由发展的物质财富与自由时间。与之相对，无产阶级革命实现的是社会财富的共同占有与自由时间的全面实现，那么未来社会就是整个社会的自由全面发展。

（四）反启蒙的历史效应与特殊定位

《资本论》以一般性的历史规律追问现代资本如何实现现代启蒙进程，提出以无产阶级革命超越资本启蒙，为社会主义事业提供理论基础。一方面，落后国家可以通过无产阶级革命直接跨过"卡夫丁峡谷"。无产阶级革命具有超越资本启蒙的特殊优势，即反启蒙实践随着革命事业的差异性与民族情况的个别性，走向不同的社会主义道路。如马克思晚年致信《祖国纪事》杂志编辑部与俄国记者查苏利奇时认为，俄国能以原始公社为基础，通过无产阶级革命，跨越资本主义"卡夫丁峡谷"，走向以生产资料公有制为内容的新世界，彻底终结资本启蒙之路——作为一种无产阶级革命视域随着历史差异与发展情境的不同，落后国家走向一条崭新道路，由此获得新的生产关系，确立社会主义制度。

另一方面，资本启蒙的生产力优势，对于包括中国在内的社会主义实践仍具有重要意义。高级生产关系的新确立，不代表生产力的极大发展，仍然需要借助资本启蒙的生产力优势。我们看到，从《共产党宣言》"两个必然"或"两个不可避免"的反启蒙归宿，到《政治经济学批判》（1859 年序言）"两个决不会"的反启蒙过程，马克思意在深刻揭示资本启蒙的实践优势与历史界限："无论哪一个社会形态，在它所能容纳的全部生产力发挥出来以前，是决不会灭亡的；而

① [德] 马克思：《资本论》第 1 卷，人民出版社 2004 年版，第 874 页。

新的更高的生产关系，在它的物质存在条件在旧社会的胎胞里成熟以前，是决不会出现的。"① 故，中国式现代化道路走出一条崭新的反资本启蒙实践，展示出社会主义反资本的道路优势——中国改革开放与发展市场经济的目的在于，市场经济发展生产力具有难以比拟的配置优势，深度推动社会主义作为新的生产关系深嵌至人类历史进程，彰显出社会主义制度的优越性。在此基础上，有超越资本启蒙的物质基础，就会实现以人民为中心的社会主义事业。

总之，《资本论》澄清了现代启蒙的实质，即资本及其逻辑塑造了现代启蒙的基本内容，但这种启蒙并非人类发展的归宿，需要加以批判与超越；马克思提出了无产阶级革命进路，即在扬弃资本的基础上实现无产阶级的自由全面解放。

（已发表于《北京联合大学学报》（人文社会科学版）2023 年第 3 期）

·

---

① 《马克思恩格斯文集》第 2 卷，人民出版社 2009 年版，第 592 页。

四　国外马克思主义研究

批判理论：从卢卡奇到法兰克福学派

仰海峰*

在《资本论》第二版跋中，马克思曾这样描述辩证法："辩证法不崇拜任何东西，按其本质来说，它是批判的和革命的。"① 在马克思的思想中，对资本主义社会的批判是一以贯之的，可以说，科学的批判理论是马克思哲学的本质内容。② 这种以辩证法为基础的批判理论，在第二国际时代的理论家那里并不受重视，作为辩证理论内核的辩证法，更是遭到伯恩施坦的嘲讽：认为黑格尔的辩证法偷看真理，"就像鬼火偷看亮光一样。……马克思和恩格斯的伟大贡献，不是借助于黑格尔的辩证法而做出的，而是由于不管它才做出的。如果说另一方面，他们不加注意地放过了布朗基主义的最重要的错误，那么这首先要归咎于他们自己理论中的黑格尔杂质"③。对辩证法的拒绝，是第二国际时代的马克思主义理论缺少批判性、走向实证性的一个重要原因。在目前实证化的研究中，马克思主义的哲学日渐带有机械决定论的色彩，主体性与批判性日益消隐。正是基于对此的反思，卢卡奇回到黑格尔，通过重新追问"什么是正统的马克思主义"再次打开马克

* 仰海峰，北京大学哲学系教授、中国马克思主义哲学史学会马克思恩格斯哲学思想研究分会副会长。
① ［德］马克思：《资本论》第 1 卷，人民出版社 2004 年版，第 22 页。
② 仰海峰：《马克思的批判理论：逻辑界划与话语体系》，《探索与争鸣》2021 年第 7 期。
③ ［德］伯恩施坦：《社会主义的前提和社会民主党的任务》，殷叙彝译，生活·读书·新知三联书店 1965 年版，第 86—87 页。

思哲学中的批判理论的空间，并影响到法兰克福学派的研究。正是在这样的延续中，批判理论成为国外马克思主义哲学中一道亮丽的风景线。

一 社会变迁与物化结构

19世纪70年代，西方资本主义面临着新的内在转型。随着科学技术的发展，特别是电力技术的发展，相比之前的自由竞争的资本主义时代，资本主义生产的动力和组织形式都在发生着重大的变化。芒福德曾以古生代技术时期和新生代技术时期来加以区分，他借用格迪斯（Geddes）的古生代技术时期一词指称18世纪工业革命以来的资本主义发展阶段，"到18世纪中叶，这场转变了我们的思维方式、生产方式和生活方式的基础性工业革命已经完成：自然界的力量已被驯服，工厂、织机和纺锭已经遍及西欧"①。英国成为这一时期的代表性国家，自由贸易、自由企业、自由发明和自由开放成为英国自吹为世界工厂的标志。在这一时期，蒸汽机和煤炭成为工业生产的动力和燃料，推动着资本主义生产从工场手工业到机器大工业的过渡，同时也带来了工人生活的恶化和阶级之间的冲突。19世纪末，随着基础性科学的发展和重大发明的应用，特别是电池、发电机、电动机、电灯、分光镜等陆续转化为工业应用，如发电站、电话、无线电报等，这些应用反过来又推动着工业本身的变革，从而进入了新生代技术时期。

电力的使用带来了革命性的变革。例如在工厂选址上，在煤炭时代，工厂靠近煤炭产地或便于运输的河流或铁路旁。由于电力可以取自更多的能源，这使得可以在更广阔的地方来选址，特别是水力发电，使煤炭不再成为衡量工业潜力的唯一标准。电动机的应用则给工厂带来了根本的改变。"工厂的设计更具灵活性，不仅每台机器体系能按照对它的特殊要求来设计，不仅机器能安置在最合适的地方，不

---

① ［美］刘易斯·芒福特：《技术与文明》，陈允明等译，中国建筑工业出版社2009年版，第143页。

仅直接驱动增加了效率，而且工厂的布局也能按照最合理的方式来设计。"① 电力的应用和通讯的发展，使得大型行政机构也能管理好下属的小型生产单位，管理不再像马克思在《资本论》中所说的那样依靠资本家的现场监督，而是通过记录、图表、通讯等来管理。这不仅推动着更为大型的工厂的形成，而且电力也使得小型工厂能够更好地生存下来。从工厂的生产过程来看，电力的应用推动着自动化的发展，并不断地降低着工人在生产中的重要性。

从整个社会的发展来看，新的技术发展和社会结构的转型，资本主义生产表现出越来越具有组织性和成长潜力，马克思在《资本论》中所讨论的资本主义社会中几个重要的矛盾，相比而言都得到了一定的缓和。首先，资本主义生产的无计划性得到一定的解决。希法亭的《金融资本》讨论了银行在现代工业生产中所起的调节作用，这种调节减少或弱化了自由竞争时代生产的无政府状态。其次，科学技术的发展和应用，推动着经济的高速发展和城市化的扩张，这使得资本主义经济表现得越来越有活力，或者说电力的发明和应用，在一定意义上实现了对资本主义生产过程的重组和再建，以技术推动着生产的发展。再次，生产的发展和物质生活资料的日益丰富，工人的生活得到了改善，阶级矛盾出现了一定程度的缓和，晚年恩格斯已经看到了无产阶级中部分工人贵族化的问题。正因如此，第二国际的理论家开始以经济决定论来解决资本主义社会发展和无产阶级革命问题，这当然是一种无奈的办法。更重要的是，在这种解释中，主体成为一个消极等待的看客，主体意识变成了顺从性的意识。"对资本主义生产方式的批判本来是马克思主义的最锐利武器，现在由于马克思主义的社会阶级结构分析跟不上迅速变革进程而逐渐丧失其锋芒了。"②

在《资本论》中，马克思论及资本主义生产方式的具体变化时，曾以从工场手工业到机器大工业的过渡来说明，这表明当时个体的技艺对于生产过程还有着重要的影响。"从最早的时代直到工业革命，

---

① ［美］刘易斯·芒福特：《技术与文明》，陈允明等译，中国建筑工业出版社 2009年版，第 225 页。

② ［美］哈里·布雷弗曼：《劳动与垄断资本》，方生等译，商务印书馆 1973 年版，第 15 页。

手艺行业或技艺行业是劳动过程的基本单位，基本细胞"①。另外，从工人的工作和生活场景来看，虽然工资低下、劳动辛苦，但这种辛苦更多是体力层面的。机械化生产过程的逐渐展开，工人的技艺越来越被边缘化，工人的劳作也越来越单调和机械化，泰罗制就是对这一变化的刻画。泰罗并不是特别关心技术本身的进步，而是在一定技术水平上对劳动进行控制。泰罗认为，要想在现有条件下多生产一些东西，需要控制工作过程，而不是由工人自己控制这个过程，从而充分发挥人的劳动能力。为了达到这一目的，泰罗确定了几个原则。第一，把劳动过程和工人的技术能力分离开来，改变劳动过程依赖于工人的技艺这一传统，使之完全依赖于经理部门的控制与实践。第二，将一切有可能的脑力工作从车间中转移出来，使概念与执行相分离，这意味着使工人完全按照监督人的指令行事，就像他在伯利恒钢铁公司让一个叫施密特的工人搬生铁所做的那样。第三，利用对知识的垄断来控制劳动的每一个环节以及劳动的执行方式，使工人变成执行劳动过程的工具。泰罗的这一做法引起了一些批判，就像他自己在《工厂管理》中所说的："有许多人不赞成关于设置一个替工人和许多领班进行思考以帮助并指导每个人工作的计划部门的整个方案，其理由是，这无助于促进个人的独立性、自力更生精神和独创性"；在《科学管理的原则》中，他写道："由于所有这些教导和细致的指示，工作对工人来说显然已十分顺手而轻便，在这时，第一个印象是，所有这一切都会使他成为一个纯粹的机械般动作的人，一个木头人。"② 当工人的技艺不再能够支撑他的劳动时，他就只能顺从于现代的生产方式，这一点到福特制时就更为突出了。将带有主观性的劳动下降为机械化的操作，这体现了资本的理想。卢卡奇所面对的正是处于这样的技术变迁下的资本主义社会，这种技术的发展促进了资本主义社会结构的组织化，马克斯·韦伯所讲的科层制在这时得到了更为充分的体现。技术的进步和科层制的日益成熟，不仅使社会成为一个人无法改

---

① ［美］哈里·布雷弗曼：《劳动与垄断资本》，方生等译，商务印书馆1973年版，第101页。

② ［美］哈里·布雷弗曼：《劳动与垄断资本》，方生等译，商务印书馆1973年版，第116页。

变的外在构架，而且使个体日益成为技术支配下的工具人，并成为物化结构的一部分。卢卡奇从商品拜物教入手，他与马克思一样，把资本主义社会存在看成一个商品普遍化的社会，物化是这一社会存在的本质特征，卢卡奇以"物化"为入口的哲学批判就是针对这样的社会存在而展开的。

二　物化批判与批判理论的重启

卢卡奇从劳动生产、经济与政治生活和理性建构等层面，全面考察了资本主义社会的物化现状，形成了面对资本主义社会存在的物化批判理论，在新的历史时段打开了马克思批判理论的新空间。他的物化批判理论主要体现为以下内容。

第一，人的活动、人的劳动过程变成了某种客观的、不依赖于人的东西，以异于人的外在规律性控制着人。劳动过程的这种物化体现在两个层面。从客观层面来看，社会关系与社会过程的总体物化使每个个体无法把握社会整体活动过程，更无法把握自己所处的劳动过程，个人的主体性越来越被消除了。"一方面，劳动过程越来越被分解为一些抽象合理的局部操作，以至于工人同作为整体的产品的联系被切断，他的工作也被简化为一种机械性重复的专门职能。另一方面，在这种合理化中，而且也由于这种合理化，社会必要劳动时间，即合理计算的基础，最初是作为仅仅从经验上可把握的、平均的劳动时间，后来是由于劳动过程的机械化和合理化越来越加强而作为可以按客观计算的劳动定额（它以现成的和独立的客观性同工人相对立），都被提出了。"[①] 现代技术的发展，使得劳动过程的这一碎片化和物化更为明显，泰罗制所提倡的原则，更是将这一过程推向了机械化的程度。

第二，物化的原因在于以可计算性为原则的合理化。在讨论现代官僚制的形成时，韦伯曾指出，官僚制合乎现代资本主义的内在要

①　［匈牙利］卢卡奇：《历史与阶级意识》，杜章智等译，商务印书馆1999年版，第154页。

求，资本主义的发展要求管理的专业化，在这个过程中，"'可以计算
的规则'，对近代官僚制而言，乃是最重要的。近代文化的特质，特
别是其技术与经济基层构造的特质，正是对此一效果之'可计算性'
的要求"①。深受韦伯影响的卢卡奇将以可计算性为内核的合理化看成
物化的形式机制。可计算性贯穿于劳动过程之中，带来了双重结果。
一方面，"劳动过程的可计算性要求破坏产品本身的有机的、不合理
的、始终由质所决定的统一"②，异质的存在被同质化了，被同化了的
存在相互之间处于一种外在的、散漫的关系。另一方面，"生产的客
体被分成许多部分这种情况，必然意味着它的主体也被分成许多部
分"③。劳动主体被分割开来，人与人之间的关系更加具有原子化的特
征，只有在机械化劳动的基础上，他们才能形成为外在的、异于自身
的主体。商品生产的普遍化和生产过程的机械化，主体的这一存在状
态已成为人类的基本命运，这也是人在资本主义的经济规律面前无法
逃避的命运。"个人的原子化只是以下事实在意识上的反映：资本主
义生产的'自然规律'遍及社会生活的所有表现；在人类历史上第一
次使整个社会（至少按照趋势）隶属于一个统一的经济过程；社会所
有成员的命运都由一些统一的规律来决定"④。

　　第三，物性的重新定义。物性本该是物的本质属性，是其特有的
质的规定性。随着商品生产与交换的普遍化，这种物性消失了，被一
种抽象性的本质即价值所替代，马克思在商品交换中揭示了现代社会
"物性"消失的过程。在此基础上，卢卡奇指出：上述的"合理的客
体化首先掩盖了一切物的——质的和物质的——直接物性"⑤。当旧的

　　① ［德］韦伯：《韦伯作品集（Ⅲ）：支配社会学》，康乐等译，广西师范大学出版社
2004 年版，第 46 页。
　　② ［匈牙利］卢卡奇：《历史与阶级意识》，杜章智等译，商务印书馆 1999 年版，第
155 页。
　　③ ［匈牙利］卢卡奇：《历史与阶级意识》，杜章智等译，商务印书馆 1999 年版，第
156 页。
　　④ ［匈牙利］卢卡奇：《历史与阶级意识》，杜章智等译，商务印书馆 1999 年版，第
159 页。
　　⑤ ［匈牙利］卢卡奇：《历史与阶级意识》，杜章智等译，商务印书馆 1999 年版，第
160 页。

物性消失时，一种新的物性即价值规定性意义上的物性产生了，这种物性实际上是物化关系中物的存在特性，即一切存在只有能够在价值层面进行衡量时才有意义，这不是物的物性，实际上是商品的物性，"商品的商品性质，即抽象的、量的可计算性形式必然成为这种商品性质真正直接性的表现形式，这种商品性质——作为物化的意识——也根本不力求超出这种形式之外；相反，它力求通过'科学地加强'这里可理解的规律性来坚持这种表现形式，并使之永久化"①。可以说，这是另一种物性，这是原物的"无我"属性，是物化了的"物性"。这种物性才是物化社会关系的本质特性。

第四，社会结构的科层化与总体性图景的丧失。随着生产的发展和企业规模的日益扩大，社会管理日益细化和科层化，泰罗制描述的是具体生产过程中的管理细化过程，劳动分工的专业化、管理权威的上移、职员明确的契约、按照贡献付报酬等在管理上的运用，形成了一套依靠信息和形式计算为内核的合理化管理体系，在这个体系中，形式的合理性成为科层制的根本特性。"专业化、权力等级、规章制度和非人格化这四个因素是科层制组织的基本特征。"② 随着这种管理体制向社会组织与政治治理层面的推广，形成了全面的科层制，以便按照合理化的原则实现社会管理。"这样，资本主义的发展就创造了一种同它的需要相适应的、在结构上适合于它的结构的法律、一种相应的国家等等。"③ 生产的组织化和管理的科层化，使个体在面对外部物化的存在时，只能保持一种直观的态度，每个人在生活中所面对的都是每一个孤立的、自成体系的外部存在，这些外部存在之间的关系，是个体无法把握和理解的。"法律、国家、管理等等形式上的合理化，在客观上和实际上意味着把所有的社会职能类似地分成它的各个组成部分，意味着类似地寻找这些准确相互分离开的局部系统合理

---

① [匈牙利]卢卡奇:《历史与阶级意识》，杜章智等译，商务印书馆1999年版，第161页。

② [美]刘易斯·芒福特:《技术与文明》，陈允明等译，中国建筑工业出版社2009年版，第225页。

③ [匈牙利]卢卡奇:《历史与阶级意识》，杜章智等译，商务印书馆1999年版，第163页。

的和正式的规律"①，总体性图景消失了。

第五，心理与理性的物化。总体性图景的消失和形式合理性的全面渗透，带来了心理和理性的形式化和物化。劳动过程的物化带来了人的心理层面的物化，进一步加强了对人的心理控制。泰罗制不仅针对劳动过程，而且针对人的心理展开管理，更为重要的是，当人们在劳动过程中日益依赖于机器，其心理活动也就摆脱了重复劳作而带来的压力，也就日益将自己的行动与机器要求的行动同化起来。与之相应的就是意识层面的物化，近代以来哲学理性的发展就是如此，卢卡奇以资产阶级思想的二律背反展现了近代以来理性思维的物化特性。由于总体性视野的丧失，近代以来的德国古典哲学实际上是从片面的立足点出发的，康德之后所宣称的理性以资本主义的"自然社会"为前提，这种"自然社会"就是上面所描述的物化社会。这种理性以形式化的计算理性为基础，决定了它无法涵盖社会生活的真正内容，形式与内容的分离是缺乏总体性视野所造成的必然结果，也可说这种分离进一步强化了面对外在的社会生活领域时所具有的直观态度，这决定了自康德到黑格尔、直到当代的新康德主义者，都无法真正地把握现代生活的总体性。黑格尔的辩证法虽然在追求总体性，但由于其哲学前提的直观性，即把现实社会存在当成"自然社会"，决定了他的辩证法只是形式上再现了对总体性的渴望。

不过卢卡奇认为，黑格尔虽然没有实现自己的哲学理想，但他为超越物化社会、实现对社会的总体性把握提供了努力的方向。黑格尔看到了理性与现实的对立关系，但他并没有从这种对立出发，而是将这一对立置于绝对理性的辩证运动之中，认为上述的矛盾在历史的运动中最终可以达到统一，从而引进了历史的维度。但黑格尔的历史是观念中的历史，它虽然在直接性上表现了绝对观念在历史过程中的展开，但如果考虑到绝对观念的展开本身是先验性的，那么这种时间上的"历史"就会立刻转变为绝对观念布展自身的"空间"。在卢卡奇看来，马克思通过劳动实践思想的引入，将起源与历史统一起来了。

① ［匈牙利］卢卡奇：《历史与阶级意识》，杜章智等译，商务印书馆1999年版，第167页。

历史不再是发生于人和事物身上的难以捉摸的过程，也不是强加于人身上的先验构架，历史是人自身的活动的结果，同时也是人对自身的关系和人与世界的关系，这些关系结构表现为一个动态的、变化着的过程，理性、范畴和绝对观念，只是对上述关系的反映与理解。在这一新的理论语境中，"历史"成为物化批判特别是无产阶级摆脱物化状态的重要境域。

卢卡奇认为，回到真实的历史实践中，近代以来哲学所强调的无差别的理性和无差别的人不再具有先验的意义。在商品生产普遍化的时代，这种无差别的存在一方面体现了形式化理性的必然结果，另一方面也体现了理性对社会存在的直观。但在真实的历史过程中，无产阶级在商品生产与交流中的地位使他们并不能成为这个社会存在中的主体，而是商品生产过程中的客体，他们也不像资产阶级那样与现实存在直接合为一体，因为商品生产越普遍化、机械化过程越普及，无产阶级也就越与社会存在相疏离："社会存在的客观现实，就其直接性而言，对无产阶级和资产阶级都是'同样的'。但这一点并没有阻止这样一种情况：那些使两个阶级能意识到这种直接性，使赤裸的直接现实性对两个阶级说来成为真正的客观现实性的特殊中介范畴，由于这两个阶级在'同样的'经济过程中的地位不同，必然是根本不同的。"① 就像马克思在《神圣家族》中所说的："有产阶级和无产阶级同是人的自我异化。但有产阶级在这种自我异化中感到自己是被满足的和被巩固的，它把这种异化看做自身强大的证明，并在这种异化中获得人的生存的外观。而无产阶级在这种异化中则感到自己是被毁灭的，并在其中看到自己的无力和非人的生存的现实"② 。这种毁灭感使得无产阶级与物化的现实之间存在着距离，无产阶级越是将自己融入商品生产与交换之中，他就越是能感受自己在物化社会中被边缘化的处境，从而产生解放自身的阶级意识。由于无产阶级是社会历史发展过程的同一的主体—客体，因此无产阶级的自觉的阶级意识也就是社

---

① [匈牙利] 卢卡奇：《历史与阶级意识》，杜章智等译，商务印书馆 1999 年版，第 237 页。

② 《马克思恩格斯全集》第 2 卷，人民出版社 1957 年版，第 44 页。

会的自觉意识，无产阶级的解放也就是物化社会的自我解放。在这里，阶级意识成为卢卡奇物化批判的重要指向，他希望通过物化批判，重新塑造具有历史自觉意识的阶级意识。

就无产阶级的阶级意识建构来说，经历了直观、反思与总体性这三个环节。正如刚才所讨论的，社会存在在直接性上对无产阶级和资产阶级都是同样的，但由于阶级地位和在生产与交换过程中所处的地位不同，资产阶级更能认同这种直观的现实。当然这并不意味着资产阶级在现实存在中就是一个真正的主体：一方面，就个人来说，他可以主导自己的生产过程和消费过程，表面看起来是一个自由而平等的主体；另一方面，对于整个社会存在而言，个体并不能真正地把握和了解，这种社会存在是作为"自在之物"发挥作用的。对于无产阶级来说，即使是个体层面上的那种主体性也不存在，无产阶级是作为社会事件的纯粹客体而出现的，因此，虽然直观性同样构成了无产阶级的意识起点，但这种直观性却是他要反思的对象。这种反思并不是建立在物化意识基础上的抽象反思，抽象的反思建立在可计算的抽象过程的基础上，这是以直观性为基础的反思，形成的是内容与形式、理性与自在之物相对立意义上的反思，新康德主义关于"价值"的讨论，就是这种反思的当下形式。由于所讨论的价值外在于社会存在，这种价值就陷入一种"应然"的逻辑，这是抽象反思的根本特性，它与商品生产的普遍化与形式化相对应。无产阶级的反思是有中介的反思，这种反思将外在的、孤立的个体和事实联系为一个整体，能从主体与客体的僵硬对立中去理解产生这一对立的根源和过程，即从资本主义的劳动实践中去理解资本主义社会存在，去理解自己如何成为外在的客体，卢卡奇认为这正是马克思商品拜物教部分所展示出来的理论内涵。正是在这种反思中，无产阶级一方面看到了自己作为商品性的存在，另一方面也看到了自己在生产过程中举足轻重的地位，并通过自己的实践活动来激化资本主义的矛盾，改变自己的存在状态，这时资本主义社会中"纯粹的矛盾就这样上升为自觉的辩证的矛盾，由于意识成为向实践的过渡点，迄今常常提到的无产阶级辩证法的特性就再一次更具体地表现出来了：因为这时意识不是关于它所面对客体的意识，而是客体的自我意识，意识这一行为就彻底地改变它的客体的对象性形式"①。无产阶级意识到自身的客体位置，并在历史的实践中理解了物化关系的本质，这时"无产阶级的意识才上升为处在其历史发展中的社会的自我认识"②。这是一种总体性的认识，在卢卡奇看来，这也是无产阶级面对资本主义直接性的意识形态时，能具有的唯一优势，即"它有能力把整个社会看作是具体的、历史的总体；有能力把物化形式把握为人与之间的过程；有能力积极地意识到发展的内在意义，并将其付诸实践"③。在这一认识中，"历史不再是在人和事物身上发生的难以捉摸的过程，只有用超验力量的介入才能加以说明，或者只有同对历史来讲是超验的价值联系起来才能变得有意义。历史一方面主要是人自身活动的产物（当然迄今为止还是不自觉的），另一方面又是一连串的过程，人的活动形式，人对自我（对自然和对其他人）的关系就在这一串过程中发生着彻底的变化"④。阶级意识推动着无产阶级的革命实践，实现了对资本主义的批判与改造。

卢卡奇的物化批判是在第二国际经济决定论的语境下，重新恢复了黑格尔哲学的辩证法传统。在卢卡奇看来，第二国际的思路没有跳出直观性思维，从而陷入一种合乎现实的意识形态中，物化批判理论就是要走出这种直观性，回到历史的辩证发展过程、回到历史的辩证结构，从而重新理解马克思，激发马克思哲学中固有的批判精神。卢卡奇的物化批判理论继承了马克思的商品拜物教批判理论，将生产过程中的物化、社会结构中的物化、心理和意识形态层面的物化统一起来，推进了马克思的社会批判理论。在马克思之后，由于科学技术的发展和应用，资本主义经济稳步提升，这深化了对社会存在的实证主义观点，即直观性的理解，人在面对"先验的"社会存在时，似乎无能为力，这正是第二国际的一些学者一方面强调经济决定论的同时，

---

① ［匈牙利］卢卡奇：《历史与阶级意识》，杜章智等译，商务印书馆 1999 年版，第 273 页。

② ［匈牙利］卢卡奇：《历史与阶级意识》，杜章智等译，商务印书馆 1999 年版，第 277 页。

③ ［匈牙利］卢卡奇：《历史与阶级意识》，杜章智等译，商务印书馆 1999 年版，第 299 页。

④ ［匈牙利］卢卡奇：《历史与阶级意识》，杜章智等译，商务印书馆 1999 年版，第 284 页。

另一方面又强调引进康德的伦理学的原因。这两个不同维度的理论，正好体现了自在之物与主体之间的二元对立。卢卡奇通过重新强调辩证法，以历史性的实践消解了这种二元论，并在实践主体性基础之上重新讨论了马克思哲学的批判精神，这一恢复也开辟了 20 世纪马克思主义哲学研究的新路径。

三　批判理论与早期法兰克福学派研究纲领

卢卡奇的物化批判理论凸显了现代社会一个重要特征，即以现代技术为发展引力的合理化特征。这种合理化以形式化与可计算性为内在原则，法兰克福学派的批判理论继承了这一思路，并在早期的批判理论与后来的工具理性批判中得以展现出来。

西方社会的这种合理化特征，在韦伯那里得到了系统性的论证。韦伯通过考察西方社会的经济组织的结构、运行方式，以及这一方式对社会结构的影响，将合理性作为当代西方资本主义社会的主要特征。什么是资本主义？"凡是利用企业方法以满足人类团体所需要的产业之处，即有资本主义，无论其需要的内容是什么。"[1] 虽然在历史上不同时期和不同地方可以看到不同形式的资本主义，但以资本主义的方式满足日常所需，则只有近代西方。近代资本主义产生的最为基本的前提条件是："合理的资本计算制度得以成为一切供应日常所需要的大营利经营的规范"[2]。在这一语境中，"资本"一词有其特定的意义。"资本的概念是参考具体的私人经营并按照私人商业会计惯例来严格定义的"[3]。以资本为基础的每一次经营都以可赢利性为指向，其最大可能的可计算性，这是理性经营的原则。要达到这一点，需要一些前提条件，韦伯将之归结为如下几点：第一，占有一切物质的生

---

① ［德］韦伯：《韦伯作品集（II）：经济与历史/支配的类型》，康乐等译，广西师范大学出版社 2004 年版，第 152 页。

② ［德］韦伯：《韦伯作品集（II）：经济与历史/支配的类型》，康乐等译，广西师范大学出版社 2004 年版，第 152 页。

③ ［德］韦伯：《经济与社会：第 1 卷》，阎克文译，上海人民出版社 2019 年版，第 239 页。

产手段，如土地、设备、机器、工具等，使之归于私人企业并可自由处置；第二，无限制的自由市场；第三，合理化的技术即最大可能的机械化，这是可计算性的基础；第四，可以计算的法律，特别是权力不得干涉自由市场；第五，自由劳动力的存在；第六，经济生活的商业化。① 这意味着可计算性渗透到资本主义社会生活的方方面面。赢利性取决于消费者们根据其能够并且愿意支付的价格来实现，货币成为这一实现的重要中介，主观存在的需要和感觉，在商品生产普遍化时代是以货币为直接的中介来实现自己的。以货币核算为原则的经营方式正是经济行为中的形式合理性，"'经济行动的形式合理性'将被用来指称在技术上可能的，并被实际应用的量化计算或者核算的程度"。与之对应，"实质合理性则是指按照某种（过去、现在或潜在的）终极价值观的标准、通过以经济为取向的社会行动向（不论什么范围内的）既定人员群体供应货物的程度"②。在这里，韦伯区分了两种合理性的形式：一是通过经济主导体现出来的形式合理性，它以可计算性、形式化为特征；二是实质合理性，与终极价值关联。前者称之为工具理性，后者为价值理性。在现代社会，随着合理化的全面展开，工具理性在社会中取得了统摄性的地位，并日益侵蚀到人们生活的其他领域，原来奠定人类生存与生活的价值理性，日益被工具理性所占领。如果说在青年卢卡奇时代，这种工具理性还处于发轫阶段，那么到 20 世纪 40 年代特别是法兰克福学派主要成员看到美国的发展后，对工具理性的批判就成为他们的根本主题，也是对其 30 年代批判理论的深入与拓展。

20 世纪 30 年代，随着德国法西斯主义的兴起，以霍克海默为所长的法兰克福社会研究所开始从哲学上反思法西斯主义的思想根源，并在自己的就职演说中，以批判理论作为当时的研究纲领。这一分析从两个理论层面展开：一是对当时以实证主义为取向的传统哲学展开批判；二是权威批判。在权威批判上，一方面结合精神分析学，对权

---

① 参见［德］韦伯《韦伯作品集（II）：经济与历史/支配的类型》，康乐等译，广西师范大学出版社 2004 年版，第 152—153 页。

② ［德］韦伯：《经济与社会：第 1 卷》，阎克文译，上海人民出版社 2019 年版，第 227 页。

威心理展开反省，以批判法西斯主义的人格结构；另一方面对权威国家展开探讨。这两个层面的内容相辅相成，形成了批判理论。

从批判理论的视角来看，传统理论体现了以下特征：第一，传统理论以自然科学为模板，追求理论的自然科学化。随着资本主义社会的发展和科技在社会经济生活中的作用日益明显，以自然科学为样板的哲学思维日益流行，实证主义受到追捧，从而对哲学的研究方式产生了极大影响。晚年胡塞尔曾以欧洲科学的危机来批判实证主义流行的现象。霍克海默认为，实证主义的流行，符合当代社会分工的要求，也体现了资本主义合理化对人的思想的影响，学者的主动性消失了，人们日益认同当下的现实。第二，与实证主义相一致的，就是对超验形而上学的重新强调，形成了科学与形而上学的对立。这种对立在新康德主义那里已经较为明显，卢卡奇曾以二律背反描述过新康德主义的错误。霍克海默认为，正是科学理性的实证化，才让人去追寻超验的人，追求超验的形而上学，这种对立反映了启蒙后的人在现实生活中的对立：一方面以自己为中心；另一方面由于平等意识深入人心，日常生活中的竞争让个体意识到他人是一个外在的敌对者，成为一种异于自身的力量，这容易导致个体趋向形而上学，以与超人的力量取得联系。"轻视经验证据、偏爱形而上学的幻觉世界，根源于资产阶级社会中解放了人的个人与他在这个社会中的命运之间的冲突。在个人生活中，哲学对科学的蔑视具有鸦片的作用，在社会中则起着欺骗的作用。"① 针对传统哲学的上述倾向，霍克海默强调继承马克思的政治经济学批判传统，在研究对象、研究方法、研究立场上同传统哲学区别开来。从研究对象来说，批判理论研究以社会为对象的人类活动，关注的是这种活动与社会结构的组织方式的内在联系，而不像传统哲学关注的是物化的事实，没有看到科学也必须置于社会的总体联系中才能得到清晰的定位。从研究方法来说，传统哲学从经验事实出发，所能找到的是事实间的外在关联和外部的合理性，批判哲学则从总体性出发，强调事实之间的内在联系，以达到对社会生活的总体性理解，只有在这种总体性理解中，也才能摆脱形而上学式的理论

---

① Max Horkheimer, *Critical Theory*, New York：Sea‐bury Press, 1972, p. 138.

幻觉和冥想。就研究立场而言，传统理论的实证主义倾向，使之从根本上认同于现存社会，而批判理论则是要推动现存社会的变革，这正是马克思的唯物主义在当代的回响。霍克海默关于批判理论的讨论，不仅建构出法兰克福学派在 20 世纪 30 年代的理论纲领，而且面对当时的社会，推进了马克思的社会批判理论。

在批判实证主义的同时，法兰克福学派借鉴精神分析理论对权威家庭与权威人格展开批判分析，探讨产生法西斯主义的心理土壤。霍克海默指出：任何特定时段的历史都是由各种因素的相互作用形成的统一体，这些力量共同发生作用，不仅维护着这个统一体，也会摧毁它。即使其发展过程在节奏上是由其社会经济结构中的规律性因素决定的，但"特定群体是根据其成员的特殊性格做出行为反应的，这种性格是在早先和当前社会发展的进程中才会形成。这种性格产生于所有社会体制的影响，而这些体制以典型普遍的方式对每一社会阶层发生作用"[1]。不了解特定时期人们的性格和心理，就无法理解他们的行动。

同样，在《法西斯主义群众心理学》中，赖希认为，马克思主义的政治实践没有考虑到群众的性格结构及其社会后果，一旦一种意识形态改变了人的心理和性格结构，并从更深层上推动人的行动，法西斯主义的形成就与当时大众的权威性格相关，"元首意识形态以前是靠权威主义学校而埋在人的心理结构中并被教会和强制性家庭所培育的，现在人民群众的无力和无能又加强了这种元首意识形态"[2]。法西斯主义的性格就与当时德国父权制权威主义的经济情况特别是性压抑情况相关，产生这一性格的原因就在于国家资本主义社会的中下层的经济地位与家庭结构。这些人对上级俯首帖耳，对下级又富有特权感，把自己视为国家、公司、民族、权威的代表。在家庭结构中，中下层的性格由家长制的性道德构成，从而在家庭中就形成了权威主义的性格。家庭与社会的结合，正是具有权威特点的法西斯主义的温

---

① Max Horkheimer, *Critical Theory*, New York: Sea - bury Press, 1972, pp. 53-54.

② ［奥地利］赖希：《法西斯主义群众心理学》，张峰译，重庆出版社 1990 年版，第213 页。

床。弗洛姆也同样从社会心理和性格来讨论法西斯主义兴起的原因。在他看来，自由是近代以来人人都认可的价值观念，但在法西斯主义兴起的过程中，追求自由的人们最终却屈从于他人的暴力统治之下，这是为什么？这与当时人们的社会性格相关。近代以来的经济发展和社会进步，一方面把人从传统的束缚中解放出来，获得了自由；另一方面，这种自由也意味着需要承担相应的责任和风险。正是这样的矛盾使得人们逃避自由，并形成了极权主义、破坏性和机械适应等心理机制，这样的性格结构为法西斯主义的产生准备了土壤。

霍克海默认为，灌输一些人受制于另一些人的权威信念是过去人类历史发展的内在动力之一，这在权威主义的法西斯时代更为明显。但仅仅运用强制因素是无法取得统治地位的，重要的是将这种强制与权威变成人们自愿学习和接受的东西。对权威的接受具有多种途径，如通过家庭关系的构置、学校的教育、政治制度和社会行为方式的安排等。霍克海默讨论了家庭与权威的内在联系。在他看来，随着经济的垄断化，一些小生产者越来越把自己的希望寄予工业托拉斯的领导人，权威也就日益随着经济活动无意识化，沉淀于个人的心理结构，相比于个人依赖上的传统权威，现代意义上的权威具有经济上的合理性，而新教伦理培养起来的理性意义上的权威，同样是以经济为基础的父亲霸权。"就像在近几个世纪的经济活动中，在强制人们接受工作情境时，直接指示所起的作用越来越小一样，同样，在家庭中，合理的考虑和自由的服从也取代了奴役和屈从。"[①] 在现代家庭中，以经济为主导的父亲、妻子、孩子等之间的关系，就是一种培养父亲权威的关系从而形成了以权威为目的的性格，家庭中的这种培养是适应权威行为的第一流教育方式。在晚期资本主义社会，虽然父亲的权威地位受到威胁，使得人们将眼光投向外部的权威，但家庭中的这种权威主义的土壤，与法西斯主义的权威意识形态有着内在的契合关系。受此影响，法兰克福社会研究所的学者们对纳粹展开研究。在权威研究中，学者们揭示了现存社会理性中的非理性存在方式，纽曼同样认为这也是法西斯主义权威政治的特点，并通过垄断经济而充分表现出

①　Max Horkheimer, *Critical Theory*, New York：Sea - bury Press, 1972, p. 102.

来。与当时正统的马克思主义者关于法西斯主义是金融资本中最反动的、最沙文主义和帝国主义的恐怖统治这种表述不同，纽曼认为德国的经济是权威国家统治下的私有资本主义，这是一种"权威垄断资本主义"。纽曼指出，虽然利润动机是使各种机构联合在一起的力量，"但在垄断体现制中，没有权威的政治权力就不能产生和得到利润"①。当然，霍克海默等虽然批判纳粹的权威主义统治，但他们并不简单地反对权威，认为在摆脱了个人和经济利益之后的自由社会，劳动联合体中的权威仍然是工作得以进行的条件。

虽然法兰克福社会研究所成员对法西斯主义的分析存在着一些差异，比如格罗斯曼偏于从传统的政治经济学出发来讨论资本主义的崩溃，纽曼与基希海姆更关注政治、法律和经济制度的变革，而霍克海默等从总体上关注制度性力量的技术化、合理化以及对大众心理的影响。随着法兰克福社会研究所的成员进入美国后，对技术化、合理化等的关注成为工具理性批判的主要内容。

四　工具理性批判与西方文化根基的反思

相比于欧洲的两次大战，美国在 20 世纪上半叶的发展处于一种平静的环境中。福特主义的兴起与推广，机械化生产的普及使得技术在工作与生活中的作用日益明显，人们也似乎越来越享受技术带来的便利，同时也越来越受制于技术的"座架"。面对技术的这种霸权，德国的现象学家们曾展开过激烈的批评。胡塞尔指出，虽然近代以来的哲学在开端时抱有一种普遍主义的理想，但以实证主义为基础的现代科学造成了欧洲文化危机，也带来了哲学的危机，这种实证主义的理性丢掉了人的存在和意义、历史中的理性与意义等相关的"形而上"问题，它关注的是物的世界，以事实的序列作为世界的样态。"可以说，实证主义在扼杀哲学。早在古希腊罗马时代，哲学观念就统一在一切存有的不可分离的统一性中。在它之中，已经包含着一个

---

① ［美］马丁·杰：《法兰克福学派史》，单世联译，广东人民出版社 1996 年版，第189 页。

意义重大的有关存有秩序的问题，说到底，一个有关存有的问题。因而，形而上学，即关于最高的和最终的问题的科学，应享有科学皇后的荣誉，它的精神决定了一切其他的科学所提供的知识的最终意义"①。这既是哲学的危机，也是人性的危机。他以伽利略的数学理念为例，具体展现了以数学为基础的现代科学是如何走向形式抽象性，并以形式的抽象性取代直观的实在性，从而建构出一个形式化的技术世界的，正是在这个过程中，由技术化的方法所表现的事物的表象和事物的本来意义分离了，"最为重要的是值得重视的世界，是早在伽利略那里就以数学的方式构成的理念存有的世界开始偷偷摸摸地取代了作为唯一实在的，通过知觉实际地被给予的、被经验到并能被经验到的世界，即我们的日常生活世界"②。这一思路被后来的物理学家所继承，也为以数学理性为基础的哲学家所承袭，从而在理性化的过程中，丧失了活生生的体验，这个体验恰是由生活世界的原初建构出来的。胡塞尔的讨论提出了理性的实证化、技术化问题，理性越来越成为一种与现实生活无关的并作用于生活世界的封闭系统，这是当时西方文化面临的根本问题。在胡塞尔之后，海德格尔进一步讨论了现代哲学的工具理性特征。在他看来，自柏拉图之后，西方思想就被一种技术化的理性所主导，这在笛卡尔之后更为显著。笛卡尔的我思说到底就是以数学为支撑的思，在这样的思路下，世界成为理性的图像，人成为面对外部世界的主体，从而形成了以技术理性为基础的主体—客体两分的模式，理性成为将一切置于其中的"座架"。这些思考直接影响了进入美国的法兰克福学派的学者，形成了新的理论爆点。

在《启蒙辩证法》中，霍克海默与阿多诺从美国社会入手，指向理性工具化，这种工具化不仅体现在思想上、政治上，更体现在以文化工业为表征的日常生活中，他们以此为对象，对近代以来的理性传统展开了批判。

第一，工具理性盛行根源于西方的文化传统。在对西方文化的批

---

① 〔德〕胡塞尔：《欧洲科学危机和超验现象学》，张庆熊译，上海译文出版社 1988 年版，第 10 页。

② 〔德〕胡塞尔：《欧洲科学危机和超验现象学》，张庆熊译，上海译文出版社 1988 年版，第 58 页。

判中，尼采曾将自古希腊以来的文化特别是阿波罗精神支配下的文化看成崇高价值的堕落，这种堕落在古希腊时代表现为阿波罗精神取代酒神精神、悲剧与喜剧的产生与更替、苏格拉底哲学的兴起，接下来是基督教的产生，以及后来的整个西方文化的延续与发展，不管是启蒙哲学还是德国古典哲学，以及后来的社会主义，都是崇高价值堕落后的表现。对这一文化的批评使尼采提出了"价值重估"和"超人"的文化理念。尼采的这一批评直接影响到了霍克海默与阿多诺的思考方向，他们将西方文化工具化的根源追踪到荷马史诗，认为奥德修斯在回家途中就开始以理性的狡计来控制自然，比如听塞壬的歌声就体现了这一点。因此，神话中孕育着启蒙，"所有神话中的魑魅魍魉都被理性化为存在本质的纯粹形式。柏拉图的理念，最终甚至使奥林匹斯山上的神灵家庭都被哲学意义上的逻各斯所浸淫。然而，启蒙运动从柏拉图和亚里士多德形而上学的遗产中却发现了某种力量，并且对普遍的真理要求顶礼膜拜。启蒙运动认为，在一般概念的权威下，仍存在着对神灵鬼怪的恐惧，通过把自己装扮成神灵鬼怪，人们试图对自然发挥影响。从那时起，物质便摆脱了任何统治或固有权势的幻觉，摆脱了潜在属性的幻觉，而最终得到控制"①。这一自然控制的思想在近代，尤其是培根之后得到了充分的张扬。培根的知识就是力量，说到底就是以近代以来自然科学的模式为依据的，这种模式的基础就是以数学为代表的形式理性。从批判的视角来说，知识就是力量应该改为知识就是权力，这种权力不仅体现在支配自然上，而且体现在支配人本身上。在这里，霍克海默与阿多诺进一步发挥了在《批判理论》中对实证主义批判的精神，直接建构为工具理性批判理论。

第二，技术理性或者说理性的工具化合乎现代资本主义社会的内在要求。启蒙的理想是以理性为基础建构一个包罗万象的体系，这种理性在近代以来是以数学为基础的，数学成为启蒙精神的准则，这是伽利略、笛卡尔等近代以来哲学家们的基本取向。以数学为基础的理性是抽离了事物的本质性存在，关注事物之间外在关系的形式理性，

———————————

① ［德］霍克海默、阿道尔诺：《启蒙辩证法：哲学断片》，渠敬东等译，上海人民出版社 2003 年版，第 3—4 页。

各种各样的形式最终被简化为相互之间可以比较的关系，这种关系正是商品交换的基本准则。马克思在《资本论》的商品章，非常出色地描述了商品交换过程中，商品的质被抽象、然后以两者之间的量化关系来进行比较的过程，商品交换之间的等式，如 20 码麻布 = 1 件上衣，呈现的正是质性被抽离之后的量的关系，也是外在于事物的形式关系。也就是说，随着商品交换的普遍化，资本主义社会存在日益成为以形式关系或量化关系为内在本性的存在，要直观地理解这一社会存在，就必须以技术理性或者说工具理性为中介，可以说，理性的工具化是商品生产普遍化社会的内在逻辑。在商品拜物教中，商品之间的这种形式化的关系以物化的形式表现出来，并成为人们的跪拜对象。同样，当工具理性成为统治一切的手段时，它同样成为人们供奉的对象，人们以工具理性的原则作为自己行动的依据。

第三，人的意识与心理同样受到了工具理性的渗透。在《历史与阶级意识》中，卢卡奇结合泰勒制讨论了心理物化问题，这种物化说到底就是技术对心理的侵入，使之按照可计算的理性原则来安排自己的行动。到 20 世纪 40 年代，随着文化工业的兴起，技术理性对人的影响，已经从生产领域转向消费领域，并通过娱乐的方式直接影响着人们的心理活动与价值取向。在《文化工业：作为大众欺骗的启蒙》一文中，霍克海默与阿多诺指出：文化工业将过去独立的艺术转换为消费领域以内的东西，使其成为一项原则，使得艺术和消遣逐渐一体化，并服务于消费，服务于被商品生产普遍化所催生的需求。"商业就是他们的意识形态。毫无疑问，文化工业的权力是建立在认同被制造出来的需求的基础上……晚期资本主义的娱乐是劳动的延伸。人们追求它是为了从机械劳动中解脱出来，养精蓄锐以便再次投入劳动。"① 在文化工业中，人们塑造出一些可笑的形象以讽刺自己的老板，在娱乐与笑声中表达出自己的憎恨，"快乐本该帮助人们忘记屈从，然而它却使人们变得更加服服帖帖了"②。也就是说，到机械化生

① ［德］霍克海默、阿道尔诺：《启蒙辩证法：哲学断片》，渠敬东等译，上海人民出版社 2003 年版，第 153 页。

② ［德］霍克海默、阿道尔诺：《启蒙辩证法：哲学断片》，渠敬东等译，上海人民出版社 2003 年版，第 158—159 页。

产时代，文化工业将合乎商品生产与消费的意识与情绪都生产出来了，并使得虚假的个性流行起来，"从即兴演奏的标准爵士乐，到用卷发遮住的眼睛，并以此来展现自己原创力的特立独行的电影明星等，皆是如此"①。这是文化工业更为隐性的作用。看起来是让人们从繁重的劳动中解放出来了，看起来是让人对自己服务的对象有了批评的空间，看起来个人成长为具有个性的自由个体，但实际上却是更加陷入由商品同一性所建构的现代社会的同一性逻辑之中，这个看起来是由技术支撑的文化工业，实际上是由资本的社会权力所导致的，"技术用来获得支配社会的权力的基础，正是那些支配社会的最强大的经济权力。技术合理性已经变成了支配合理性本身，具有了社会异化于自身的强制本性。……文化工业的技术，通过祛除掉社会劳动和社会系统这两种逻辑之间区别，实现了标准化和大众生产"②。可以说，文化工业实现了资本主义社会所需要的意识、性格和品位的再生产。到这一层面，工具理性已经成为人的意识、心理的"本体论"根据，这时再讨论一种超越于当下的至高原则，就显得不合时宜了。

理性，就其原初的意味来说，既指世界的客观原则，又指人的心灵的原则，近代以来，特别是笛卡尔之后，后一种的意义逐渐成为主流，并成为近代以来哲学建构的基础。近代的科学进步与社会发展，一方面推动着理性的发展，另一方面不断地确立了以科学为蓝本的理性的至高无上的地位，亦即理性的支配地位，人的存在与价值，都成为这一理性的衡量对象，工具理性正是在这样的层面展开着自己的世界，工具理性批判也是想在这样的历史情境中，重新回到与人的存在、意义相适合的理性，而不是将人置于工具支配之下的理性，这是霍克海默与阿多诺工具理性批判的理论指向。在《单向度的人》中，马尔库塞进一步发挥了这一逻辑，让人们看到了一幅人的否定性能力消失之后，整个社会单一性的肯定性结构，通过生产与消费引导，使"自由"本身成为一种强有力的统治工具，有效地窒息了解放的需求。

---

① [德] 霍克海默、阿道尔诺：《启蒙辩证法：哲学断片》，渠敬东等译，上海人民出版社2003年版，第172页。

② [德] 霍克海默、阿道尔诺：《启蒙辩证法：哲学断片》，渠敬东等译，上海人民出版社2003年版，第135—136页。

可以说，发达的工业社会是一个将单向度的意识植根于人的欲望结构中的社会，对于这样的社会，只有采取"大拒绝"才有可能培育新的感性，去寻求一种解放的可能性。

从卢卡奇到法兰克福学派的批判理论，充分发挥了马克思批判理论的精神，并结合时代变迁，整合当代思潮的积极成果，对资本主义社会存在及其文化精神进行了深入的探讨与反思。对于这一研究思路，一方面，我们需要从时代发展和思想变迁的视角来看待其理论的进展，而不是简单地以他们是否与马克思思想一致来简单判定，另一方面我们也要看到的是，当将工具理性批判推进到西方文明的根源处时，这种批判在激进化的同时，也阻塞了面向现实的解放可能性的探讨，这大约是哈贝马斯重新定位法兰克福社会研究所的研究思路的一个原因。这也提醒我们，如何在批判性思路的基础上，重新定位资本主义社会，从而在对资本主义社会的内在反思中，建构一种面向未来解放的批判理论，仍然是马克思主义哲学当代发展中的一个根本问题，对当代资本主义社会变迁的持续研究和反思，对当代前沿思想的理解和批判，从而在马克思主义哲学研究中保持一种开放性，这仍是马克思主义哲学当代发展中无法回避的问题。

（已发表于《思想理论战线》2022 年第 1 期）

"前庭"与"后院"

——如何讲述一个完整的资本主义故事

汪行福[*]

一 重叙资本主义

瑞典著名社会理论家戈兰·瑟伯恩曾说:"议会史的学生都熟悉'女王殿下的忠实反对派'观念,马克思主义,作为社会历史现象,是现代性女王的忠实反对派——总是批判和反对它的占统治地位的体制,但从来不质疑现代性的合法王位,并且如果有必要的话,还明确地加以维护。"[①] 在这个意义上,马克思主义本质上是一种带着解放意图的关于资本主义的理论。作为一个理论整体,马克思主义大致由三部分构成:历史辩证法强调人类历史是由社会矛盾和阶级斗争推动的不断否定的过程,因而赋予我们一种看待历史的进步视角;资本主义社会理论对现代社会的本质和特征进行科学的解释,赋予社会批判以实质性内容;以工人阶级斗争为基础的社会主义理想为工人阶级运动提供了政治方案。在马克思这一理论"三角形"中,资本主义批判理论具有核心地位,是以人类解放为归宿的历史哲学和社会主义实践的中介。

马克思的经典资本主义理论具有两大核心特点。其一,历史末世论立场。马克思和恩格斯在《共产党宣言》中指出,人类历史都是阶

---

* 汪行福,复旦大学哲学学院教授、中国马克思主义哲学史学会马克思恩格斯哲学思想研究分会副会长。

① Göran Therborn, *From Marxism To Post-Marxism?*, Verso, 2008, p. 66.

级斗争的历史，"现在已经达到这样一个阶段，即被剥削被压迫的阶级（无产阶级），如果不同时使整个社会一劳永逸地摆脱一切剥削、压迫以及阶级差别和阶级斗争，就不能使自己从进行剥削和统治的那个阶级（资产阶级）的奴役下解放出来"①，"代替那存在着阶级和阶级对立的资产阶级旧社会的，将是这样一个联合体，在那里，每个人的自由发展是一切人的自由发展的条件"②。因此，资本主义的灭亡和共产主义的胜利是一切历史之谜的解答。其二，把资本主义视为一个受内在矛盾制约的自我展开的否定过程。马克思指出，"资本主义生产的真正限制是资本自身"③，"但资本主义生产由于自然过程的必然性，造成了对自身的否定"④。资本主义发展不仅创造了自己的掘墓人，也为共产主义的实现准备了物质条件。

应该承认，资本主义的故事比这要复杂，也更不确定。今天，后资本主义社会理想，即共产主义仍然是人类的愿景；资本主义并未沿着马克思所说的资本主义矛盾规定的方式发展，而是陷入各种力量相互撕扯的复杂结构中，并呈现为一个动荡、反复和曲折的过程。作为一种带有实践意图的理论，资本主义批判理论不能仅仅把自己的任务限定在对资本主义必然灭亡和共产主义必然胜利的理论证明上，而是要对现实的资本主义病症进行诊断，揭示出一切反资本主义实践的可能性。历史已经表明，资本主义的故事不是资本的独角戏，而是资本与"他者"的复杂缠斗，非资本主义领域并非完全是一个等待征服的领域，也是抵制资本主义的基地。就此而言，资本的限制不仅在于其自身，而且在于其"他者"。如果在相当长时间内，资本主义世界将面对一个既受其"殖民"又抵制它的"他者"，那么，我们与其预先为资本主义开出死亡证，不如去寻找驯服资本主义的野蛮并抵制其灾难性后果的方式。

如何适应思想重心的调整？美国思想家南茜·弗雷泽的理论值得关注。近年来，她一直致力于阐述一种以资本主义批判为中心的社会

---

① 《马克思恩格斯选集》第 1 卷，人民出版社 2012 年版，第 385 页。
② 《马克思恩格斯选集》第 4 卷，人民出版社 2012 年版，第 647 页。
③ 《马克思恩格斯文集》第 7 卷，人民出版社 2009 年版，第 278 页。
④ 《马克思恩格斯文集》第 5 卷，人民出版社 2009 年版，第 874 页。

批判理论，以弥补哈贝马斯及其追随者过于偏重法律和道德等规范问题的抽象主义倾向。她认为，资本主义不仅是一套经济体系，而且是一个复杂的社会系统。资本主义有两个部分，一是商品生产和交换的经济体系；二是在支撑着它的同时又受到它侵蚀和破坏的社会背景条件。她把资本主义经济体系称为"前庭"，把社会背景条件称为"后院"。在她看来，讲好资本主义故事要有两个视角，经典资本主义批判理论更多的是在讲述"前庭"的故事，而致力于"一种扩展的资本主义观念"①，还需要加上"后院"的故事。

本文无意于介绍弗雷泽的理论，而是把它放在一个更大的主题，即如何讲述一个完整的资本主义故事这一框架内来讨论。弗雷泽认为，资本体系的背景条件由人的再生产、自然和政治权力构成，而当代资本主义批判的新视角，即女性主义批判、生态主义批判和后殖民主义批判涉及上述三个方面的关系，因而可以将其结合到当代资本主义批判理论之中。然而，弗雷泽没有穷尽这个主题的所有内容。资本主义体系还有它既依赖又破坏的其他背景条件，如人类基因和人脑智能、语言与文化、人的社会性和交往愿望等，这些因素在今天都被资本以某种方式挪用。因此，要讲述资本主义的完整故事，弗雷泽的"扩展的资本主义观念"还需要再扩展。

二 马克思的经典资本主义批判

马克思强调，要理解一个社会，就要抓住其生产关系的特征。什么是资本主义生产关系？简单地说，它是以私有制为基础的雇佣劳动制度。作为雇佣劳动制度，资本主义同时意味着两个方面的内容：一是资本可以在市场上找到自由劳动力；二是工人不得不在市场上出售自己的活劳动。因此，正式的资本主义概念可以定义为特定的阶级结构和普遍市场经济的结合。一方面，在资本主义社会中，社会关系的

---

① Nancy Fraser, "Behind Marx's Hidden Abode: For an Expanded Conception of Capitalism", in Penelope Deutscher and Cristina Lafont eds., *Critical Theory in Critical Times: Transforming the Global Political and Economic Order*, Columbia University Press, 2017, p. 141.

本质是阶级关系，阶级关系是资产阶级与无产阶级两大阶级之间的关系；另一方面，资本主义通过非中心化的市场机制来协调和组织其生产，作为匿名的生产和交换体系而存在，因而，其阶级关系呈现出纯经济的外观。

作为一种剥削制度，资本主义既具有一般性，也具有特殊性。其一般性指的是，与历史上其他剥削制度一样，它也是一个阶级对另一个阶级的剥削和压迫；其特殊性指的是，这种剥削和压迫不是人对人的直接统治，而是以价值和货币为中介的"现实抽象物"的统治。① 马克思有一个宏大的理论设想："我考察资产阶级经济制度是按照以下的顺序：资本、土地所有制、雇佣劳动；国家、对外贸易、世界市场。在前三项下，我研究现代资产阶级社会分成的三大阶级的经济生活条件。"② 显然，在资本主义社会中，阶级是由其经济生活条件决定的。在后来的著作中，马克思直接把阶级理解为生产要素的人格化：

在资本—利润（或者，更恰当地说是资本—利息）、土地—地租、劳动—工资中，在这个表示价值和财富一般的各个组成部分同其各种源泉的联系的经济三位一体中，资本主义生产方式的神秘化、社会关系的物化、物质的生产关系和它们的历史社会规定性的直接融合已经完成：这是一个着了魔的、颠倒的、倒立着的世界。在这个世界里，资本先生和土地太太，作为社会的人物，同时又直接作为单纯的物，在兴妖作怪。③

可以说，资本主义社会越成熟，其阶级关系就越纯粹化、两极化，也就越简单化。在成熟的资本主义社会中，生产要素与阶级结构是直接同一的。由此，资本主义社会的故事与资本主义体系的故事就相互重叠了。

然而，资本主义生产关系不是从一诞生就成熟的。在早期资本主义社会，资本家完全靠对工人劳动时间的无偿占有来获取剩余价值。为了获得更多的剩余价值，他们试图把工人的每一刻时间都变成劳动

---

① 参见汪行福《马克思"现实抽象"批判四维度》，《马克思主义与现实》2018 年第2 期。

② 《马克思恩格斯选集》第 2 卷，人民出版社 2012 年版，第 1 页。

③ 《马克思恩格斯文集》第 7 卷，人民出版社 2009 年版，第 940 页。

时间。然而，这种剥削形式是不可持续的。当资本对劳动时间的榨取超过一定限度时，就"不仅突破了工作日的道德极限，而且突破了工作日的纯粹身体的极限"①。为了维持劳动力的再生产和生产关系的再生产，资本家不得不另觅他途。具体地说，就是从对绝对剩余价值的剥削转向对相对剩余价值的剥削。相对剩余价值主要依赖的不是工人劳动时间的绝对延长，而是对先进技术和机器的使用，是通过提高单位劳动时间的生产率实现的。一旦相对剩余价值取代了绝对剩余价值成为剥削收入的主要来源，资本主义体系就摆脱了工人阶级劳动的生理和精神限制，也就摆脱了由此而来的工人阶级的"生活世界"的限制。于是，资本主义的维持和发展就更多地依赖于其本身。

基于对成熟资本主义的特征的理解，马克思把资本主义的灭亡理解为资本主义由于其自身的矛盾而展开的自我否定过程。马克思对资本主义必然灭亡的解释是一种复杂的话语，本文不可能作完整阐述，但其荦荦大者有以下四个方面。其一，生产资料私有制与生产社会化的基本矛盾。资本积累的内在强制和工业化使生产资料私有制与生产社会化之间的矛盾越来越尖锐，"生产资料的集中和劳动的社会化，达到了同它们的资本主义外壳不能相容的地步。这个外壳就要炸毁了。资本主义私有制的丧钟就要响了。剥夺者就要被剥夺了"②。其二，社会两极化和无产阶级的壮大。资本主义竞争不仅把个体劳动者无产阶级化，而且部分资本家也会因经营失败而堕落为无产阶级。因此，资本主义不断地生产着自己的掘墓人。其三，生产的无限增长与消费的有限性的矛盾。马克思指出，资本的目的是剩余价值，每个资本家的生产都是有计划的，但资本主义的生产是无计划的，这样一来，"在立足于资本主义基础的有限的消费范围和不断地力图突破自己固有的这种限制的生产之间，必然会不断发生不一致"③。经济危机就是这一经济矛盾的表现。其四，利润率下降规律。资本主义竞争是一根无形的鞭子，为了获得超额剩余价值，每一个资本家都试图通过

---

① 《马克思恩格斯文集》第 5 卷，人民出版社 2009 年版，第 306 页。
② 《马克思恩格斯文集》第 5 卷，人民出版社 2009 年版，第 874 页。
③ 《马克思恩格斯文集》第 7 卷，人民出版社 2009 年版，第 285 页。

加大不变资本的投资、改进设备和技术，以期获得超额利润。然而，单个资本家的理性选择导致的是资本主义体系的"合成谬误"，推动资本有机构成提高和利润率下降。利润率下降规律与资本主义灭亡之间的联系不那么直观，但如果我们承认资本家是利润的人格化，那么，利润率下降趋势也就暗示着资本家的慢性自杀。总之，马克思的核心观点是资本主义生产的真正限制是资本本身，资本主义的矛盾及其激化的内在必然性必然导致其自我否定和灭亡。

如何看待经典的资本主义批判理论？理性地看，马克思提示的资本积累规律及其内在矛盾有客观依据，但资本主义经济危机与资本主义灭亡之间的经验联系也有待研究。作为一种经济制度，资本主义有很强的调节能力。虽然经济危机没有彻底消失，但其爆炸性后果在很大程度上受到了控制，即使是 2008 年美国金融危机，也没有动摇资本主义体系。当代资本主义的社会阶级关系并没有沿着资本集中和积聚以及经济危机的加速效应所预测的两极化方向发展，而是呈现出复杂的多样化和碎片化的特征。最后，从技术上说，利润率下降是可能的，但在技术创新和经济变革加速的时代，新产业的高利润率往往弥补了传统行业利润率的下降。

在理论结构层面，马克思的资本主义理论是以资本主义灭亡为前提的。马克思指出："资产阶级的生产关系是社会生产过程的最后一个对抗形式，这里所说的对抗，不是指个人的对抗，而是指从个人的社会生活条件中生长出来的对抗；但是，在资产阶级社会的胎胞里发展的生产力，同时又创造着解决这种对抗的物质条件。因此，人类社会的史前时期就以这种社会形态而告终。"① 但在可见的将来，我们还很难现实地想象整个资本主义世界的灭亡。在此背景下，资本主义批判理论需要调整其目标，或增加其内容，不能仅仅着眼于从理论上证明资本主义灭亡的必然性，还要针对资本主义体系对人类社会的破坏性影响作出诊断。就此而言，我们需要补充和调整资本主义批判理论。

---

① 《马克思恩格斯选集》第 2 卷，人民出版社 2012 年版，第 3 页。

三 资本与"他者"的纠缠

资本主义与"他者"的关系并不是一个全新的话题，马克思在《1844年经济学哲学手稿》和《资本论》及其手稿中对其展开过广泛的讨论，其中涉及资本主义与前现代、自然、非西方世界、家庭等之间的关系。《1844年经济学哲学手稿》对异化劳动的批判不仅涉及劳动者与其产品的异化、劳动过程的异化，而且涉及劳动对象即自然的异化，以及人作为类存在物的共同体本质的异化。不难理解，今天一些后马克思主义者的资本主义批判仍从马克思那里寻找思想资源。其实，在马克思的"工具箱"中有许多概念可供我们思考资本与"他者"的关系，如物化和异化理论、形式吸纳和实质吸纳概念以及自然界新陈代谢的概念。其中，与本文主题联系最紧密也最受人关注的是马克思的形式吸纳和实质吸纳理论。

在《1861—1863年经济学手稿》中，马克思用形式吸纳和实质吸纳（《马克思恩格斯全集》中文版将其译为"形式上的从属"与"实际上的从属"）概念来解释资本主义生产方式的发展。就其商品生产和价值实现方式而言，资本主义生产过程具有一般的特征，但不同的阶段有自己的特点：

资本在它开始形成的时候不仅控制了一般劳动过程（使劳动过程从属于自己），而且还控制了特殊的现实劳动过程，这些劳动过程在工艺上处于资本找到它们时的状况，并且是在非资本主义生产关系基础上发展起来的。资本找到现实生产过程，即特定的生产方式，最初只是在形式上使它从属于自己，丝毫也不改变它在工艺上的规定性。资本只有在自己的发展过程中才不仅在形式上使劳动过程从属于自己，而且改变了这个过程，赋予生产方式本身以新的形式，从而第一次创造出它所特有的生产方式。①

大体上说，马克思把资本主义的发展理解为从形式吸纳到实质吸纳的过程。工场手工业阶段的资本主义处在形式吸纳阶段，工业资本

① 《马克思恩格斯全集》第32卷，人民出版社1998年版，第103页。

主义阶段处在实质吸纳阶段。前一阶段以绝对剩余价值的占有为特征，后一阶段以相对剩余价值的占有为特征。正如前面提到的，绝对剩余价值的占有必然遇到工人的生理和精神的限制，为了突破这一限制，资本主义转向运用先进的技术即机器和工厂的组织形式为自己打开了一个自主积累的空间。要理解形式吸纳与实质吸纳的区分，关键是理解资本与"他者"的关系。正如迈克尔·哈特、安东尼奥·内格里所解释的，"新的劳动过程是由资本本身创造的，或者更确切地说，是在资本主义社会领域中创造出来的。马克思关注的是，劳动过程是如何通过对科学的应用、对新技术的实施等创造出来的。劳动实践是在资本内部生成的，同来自外部的实践形式根本不同，因此，马克思常常将从形式吸纳到实质吸纳的过渡视为'真正的资本主义'社会的开始"①。显然，马克思的形式吸纳和实质吸纳理论涉及资本主义与"他者"的关系。资本主义为了完善其对劳动的控制，为了更好地主宰剩余价值的生产条件，必然把资本主义生产关系扩大到以前的非资本主义领域，一方面更多地通过不变资本的投资，提高生产的技术条件；另一方面通过现代工厂的组织形式把工人直接控制在自己的权力范围内。

　　马克思的形式吸纳和实质吸纳概念具有很大的解释力，中外许多学者都运用它们来接着讲资本主义的故事。哈特和内格里就运用它们解释种族资本主义理论和父权资本主义现象。资本主义在其发展过程中把一切前资本主义因素或非资本主义因素都"吸纳"到自己的支配和控制范围。就种族资本主义而言，资本主义一开始就是种族主义的，它不仅使非洲人和美洲人处于从属地位，也使西方的爱尔兰人、斯拉夫人和其他各色人种处于从属地位。种族和种族等级制先于资本主义而存在，但它们对资本主义来说不是偶然的或伴生的特征，而是其本质特征。这一分析范式也适用于父权制资本主义。"像种族资本主义理论家一样，社会主义的女性主义者认为，父权制早在资本出现之前就存在了，因而并非资本的产物。然而，性别观念和性别统治结

---

①　[美]哈特、[意]内格里：《资本主义统治的多样性与斗争的联合》，张永红译，《国外理论动态》2018 年第 11 期。

构早已存在的事实并不意味着父权制在历史上是某种具有相同的基本结构的普世制度。相反，父权制结构在资本主义社会中得到采用和改造，形成了一个具有复杂而富有弹性的劳动性别分工制度的新家庭结构。"① 在这个意义上，资本主义内在地包含着父权制的倾向。他们相信，资本吸纳概念也可用于当今左翼对"新圈地运动"，即资本对共有物的圈占的批判。一些学者也把它用于对平台资本主义、网络资本主义的批判，因为网络和购物平台正把资本主义生产领域之外的社会成员纳入资本主义范围内。在此意义上，当代资本主义正在成为一个总体吸纳的社会。

在马克思之后，最早对资本主义系统与"他者"的关系进行概念化的是罗莎·卢森堡。她在《资本积累论》中强调：非资本主义领域的存在是资本积累的条件。资本主义并非在其襁褓时期才与非资本主义领域发生关系，而是始终依赖它为自己提供扩大再生产和价值实现的条件，在此意义上，资本主义体系不是自主的，而是依赖于"他者"的。卢森堡的理论出发点是马克思的资本循环理论。资本家追求资本增殖，然而，新增的剩余价值的实现只能依赖资本主义体系之外的需要，非资本主义世界为资本主义扩大再生产的价值实现提供市场。卢森堡认为，资本主义依赖于两个市场，即内部市场和外部市场，这里的内部和外部并非仅仅是空间概念，也是社会经济概念。"从这个角度上说，内部市场是资本主义市场，生产本身购买自己的产品和提供自己的生产要素；外部市场，是非资本主义的社会环境，吸收了资本主义的产品，并为资本主义的生产提供生产资料和劳动力。"② 按照这一理论逻辑，资本主义是有限度的，它面临着两难：剩余价值的增殖依赖非资本主义的市场条件，而其再生产和发展又必然消灭自己所依赖的条件。卢森堡的理论是马克思主义理论的重要创新，不仅把资本主义的全球化解释为内部的外部化，而且解释为外部的内部化。西方资本主义对非西方世界的掠夺和侵略，不是其偶然的

---

① ［美］哈特、［意］内格里：《资本主义统治的多样性与斗争的联合》，张永红译，《国外理论动态》2018 年第 11 期。

② ［德］卢森堡：《资本积累论》，董文琪译，商务印书馆 2021 年版，第 364 页。

和相伴随的特征，而是其本质条件。基于此，当代帝国主义和殖民主义理论都倚重卢森堡的理论。

弗雷德里克·詹明信的晚期资本主义理论也可以纳入这个理论谱系。在《后现代主义，或晚期资本主义的文化逻辑》这篇著名文章中，他借用欧内斯特·曼德尔在《晚期资本主义》中提出的资本主义分期理论，阐发了自己对资本主义发展及其当代特征的思考。曼德尔把资本主义分为三个阶段：第一个阶段是市场资本主义，第二个阶段是帝国主义支配下的垄断资本主义，第三个阶段就是我们正身处的"跨国资本主义"，而每一个阶段都是对前一个阶段的辩证开拓。詹明信说道："曼德尔以为今天的消费社会才算是资本主义最彻底的实现，是资本主义的最彻底形式。在此，资本的扩充已达到惊人的地步，资本的势力在今天已伸延到许许多多此前未曾受到商品化的领域中去。简言之，我们当前的这个社会才是资本主义最纯粹的形式。早年，前资本主义的组织一直受到既有资本主义结构的容忍和剥削；到了今天，它们终于在新的社会组织里被彻底消灭了。"① 譬如，以往的资本主义社会是与前资本主义社会即第三世界共存的，但这些传统劳动和生活形式，如农业文化，因绿色革命的兴起已经受到了破坏；以往资本主义生产依赖人的生存需求，但是广告和媒体工业的大举入侵导致人的欲望受到资本的殖民，不断地为资本主义生产出新的需求；再如，在垄断资本主义时期，文化与经济之间存在着界限，现代主义不仅标榜为艺术而艺术，而且抵制商业对文化的入侵，今天文化领域已经商品化了。换言之，以往资本主义在很大程度上消极地依赖非资本主义的自然和文化环境，今天它更积极和主动地介入非资本主义领域，对它们进行更彻底的控制和支配。

大卫·哈维也参与了这个问题的讨论。他把马克思的异化概念加以扩展，提出了"普遍异化"概念。他指出："劳动与其产品、价值及其生产规划的异化是《1844年经济学哲学手稿》和《资本论》所共有的论题。问题是，早期著作中对异化的理解没有植根于在资本主

---

① ［美］詹明信：《晚期资本主义的文化逻辑：詹明信批评理论文选》，张旭东编，陈清侨等译，生活·读书·新知三联书店1997年版，第484页。

义生产方式中生成的工人的日常生活和劳动现实。在《政治经济学批判大纲》中，异化的普遍性产生于资本内在的历史趋向，包括：创造世界市场，建立无处不在的社会（阶级）关系和新旧更替关系，以及在竞争规律的强制作用下将某些可确认的运动规律内嵌于人类历史中的趋向。"① 也就是说，马克思的异化理论仍然局限于资本主义生产和竞争领域，涉及的是劳动异化的普遍性，今天我们面临着更广泛的社会的"普遍异化"。在哈维那里，普遍异化不仅指工厂围墙外的非生产劳动的异化，如购物中心保安之类的"无聊工作"，"更重要的以及真正具有启发性的是，哈维如何将异化扩展到社会层面——远远超出雇佣劳动的范畴——来把握大都市贵族化和城市空间向社会工厂转变等现象"②。在这里，修饰词"普遍的"是从社会总资本和世界市场的关系角度来解读的，包括了资本在不同空间的统治。

从以上介绍可以看出，资本与"他者"的故事有着很长的谱系和丰富的内容。哈特、内格里试图用形式吸纳和实质吸纳概念对各种当代资本主义批判理论进行整合，阐述资本主义统治的多样性和反资本主义斗争的联合；卢森堡在资本主义再生产论域中对非资本主义依赖关系的解读解释了资本主义内在的殖民主义和帝国主义倾向；哈维把马克思的劳动异化理论扩展为社会的普遍异化理论。这些理论都揭示了资本主义的故事并非只是资本的故事。资本主义体系的生产、流通、分配和交换之间的循环，也不仅仅是资本与劳动的对立，还涉及全球范围内资本主义与非资本主义的关系、资本主义世界内部资本主义领域与非资本主义领域的复杂关系。这些关系不仅对揭露资本主义的破坏性本质，而且对理解当今各种反资本主义斗争形式，都具有重要意义。

但是，上述理论没有对资本主义与"他者"的关系进行充分的概念化，它们更多地立足于理解资本积累的条件和机制的变化，而非把二者视为结构上相分离和经验上相互作用的两个领域，对此，弗雷泽在问题的概念化和内容的展开上又往前推进了一步。

---

① ［美］哈维：《普遍异化——资本主义如何形塑我们的生活?》，曲轩译，《国外理论动态》2018 年第 11 期。

② ［美］哈特、［意］内格里：《资本主义统治的多样性与斗争的联合》，张永红译，《国外理论动态》2018 年第 11 期。

四 "前庭"与"后院"的双重视角

卡尔·波兰尼并不是属于马克思主义传统的思想家，但通过"大转型""脱域"和"嵌入""撒旦的磨坊""自由的双向运动"等概念，他对两次世界大战之间的自由放任资本主义的批判在当今引起了人们的共鸣，给新自由主义的批判提供了启示。波兰尼指出，自由资本主义是"真正的资本主义"社会，"19世纪社会的先天缺陷不在于它是工业性的，而在于它是一个市场社会"①。他对市场社会的批判以社会人类学为基础。在他看来，"人的尊严是他作为一个道德存在者的尊严，他是作为家庭、国家和'人类的大社会'的公民秩序的一个成员"②。然而，自由主义拆除了将市场与社会隔离开的防护带，把人类生活依赖的一切都卷入市场中，破坏了作为道德存在者的人获得尊严的条件。波兰尼批判的对象是自由资本主义，它的特征是资本主义对非资本主义领域的侵蚀和破坏。波兰尼认为，亚里士多德对家计与获利的区分至今仍然是社会科学领域最具前瞻性的理论。亚里士多德把无节制的逐利原则斥为"违反人类本性"，因为它把经济动机从具体社会的各种自然限制中分离出来。这就是波兰尼著名的"脱域"概念的来源。波兰尼认为，19世纪文明崩溃的根源是劳动力、土地、货币的市场化：

劳动力仅仅是与生俱来的人类活动的另外一个名称而已，就其本身而言，它不是为了出售，而是出于完全不同的原因而存在的……土地不过是自然的另一个名称，它并非人类的创造；最后，实际的货币，仅仅是购买力的象征，一般而言，根本就不是生产出来的，而是经由银行或国家金融机制形成的。三者之中没有一个是为了出售而生产出来的。劳动力、土地和货币的商品形象完全是虚构的。③

---

① [英]波兰尼：《大转型：我们时代的政治与经济起源》，冯钢等译，浙江人民出版社2007年版，第212页。

② [英]波兰尼：《大转型：我们时代的政治与经济起源》，冯钢等译，浙江人民出版社2007年版，第97页。

③ [英]波兰尼：《大转型：我们时代的政治与经济起源》，冯钢等译，浙江人民出版社2007年版，第63页。

规范地说，经济秩序不过是社会秩序的一种功能，前者"嵌入"后者之中。然而，在自由资本主义社会，市场化原则把一切存在转变为虚构的商品，成了排他性的社会组织原则。"如果允许市场机制成为人的命运、人的自然环境，乃至他的购买力的数量和用途的唯一主宰，那么它就会导致社会的毁灭。"① 正是在这个意义上，他把无限制的市场化称为"撒旦的磨坊"。总之，波兰尼认为，把自由资本主义视为一个自我调节的社会的观念，是彻头彻尾的乌托邦，除非人类愿意接受彻底堕落或灭亡的风险，否则，这样的社会是无法继续的。

在某种意义上，弗雷泽承接了波兰尼式的资本主义批判理论，把后者对自由资本主义的批判发展为对新自由主义资本主义的批判。波兰尼把19世纪末20世纪初的自由资本主义视为"大转型"，在某种意义上，弗雷泽也将新自由主义视为又一次"大转型"。她致力于新自由主义批判，抵制当今左翼思想界盛行的无资本主义的批判理论。在《在马克思的隐蔽居所后面———一个扩展的资本主义观念》中，她把女性主义马克思主义、生态马克思主义和艾伦·伍德等人的"政治的马克思主义"等思想资源结合到自己的理论中，致力于形成一个"扩展的资本主义观念"。

在弗雷泽看来，"资本主义既非一种经济体系，亦非物化的伦理生活形式，毋宁说，它最好被视作一种建制化的社会秩序"②。她把马克思的资本主义概念理解为由一系列特征构成的整体。在她看来，马克思所揭示的资本主义有以下核心特征。其一，生产资料的私有制。"对马克思来说，资本主义第一个规定性特征是生产工具的私有制，它预设所有者和劳动者之间的阶级分裂。这一分裂是从作为以往社会世界的崩溃的结果而产生的，在这一世界中，大部分人，即使处境不同，都拥有生活工具和生产工具……资本主义决定性地颠覆了这样的安排。它圈占了共有物，褫夺了大多数人习俗性地使用的权利，把共

① ［英］波兰尼：《大转型：我们时代的政治与经济起源》，冯钢等译，浙江人民出版社2007年版，第63页。

② 转引自孙海洋《当代批判理论新趋势：主题、方法与旨趣》，《马克思主义与现实》2019年第5期。

享的资源转变成少数人的私有财产。"① 其二，自由劳动市场。虽然听
起来很怪异或"不自然"，但在资本主义社会中劳动者是"自由的"：
一方面，他在法律上是自由的；另一方面，"他无权获取生存工具和
生产工具……因而丧失了使它避免不受劳动市场支配的 资源"②。在
此，工人的自由是悖论性的：他要么自由地被雇用，要么自由地饿
死。其三，价值的自我增殖。"资本主义的独特之处在于其客观的系
统性的冲动或目的性，即资本的积累。"③ 资本积累不仅是资本家的主
观动机，而且是资本主义经济系统的客观强制。在此意义上，真正的
主体不是人，而是资本主义体系。其四，社会市场化。市场并非现代
社会特有，但在资本主义社会中它有了两个进一步的特征：不仅"市
场在资本主义社会中把大量资源配置给商品生产"，即社会资源的投
入机制被市场主宰，而且"市场决定社会的剩余如何被投资"。④ 因
此，弗雷泽与波兰尼一样，也将资本主义视为一种倒错的制度。"资
本主义社会倾向于把这些决定交给'市场力量'去支配。也许它们最
重要的后果和倒错特征，是把大多数重要事情的决定权让渡给货币价
值的估值工具。"⑤

　　马克思的资本主义体系是一个相互关联的整体，上面提到的前两
个特征指向资本主义经济体系的前提条件，第三个特征提示了资本主
义的本质，而第四个特征指向对资本主义社会的批判。弗雷泽指出，

---

　　① Nancy Fraser, "Behind Marx's Hidden Abode: For an Expanded Conception of Capitalism", in Penelope Deutscher and Cristina Lafont eds. , *Critical Theory in Critical Times: Transforming the Global Political and Economic Order*, Columbia University Press, 2017, p. 143.

　　② Nancy Fraser, "Behind Marx's Hidden Abode: For an Expanded Conception of Capitalism", in Penelope Deutscher and Cristina Lafont eds. , *Critical Theory in Critical Times: Transforming the Global Political and Economic Order*, Columbia University Press, 2017, pp. 143-144.

　　③ Nancy Fraser, "Behind Marx's Hidden Abode: For an Expanded Conception of Capitalism", in Penelope Deutscher and Cristina Lafont eds. , *Critical Theory in Critical Times: Transforming the Global Political and Economic Order*, Columbia University Press, 2017, p. 144.

　　④ Nancy Fraser, "Behind Marx's Hidden Abode: For an Expanded Conception of Capitalism", in Penelope Deutscher and Cristina Lafont eds. , *Critical Theory in Critical Times: Transforming the Global Political and Economic Order*, Columbia University Press, 2017, p. 144.

　　⑤ Nancy Fraser, "Behind Marx's Hidden Abode: For an Expanded Conception of Capitalism", in Penelope Deutscher and Cristina Lafont eds. , *Critical Theory in Critical Times: Transforming the Global Political and Economic Order*, Columbia University Press, 2017, p. 145.

一个社会如何使用其剩余是绝对核心的问题，它涉及社会剩余是用于资本的增殖还是用于家庭、闲暇、精神活动等。资本主义由于其价值自我增殖的冲动，必然颠倒生产性投资与生活性支出的关系。弗雷泽承认，马克思揭示的资本主义特征中包含着资本主义社会批判的内容，指向资本主义的"隐藏的居所"。但是，在马克思的理论中，资本主义的"后院"还不够深，在它之后还有"后院"，而她想做的是深入马克思的"后院"的"后院"，一探资本主义社会的究竟。

在弗雷泽看来，资本主义体系依赖于非资本主义的"背景条件"。波兰尼认为，市场经济依赖于自然、劳动力和货币这三个非市场的社会条件。弗雷泽也认为，资本主义社会依赖三个非资本主义的背景条件。其一是人类自然生存和再生产依赖的家庭、共同体等活动，包括家务劳动、情感关怀、抚育后代等人类再生产活动。"这一活动形成了资本主义的人类主体，维系其肉体的自然存在，同时还把他们建构成社会存在者，塑造他们在其中活动的习惯、社会本质或伦理。"① 其二是自然界。其三是一定的政治条件。弗雷泽指出："如果缺少为私人企业和市场交换奠定基础的法律框架，资本主义是不可设想的。它的'前庭'故事关键性地依赖于公共权力保障财产权、强制合同实施、仲裁争议、镇压反资本主义叛乱，用美国宪法的语言来说，还包括为资本主义提供血液的货币供给的'信托和信用'。"② 与经典马克思主义的经济基础决定上层建筑的观点不同，弗雷泽认为，历史地说，资本主义的政治权力不是直接来自资产阶级，而是由领土国家提供的，民族国家之间的竞争产生了现代的政治权力，就此而言，它也是资本主义经济依赖的非资本主义的背景条件。

弗雷泽认为，资本主义不仅是一种经济系统，而且是一种社会形态，这个系统的生产与再生产依赖于非市场或非资本主义的背景条

① Nancy Fraser, "Behind Marx's Hidden Abode: For an Expanded Conception of Capitalism", in Penelope Deutscher and Cristina Lafont eds., *Critical Theory in Critical Times: Transforming the Global Political and Economic Order*, Columbia University Press, 2017, p. 147.

② Nancy Fraser, "Behind Marx's Hidden Abode: For an Expanded Conception of Capitalism", in Penelope Deutscher and Cristina Lafont eds., *Critical Theory in Critical Times: Transforming the Global Political and Economic Order*, Columbia University Press, 2017, p. 150.

件。把资本主义的"前庭"与"后院"结合起来，可以阐述一个扩展的资本主义观念，或者说，讲述一个完整的故事：（1）资本主义经济生产和社会再生产的制度性分离使资本主义劳动剥削制度得以可能，为资本积累奠定了基础；（2）资本主义经济与政治的分离，也就是说，市民社会与国家之间的分离，使资本摆脱政治的控制而自由地跨国流动，获得了更大的剥削空间；（3）资本主义社会中人与自然的分离使自然失去其新陈代谢条件，资本对自然和地球的控制不仅造就了全球资本主义，而且催生出"星球资本主义"；（4）资本主义经济剥削与权力剥夺之间的分离产生出殖民主义和种族主义，造成了不平等的世界体系。弗雷泽相信，把资本主义的背景条件与其经济系统结合起来，或者说，把马克思关于资本主义经济系统的阐述与基于更广泛的社会人类学、社会学和政治学的资本主义社会概念结合起来，可以讲述一个更完整的故事：

为了充实我最初对资本主义的论述，我已经表明，经济的即"前庭"的特征，依赖于非经济的"后院"的条件。一个由私有财产权、自我扩张价值的积累、自由劳动市场、其他商品生产的投入以及社会剩余的市场配置所构成的经济体系，只有依赖三个关键的背景条件才能成为可能，它们分别是社会再生产、地球的生态和政治权力。因而，要理解资本主义，我们需要把"前庭"故事与它们的三个"后院"故事关联起来。①

在某种意义上，资本主义制度的变迁可通过市场领域与非市场领域之间关系的结构变迁来刻画。资本主义经历了三个阶段，即自由资本主义、福利国家资本主义和新自由主义资本主义。在自由资本主义阶段，市场领域与非市场领域是相互分离的。虽然工人依赖市场获得工资，但家庭与市场、人类与自然、市民社会与国家之间保持相对独立，人的再生产、自然的新陈代谢和政治权力并没有直接被卷入市场，它们只是在外部对资本主义生产和交换系统进行约束。在福利国

---

① Nancy Fraser, "Behind Marx's Hidden Abode: For an Expanded Conception of Capitalism", in Penelope Deutscher and Cristina Lafont eds., *Critical Theory in Critical Times: Transforming the Global Political and Economic Order*, Columbia University Press, 2017, pp. 151–152.

家资本主义阶段,即 20 世纪中后期的资本主义社会中,社会再生产的某些重要方面被转变成社会服务和公共物品,社会再生产领域非私人化了,但并没有完全被商品化。在新自由主义资本主义社会,资本主义又一次出现了大转型:

> 新自由主义把这些服务再私有化和再商品化,同时还第一次把社会再生产的其他方面商品化了。不仅如此,通过公共服务的强制性收缩,第一次使大量妇女被征募到低工资的服务业。它正在重绘把商品生产和社会再生产分隔开的制度边界,重新型构性别秩序。更重要的是,通过发起对社会再生产的大攻击,它正在把这些资本积累的背景条件变成资本主义危机的重要爆发点。①

马克思主义和左翼资本主义批判理论不仅着眼于解释资本主义的动力、机制和结构特征的变化,更重视对资本主义矛盾和反资本主义斗争的潜能的分析。弗雷泽的理论也是如此。受哈贝马斯影响,她认为,从福利资本主义到新自由主义资本主义的变化导致资本主义矛盾和冲突的领域发生了变化,资本主义矛盾和冲突主要不是发生在资本主义体系的内部,而是更多地产生于社会再生产与资本再生产的界面上,是"边界的斗争"。正如哈贝马斯所说的,"新的社会冲突产生于系统与生活世界的接合部"②,"新的冲突不是由再分配问题引起的,而是由生活形式的语法(grammar of forms of life)引起的"③,涉及的是市场之外的私人领域和公共领域的个人自主性与公共角色问题。与哈贝马斯把现代性的病症理解为抽象的"生活世界殖民化"不同,弗雷泽坚持认为,资本主义经济系统与其社会背景之间的矛盾是社会冲突的根源。

弗雷泽认为,资本主义社会的斗争和冲突有两种形式,一种是围绕着生活资料的控制和剩余价值的分配而展开的阶级斗争,另一种是

---

① Nancy Fraser, "Behind Marx's Hidden Abode: For an Expanded Conception of Capitalism", in Penelope Deutscher and Cristina Lafont eds. , *Critical Theory in Critical Times: Transforming the Global Political and Economic Order*, Columbia University Press, 2017, 2017, p. 148.

② Jurgen Habermas, *The Theory of Communicative Action*, Volume 2, Thomas McCarthy trans. , Beacon Press, 1987, p. 395.

③ Jurgen Habermas, *The Theory of Communicative Action*, Volume 2, Thomas McCarthy trans. , Beacon Press, p. 392.

围绕着资本主义社会再生产的条件展开的社会斗争。前一种可称为内部斗争，后一种可称为边界斗争。"这些边界斗争，正如我所称的，决定性地型构了资本主义社会的结构。它们在把资本主义视为一种秩序化的社会秩序中扮演着建构性角色。"① 表面上看，非经济的社会再生产背景在资本面前是软弱无力的，但是，由于市场经济对非市场领域的结构性依赖，非市场领域不可能对市场给它造成的破坏后果无动于衷。在此意义上，资本主义的"前庭"与"后院"之间的关系是不稳定的。"正像我们所看到的，资本主义生产是不能自我维持的；它无偿地利用社会再生产、自然和政治权力。然而，它趋向于无休止的积累，也威胁到它的可能性的条件本身的稳定。"② 也就是说，除经济危机外，资本主义还面临着生态危机、社会危机和政治危机，女性主义马克思主义、生态马克思主义和后殖民理论针对的正是这些经济危机以外的资本主义的社会危机。

总之，弗雷泽相信，"前庭"与"后院"的双重视角不仅对资本主义经济体系对工人的剥削、对非西方世界的压迫、对自然的剥夺等机制进行了批判性的诊断，而且也为反资本主义的斗争提供了思考方向。在这里，反资本主义的斗争比传统马克思主义设想得更广泛。"只要我们从'前庭'的故事看到'后院'的故事，所有对劳动的剥削而言不可缺少的条件都会成为资本主义社会冲突的焦点——不仅包括生产场所的劳动与资本的斗争，而且包括围绕着性别统治、生态、帝国主义和民主发生的边界斗争。"③ 在此意义上，一种扩展的资本主义理论也是一种扩展的反资本主义的斗争理论。

---

① Nancy Fraser, "Behind Marx's Hidden Abode: For an Expanded Conception of Capitalism", in Penelope Deutscher and Cristina Lafont eds., *Critical Theory in Critical Times: Transforming the Global Political and Economic Order*, Columbia University Press, 2017, p. 155.

② Nancy Fraser, "Behind Marx's Hidden Abode: For an Expanded Conception of Capitalism", in Penelope Deutscher and Cristina Lafont eds., *Critical Theory in Critical Times: Transforming the Global Political and Economic Order*, Columbia University Press, 2017, p. 157.

③ Nancy Fraser, "Behind Marx's Hidden Abode: For an Expanded Conception of Capitalism", in Penelope Deutscher and Cristina Lafont eds., *Critical Theory in Critical Times: Transforming the Global Political and Economic Order*, Columbia University Press, 2017, p. 158.

五 未完成的故事

弗雷泽的资本主义批判理论在当今学界受到了广泛的关注，在哈贝马斯和受其影响的社会批判理论家致力于讨论西方社会内部的规范、法律和民主问题时，她认真地面对资本主义的现实，致力于开拓资本主义批判理论的新空间。弗雷泽之所以执着于此，在很大程度上源于她作出的当今左翼理论存在局限性的判断。在她看来，今天西方世界形成了一个特殊的联盟，即"进步的新自由主义"联盟。它把两种力量结合起来，一方面是金融资本、信息技术、虚拟经济、后物质经济等新自由主义经济；另一方面是新左翼社会运动，如女性主义、反种族主义、绿色资本主义和多元文化主义。这是一种葛兰西意义上的霸权同盟，其中经济精英与文化精英一起鼓吹新资本主义经济，而把社会批判移植到文化领域，用文化政治、认同政治取代反资本主义的政治。① 弗雷泽试图扭转这一趋势。在她看来，资本主义仍然是主宰社会的力量，文化冲突、种族斗争和反殖民主义斗争的意义应该在反资本主义的斗争中得到理解，同时，反资本主义斗争也可以在与时俱进的资本主义批判理论中获得思想资源。

如何看待弗雷泽的理论？首先，她的理论不是孤立的。无论是卢森堡把非资本主义视作剩余价值的实现或扩大再生产的条件，还是詹明信把资本的欲望制造和对农业社会的渗透视为全球资本主义的特征，或者是哈维和内格里等人在更广泛的领域对异化和资本吸纳的讨论，甚至是马克思本人在《1844 年经济学哲学手稿》和《政治经济学批判大纲》中的大量讨论，我们都可以从中看出，资本与"他者"的关系早已进入马克思主义思想传统中。但是，在他们那里，资本与"他者"的关系没有主题化，或停留在较狭小的范围内。在这个意义上，弗雷泽明确提出资本主义批判的双重视角，即"前庭"故事与"后院"故事，无疑有其价值和意义。

---

① 参见［美］弗雷泽《进步的新自由主义还是反动的民粹主义：一个霍布森选择》，载［德］盖瑟尔伯格编《我们时代的精神状况》，孙柏等译，上海人民出版社 2018 年版。

其次，大部分马克思主义者与马克思一样，对资本与"他者"关系的讨论更多地着眼于资本主义体系如何生产出它的自我灭亡的条件，或者更关注资本主义与后资本主义的关系，把对资本主义的批判作为最后历史决战的准备，而弗雷泽的理论更多地着眼于如何介入反资本主义的斗争，如何实现资本主义的驯化。换言之，她更多地关注资本主义批判理论如何在反资本主义的常态化斗争中兑现其价值，这一点对于今天的左翼批判理论有着不可否认的意义。

再次，弗雷泽的理论框架有着较强的解释潜能。在她的理论中，作为资本主义背景条件的"后院"概念有三个结构性特征。第一，历史地看，资本主义依赖的人的再生产条件、自然条件和政治条件都有其各自的来源。人类的再生产活动，包括生育、抚养和教育活动，依赖于人作为生物有机体和社会存在物的人类学本质，它的作用和功能是可以独立于资本主义生产来理解与解释的。第二，资本主义生产与人类再生产条件之间的关系是人为的、不断变化的。如果说，资本主义总是依赖于不是由它产生的背景条件，资本主义就不是一个自足的体系，而是寄生性的存在，其合法性和正当性就是可疑的。第三，面对巨型资本主义体系，非资本主义的背景条件相对而言是脆弱的，不能避免资本主义的侵蚀和破坏。但是，这一领域并非完全是消极的，人类再生产的条件遭到破坏也就是资本主义长期生存依赖的条件遭到破坏，此外，资本主义将在社会领域、自然领域和政治领域遭遇抵抗和反对。因此，用"前庭"与"后院"的双重视角来解释资本主义矛盾和反资本主义斗争的可能性及其方向具有重要意义。

最后，需要强调的是，资本主义与非资本主义的关系问题是一个开放的问题，从卢森堡到弗雷泽，这一理论谱系并没有穷尽其全部内容。从理论逻辑上说，弗雷泽的"扩展的资本主义"观念所做的是反向溯源，即从当今女性主义马克思主义、生态马克思主义和后殖民理论中提炼出资本主义依赖的非资本主义背景条件，但资本主义还"搭便车"式地无偿使用了其他的背景条件，因此，她的"扩展的资本主义"观念还需要再扩展。在此我们仅仅谈几个方面。

吕克·博尔坦斯基和夏娃·希亚佩洛在《新资本主义精神》中

谈到，当20世纪大型的科层化资本主义陷入危机后，"新资本主义精神"就利用人们的个性、本真性、亲近自然等审美要求，塑造了当代扁平化的、小型化的和流动性的柔性资本主义。它不仅扩大了资本主义商品生产的空间，而且改造了资本主义的组织形式。它最诡谲的特征是利用反资本主义情绪为资本主义服务。这里所谓的反资本主义情绪包括人对自由、个性、独特性、审美等非资本主义方面的需求。在某种意义上，资本主义不仅"搭便车"式地依赖于家庭、社区等社会再生产条件，依赖自然无偿提供的资源，也无偿地利用人们对资本主义的不满和批判。"资本主义通过它承认批判的有效性，并通过把它结合到自己的机制中而使之成就自己：聆听批判所表达的要求，然后做一个通过产品和服务满足它们并能够出售它们的创业者。"[1]

人类的知识以及语言能力是人类生活依赖的条件，交往是人类的基本需要，人不仅是使用工具的动物，也是语言的动物；不仅是劳动的动物，而且是游戏的动物。交往是人类自我表达的活动，是人们劳动合作的条件。然而，在平台资本主义中，"当我们强调独特的观点和个人经历时，我们就充当了交往资本主义意识形态的工具"[2]。齐泽克认为，我们生活在资本主义的新圈地运动中。在新圈地运动中，不仅自然资源、矿产、土地等公共资源被圈占，连语言、文化等公共资源以及物种和人类的基因等资源也被私有化了。就此而言，不仅在经济意义上，而且在生存论意义上，人类的存在正在普遍地无产阶级化。[3]

总之，弗雷泽所说的资本主义在依赖非资本主义条件的同时又在其发展中不断地破坏这些条件，这一点有理论的必然性，但具体内容并不限于她阐述的那三个方面。在知识资本主义、加速资本主义、认知资本主义、游戏资本主义中，有更多的非资本主义领域被吸纳到资本主义领域中，资本主义系统同时既依赖又破坏的不仅是人的再生产

---

[1] Luc Boltanski and Eve Chiapello, *The New Spirit of Capitalism*, Verso, 2005, p. 443.

[2] Jodi Dean, *Crowdand Party*, Verso, 2016, p. 27.

[3] 参见汪行福《为什么是共产主义？——激进左派政治话语的新发明》，载《当代国外马克思主义评论》第8辑，人民出版社2010年版。

和社会化条件、自然和政治权力，也包括人的智力、语言、交往甚至个性和审美需求等方面。在此意义上，资本与"他者"的故事是一个开放的领域，资本主义批判是一个未完成的故事。

（已发表于《马克思主义与现实》2023 年第 2 期）

"诗意"消失的空间批判

——从列斐伏尔的"诗创实践"与"诗学革命"视角

车玉玲[*]

在高度现代化的当代世界中，如何"诗意"地栖居在繁华的都市中以及诗意的存在何以可能等问题，进入了 20 世纪哲学家们思考的视野。"诗意"是一种存在的状态，它常常与神秘、神性、超越、自由、感性、美等相关联，或者说是一种理性与技术规定之外的样态。正因为如此，在消费主义至上的当代社会中，最无力与无用的"诗意"被哲学家们赋予了新的内涵。众所周知，海德格尔用"诗意的栖居"描述了人的理想的筑居状态。而国外的一些马克思主义思想家们也分别从不同的角度赋予了"诗意"以新的意义和价值，甚至把抵抗物化与消费社会、变革发达资本主义社会制度的希望寄于此。学界却并没有对此予以足够的关注。原因也许在于西方马克思主义者们并没有直接使用"诗意"一词，比如布洛赫的希望哲学与乌托邦精神、葛兰西的新文化、马尔库塞的新感性等等，这些范畴都倡导一种不同于被技术所操控与规训的新的文化样态。笔者尝试以"诗意"来诠释该思潮中的这一特点，并从空间批判的视角探讨"诗意"在现代发达工业社会中消失的原因。

20 世纪中叶以后，当代最有影响力的西方马克思主义者亨利·列斐伏尔直接提出了"诗创化的实践"概念，以此作为他所理解的新马克思主义的起点，而且在他的著作《日常生活批判》的第 2 卷中，提

---

* 车玉玲，苏州大学哲学系教授。

出了一个新的概念："瞬间"（moment），在这里蕴含着"诗学革命"的思想，诗性的瞬间成为日常生活革命的可能途径。列斐伏尔直接提出了"诗意"在改变当代人的存在状态和空间问题的重要位置，"诗意"不仅跃升为他哲学中的一个范畴，而且成为实现变革与救赎的可能途径。

一　被遮蔽的"诗意"存在

"诗意"是人的本性之一，人除了具有动物的本性与生物特性之外，还具有超越性、精神性、创造性、神性等等，这些可以统称为形而上学的本性，这就是"诗意"存在的根源。同时，人还具有情绪与感性，要通过语言来表达他的内在不可抗拒的各种情绪。具体而言，"诗意"存在的本质在于人是能够意识到无限的有限者，人能够超越自身生物有限性的限制而与无限相连，这里的无限既包括人能意识到自身的短暂与宇宙的恒久，也包括人能以神圣为尺度来不断完善自身，与无限相连并接近，"诗意"就存在于有限与无限之间。然而，永恒永不可得，无限永难达到，必死的生命中有着无法消除的恐惧与绝望，同时也有狂喜、爱、希望、激情等等强烈的情绪，诗常常是最好的表达。然而，在当代的商品社会中，却已经没有了诗歌、诗人存在的条件与土壤，真正的诗与诸神一起成为回忆和背影。很多哲学家都思考与回答了作为人的本质的"诗意"是如何被消解与遮蔽的问题，他们分别从现代人的思维模式、语言、技术、商品等方面深刻地剖析了这一根源。

一般我们在谈到"诗意"的时候，总是和田园牧歌联系在一起，"诗意"与农耕社会之间存在着直接联系。因此，随着农耕社会的渐行渐远，"诗意"也随之丧失了。换言之，"诗意"的消失与现代性的进程是相伴生的。大地时代结束，而技术时代来临了，技术成为了支配现代社会的"座架"，这意味着技术在各个方面实现了对于现代社会的控制及其对于现代人的支配。技术不再作为人的本质力量的"持存"而"座架"了人的生活、社会、自然，同时技术不断地扩张并成为一种功利性的活动。技术所造就的社会与自然是明晰的、可计算的、功利的，这是一个完全没有"诗意"存在土壤的理性化的世界。当海德格尔看到美国的宇宙飞船登月发回地球的照片时，他更加惊慌而忧虑了，他在《明镜周刊》的访谈中说："一切都运转起来了。这恰恰是令人不得安宁的事，运转起来并且这个运转总是一个进步推动下一个进步运转起来，而技术越来越把人从地球上脱离开来而且连根拔起。"① 从大地上被连根拔起来的现代人，筑居于钢筋水泥的丛林中，"诗意"何来呢?

可以说，海德格尔主要是从"技术重塑了人及人的生活世界"这一视域深刻地剖析了"诗意"消失的原因，他表达了天、地、人、神共在的"诗意栖居"的理想，可是在海德格尔的哲学中，却缺少对于造成现代人空间问题的政治与经济方面原因的分析。作为海德格尔最优秀的学生，马尔库塞与他的老师在思想上分道扬镳的一个原因就是，他认为海德格尔关注的是缺少具体的社会条件的、孤独的此在个体。列斐伏尔也认为，海德格尔的"诗意栖居"思想是一种"右倾的""怀旧的"都市社会批判立场。② 正是在这一方面，当代西方马克思主义的空间批判理论比海德格尔更前进一步，他们从政治经济学批判的角度具体阐释了现代社会"诗意"丧失的现实因素以及恢复空间多样性与差异性的方法。

"诗意"作为人之本性的存在，一方面来源于人性之中对于无限性与超越性的向往，另一方面则来自大自然带给人类的惊诧，更具体来说，来自我们生活的世界。然而，我们周围的世界、我们筑居于其中的空间却已经千篇一律了。同质化的都市空间已经成为现代人生活的基本场所，高架路桥、商圈、社区、摩天大楼、休闲场所、修剪整齐的绿地等等，我们难以从建筑风格和民俗文化上区分出各地的差别，只能在刻意保留的古镇和供游客欣赏的民俗表演中感受到这个地方曾经独有的特色。自20世纪中叶，当代西方马克思主义用"空间生产"解释了产生这一后果的原因。1974年，列斐伏尔在《空间的

---

① ［德］海德格尔：《海德格尔选集》，孙周兴选编，上海三联书店1996年版，第1305页。

② Henri Lefebvre, *La Révolution urbaine*, Paris: Gallimard, 1970, p.111.

生产》一书中明确阐释了空间的资本化，空间本身成为资本与商品是当代社会的一个主要特征。当代的城镇化进程和超大都市的不断涌现，都是资本逻辑在发挥着至关重要的作用。空间不再仅仅是一个物理学意义上的"场所"，而是以资本的形式进入了流通领域，它们被买卖、炒作，成为当代资本主义的"新宠"，使剩余资本找到了新的投资方式，缓解了资本主义原有的矛盾。"资本主义通过占有空间以及将空间整合进资本主义的逻辑而得以维持和延续。"①

空间资本化带来的直接后果是当代都市空间的千篇一律，与此直接相关的另一后果是：由于城市的不断扩张，多样而丰富的大自然不断被蚕食、吞并乃至消失。早期的西方马克思主义者弗洛姆面对技术对于人的控制曾说："十九世纪的问题是上帝死了，二十世纪的问题则是人死了。"② 空间生产的直接后果是在全球不断涌现的当代社会，是大自然的渐行渐远与不断被吞噬。被空间生产改造后的自然空间，以资本的原则被塑造为一个个"产品"，这些产品可重复与批量生产，是一个被组织与规划出来的空间。随着这样空间的不断扩张，原生态的自然空间逐渐萎缩。我们知道，除了城市之外，乡村是人类生活的又一主要聚居地，并且人们通常把乡村当作一个休憩地与避难所，尤其是在战乱、瘟疫等盛行之际。但是，在当代社会，乡村成为城市的附庸，它不再代表另一种文化与生存方式，更多地成为大都市劳动力的补给站与生活资料的供应地。超大都市的出现，把更多的空间组织成一种可利用和控制的资本空间。这意味着现代人生活于其中的是一个无差别的人造空间，奥妙无穷的自然界渐行渐远，人们的"诗意"得以被激发的外在条件丧失了。

可以说，"诗意"的缺失与城市化的进程直接相关，在越是喧嚣与繁华的都市，越缺少"诗意"存在的土壤。"诗意"与都市真是互相矛盾而不能共存的吗？这个问题的提出促使我们思考：究竟什么样的城市才是理想的筑居状态。实际上，这些问题的答案已经蕴藏在中国当代的城市设计与建设中。中国共产党提出了"美丽中国"的新概

---

① Henri Lefebvre, *La Révolution urbaine*, Paris: Gallimard, 1970, p. 262.

② [美] E. 弗洛姆：《健全的社会》，孙恺祥译，贵州人民出版社 1994 年版，第 370 页。

念，把生态系统的维护与生态文明建设全面融入当代社会的发展中，当然也是当代城镇化建设的原则与方向。近十年来，中国城镇化的增长速度很快，因此，在城市化的过程中，建设什么样的城市、如何解决与规避已经出现的问题就成为一个迫切的任务。"美丽中国"与"美好生活"的提出就是对于同质化资本空间的纠偏，为"诗意"栖居的实现提供现实的可能。

二 "诗创实践"与诗创实践本体论

同质化的都市空间是人的实践活动的结果，因此我们需要重新思考实践，这不仅是恢复人之"诗意"存在的前提，更是回归到真正的人之存在方式的必要条件。当代学界对于实践进行了片面化的诠释，几乎把实践等同于物质生产本身，而忽略了实践中所具有的终极关怀的含义。在马克思所理解的实践范畴中，人的解放与理想社会的生成是实践的终极目标。但在资本现代性展开的过程中，这一维度被一些"追随者们"遗忘与舍弃了。列斐伏尔重新阐释了实践的含义，并提出了"诗创化实践"的概念。正是在这个意义上，有些学者认为，"他的元哲学明显地是马克思主义和存在主义的综合"①，"诗创化实践"成为列斐伏尔所诠释的新马克思主义的起点。概言之，列斐伏尔对于实践的理解是要突破仅仅从生产与劳动的角度理解实践的局限性，回到语言的人、游戏的人、日常生活的人这些更全面而本真的人的存在中，从这个角度理解的实践就是所谓的"诗创"（poiesis）。也就是说，实践中也包含着生产之外的人的广阔的日常生活中的其他体验，"爱、激情、身体、感受——充沛过剩的创造力、冲动激动与想象实践……诗创活动"②。

列斐伏尔的"诗创实践"概念兼具了存在主义与马克思主义的双重色彩。"诗创实践"就是存在本身在大地的展开与创造过程，就是

---

① Mark Poster, *Existential Marxism in Postwar France: From Sartre to Althusser*, Princeton: Princeton University Press, 1975, p. 257.

② Rob Shields, Lefebvre, *Love and Struggle*, *Spatial Dialectics*, New York: Routledge, 1999, p. 100.

人的身体对于周围自然物适应与再造的日常生活本身。在这里，这种适应不仅表现为对于时间、空间等自然物的改造，也可以理解为通常意义上由生产过程而造就的人化自然，更主要的是包含着这种适应过程的"剩余物"，如节日、休闲、体育活动、都市化等等。也就是说，除了适应与改造自然之外，还包含着人对于自身的生活以及社会生活的适应。实际上，马克思的实践观在其本来意义上是从对象化活动的角度来阐释的，这种对象化活动作为人的自由自觉的本质活动，当然不只局限于物质生产的领域，创造性、超越性、革命性乃至最终实现的人的自由与解放，都包含在人的实践活动之中。但是，正如列斐伏尔所指出的那样：马克思的追随者们完全将其遗弃了。发达资本主义"制作"出了一个强制的由工业生产组织起来的日常生活与同质化的都市空间，在这里，实践已经被片面化为一种单纯的生产活动本身，这直接导致了现代人存在的物化状态。因此，"诗创实践"的提出是对这种被操控的日常生活的反叛。

列斐伏尔的"诗创实践"作为人之存在的基本方式具有本体论的性质，他用诗创实践本体论代替了物质生产实践本体论。在他看来，这是对于马克思实践观念本意的恢复。马克思的实践概念虽然强调了物质生产的基础地位，但是马克思的实践理论是从古希腊的实践概念中来的，甚至应该回溯到前苏格拉底时代的实践概念。实践是一种非功利性质的道德活动。实践和制作是两种不同的活动，前者属于智慧领域，善是贯穿实践的目标，而制作则是一种科技理性的现实操作领域。马克思的实践哲学把二者统一起来，但是在这里隐含一个前提：实践的最终目标在于人的完整性的实现，制作应该与这一终极目标直接相关联，才是马克思实践概念的本来含义。这样，就与古希腊哲学中的实践目标具有了共同性。问题在于，随着技术原则的泛化，实践的技术化倾向完全阉割掉了它对智慧与善的追求，这一重要因素的遗忘，直接造成了当代的种种问题。

同质化都市空间的出现，正是这种实证化实践观念的结果。在这种实践观念中贯穿着两个主线：技术原则与资本逻辑，二者互相勾连造成了当代的这种空间形态。城市学家芒福德用"机械式的思维方式"来描述现代城市建设中遵循的技术原则。在城市空间的建设中，机械论中的规则、手段、目标等成为准则，城市是按照效率与实用的原则被筑造出来，精神与人文的内涵则被边缘化了。有机城市被机械城市所替代，于是，城市不再是一个"有机整体"，"城市从作为联合的工具，文化的避风港，变为了分崩离析的工具并日益对真正的文化构成威胁"①。另外，按照资本逻辑生产出来的当代都市空间，具有资本的属性，空间成为商品与资本增殖的新载体，效益最大与效率最高成为内在目标。货币成为城市中所有空间可以通约的衡量标准，资本拜物教成为现代人的新宗教。由于缺少具有统摄作用的文化内涵，文化变成各种杂糅的拼盘。在这样一个被规约与生产出的空间中，"诗意"不仅是多余的，也是不合时宜的。

三 "诗学革命"与差异化空间

空间批判的最终指向之一是实现人的理想的筑居之所，或者说"诗意"栖居。在这里，体现出了西方马克思主义的现实性。理论的最终目标是指向现实生活本身，"诗意"能够走出文学的表达范围而演变为"诗学革命"，成为一种现实的力量，就在于其理论自身的这种强烈的现实关怀。列斐伏尔提出，只有通过"诗创实践"造就一个差异性的空间，才能为人的"诗意"存在提供条件。为此，应该回到日常生活本身，而不是被资本所宰制的异化了的日常生活。列斐伏尔提出了"日常生活艺术化"："让日常生活成为艺术品！让每一种技术方式都被用来改变日常生活！"② 日常生活本身应该是不断地创造与"奇遇"，这是一个自我发现与自我生产的过程，而且是所有生产中最基本也是最高的一种形式，因为一切的生产最终都应该服务于人的生活与自身的完整，这是人的最本真的生活。

"诗创实践"这一范畴的提出与列斐伏尔的日常生活批判思想是直接相关的，"诗创实践"是与被异化的日常生活完全不同的理想的

---

① ［美］刘易斯·芒福德：《城市文化》，宋俊岭等译，中国建筑工业出版社2009年版，第329页。

② Henri Lefebvre, *Everyday Lifeinthe Modern World*, London：The Penguin Press, 1971, p. 204.

存在方式，"诗学革命"就是走出异化的日常生活的主要途径。在列斐伏尔看来，单调而重复的日常生活同时又是丰富而鲜活的，是一切意义、创造性、差异性、艺术性等等的来源。日常生活是一种与政治生活、经济生活等完全不同的另一个平台，是一种未分化的人类实践总体。日常生活具有"平庸与神奇"的二重性，富有"生动的态度和诗意的气氛"①。不过，在工业社会，日常生活本身的自然节奏被打断与改变了，在现代社会中日常生活的重复是按照技术的规则与生产的节奏进行的，而不是原始的、自然的节奏。不仅如此，随着消费社会的到来，商品观念已经浸染到日常生活的各个方面，现代人的日常生活已经完全被组织到消费社会的总体环节之中，只剩下单调的同质化重复，而原有的差异与"诗意"则消失殆尽了。日常生活本身已经具有了意识形态的虚假性质，并成为异化的基础与中心。被异化的不再仅仅是人的活动的产品，而是日常生活本身被技术与消费的"殖民"。"在现代世界里，日常生活已经不再是有着潜在主体性的丰富'主体'；它已经成为社会组织中的一个'客体'。"② 这意味着风格的消失与同质性的生成。在前现代社会中，日常生活中的每个细节都具有个性的痕迹，如传统、习俗、工具、建筑、语言、服饰、节日等等，但是随着商品与消费在一切领域中的扩张与入侵，一切都按照商品的形式被重新塑造了，商品以它的形象造就了一个新的世界，于是一个同质化的世界拔地而起。与风格一起消失的还有"诗意"，主体成为一种幻象。

面对如何从被异化了的日常生活的单调重复中脱颖而出，恢复日常生活的本真状态，重新让日常生活具有艺术的想象的问题，列斐伏尔在《日常生活批判》的第2卷中提出了一个"瞬间"的概念，"他将瞬间解释为'短促而决定性'的感觉（如狂欢、愉快、投降、反感、惊讶、恐惧、暴虐），它们在某些程度上似乎是对日常生活生存

---

① Henri Lefebvre, *Everyday Lifeinthe Modern World*, London: The Penguin Press, 1971, pp. 21-22.

② Henri Lefebvre, *Everyday Lifeinthe Modern World*, London: The Penguin Press, 1971, pp. 59-60.

中潜伏着的总体性可能性的一种揭露与启示"①。"瞬间"意味着一种断裂与新生，在这里蕴含着各种可能，突破了日常生活的重复，因此列斐伏尔认为，"瞬间是一种日常生活的拯救"②。"诗意"与"诗学革命"正是"瞬间"的形而上学的表达，它是一种对连续性的打断，是对异化的日常的逃离，是对麻木而平庸的日常生活的反叛。但是，"瞬间"并不是脱离日常而凭空产生的，它来源于日常生活。理想的日常生活的典型是节日，节日集游戏、集体性、自发性等于一体，它摆脱了日常的刻板与重复，打破了阶层的界限与空间的禁忌，而带有一种狂欢的快感。虽然节日并不是日常生活的常态，它只是日常生活中的一个"瞬间"，蕴含着一种颠覆性的力量，具有前工业社会中狄奥尼修斯式的酒神精神，反理性与反公式化，使人获得一种释放。在节日中，被遮蔽的"诗意"焕发出光彩，人才能超越异化的生活而恢复本真的自由自觉的存在状态。本真的日常生活本身应该是创造，艺术与日常生活的创造性融合才是"诗创实践"的根本。

西方马克思主义更加侧重于"文化革命"，列斐伏尔的独特之处在于没有从阶级和意识形态等视角去理解革命，而是从生活方式本身出发，力图恢复日常生活中的艺术性，去改变生活的方式与风格，这是对于异化了的生活方式本身的抵抗，而不仅仅是针对资本主义制度。应该说，这是一种更为根本的变革，是对当代消费社会所倡导的价值观与生活方式的全面抵抗。这一革命的内在动力不是阶级利益，而是人性中的"诗意"，这种"诗意"体现在日常生活中的"瞬间"、节日等等偶然出现的特殊时刻，这些恰恰是同质性日常生活中的突破口。诗学革命的目标是走向日常生活本身，而不是具有小资情调的文学活动。列斐伏尔的这一思想在西方的马克思主义中具有一定的共性，实际上，在这里蕴含着一种对于人的主体性的唤醒和人性中的精神属性的坚定的信任。作为具有超验的神性特质的人来说，是不可能彻底被物化的生活所淹没的。西方马克思主义在研究改变现实的力量

① 刘怀玉：《现代性的平庸与神奇：列斐伏尔日常生活批判哲学的文本学解读》，北京师范大学出版社2018年版，第478页。
② Rob Shields, Lefebvre, *Love and Struggle*, *Spatial Dialectics*, New York：Routledge, 1999, p. 66.

从何而来的问题时，除了对于现实的社会状况的分析，几乎所有的西方马克思主义的理论深处都蕴含着对于人性之中的善与形而上学本性的深深期待与信仰。"诗意"和"诗学革命"能够得以产生与爆发的根源并不完全来源于外部的世界，同时来自人本身。这也不仅仅指人性之中对于至善与完整性的追求。另外，在西方马克思主义空间批判的理论家们那里，更多地把反抗的起点寄予"身体"，在他们看来，与自然节奏相协调、具有自然生物属性的人的身体是不能被完全规训的，身体还保留着人类本真属性的特征，因而成为反抗同质性空间与异化生活方式的真正起点。

归根结底，一切的批判与革命最终都是为了人，恢复人的日常生活本真状态，使技术服务于生活而不是生活被技术所"座驾"。空间是日常生活的基本场所，把空间还给生活，而不是用于资本的增殖。换言之，以本真的日常生活为中心重建差异化的空间，才是改变的必要条件。"如果未曾生产一个适合的空间，那么'改变生活方式'、'改变社会'等都是空话。"① 以"诗意"为核心的"文化革命"与"诗创化实践"的最终落脚点是"差异性空间"的建构。"差异"（difference）是对于现代性思想中所倡导的同质性与单一化的反抗与解构，代表着多元、个性、"诗意"与审美。差异化空间建构的动力来自人的诗创化实践而引起的需要，以使用价值与文化表征相结合而进行的空间实践才能构建"诗意"的差异化空间。肯定差异就是肯定个性与艺术，只有差异化空间"才能消除抽象空间同质化的危害，重构被抽象空间击碎的空间有机体，终结抽象空间将个体与社会肌体有机整体性割裂的局限"②。差异化空间是理想的空间形态，它与抽象空间有着本质区别。同样都是人类实践活动的产物，抽象空间是资本主义的政治经济空间，是以牺牲日常生活为前提的压迫性空间，它以资本逻辑为原则，以维护统治为目标，把空间抽象化为权力的工具。抽象空间是一个支配性、控制性与权威性的空间，同质化成为具有普世性的统一标准，个体被视为工具，生命的意义沦落为对物质的追求，

① 包亚明主编：《现代性与空间生产》，上海教育出版社 2003 年版，第 47 页。

② H. Lefebvre, *The Production of Space*, Oxford：Blackwell Press, 1991, p. 52.

西方马克思主义者马尔库塞形象地把这样的景象称为"单向度的社会"与"单向度的人"。因此，差异化空间建构不仅具有文化上的内涵，也是变革资本主义生产方式的政治途径。

应该指出的是，以列斐伏尔为代表的空间批判的理论家们并没有天真地把希望仅仅寄托于诗学革命与"诗意"的瞬间上，对此他们并没有像福柯那样认为现代人已经无可反抗。他们一方面看到了"诗意"在人的存在中所具有的革命可能；另一方面，他们还从政治经济学批判的视角分析了空间生产自身中所蕴含的反抗力量，这是更直接、现实的物质力量。在空间压迫最严重的地方，恰恰也蕴含着最强烈的反抗力量，因为未来的革命应该是空间革命，是对于空间控制权也就是哈维所说的城市权利的争夺。但是，不论现实的状况如何，对于人之存在中诗意本性的期待以及以这种本性为根基的"诗创实践"的阐释，不仅改变了人们以往对于"诗意"的认识，而且对于深陷物化中的现代人来说，也是一条可能的拯救途径。在西方马克思主义这里，"诗意""诗创化实践""诗学革命"，不再只是文学范围内的风花雪月，而是具有了现实的物质力量与政治色彩，直接指向人之存在的根本——变革日常生活本身与建构差异化的空间，实现社会的变革。同时，诗创化实践的提出，在一定程度上拓宽了以往对于实践概念的理解范围，代表了不同于以资本为核心的新的文明类型，直接指向塑造全面发展的自由人的生成。

当代西方马克思主义的理论对于我们的时代病症的诊断是敏锐而深入的，"诗创化实践"与"诗意革命"的提出，直接为物欲横流的当代社会和资本逻辑下的空间生产提出了解决方案。但是，这种思想依旧停留在理论之中，而没有成为现实的力量。比较而言，我国的社会实践却是先于理论而践行的。自改革开放以来，根据国内国际的现实情况，中国政府不断调整发展观，从"科学技术就是第一生产力"到"可持续性发展观"到全面以人为本的"科学发展观"，发展观念不断调整，对于中国社会的发展实践起着至关重要的作用。在这个过程中，逐渐建构了具有中国特色的"中国道路"。其中，在对于空间改造的实践活动中，无论是城市还是乡村都发生了根本转变，绿色、生态、共享、生命共同体成为当代中国空间实践的主要指导思想。这一转变不仅改变了以往空间资本化的程度，而且使城市与"诗意"的共存成为一种现实的可能。

（已发表于《社会科学辑刊》2021 年第 6 期）

主体的再启蒙何以可能?*

——《启蒙辩证法》中启蒙界限超越路径的批判性分析

王众凯**

在《启蒙辩证法》中,霍克海默、阿多诺揭示了启蒙走向自我毁灭和启蒙超越自身界限的双重辩证法。第一重辩证法常常为人津津乐道,这无疑反映出霍克海默、阿多诺对历史的深刻洞见,但是第二重辩证法却隐藏在文本的字里行间,需要深入的文本分析才能厘清其理论逻辑。简言之,关于启蒙超越自身界限的路径,霍克海默、阿多诺认为,要对启蒙展开批判性反思,要摒弃极致的启蒙和虚假的启蒙,以"确定的否定性"为基础完成主体性的重构,将批判性的思考置于不断批判和建构的动态实践中,以实现主体的再启蒙。但是,如果我们将理论目光从文本转移到实践则不难发现,超越启蒙界限的路径始终面临着现实困境,即文本对主体的影响往往作用于精神层面,而在实践中实现主体再启蒙是否可能、是否存在可行路径等问题仍需进一步探索。面对这一现实困境,我们需要首先确认启蒙出场时的理论定位和发挥作用的实践场域,也就是说,我们只有明确了启蒙界限之所以存在的前提与核心,才能重新思考主体的再启蒙何以可能并重新建构一条超越启蒙界限的路径,即从受现实条件制约的实践的偶然性中分离出达致规范性目的的一条可能性路径,进而借助马克思主义的方

* 本文系江苏省研究生科研创新计划项目"中国式现代化理论体系对历史唯物主义的原创性贡献研究"(项目编号:KYCX23_ 3190)的阶段性成果。

** 王众凯,苏州大学哲学系博士研究生。

法完成由理论到实践的飞跃，现实地走出一条超越启蒙界限的实践路径。

一　主体的再启蒙：《启蒙辩证法》 对启蒙界限超越路径的论述

在《启蒙辩证法》一书中，霍克海默、阿多诺通过极大篇幅揭示了启蒙因自我界限即启蒙自身的内在毁灭趋势而必然招致灾难。他们在 1944 年出版此书时所撰写的前言中指出："我们本来的计划，实际上是要揭示人类没有进入真正的人性状态，反而深深地陷入了野蛮状态，其原因究竟何在。"① 这一问题相当有难度，实质上是在尝试对如下问题作出解答：世界为何并未在启蒙的指导下得以重建新的秩序，反而在旧有秩序被打破后，进一步陷入混乱的局面？霍克海默、阿多诺指出，对于这一问题，我们仍需回到启蒙自身中寻找答案，"掌握着自身并发挥着力量的启蒙本身，是有能力突破启蒙的界限的"②。

首先，思考这一问题的前提是跳出《启蒙辩证法》这一文本的内容，从文本的理论场域转向实践场域，去思考其文本本身所存在的意义。哲学需要在现实的实践中对自身进行追问，找到具有标志价值的某一事件，这一事件便是批判性的反思形式。这一批判性的反思形式的最终旨归可以被理解为谈论哲学的归属问题，正如福柯所指出的，"归属某些'我们'的问题和归属于与它自身现实性的特有文化总体的某类我们的问题"③。但是，这里的我们并非按照人类社群的区分而归属的，即不是从阶级属性、人种属性等外在因素区分的归属，而是一种对哲学问题自名的"我们"的归属。具体而言，《启蒙辩证法》的文本本身就是一种批判性的反思形式，其探讨的"我们"的问题实质上是将自身论述的哲学归属进现代性的问题域中，即在自身

---

① ［德］霍克海默、阿多诺：《启蒙辩证法》，渠敬东等译，上海人民出版社 2003 年版，第 1 页。

② ［德］霍克海默、阿多诺：《启蒙辩证法》，渠敬东等译，上海人民出版社 2003 年版，第 192 页。

③ ［法］M. 福柯、于奇智：《什么是启蒙运动?》，《世界哲学》2005 年第 1 期。

哲学建立过程中，其所依托的现实性的文化是属于现代性的文化。换言之，《启蒙辩证法》一书中所反思的启蒙本身是现代性问题域中的问题，这种反思本身就是对现代性问题解决方案的一种探索，进而这种探索本身就是对自身以及自身所处的现代性历史条件的重新认识。因此，只有将《启蒙辩证法》的文本本身视为一种批判的反思形式，一种思想介入实践的方式，才能在文本分析的基础上，理解为何启蒙本身拥有突破启蒙界限的能力。在这个意义上，启蒙的第二重辩证法才得以显见。

其次，通过重新梳理《启蒙辩证法》的文本内容，可以确证其是一种批判性的反思形式，进而指出这种批判性反思形式的标志价值。一方面，《启蒙辩证法》一书中所谈的启蒙，并未像传统对启蒙的理解一样，所思考的是启蒙促进了人类进步与否等问题，而是将矛头指向了"启蒙"本身。《启蒙辩证法》一书的主旨是通过"启蒙的辩证法"来分析启蒙的界限何在，进而指出在启蒙内核中所内蕴的自我毁灭向度，以及启蒙超出自我界限之后所造成的负面作用，即指出了启蒙对人的控制，揭露了人类异化的生存境况的根源正是启蒙自身。因此，完成了对"辩证法的启蒙"的论证的《启蒙辩证法》一书，在实践场域中才能成为一种追问自身现实性的事件，即一种批判性的反思形式。另一方面，《启蒙辩证法》对启蒙的界限所作出的分析与论证是显著有效的，即这种批判性的反思形式具有标志价值。这种标志价值分为三种：回忆标志具体指一件事物在过去一直起作用，证明标志具体指一件事物在现在正在起作用，预后标志具体指一件事物在将来也会起作用。因此，《启蒙辩证法》一书中所体现的回忆标志表现为其揭示了启蒙和神话辩证关系背后始终起作用的权力和统治；证明标志表现为其揭露了这种权力关系和统治关系在当下社会仍然存在，并以总体的程式化的理性秩序对全社会的控制与统摄表现出来；预后标志则表现为一种无法被规避的命运的循环，启蒙在与神话的纠缠中一直受到权力的制约，启蒙自以为能够取消统治权力的压迫，最后却反过来成为了一种压迫的权力，因而人不得不崇拜那些曾奴役他们的事物，启蒙作为一种新的统治力量支配万物。

再次，《启蒙辩证法》对启蒙的类型进行了界定与区分，指出造成当下主体异化境遇的启蒙是极致的启蒙和虚假的启蒙。极致的启蒙本质上讲是一种理性至上主义，意图将理性视为否定一切传统、重构一切价值的标准，而建立在被否定事物之上的是一种崭新的理性秩序，因而不可避免地会沦为一种先验的启蒙"神话"。这种极致的启蒙表现为对一切价值进行质疑，一切价值都被归于自我的有用性，因此其推崇的理性是一种功利主义的工具理性。恩格斯曾指出："以往的一切社会形式和国家形式、一切传统观念，都被当做不合理性的东西扔到垃圾堆里去了；到现在为止，世界所遵循的只是一些成见；过去的一切只值得怜悯和鄙视。只是现在阳光才照射出来，理性的王国才开始出现。从今以后，迷信、非正义、特权和压迫，必将为永恒的真理、永恒的正义、基于自然的平等和不可剥夺的人权所取代。"① 因此，极致的启蒙在现实当中常常体现为一种强行推进启蒙进程的思潮。这一思潮根本不考虑具体的社会历史条件能否满足启蒙进程的基本要求，也不考虑强行推进启蒙进程所带来的后果和影响。虚假的启蒙则是一种主观主义，其在主观上将自身所秉持的标准视作真理，进而怀疑乃至否定其他一切理论。在贯彻这种虚假真理的过程中，其以同一性逻辑对一切原有的价值规范进行批判，凡是不符合这种标准的，往往会被其以近乎野蛮的手段加以排除。这种虚假性有两种来源：客观因素和主观因素。前者指主体被外在于自身的"假象"所蒙蔽，进而造成了对虚假真理的狭隘或偏执；后者则指主体为了个体或所在集体的利益而对虚假真理的坚持，又或是由于主体的懵懂无知而造成了对虚假真理的崇拜。在现实表现中，二者并没有明显的区分和明确的界限，时常是以"启蒙"的形式混杂在一起出现，而这一"启蒙"并不会反思主体自身的标准，常常固执己见且总是尝试扩张自身标准的解释范围，认为作为客体和他者才是需要进一步启蒙的对象。因此，所有形式的"启蒙"，无论其本质上是极致的启蒙，抑或是虚假的启蒙，都丧失了批判的向度，无法真正突破启蒙的界限，都是需要被摒弃的。

最后，为了超越启蒙的界限，霍克海默、阿多诺在《启蒙辩证

————————

① 《马克思恩格斯文集》第 3 卷，人民出版社 2009 年版，第 524 页。

法》中提出需要以"确定的否定性"为基础完成主体的再启蒙。主体的重构是主体再启蒙的重要途径，无论是在极致的启蒙中，抑或是虚假的启蒙中，主体都丧失了批判的向度，因此需要以"确定的否定性"为基础重构主体性。霍克海默、阿多诺指出："黑格尔通过'确定的否定性'这一概念，揭示出了把启蒙运动与其所谓的实证主义倒退区别开来的因素。"① 一方面，"确定的否定性"的丧失使得理性占据了中世纪神学原有的位置。具体而言，启蒙通过张扬主体的理性，为主体作为世界和社会的确定性提供了保障，其实质上取代了中世纪神学在形而上的地位，并通过以数字原则为基础的实证科学占据了形而下的地位。因此，人作为启蒙主体，却屈从于理性和现实，启蒙沦为新的"神话"，批判性的缺乏使得启蒙陷入了一种悖论之中。另一方面，"确定的否定性"的重新找回仍在于主体的再启蒙，而主体的再启蒙意味着摆脱主体对既定现状的盲目崇拜。"因此，对既定事物本身的理解，不仅要理顺那些可以恰好把握事实的抽象时空关系，而且要反其道而行之，把这种关系只看作是纯粹表面的东西，看作是只有在社会、历史和人类的发展意义上才能被实现的中介概念因素等等，所有这些认识都得放弃。认识的任务不在于单纯的理解、分类和计算，而在于对每一种当下之物加以明确否定。"② 知识并非停留在事物的表面，即运用数的原则对其进行抽象分析和计算即可，它要求自觉进入社会现象内部，认识到其本身是社会历史条件所中介的结果，进而把握其既定形式的有限性。

总而言之，所谓"掌握着自身并发挥着力量的启蒙"，指的并不是极致的启蒙和虚假的启蒙，而是一种合理的启蒙。这种合理的启蒙仍然以理性为基础，批判性的思考应成为启蒙的核心环节，即把所有问题放置在理性的思考下进行不断地反思和追问，并在思想的每一进程中都自觉反思自身的有限性，通过每一进程中既定思想的矛盾运动而走向下一个环节。换言之，合理的启蒙应当拒斥一切超验的确定

① ［德］霍克海默、阿多诺:《启蒙辩证法》，渠敬东等译，上海人民出版社2003年版，第18页。
② ［德］霍克海默、阿多诺:《启蒙辩证法》，渠敬东等译，上海人民出版社2003年版，第20页。

性，真正地"从天国落到人间"，自觉进入社会现象内部，认识到启蒙本身就是历史思想环节所中介的结果，进而把握启蒙既有形式的有限性和时代性，需要对已有的启蒙形式进行反思、批判和重构。而主体的再启蒙在这种合理的启蒙的概念基础上，才有了在理论层面上实现的可能。

因此，在《启蒙辩证法》一书中实质上包含了两重辩证法，第一重辩证法是对现实难题的理论回应，而第二重辩证法则尝试为这一难题寻找出路。主体的再启蒙就是这一出路，是《启蒙辩证法》中突破启蒙界限的超越路径。但是，正如哈贝马斯所言："《启蒙辩证法》根本就没有告诉我们如何摆脱目的理性的神话暴力。"① 主体的再启蒙只是一种理论上解决问题的尝试，如何使理论在实践中具体落实仍是需要进一步思考的问题。

二　再启蒙何以可能？
——超越路径的现实困境

通过对启蒙超越路径的重新审视，可以发现霍克海默、阿多诺提出的突破启蒙界限的路径仅仅是理论层面的，他们并未给出具体的实践方案。换言之，《启蒙辩证法》所提出的突破启蒙界限的设想和方案存在着亟待解决的现实困境，在实践中主体的再启蒙何以可能，则需要进一步探讨。

探讨的第一步是确证这一困境。面对《启蒙辩证法》所提供的启蒙的超越路径，常见的批评有三种。第一种认为霍克海默、阿多诺对启蒙的理解是片面的，并没有对启蒙作出完备而全面的考察。因此，在问题的解决上陷入困境是自然而然的结果。第二种认为霍克海默、阿多诺"沉溺于对理性的任意怀疑之中，而没有去思考怀疑自身的理由"②。批判的前提是保留一种"解释一切理性标准的堕落"的标准，

---

① ［德］哈贝马斯：《现代性的哲学话语》，曹卫东译，译林出版社 2004 年版，第131 页。

② ［德］哈贝马斯：《现代性的哲学话语》，曹卫东译，译林出版社 2004 年版，第150 页。

而如果霍克海默、阿多诺思考了这一问题，就能够意识到在批判所谓"终极性"时，启蒙就已经陷入了以标准批判标准的悖论。第三种认为霍克海默、阿多诺提出的超越路径始终在思辨的框架之内，并没有指向现实的实践方案。文本对主体的影响往往作用于精神层面，这一影响能否通过"确定的否定性"的找回来影响实践呢? 就算基于否定性的再启蒙有可能，那么在文本与主体理解的关系上，或者称之为文本意义解释的过程中，依旧可能存在普遍化和简单化的问题。总体而言，这三种对《启蒙辩证法》所提出的启蒙界限的超越路径的批评都是在质疑主体的再启蒙何以可能，这一超越路径的前提、标准以及实践路径都需要进行进一步的研究和思考。

探讨的第二步是回顾这一困境的理论表现。但是这种回顾不同于上文所做的文本重读式的回顾，而是进一步思考在理论意义上突破启蒙界限何以陷入困境。对于这一问题的思考可以追溯到哈贝马斯对霍克海默、阿多诺与尼采所作的对比性分析。通过界分霍克海默、阿多诺对"启蒙辩证法"的批判与尼采对"反启蒙"的"新启蒙"的思考之间的区别，哈贝马斯指出二者都陷入了批判启蒙的悖论。第一，霍克海默、阿多诺与尼采之间的理论联系是显而易见的。同"启蒙辩证法"的论证一样，尼采对于启蒙与反启蒙的看法也是辩证性的: "启蒙与反启蒙的关系是很容易被颠倒的: 反启蒙可以充当启蒙的原因，而启蒙也完全可以导致一种新的蒙昧主义。"[1] 霍克海默、阿多诺也承认，尼采"就是自黑格尔以来能够认识到启蒙辩证法的少数思想家之一"[2]。第二，尽管二者都对启蒙采取了辩证的理解，但是关于现代性的考察视角，二者却有所不同。尼采赞扬审美现代性，将趣味提高为超越真理与谬误、善与恶的标准或"认识"工具。这样，对于确定性的追求就丧失了意义，标准的有效性沦为一种基于审美趣味的偏好，价值判断的必要性被消除，理性在此意义上就与权力相等同。因此，肯定性和否定性都失去了意义，权力意志和权力的颠覆意志在权

① ［德］施密特:《启蒙运动与现代性: 18 世纪与 20 世纪的对话》，徐向东等译，上海人民出版社 2005 年版，第 26 页。

② ［德］霍克海默、阿多诺:《启蒙辩证法》，渠敬东等译，上海人民出版社 2003 年版，第 36—37 页。

力谱系学的理论基础上获得了原先矛盾和批判的地位。但是，尼采关于权力意志和颠覆意志的主动与反动学说只能为后现代主义开辟空间，而无法为突破启蒙的界限提供帮助。因为尼采对启蒙的批判是基于一种文化批判的标准而进行的意识形态批判，但是这种保留一种标准以解释一切理性标准失格的"终极性"批判，终究难免陷入批判自身有效性前提的困境。第三，霍克海默、阿多诺与尼采不同，他们"激化和公开不断自我超越的意识形态批判的内在矛盾，而根本没有想从理论上去克服这一矛盾"①，最终选择了从"确定的否定性"的角度去完成实践中主体的再启蒙。但是，哈贝马斯指出，这种"付诸实践的矛盾精神，是残余下来的'毫不妥协的理论精神'。这种实践如同诅咒，目的是要把冷酷进步中的野蛮精神转变为'它自身的目标'"②。可以看出，哈贝马斯认为，霍克海默、阿多诺超越启蒙的理论设想实质上是一种继承了本体论遗产的意识形态批判，这一尝试中的再启蒙的实践实质上预设了一种遮蔽，而对于遮蔽的预设是归属于区分存在与表象的本体论思维当中的。

探讨的第三步是回顾这一困境的现实基础。从本质上讲，霍克海默、阿多诺所论述的启蒙界限的超越路径存在现实困境的原因是现实中物质基础的匮乏和革命条件的缺失。正如福柯所言："哲学……要在这种现实性中同时找到自身的存在理性和它所说的东西的基础。"③换言之，哲学需要在实践的现实性中追问自身存在的基础，需要在具体的社会历史条件中找到自身的出场形态。而在霍克海默、阿多诺提出问题的当时，资本家与工人之间的对立已不像此前马克思和恩格斯所处的年代那样尖锐。此前资本家为了尽可能多地剥削劳动者的剩余价值，总是尽一切可能使工资维持在保证工人生存的最低水平，但是在"福特制"诞生以后，情况有所好转。这并非资本家良心发现，而是根源于"福特制"这一资本主义生产方式的根本需求，即资本进

---

① ［德］哈贝马斯：《现代性的哲学话语》，曹卫东译，译林出版社 2004 年版，第 148 页。

② ［德］哈贝马斯：《现代性的哲学话语》，曹卫东译，译林出版社 2004 年版，第 148—149 页。

③ ［法］M. 福柯、于奇智：《什么是启蒙运动?》，《世界哲学》2005 年第 1 期。

一步扩大再生产需要工人能够忍受更高强度的劳动和消费更多数量的商品。因此，虽然当时工人的工资水平相较此前有所提升，但代价却是丧失了工作中的所有权利，屈从于工作时间内的严格的劳动纪律。"福特制"代表着资本主义生产的新形式，这种新形式能够缓解产品过剩引发的经济危机。同时，在消费领域中工人相对自由，面对琳琅满目的商品，工人的革命意识与阶级意识在资本"蜜罐"和"奶嘴"的腐蚀下已无法达成统一，劳资关系也趋于缓和。总体来看，资产阶级对于外在自然和内在自然的征服趋于隐蔽，霍克海默、阿多诺"当时所依据的理论以及他们的意识形态批判方法都失去了意义"①。

　　基于这一探讨，可以发现《启蒙辩证法》所提出的突破启蒙界限的路径确实存在困境，主体的再启蒙在实践中确实面临实现的难题。但是，需要注意的是，当前的社会历史条件与《启蒙辩证法》成书时相比已然发生了诸多改变，现实基础的变革使得这一现实困境有了解决的可能。因此，需要重新回顾启蒙的发展历程，基于当前的社会历史条件重新探索突破启蒙界限的路径，在实践中实现主体的再启蒙。

三　偶然性中的可能性：超越路径的理论重构

　　在重新建构突破启蒙界限的路径之前，需要对作为理论概念的启蒙的起源和发展作一完整回顾，这是对超越路径进行理论重构的必要前提。哲学史上首次对"什么是启蒙"这一问题进行追问，肇始于1783年策尔纳一篇文章的脚注中。随后，门德尔松和康德都撰文对这一问题作出了自己的解答。根据施密特的考证，"在18世纪结束之际，对'什么是启蒙?'这个问题的回答目的是要探讨公共讨论、宗教信仰和政治权威之间的关系"②。

　　回顾启蒙在18世纪的发展进程，可以发现关于启蒙的内涵之所以缺乏一个明晰的界定，是因为启蒙在"理性的公共使用""理性与

---

　　① ［德］哈贝马斯：《现代性的哲学话语》，曹卫东译，译林出版社2004年版，第149页。

　　② ［德］施密特：《启蒙运动与现代性：18世纪与20世纪的对话》，徐向东等译，上海人民出版社2005年版，第2页。

信仰"以及"理性在政治领域的具体落实"这些问题域内的不断游移。如果学界旨在对启蒙在不同论域间的游移过程进行历时性梳理，则必然指向一种历史学意义上的启蒙运动研究。换言之，对启蒙过程的梳理实质上就是对启蒙作一直观理解，将其作为启蒙运动即呼唤"理性"的主体的解放运动所弘扬和追求的人和理性。基于这种理解，对启蒙的研究就被直观化为一种研究启蒙在世界上不同地域所表现出来的不同特质和表现，最终体现为一种对启蒙运动历史进程进行回顾的国别研究。

而与对启蒙作一直观理解不同的是，从哲学上对启蒙的内涵展开解读，即将启蒙视为具有整体图景的普遍性、世俗性的思想倾向，强调启蒙区别于此前中世纪神学的特征，如注重理性和科学、反抗权威和偏见等所谓"启蒙精神"。正如卡西尔所说："一切对启蒙运动的历史叙述，都必须从这些观点入手，因为只有这样，才能找到打开个别信条和学说之迷宫的可靠钥匙。"① 固然，基于这种理解，对启蒙的研究实质上摒弃了从个别国家和特殊领域研究启蒙所带来的局限性，但是，将启蒙看作一种整全的"启蒙精神"，实质上是将启蒙作为一种与信仰相对的新的问题来看待的。换言之，启蒙哲学试图建立起对启蒙的一般抽象，并用这种观念上的启蒙完成对信仰的否定与超越，即用大写的人和大写的理性代替大写的神和大写的信仰。

但是，对于启蒙问题的上述两种理解，并不能使我们找到对超越路径进行理论重构的可能。前者始终纠缠于细枝末节，而后者试图代替上帝，成为主宰人类精神的新信仰，这也是霍克海默、阿多诺在《启蒙辩证法》中着力指出的悖论。因此，只有在合理理解启蒙内涵的前提下，从理论层面对启蒙本身进行追问，才能对超越路径进行理论重构。这一追问涉及三个方面：其一是启蒙历史发展的现实前提；其二是启蒙概念发展的理论前提；其三是启蒙自我出场的认知前提。但是，需要注意的是，这三个方面固然可以在逻辑上加以区分，但在理解上却不能清晰地截然分开。

首先，厘清启蒙的历史发展是理解启蒙内涵的现实前提。启蒙在

---

① ［德］E. 卡西勒：《启蒙哲学》，顾伟铭等译，山东人民出版社 1988 年版，第 6 页。

历史中的现实出场有一基本前提或语境转换，这一转换在历史现实的发展进程中呈现出一种持续性的变革状态。具体而言，启蒙最早可追溯到 15 世纪的文艺复兴运动，随着 16 世纪的宗教改革运动得以继续发展，而在 17 世纪，笛卡尔树立起的主体形而上学改变了人们对世界的看法①，最终在 18 世纪以启蒙运动的形式达致其历史发展的高峰。但是，这种启蒙并非凭空产生，而是有其现实依据，即"西方的启蒙运动是信仰主义危机的产物"②。基于历史的现实发展，启蒙提倡的人和理性是相对于上帝和信仰而存在的。因此，可以说一种信仰危机"对于整个欧洲的启蒙思想而言，并不是发生于一个地方、产生一种影响的思想转变，它更多地意味着人类思想发展的整体脉络中一个转折性环节"③。而启蒙就在这一历史的转折性环节中出场，其基本概念的形成、变化和发展蕴含在从大写的神、大写的信仰到大写的人、大写的理性的语境转换过程中。

其次，梳理启蒙的概念发展是理解启蒙内涵的理论前提。启蒙的概念在康德那里是"人从他自己造成的不成熟状态中挣脱出来"④，在霍克海默、阿多诺那里是"要使人们摆脱恐惧，树立自主"⑤。因此，可以从两个不同的角度去考察启蒙：一是人及社会在启蒙的作用下摆脱束缚，得以发展进步；二是指人运用自身理性独立思考。而无论基于哪种角度来看待启蒙，此前近千年的"黑暗时期"已经完全无法掩盖启蒙的光芒，中世纪一切理论和思考的前提，即上帝的存在，已经被启蒙放在理性的范式中去思考、分析乃至论证。从这一角度来说，启蒙带来了一种对宗教和信仰的权威的破除和批判，上帝已经在理性的问题域中失去了绝对权威和无上尊荣，因此，"上帝之死"在启蒙的时代中成为了一个事实。但是，需要注意的是，"上帝之死"成为理论事实并不意味着"上帝"观念从此消失，成为了被光明祛除

---

① 参见［德］E. 卡西勒《启蒙哲学》，顾伟铭等译，山东人民出版社 1988 年版，第 1 页。

② 邓晓芒：《西方启蒙思想的本质》，《广东社会科学》2003 年第 4 期。

③ 夏莹：《启蒙哲学的双重属性与马克思的解放逻辑》，《学术月刊》2021 年第 10 期。

④ ［法］M. 福柯、李康：《什么是启蒙？》，《国外社会学》1997 年第 6 期。

⑤ ［德］霍克海默、阿多诺：《启蒙辩证法》，渠敬东等译，上海人民出版社 2003 年版，第 1 页。

的黑暗。从理论层面上看，"上帝之死"反而作为一种思想道标竖立在思想史和哲学史中，成为了无法回避的背景性问题，而启蒙正是在这一历史环节的转折过程中获得了自身的规定性。因此，"上帝之死"为此后哲学史的发展提出了两个问题："第一，认知确定性失去其超验性的保障，从而形成了一个形而上学层面上的理论空场；第二，人作为世界以及人类社会自身的确定性的可能性保障正在拓展其普适性范围。"①

最后，明确启蒙的自我出场是理解启蒙内涵的认知前提。具体而言，应当将启蒙在历史中的现实出场作为一个事件来看待，并进一步思考启蒙本身所存在的意义。正如福柯所言："启蒙是一个或一系列事件，是一系列复杂的历史过程，定位在欧洲社会发展过程某一特定的节点之上。"② 这种观点是指，启蒙并非以一种社会制度、一种政治制度、一种知识形式乃至一种理性实践形式就能予以全部概括的，要摒弃对启蒙的具象化理解。哲学从来没有超越过现实，因此，对启蒙的追问并非启蒙在何种地域呈现出何种特质，也并非启蒙在何种意义上成为哲学思想的一个案例，而是对哲学的现实性进行自我追问，从现实性的角度考察哲学自身存在的现实基础和理论基础。

启蒙的发展历程是历史与现实的共进线，其现实表现为基于文艺复兴和宗教改革基础之上的名为"启蒙运动"的资本主义发展史，其在哲学层面上的时代要求也随着现实的发展逐渐明确，即建构一种以资本作为唯一主体在场的统治结构，这一结构也可以理解为现代性的发展过程。在启蒙发展的早期，二者同向共进，但随着时间的推移，启蒙的两大支柱与启蒙时代要求产生了矛盾，这一矛盾体现为三个方面：第一，现实中人是主体，而理性却要当"知识的英雄"，将人从如自然或上帝等束缚的统治中解放出来，产生人与理性之间的矛盾；第二，人作为现实主体，却不得不始终受到外部客体的制约，产生主体与客体之间的矛盾；第三，理性在发展的过程中遇到了种种非理性因素，产生了理性与非理性之间的矛盾。马克思曾说过："任何真正

---

① 夏莹：《启蒙哲学的双重属性与马克思的解放逻辑》，《学术月刊》2021 年第 10 期。
② ［法］M. 福柯、李康：《什么是启蒙？》，《国外社会学》1997 年第 6 期。

的哲学都是自己时代的精神上的精华"①，而这里的"真正的哲学"指的是一切反映时代本质要求的哲学。因此，这些矛盾虽然是基于现实的矛盾而产生，但却需要哲学的形式予以表达，德国古典哲学便是对启蒙所带来的矛盾的在哲学层面的典型表达。

德国古典哲学对现实矛盾的承接并非无前提和无过程，首先需要解决的便是"上帝之死"留下的"形而上学空场"，然后才能在理论的建构过程中认识到时代的要求，并将这种要求及解决这一要求的方案以哲学的形式表达出来。进而，在这一哲学形式的表达中才能够认识到启蒙的矛盾性和辩证性特征。基于"上帝之死"所留下的问题域，康德首先给出了自己的回应，即通过其"物自体"的概念消解了理性证明上帝存在的可能，完成了对"上帝之死"的确证。同时，"物自体"概念凸显了理性的有限性，即理性仅在功能或效用上体现自身。康德对理性功能性的强调体现了启蒙矛盾性的一个方面，即启蒙作为一种能力的运用是一个动态的过程。用卡西尔的话来说，只有把理性"视为一种能力，一种力量，这种能力和力量只有通过它的作用和效力才能充分理解。……只有把理性概念描述为这种双重的理智运动，也就是说，把它描述为作用概念，而不是存在概念，才能充分揭示它的特征"②。

启蒙矛盾性既推动了启蒙的现实发展，又"造就"了启蒙的另一个特征，即辩证性。启蒙的辩证性体现为一种内在的悖论性及其超越，而这种辩证运动构成了促进启蒙作为一种现实运动发展的动力，因此体现为启蒙矛盾性的一个方面。但是，需要注意的是，我们不能将矛盾性和辩证性截然分开，将其视为启蒙的两个独立特性，而是要将二者结合起来去理解。

一方面，启蒙内在的悖论性在于将启蒙视作一种新的统一性的超验性保障。换言之，康德确实没有解决"上帝之死"留下来的"形而上学空场"，这是因为康德对于一切追寻统一性的努力持一种批判

① 《马克思恩格斯全集》第1卷，人民出版社1995年版，第220页。
② [德] E. 卡西勒:《启蒙哲学》，顾伟铭等译，山东人民出版社1988年版，第11—12页。

态度，理性的统一性更不可能作为一种确定性来取代信仰的统一性。在此基础上，认知并未获得一个新的超验性的保障，这意味着将理性作为一种确定性来统摄人类社会和外部世界的尝试失去了可能。而在康德之后，费希特、谢林和黑格尔都将这种统一性的建立视为己任，试图以辩证法加以解决启蒙的内在矛盾，建构起"自我""自然"或"绝对精神"的体系，去填补"信仰"的空白。但是，这种尝试无疑是徒劳的，统一性体系的建构会使得理性重新站上神坛，成为主宰人类的新的"上帝"。而另一方面，启蒙内在的超越性体现为一种实践领域的矛盾性，在于对人的能动性的强调，即现实表现为人之行为的动力性要素。换言之，康德认为理性的功能或作用存在两个层次的理解，一是体现为观念上的感性时空形式，二是体现为知性范畴的规范性。这种形而上学层面的理性固然需要物自体加以限制，成为一种认知的先验幻想，但是在实践领域却成为人之行为的规范性原则。康德指出："知性通过它们虽说并不会比凭借自己的概念认识到更多的对象，但知性在这种认识中却受到了较好和更进一步的指导。更不用再说，它们或许还能使从自然概念向实践概念的过渡成为可能，或许还能以这种方式为道德理念提供支持并使之与思辨的理性知识发生关联。"① 因此，在实践领域中，纯粹理性批判作为实践理性批判的前提而存在，启蒙发挥了一种作为形而上的规范性原则对实践的作用，这一作用则必然强调人的主体能动性，更使得启蒙所生发的原则存在从一种观念变为实践的可能性。

　　基于上文对启蒙的起源和发展的完整回顾，一种在理论层面上对超越路径的重新建构可以表达如下：启蒙表现为矛盾性与辩证性的结合。一方面，作为功能的启蒙促进了启蒙在观念和实践中的发展，在观念上形成一种规范性原则，在实践上则将这种规范性原则作为人之行为的理想性预设，激发着人的主观能动性，现实地促进着启蒙运动以及以资本逻辑为核心的现代化进程；另一方面，这种观念上的规范性原则在实践领域中发挥作用的时候，却造成了个体的自我意识与作为一种理解把握着自身的自主体的启蒙之间的对立，此即黑格尔所言

---

① ［德］康德：《纯粹理性批判》，李秋零译，商务印书馆 2018 年版，第 282 页。

说的启蒙的内在悖论，也是霍克海默、阿多诺所指出的启蒙的内在缺陷。那么，这一实践路径不再是一种追求普遍价值的规范性原则的现实展开，不再从观念出发根据原则推演出实践的道路，而是要将这种启蒙的观念落在现实中，在承接此前现实实践自身给出的条件性的基础上，发挥人的主观能动性，敢于运用自身理性去面对现实实践中的无限可能，从现实条件制约的实践的偶然性中，分离出一条达致规范性目的的可能路径。

四　中国式现代化：超越路径的实践重构

如果站在启蒙的双重辩证法的意义上去观照启蒙，可以发现文本对主体的影响往往作用于精神层面，在实践上存在超越启蒙现代性的现实困境。而基于对启蒙矛盾性和辩证性的考察，可以发现在理论层面上存在一条突破启蒙界限的路径。那么，如何在实践中实现这条理论路径，换言之，这条理论路径能否真正落实到现实中，需要进行进一步的思考和论证。

首先，一种理论路径并非一经给出就万世不易的。固然，在某一确定的现实条件的偶然性中所分离的可能性路径存在一定的实践形式，即表现为一种特定的方法和规定性。但这种方法和规定性都是有其局限性的，或者说都是阶段性的，而对启蒙界限的突破正在于在思想的每一段进程中都应自觉反思自身的有限性，通过每一段进程中既定思想中的矛盾而走向思想的下一个环节，而非仅仅停留在把这种有限性作为一般性的判断奉为圭臬，应该将反思与批判贯彻于思想道路的每一步。

其次，理论路径需要放在实践中去理解和思考，但是，这种实践究竟是何种实践呢？此前，对于突破启蒙界限的路径的探索，都是在抽象的人的实践的基础上完成的。但是这种抽象的人的实践本质上仍是一种理论思考，仍处于从理论到理论的环节当中，没有真正落到现实的人的实践当中。因此，对理论路径的验证首先需要在现实的启蒙的发展过程中完成，而这种现实的过程体现为以资本逻辑为主导的现代化进程中。换言之，资本主义发展史是作为启蒙的现实基础和时代场域存在的，启蒙促进了以资本逻辑为主导的现代化进程的发展，而这一进程也反过来规定着作为时代精神和问题意识的启蒙。

最后，启蒙是现实问题的哲学表达，而哲学所遇到的问题也只有在现实中才能得到回答。那么，启蒙所面临的"上帝之死"的难题，需要在现实的实践中得到回答，而这一实践正是资本主义的现代化实践，就是启蒙现代性的现实基础和实践表达。这就导致了一个问题，即对于作为世界以及人类社会自身的确定性的可能性保障究竟是人的需要还是资本（或资本主义发展）的需要？进一步讲，这种确定性的可能性保障的普适性范围的扩展，究竟是人的需要还是资本的需要？再进一步讲，一种基于认知的确定性建构的整全性理论，究竟是人的需要还是资本的需要？

尽管马克思在其著述中较少谈及启蒙，但毫无疑问其思想的生成确然是以启蒙为重要理论资源的。但是，需要注意的是，不能因为马克思的理论问题域始终包含现实的人及人与人之间的社会关系，而启蒙的两大支柱是人和理性，就简单地将马克思的学说理解为启蒙原则指导下的社会学理论。这既是对马克思思想的矮化和简单化，也是对启蒙本质认知的缺失。因此，相较于德国古典哲学对启蒙的理解，马克思提出要"从物质实践出发来解释各种观念形态"①，将感性活动理解为意识的现实对象。人的意识对于认知的确定性的需要，并非人的主观需要，而是资本的客观需要。换言之，是资本主义在其发展的过程中需要一种体系化的统一性，而并非费希特、谢林或黑格尔主观上去追求一种统一性的建构。所以，并非启蒙在费希特、谢林或黑格尔的改造下获得了其悖论性，如果坚持康德对于统一性的批判，启蒙就不具备其悖论性特征。这样的思考没有从资本主义社会现实出发，只是将启蒙直观化为思想家观念的产物，而非现实实践的产物。故此，突破启蒙界限的路径也只能在资本逻辑发挥主导作用的现实实践中实现。

总体而言，突破启蒙界限的实践路径有两条。第一条实践路径遵循一种"否定之否定"的逻辑，是马克思在批判资本主义社会时所揭

---

① 《马克思恩格斯文集》第1卷，人民出版社2009年版，第544页。

示的。站在历史唯物主义视角，启蒙的界限及其超越的现实困境都是资本主义发展造就的，自然也要靠资本主义的进一步发展来解决。以马克思对异化问题的论述作为类比，马克思将劳动的异化看作是为了维持生活而不得不去完成的生产自身生活资料的劳动，而这种社会活动的固定化并不受人的控制并反过来统治人，乃是生产力与分工发展的结果，而消除这种异化，则需要以生产力的巨大增长和高度发展为前提。具体来说，长期以来，突破启蒙界限之所以遭遇现实困境，本质上是由于"我们依然处在马克思主义所指明的历史时代"即资本主义生产方式占据主导地位的资本全球化时代。正如马克思所言："无论哪一个社会形态，在它所能容纳的全部生产力发挥出来以前，是决不会灭亡的；而新的更高的生产关系，在它的物质存在条件在旧社会的胎胞里成熟以前，是决不会出现的……但是，在资产阶级社会的胎胞里发展的生产力，同时又创造着解决这种对抗的物质条件。"① 因此，突破启蒙界限的现实困境要靠生产力的进一步发展来解决，进而在新的生产力和生产关系的基础上实现主体的再启蒙。

除却否定之否定逻辑之外，第二条是基于矛盾的普遍性和特殊性逻辑。在展开这条逻辑之前，需要对否定之否定逻辑的缺点予以揭示，以说明第二条逻辑存在的必要性。正如现实中西欧现代化过程中所体现的否定之否定逻辑一样，在启蒙问题上运用否定之否定逻辑，容易造成对问题的简单化解读。在克服启蒙现代性的理论道路中，有一种理论认为随着经济发展的铁的规律的作用，后发现代化国家就能够依据一种历史必然性实现现代化，即"工业较发达的国家向工业较不发达的国家所显示的，只是后者未来的景象"②，进而就能够实现资本主义向社会主义的顺利过渡。

但是，正如马克思晚年在《给维·伊·查苏利奇的信》中提到的："这一运动的'历史必然性'明确地限于西欧各国……因此，在这种西方的运动中，问题是把一种私有制形式变为另一种私有制形

---

① 《马克思恩格斯文集》第 2 卷，人民出版社 2009 年版，第 592 页。
② 《马克思恩格斯文集》第 5 卷，人民出版社 2009 年版，第 8 页。

式。相反地，在俄国农民中，则是要把他们的公有制变为私有制。"①
也就是说，对问题作出这样一种历史必然性的论述是有明确限制的，
即限制在西欧现代化（主要是英国和法国）的情况下。马克思也明确
地指出造成这一限制的原因是，以剥削他人的劳动、以雇佣劳动为基
础的资本主义所有制取代了以个人的劳动为基础的私有制。这无疑展
现了矛盾的普遍性和特殊性逻辑，马克思历史唯物主义的基本理论建
构于西欧现代化的现实基础之上，普遍性寓于这种特殊性之中，并通
过这种特殊性表现出来。但是，矛盾的普遍性与特殊性也要求我们要
在理解矛盾普遍性的基础之上，具体探讨与分析矛盾的特殊性。

　　具体而言，基于矛盾的普遍性与特殊性逻辑来探讨突破启蒙界限
的路径的实践重构，需要首先考察启蒙在理论和实践中的发展历程，
以西欧启蒙现实过程的特殊性概括出启蒙的普遍性。但是，在这一过
程中却不能忽视与具体地区特殊情况的结合，不然就是仍旧将启蒙视
为一种抽象性和普遍性的整体图景，从而丧失了启蒙的矛盾性和辩证
性特征。因此，启蒙需要充分占有现有启蒙的积极成果，将启蒙的矛
盾性和辩证性特征与具体国家和地区的具体情况相结合，走出一条新
的启蒙的道路，使得一种主体的再启蒙在新的实践基础上获得实现的
可能。

　　总而言之，启蒙因其内在的悖论性导致了其存在现实的超越困
境，但是，通过对启蒙的内涵的分析，通过对启蒙的矛盾性和辩证性
的揭示，可以对一种突破启蒙界限的理论路径进行重新建构。但是，
由理论到实践仍是一个艰难的过程，因此要借助马克思主义的方法，
完成由理论到实践的飞跃，以否定之否定的逻辑和矛盾的普遍性和特
殊性逻辑为指导，现实地走出一条超越启蒙的界限的实践路径。站在
新的历史方位，中国式现代化无疑就是这一实践路径最为典型的
代表。

---

① 《马克思恩格斯全集》第19卷，人民出版社1963年版，第447页。

五　马克思恩格斯哲学思想研究评价

一部系统阐释马克思公共性思想的新作

——《资本逻辑与公共性》一书的特色和价值

郭　湛[*]

当今时代，随着公共性问题的不断凸显，有关马克思公共性思想的探讨也空前高涨，并取得了一系列重要理论成果。在这些理论成果中，苏州大学哲学系桑明旭新近出版的《资本逻辑与公共性：马克思现代性批判的双重视域》（中国社会科学出版社 2022 年版）一书，具有一定的特色和价值，是一部立足文本、面向当代，系统阐释马克思公共性思想的形成过程、基本内容及其当代意义的理论作品。

任何真正的哲学都是自己时代精神的精华，任何哲学范式的演进都植根于时代的发展。在过去几十年的哲学思考中，我曾先后倡导过两种主要哲学范式：一是主体性哲学，二是公共性哲学，相应的著作分别为《主体性哲学——人的存在及其意义》和《公共性哲学——人的共同体的发展》。在中国改革开放初期，社会经济发展是硬道理和第一要务，这极大地激发了人的主体意识的自觉，促进了人的主体性的发展，而与之相对应的时代精神的精华即为主体性哲学。随着改革开放和中国特色社会主义市场经济的稳步推进，发展的公共性问题日益成为社会关注的焦点。人们常说的"做大蛋糕""做好蛋糕"与"切好蛋糕"，逐渐成为同等重要的事情。这种态势推动了人的公共意识的彰显，呼唤着公共性哲学的出场。在致力于通过平衡发展、充分发展来满足人民日益增长的美好生活需要的新时代，公共性哲学无疑

* 郭湛，中国人民大学荣誉一级教授。

已成为最重要的哲学范式和最具引领性的时代精神。当然，正如公共性的发展并非意味着"主体性的黄昏"，而是意味着多元主体性的协同发展一样，倡导公共性哲学的目的也并不是要消解主体性哲学，而是要推动主体性哲学向更加完善的方向发展。

自 21 世纪初我提出要关注和加强公共性哲学研究之后，围绕公共性基本问题发表了一些文章，出版了一些著作，我指导的一些博士研究生也多将该问题当作重点研究对象。他们从不同角度或层面切入公共性哲学，如公共性基础理论、人的共同体的公共性、文化的公共性、人的公共性及其发展、公共性视域中的人与社群、人活动的私人性与公共性、公共存在论、公共意识论、公共生活论等，并都顺利完成了博士学位论文。《资本逻辑与公共性》一书，是桑明旭在他的博士学位论文基础上修改完成的。相对于我名下其他博士生的选题方向和研究内容，桑明旭以"资本逻辑与公共性"为题展开讨论，既是一种必要的补充也是一种有益的深化。总体来看，这部著作对于公共性的探讨有如下几方面特点。

第一，清晰的唯物史观底色。当今学界，从"人性""公共理性""公私关系"等视角切入公共性的问题域，是居于主导地位的研究思路。客观地说，这种研究思路有其必要性，有助于我们快速进入公共性的理论语境，并对当今时代的现实问题展开分析。在当前政治学、社会学、管理学、法学、教育学等诸多社会科学研究中，公共性已成为一个极为重要的概念，相关研究取得丰硕成果是对上述研究思路必要性的充分证明。但是也要看到，在这种研究中存在着一定程度的唯物史观视域缺失或不足的问题，即在以"人性""公共理性""公私关系"为出发点展开研究时，忽视了"人性""公共理性""公私关系"等不是抽象存在的，它们始终奠基于人类社会物质生活生产方式之上。也正因为如此，一些研究可能已不自觉地陷入马克思当年所批判的黑格尔理性主义、费尔巴哈人本主义立场中去了。对于此类研究倾向，该书始终保持警惕的态度，明确将公共性理解为一种具体社会关系的属性，指出马克思的公共性思想有一个从人本主义到唯物史观、从唯物史观再到唯物史观具体化的发展过程，强调马克思在公共性基本范式上实现了从抽象思辨到现实具体的转换。因此，在马克思公共性思想阐释和当代社会公共性问题分析中，坚持"从物质实践出发来解释各种观念形态""对市民社会的解剖应该到政治经济学中去寻求"的唯物史观立场，是非常重要的。

第二，宏大的历史叙事风格。一切研究对象只有是历史的，才可能是具体的。"公共性"是一个历史概念，只有将公共性置于波澜壮阔的社会史和思想史中，才能具体把握它的历史生成、形态结构、演变趋势和未来走向。宏大而不失细节的历史性叙事，是该书的鲜明特色。具体而言，该书对公共性的研究是在四条历史线索中展开的。一是马克思思想史。通过对马克思从初入大学到创立唯物史观过程中一系列文本的解读，剖析和呈现马克思公共性批判的历史进程，阐明对公共性的关注构成马克思哲学探索的理论起点和长期研究的理论焦点，但马克思只有在实现哲学革命之后才形成了科学的公共性思想。通过对马克思从初创唯物史观到政治经济学批判（唯物史观的具体化运用）过程中的核心文本的解读，阐明马克思对现代社会公共性的批判建立在资本逻辑批判基础之上，资本逻辑批判与公共性批判构成马克思现代性批判的双重视域。二是西方思想史。探讨马克思的公共性思想及其革命性意蕴，需要在西方思想史中展开。该书较为系统地梳理了从古希腊哲学到近代哲学、从英国古典政治经济学到德国古典哲学的相关思想家们的公共性思想，在此基础上阐述马克思在公共性内涵、公共性载体、公共性主体、公共性发展历程、公共性发展动力、公共性判断标准等方面实现的基本范式变革。三是资本逻辑发展史。该书回到马克思经典文本，深度梳理马克思以资本逻辑的形成和发展为线索，对人类社会共同体及其公共性的历史发展所作的考察。在此过程中，资本逻辑的萌芽、形成、发展、崩溃的历史与共同体的发展史和公共性的发展史之间的复杂关系得到清晰的呈现。四是资本形态演变史。正如马克思在创立唯物史观、阐明人类社会发展一般规律之后还要具体研究现代资产阶级社会一样，我们在对资本逻辑的发展史、人类社会共同体及其公共性的发展史实现一般把握之后，还要对现代社会中资本逻辑和公共性的具体发展过程给予更加细致具体的探讨。基于此，该书详细分析了资本主导形态之"商业资本—产业资本—金融资本—虚拟资本"的演变过程，并以此为线索，从主体性、市民社会、民族国家、全球化四个维度描绘了现代社会公共性的发展轨迹。上述四条历史叙事线索依次推进、层层展开、相互映照，烘托出该著作浓厚的历史感和厚重感。

第三，开阔的思想对话视野。文化的公共性决定理论研究不能自我封闭、自说自话，不能将思维触角限定于单一的理论框架，而思想对话则是拓展学术视野、抵近学术前沿、推动学术创新的重要方法。因此，在执马克思之名的公共性研究中，不论是阐释马克思的公共性思想还是审视现实的公共性问题，在马克思和相关思想家之间展开充分对话都是必要的。在该书中，这种思想对话主要表现在两个方面：一是在阐释马克思的公共性范式革命时，与西方哲学史上诸多思想家之间展开的理论对话；二是在分析马克思探寻现代社会公共性危机的破解之道时，集中与黑格尔主义、国外马克思主义、后现代主义等阵营中的一批重要思想家进行理论对话。正是由于展开了上述对话，该书的历史性叙述风格叠加了开阔的理论视野，显得更加立体饱满。

第四，鲜明的时代问题意识。问题中的哲学催生哲学中的问题，哲学中的问题回应问题中的哲学。公共性之所以成为当前哲学关注的焦点，归根到底是现实的社会公共性问题使然，准确说是现实生活中日益突出的公共精神、公共安全、公共利益、公共价值、公共信任、公共秩序等现实问题，迫切要求我们运用哲学这种具有深度反思性、高度概括性的理论思维对其作出回应。该书聚焦现代社会公共性危机的类型、根源及其出路这一核心问题，并将它阐释为立足资本逻辑的内在矛盾、发展悖论、效用原则、未来走向基础上的现代性总问题，进而指出超越资本逻辑才是破解现代社会公共性危机的根本出路。同时，该书还直面社会主义公共性建设过程中为何需要资本逻辑、能否驾驭资本逻辑、如何驾驭资本逻辑等重大问题，并就其中相关的原因、条件、方法作出了系统论述。此外，该书通过对上述现实问题的分析和把握，敏锐地切入当今时代的重大哲学问题，即现代性批判的真正指向和哲学范式演进的真正方向是什么？在唯物史观视域中，现代性总体呈现为现代资产阶级社会的属性，现代性批判在深层意义上也就是资本逻辑批判。现代性批判的理论展开，诸如主体性批判、理性批判等，在本质上不过是资本主体性批判和资本理性批判，因而这种批判并不导向所谓"主体性的黄昏"和非理性主义。马克思认为，以资本为原则的现代社会是一个物化颠倒的社会，对资本主体性的批判意味着对现实的人的主体性和共同体的公共性的倡导，对资本理性的批判意味着对现实的人的理性和共同体的公共理性的弘扬。这才是现代性批判的真正指向。基于此，该书认为，当今时代哲学核心范式演进的真正方向不是从主体性到后主体性，而是从单一主体性到全面公共性；时代精神演进的真正方向也不是从现代主义哲学到后现代主义哲学，而是从现代主义哲学（资本逻辑主导）到公共主义哲学。

当今时代，中华民族伟大复兴的战略全局和世界百年未有之大变局同步交织、相互激荡。实现中华民族的复兴，不仅意味着中国优秀的公共主义传统在当代走向复兴，而且意味着新时代公共主义发展道路的不断开拓和日益成熟。全球发展遭遇百年变局，不仅意味着全球化与逆全球化的矛盾和冲突愈发激烈，而且意味着以金融资本为主导的垄断资本主义经过百余年的发展在今天达到了抛物线拐点。一百年前，列宁深刻指认资本主义发展进入帝国主义这一最高阶段，今天这一拐点的出现，既是资本主义进入最高阶段后进一步发展的必然趋势（顶点即拐点），也表明现代性世界历史发展的资本主体性原则开始松动以及共同体的公共性原则不断提升。由此可见，当今时代是一个走向公共性的时代，是一个公共主义研究方兴未艾的时代。作为哲学社会科学工作者，我们迫切需要也完全能够在这个时代的公共主义研究中有所作为，创造出无愧于这个时代的哲学思想。在这个意义上，桑明旭这部著作的出版恰逢其时，可以起到应有的学术价值。我也相信，在公共主义或公共性哲学研究领域，一定会涌现出更多面向新时代的高质量研究成果。

中国马克思主义哲学话语创新、范式创新、方法论创新何以可能?

——基于《当代中国马克思主义哲学创新学术史研究》的思考

冯颜利[*]

　　历史证明，社会的大变革必然带来哲学社会科学的大发展、大繁荣。从世界正经历百年未有之大变局和中华民族伟大复兴的战略全局来看，当今大变革的时代必将给中国哲学社会科学的大发展、大繁荣提供强大动力和广阔空间。习近平总书记指出："这是一个需要理论而且一定能够产生理论的时代，这是一个需要思想而且一定能够产生思想的时代。"[②] 中国马克思主义哲学工作者不能辜负这个时代，而应该立时代之潮头、发思想之先声，积极为党和人民著学立论，担负起时代和历史赋予的光荣使命。

　　习近平总书记指出："观察当代中国哲学社会科学，需要有一个宽广的视角，需要放到世界和我国发展大历史中去看。人类社会每一次重大跃进，人类文明每一次重大发展，都离不开哲学社会科学的知识变革和思想先导。"[③] 新中国成立特别是改革开放以后，国内马克思主义哲学研究蓬勃发展，从马克思主义哲学教科书研究范式、马克思

---

　　* 冯颜利，中国社会科学院哲学研究所副所长、中国马克思主义哲学史学会马克思恩格斯哲学思想研究分会副会长。

②　习近平：《在哲学社会科学工作座谈会上的讲话》，《人民日报》2016 年 5 月 19 日第 2 版。

③　习近平：《在哲学社会科学工作座谈会上的讲话》，《人民日报》2016 年 5 月 19 日第 2 版。

主义哲学原理研究范式发展到马克思主义哲学史研究范式，再到马克思主义哲学出场学研究范式等九种创新学术范式相继登场，构成一部当代中国马克思主义哲学创新学术史。黑格尔指出："哲学史的本身就是科学的，因而本质上它就是哲学这门科学。"① 研究马克思主义哲学史，本质上是为了更好地理解这门科学，更好地继承和创新发展这门科学。哲学的真正价值也不仅在于解释世界，更在于改变世界，即通过哲学蕴含的科学理论来指导现实，从而实现经济社会更好的变革和发展。

习近平总书记指出："哲学社会科学是人们认识世界、改造世界的重要工具，是推动历史发展和社会进步的重要力量，其发展水平反映了一个民族的思维能力、精神品格、文明素质，体现了一个国家的综合国力和国际竞争力。"② 新时代的中国，在全面建成小康社会，成功开启了全面建设社会主义现代化强国和实现中华民族伟大复兴的伟大征程中，面对新时代的新情况、新问题，需要创新方法性指导方能解决新发展阶段的新矛盾、新任务。创新方法性指导，不仅需要马克思主义哲学的理论创新、方法创新，还需要深入系统研究当代中国马克思主义哲学创新学术史。任平教授等著的《当代中国马克思主义哲学创新学术史研究》正是这样一部思想深刻、内容涵盖广泛的哲学佳作。该书全面反思和深入研究了新中国成立70多年以来，特别是改革开放40多年当代中国马克思主义哲学创新学术史，以创新的"范式图谱分析"方法和方法论自觉，超越传统"人名+书名""剪刀+糨糊"的表象叙史，全面分析了九种研究范式的历史成因、主要特征、创新功能、内在局限等，从深层全面厘清了当代中国马克思主义创新学术史的主要脉络、出场规律、范式图谱，旨在加速推动当代中国马克思主义哲学研究创新的新时代进程，为"走向世界的中国学术"贡献中国马克思主义哲学智慧。因此，构建中国特色哲学社会科学学科体系、学术体系、话

① ［德］黑格尔：《哲学史讲演录》第1卷，贺麟等译，商务印书馆1959年版，导言第12页。

② 习近平：《在哲学社会科学工作座谈会上的讲话》，《人民日报》2016年5月19日第2版。

语体系，有必要深刻把握中国马克思主义哲学的话语创新、范式创新和方法论创新何以可能的演进与逻辑。

一 话语创新体系：中国道路马克思主义哲学阐释的话语演化与创新逻辑

话语创新体系不仅是一个国家文化软实力的集中表现，而且也是国家主流意识形态在国内外话语权强弱的重要体现，蕴含了整个国家的核心价值理念和社会发展的精神凝聚密码。在我国哲学界，通常所指的话语创新体系，主要是指中国马克思主义哲学话语创新体系，包括新中国成立以来，特别是改革开放 40 多年来，马克思主义哲学的中国化，尤其是中国特色社会主义的创新发展中所形成的话语创新体系。这种话语创新体系对内主要表现为巩固马克思主义在意识形态领域的指导地位，体现为社会主义价值理念或者社会主义核心价值观。这种话语创新体系对外则主要体现为中国在国际上国际地位高低和话语权力的大小。创建中国话语体系，让我国主流意识形态能够在国际社会中占据一席之地，不被新自由主义、历史虚无主义等西方意识形态所裹挟，展现中国风貌、中国气派，赢得国际话语权，是让中国能够屹立于世界民族之林、是建设社会主义现代化强国与实现中华民族伟大复兴征程中的一项重要任务。

而创新话语体系，不仅为中国话语体系增添了活力和源泉，更是在新时代面对新矛盾、新问题，增强主流意识形态影响力而提出的新的实践路径和解决方案。"面对世界范围内各种思想文化交流交融交锋的新形势，如何加快建设社会主义文化强国、增强文化软实力、提高我国在国际上的话语权，迫切需要哲学社会科学更好发挥作用。"① 但是，创新话语体系的关键在于中国原创的当代中国马克思主义哲学话语体系，以让中国摆脱"学徒状态"的被动局面，从而实现具有中国特色、中国学派、中国气象的话语体系创新，充

---

① 习近平：《在哲学社会科学工作座谈会上的讲话》，《人民日报》2016 年 5 月 19 日第 2 版。

满理论自信地获取国际话语权。同时，中国在迈向现代化强国的进程中，不仅需要经济秩序的重建，而且更需要文化秩序的重建。中国特色社会主义需要中国学术的创新发展来提供价值支撑和理论指引，尤其需要当代中国马克思主义哲学的理论创新来提供理论力量，这是因为真正的哲学是时代的精华，只有作为时代精华的思想理论才能真正成功指导实践。如此，中国学术才能建构自己完整的、体系化的话语体系，才能真正走向世界，中国马克思主义哲学才能在世界上赢得话语权、才能在世界学术界形成重要的影响力。学术话语权的建构重在学术创新，因为学术的生命力在于创新，任何重复前人观点的学术，充其量都是一种"吃剩饭"，让人食之无味，甚至会让人感到"反胃"。因此，从这个意义而言，中国马克思主义哲学要建构自己的话语体系，必须要实现理论创新和范式突破，从而在当前所面临的百年未有之大变局的大场景中走出"学徒状态"，实现中国学术话语体系的完整建构，从近代以来"世界走向中国"的历史转向"中国走向世界"的时代。

在任平教授等著《当代中国马克思主义哲学创新学术史研究》中，提出中国马克思主义哲学阐释了自新中国成立以来，在中国大地上反映和指导中国特色社会主义伟大实践的中国化、时代化、大众化的马克思主义哲学的话语演化与创新逻辑，如先后分析了中国马克思主义哲学教科书研究范式、中国马克思主义哲学原理研究范式、中国马克思主义哲学史研究范式、中国马克思主义哲学文本文献学研究范式、对话范式、反思的问题学范式、部门哲学研究范式、马克思主义哲学中国化研究范式、中国马克思主义出场学研究范式九种有关中国马克思主义哲学研究中话语演化、话语创新、话语转变，从创新学术史的角度深度厘清了中国马克思主义哲学话语创新的中国智慧和中国方案。

中国马克思主义哲学教科书话语体系，具有诸多的基本特征，任平教授等将这些特征总结为理论话语表达方式的教科书化，语言阐释的原理化（直言式或断言式），直接用确定无疑、普遍统一的概念、范畴、判断、原理等组成的体系性教材语言表达"什么是"以及"如何是"中国马克思主义哲学，比如我们耳熟能详的"辩证唯物主义""历史唯物主义""物质与意识""三大规律""五大范畴"等。①
因此，在话语创新形式上，教科书研究范式的最高成果形式是被人们
普遍认同、广泛使用的成果，具有大众化、通俗化、简明化的特点。

陈先达教授曾说："对一个哲学来说，体系往往是相对的、暂时
的，如果成为一个固定结构，就往往容易僵化为束缚思想的桎梏，重
要的是对问题的研究。一个哲学家的思想珍品不是体系，而是体系中
所蕴含的内容。"② 任平教授等著《当代中国马克思主义哲学创新学
术史研究》一书，充分体现了陈先达教授所说的这种观点，充分实现
了当代中国马克思主义哲学创新学术史中蕴含的丰富的创新内容，构
成了支撑当代中国马克思主义哲学话语创新的重要基石，其梳理的当
代中国马克思主义哲学一系列话语创新，展现了当代中国马克思主义
哲学丰富的话语创新体系。

二 范式创新：九种中国马克思主义 哲学范式的出场学

研究范式是通过研究方法、论述方法、学术评价标准体现出来的学
科范式。学科范式是学科内容和方法的统一，研究范式就是学科范式中
的方法部分。其中的社会学研究范式是指某一特定学科的科学家所共有
的基本世界观，它是由其特有的观察角度、基本假设、概念体系和研究
方式构成的，它表示科学家看待和解释世界的基本方式。通俗来讲，它
会包括：有哪些被认为已知正确的基础知识和假设；在这些知识和假设
之上哪些未知问题是当前最值得研究的；这些问题应当怎么被研究
(哪些方法、哪些证据是可以被接受的)；这些问题怎么算被回答或解
决了。所谓的范式创新，既是开拓新的观察视角、提取新的研究假设、
创设新的研究的模式，又是对旧范式进行理论和观念上的调整。显然，
调整趋于明显，就标志着范式创新已经发生。范式创新是一个在时间和

---

① 参见任平等《当代中国马克思主义哲学创新学术史研究》，人民出版社 2021 年版，
第 55 页。

② 《陈先达自选集》，学习出版社 2007 年版，第 401 页。

空间上有结构的过程。其实质在于用新范式取替旧范式。因此，范式创新实质上也是一场思想上和理论上的深刻革命。

新中国成立特别是改革开放以来，出现在中国大地上的每一种马克思主义哲学的研究范式都是理论与时代、理论与中国实际相结合、与中华优秀文化相结合的产物，都是时代性的范式创新的产物，每一种研究范式都有其深刻的历史出场依据。任平教授等也指出，每一个研究范式的发生、成长和成熟都有一个历史过程，都是在理论创新需要的激励中持续在场和不断完善的，都有它独特的历史原因、基本特点、创新功能，需要我们科学地加以辨识、命名，研究它存在发展的状态，从而为更好地发挥这一范式的理论创新功能服务。① 当然，每个与时代相结合的范式创新并不都是十全十美的，每种创新的马克思主义哲学研究范式都有其作用的界限和自身无可避免的时代局限。因为，每一种推动范式创新的现实条件必然受到视域、时域和场域的遮蔽，以至于研究范式成为时代的轴心范式也无法摆脱其局限。由此，每一种马克思主义哲学的范式创新我们都应该辩证地来看，既不可盲目崇拜，也不可全盘否定，而应该因地制宜、因时制宜，实事求是地去分析它们的长处和短处，然后用扬弃的思想方法研究如何在新时代、新发展阶段，推进社会主义现代化强国的时域下协同创新，助推中华民族伟大复兴理论和实践的飞跃。

恩格斯指出："一个民族要想站在科学的最高峰，就一刻也不能没有理论思维。"② 马克思主义哲学是关于自然、社会和思维发展一般规律的科学，是唯物论和辩证法的统一、唯物论自然观和历史观的统一，它以科学的立场、观点、方法指导着中国实践的创新发展。中国马克思主义哲学的主要理论来源是辩证唯物主义和历史唯物主义，发展着的马克思主义是我们立党立国的根本指导思想。背离或放弃马克思主义，我们党就会失去灵魂、迷失方向。因此，研究中国马克思主义哲学，创新中国马克思主义哲学研究范式是创新中国特色社会主义

———————

① 参见任平等《当代中国马克思主义哲学创新学术史研究》，人民出版社 2021 年版，第 17 页。

② 《马克思恩格斯选集》第 3 卷，人民出版社 2012 年版，第 875 页。

理论的必由之路。如今的马克思主义哲学研究范式的创新已经成为新中国成立特别是改革开放以来各个相关学术领域思想解放、理论创新、学术发展的原创动力和方法论前提。①

经过新中国成立后 70 多年的奋力前行，特别是改革开放后 40 多年的跨越式发展，我国关于马克思主义哲学的研究在中国各高校、研究机构遍地开花、百花齐放，在方法论自觉的方法性指引下，相继推出了中国马克思主义哲学教科书研究范式、中国马克思主义哲学原理研究范式、中国马克思主义哲学史研究范式、中国马克思主义文本文献学研究范式、对话范式、反思的问题学范式、部门哲学研究范式、马克思主义哲学中国化研究范式、中国马克思主义出场学研究范式九种中国马克思主义哲学研究的范式创新。这九种中国马克思主义哲学研究范式，有各自独特的规范、功用、方式方法和特征，从不同的角度助推了中国马克思主义哲学的原创性发展，极大地促进了中国式话语体系的形成，推进中国学术门派的产生、平台建设和体系建构，推动了世界马克思主义学术成果的繁荣发展。

为了实现马克思主义哲学大众化，巩固中国马克思主义哲学在意识形态领域指导地位和反映时代创新发展，在新中国成立特别是改革开放以后，中国马克思主义哲学教科书研究范式率先出场。中国马克思主义哲学教科书研究范式最大优点是内容原理化、逻辑体系化、表达教科书化。② 但是，时代在成就中国马克思主义哲学教科书研究范式的优势的同时，势必造成它的边界与局限。受当时苏联和国际对于马克思主义哲学研究的影响，在时域下中国马克思主义哲学的内容具有时代局限，同时表达形式原理化，容易导致中国马克思主义哲学教科书研究范式体系的僵化和教条化，亟须个体创新性的内容表达。中国马克思主义哲学原理研究范式就是因克服这一局限的需要而产生。

"为了解释诸多在改革开放过程中遇到和面临的理论困难，学者们开始以专题的形式阐释和研究诸如马克思主义价值哲学、马克思主

---

① 参见任平等《当代中国马克思主义哲学创新学术史研究》，人民出版社 2021 年版，第 15 页。

② 参见任平等《当代中国马克思主义哲学创新学术史研究》，人民出版社 2021 年版，第 36 页。

义人学等马克思主义哲学的个别性原理和类别性原理。这种研究范式即为马克思主义哲学原理范式。"① 中国马克思主义哲学原理研究范式经过改革开放 40 多年的深入发展，仍具有源源不断的活力，仍处于不断地深化发展中。理解中国马克思主义哲学原理研究范式，必须始终把握中国马克思主义哲学原理研究范式的主线，即中国马克思主义哲学原理内容多样化和不同研究人员理解和表述的个性化。总的来看，中国马克思主义哲学原理研究范式立足"生活基础"，实现了对马克思实践哲学研究范式的创新和发展。

中国马克思主义哲学史研究范式，围绕中国马克思主义哲学创立和发展的历史逻辑展开研究，对中国马克思主义哲学研究形成了通史研究、断代史研究和分类史研究、专题史研究，以史拉通思想，史学中渗透着中国马克思主义哲学的思想脉络和逻辑演进，形成了独特的中国马克思主义哲学思想史，创新和发展了中国马克思主义哲学范式。具体而言，一是通过历史逻辑阐释中国马克思主义哲学思想，厘清了基于历史图景的中国马克思主义哲学思想的创新内容；二是立足历史逻辑做到"史论"结合研究，实现了对经验历史主义的外在描述的超越；三是从宏观方面打通历史脉络，做到了对中国马克思主义哲学的整体把握和重点突破。

中国马克思主义哲学文本文献学研究范式之所以兴起，最主要的原因在于中国马克思主义哲学教科书范式存在的内在矛盾与叙述局限使得学界开始从原著着手，在深耕原著中把脉马克思的原本思想。这种研究范式主要是在改革开放以后兴起的，旨在"忠实原著"中探寻思想。这种研究范式主要立足"文本文献考订"和"文本解释学"两个方面，在相互推进中实现了中国马克思主义哲学研究的创新发展，对中国马克思主义哲学的创新发展作出了重要贡献。

对话范式是各种思想、文化得以共存和共生的重要范式，是实现中国马克思主义哲学思想在相互交往中不断发展的重要方式。这种研究范式与中西方哲学、最新的人文思想展开了深入对话和广泛交流。

---

① 任平等：《当代中国马克思主义哲学创新学术史研究》，人民出版社 2021 年版，第 95 页。

这种研究范式的局限性是明显的，但其优点同样是突出的，具体来看，这种研究方式的突出特点是能有效打破学界壁垒、开创了创新氛围，能凸显问题意识与现实关怀，能呈现当代价值和与时俱进，能在对话中汲取营养，从而促进了中国马克思主义哲学的创新发展，推进了马克思主义哲学的不断"中国化"。

反思的问题学范式具有"以问题为中心展开研究""反对'问题的实证主义'""反思的问题学是理论创新的范式"三个基本特点。① 这一研究范式的显著特色是紧扣问题展开，直面中国现实重大问题进行深入研究，具有强烈的问题意识和突出的问题指向，对破除教条主义的研究方式具有重大的突破意义。反思的问题学范式具有两大使命，一是通过反思现实来追溯问题的根源和探寻问题的本质，对问题的研究更具深层性；二是立足时代重大问题进一步拓展了中国马克思主义哲学研究，丰富和发展了中国马克思主义哲学。

部门哲学研究范式立足具体化的角度，形成了发展哲学、人学、经济哲学、文化哲学、社会哲学、政治哲学、价值哲学、城市哲学、管理哲学等诸多方面的研究，其实质是马克思主义哲学中国化的产物，是对中国马克思主义哲学问题域的进一步拓展。部门哲学的研究特点是研究对象的领域化与专门化、研究层面的理论与实践相结合、形而上与形而下相统一，研究性质的中介性、交叉性与综合性。虽然部门哲学研究范式容易出现部门性与整体性的矛盾、学术性与现实性的失衡等问题，但这种研究范式的优点也是明显的，它拓展了中国马克思主义哲学研究的学术空间，推动了中国马克思主义哲学研究范式的转换，为中西马的对话提供了平台，推进了多学科的良性互动。

马克思主义哲学中国化研究范式是马克思主义在中国发展的必然产物，构成了中国马克思主义哲学研究的重要范式。马克思主义哲学中国化研究范式以开掘"本土"思想资源为中心进行理论探索，以"反思"为核心进行历史与理论研究，以"中国问题"为基础进行哲学创新。当然，这种研究范式的局限性是明显的，主要存在确定性与

---

① 参见任平《当代中国马克思主义哲学研究范式的创新与转换》，《哲学研究》2012年第3期。

不确定性的矛盾、理论优先还是实践优先的矛盾。但这种研究范式的优点同样是明显的:一是开辟了中国马克思主义哲学研究的新领域,二是开启了中国马克思主义哲学研究的新范式,三是推动了中国化马克思主义哲学新形态的建构与当代中国哲学建设。

中国马克思主义哲学出场学研究范式是从出场的逻辑视域中审视某种马克思主义思想的过去、现在和未来,是近些年来中国马克思主义哲学研究领域的最新范式,并且它可以用来作为其他马克思主义哲学研究范式的分析和解释的工具。中国马克思主义哲学出场学最重要的两个概念"出场"和"差异"是中国马克思主义哲学辩证法的集中体现,是中国马克思主义哲学的研究进化和创新,具有包容性强、宏观和总体性的特点,不断地推动中国马克思主义哲学的创新事业。

任平教授等还科学辨识、界分和评价这些研究范式,系统考察了各个研究范式的历史成因、基本特征、创新功能、内在局限和未来走向,这些问题至今仍然是学界应当着力深度开展研究的课题。然而,仅仅基于各个单一范式功能的研究,仍不足以整体准确勾画当代中国马克思主义哲学创新学术史的全貌。只有从研究范式整体出发,上升为学术图景甚至图谱的高度,转换为出场学视域,才能真正揭示当代中国马克思主义哲学与时俱进的创新逻辑。①

三 方法论创新:深描当代中国马克思主义哲学创新学术史图谱

方法论,就是人们认识世界、改造世界的一般方法,是人们用什么样的方式、方法来观察事物和处理问题,是一种以解决问题为目标的理论体系或系统,通常涉及对问题阶段、任务、工具、方法技巧的论述。而方法论创新即是更改或者创新人们观察事物和处理问题的方式和方法,进而更好解决时代性问题。而如今以方法论自觉的方式研究哲学范式,日益成为研究中国马克思主义哲学创新的方法论,进而

---

① 参见任平等《当代中国马克思主义哲学创新学术史研究》,人民出版社2021年版,第15页。

推动中国学术的发展。

在《当代中国马克思主义哲学创新学术史研究》中，任平教授等用《资本论》中所采用的辩证法，即从"完整的表象蒸发为抽象的规定"的研究方法，以及"从抽象上升为具体"的叙事方法，全面梳理了当代中国马克思主义哲学创新学术史有关表象的种种现实，以创新的"范式图谱分析"这一方法论自觉穿透表象而达致本质性抽象，即作为创新学术史根本规范、路径和方法的研究范式，将作为"人名与书名"、事件与人物汇集的当代中国马克思主义哲学创新学术表象史转换为范式史，完成从完整的表象蒸发为抽象的规定的思维行程。① 即以方法论自觉深描当代中国马克思主义哲学创新学术史图谱，去透析和把握当代中国马克思主义哲学的创新学术史，为中国学术走向世界贡献了智慧。

首先，同一时代存在的不同的马克思主义哲学研究范式相互竞争，打破它们之间的均衡关系，使得某种"能量"强大的研究范式脱颖而出，成为其中的核心和主导，即成为所谓的"轴心范式"。而其他"能量"稍弱的研究范式被其捕获，成为其附属，即成为所谓的"纵横两轴"。这一过程称为"轴心范式"的崛起过程。称为"轴心范式"的中国马克思主义哲学研究范式具有轴心聚合性、地位主导性和整体建构性的特点。例如，新中国成立之初到改革开放前，中国马克思主义哲学教科书研究范式就是那个创新时期的"轴心范式"②，对其他研究范式具有主导和统领的作用。

其次，轴心范式及其纵横两轴布展的创新格局一旦扩展到整个中国马克思主义哲学创新的学术领域，成为主导和支配的力量，那么，就开始构建学术图景。所谓的学术图景，即指某个学术领域在某个历史时期学术的基本结构和基本风貌。③ 而当中国马克思主义哲学研究

---

① 参见任平等《当代中国马克思主义哲学创新学术史研究》，人民出版社 2021 年版，第 22 页。

② 参见任平等《当代中国马克思主义哲学创新学术史研究》，人民出版社 2021 年版，第 505 页。

③ 参见任平等《当代中国马克思主义哲学创新学术史研究》，人民出版社 2021 年版，第 522 页。

的轴心范式及其纵横两轴创新格局一旦构建完成，中国马克思主义哲学研究的学术图景也就宣告完成，此时的学术图景也就是所处时期的最新格局和最新机制。但学术图景并不是一成不变的，它会随着时代的发展而发展，在时代创新力的推动下会发生由简单到复杂、由低级到高级的发展转变。

再次，轴心范式在时代创新力的推动下会出现新旧更替，因而相对应的学术图景必然也会新旧更迭，如新中国成立后中国马克思主义哲学研究相继出现了教科书学术图景、文本—文献学学术图景、反思问题学学术图景、出场学学术图景，新旧更迭的中国马克思主义哲学创新学术图景就形成了中国马克思主义哲学创新学术史范式图谱。学术图景好比一幅幅画卷，而范式图谱则是将这一幅幅画卷按照时间顺序进行播放，形成连续的学术图景的新旧转换。中国马克思主义哲学创新学术史范式图谱，将新中国成立70多年、改革开放40多年来马克思主义哲学创新学术的发展历程、繁荣经历呈现在幅幅形象具体的画卷中，同时反映出其不受人为支配的精密的规律结构，使人为之震撼。

最后，作为马克思主义哲学研究领域的最新范式，中国马克思主义哲学出场学作为研究其他研究范式和其他学术图景分析和解释的工具，对于当代中国马克思主义哲学创新学术史的范式图谱，我们同样应该将其从出场学的层面去研究。因为我们不仅要深描当代中国马克思主义哲学创新学术史的范式图谱，更要对这一范式图谱的出场根据作出说明，看在怎样的时代变化的语境中使创新的学术史出场，中国实践、中国道路、中国时代如何与马克思主义哲学的创新学术史构成共进线的。只有在这一共进线逻辑中，我们对当代中国马克思主义哲学创新学术史的规律性阐释才真正达到应有的哲学高度。①

习近平总书记指出："坚持和发展中国特色社会主义，需要不断在实践和理论上进行探索、用发展着的理论指导发展着的实践。在这个过程中，哲学社会科学具有不可替代的重要地位，哲学社会科学工

---

① 参见任平等《当代中国马克思主义哲学创新学术史研究》，人民出版社2021年版，第499页。

作者具有不可替代的重要作用。"① 进行当代中国马克思主义哲学创新学术史研究旨在同步、同态、同构助推中国马克思主义哲学创新体系的构建，归根到底在于指导中国具体实践。中国马克思主义哲学新颖的范式图谱中的每一个范式、每一个轴心范式、每一个学术图景都是每个时代创新发展的成果。深描当代中国马克思主义哲学创新学术史图谱，既是理解当代中国马克思主义哲学的创新过程，对中国马克思主义哲学的平台化、体系化具有重要的意义，也对中国特色社会主义现代化建设发挥着重要的指导作用。因此，研究当代中国马克思主义哲学创新学术史，对协同构建学术创新体系、承担新时代理论创新重任、奋力推进当代中国马克思主义哲学和 21 世纪马克思主义哲学走向世界都具有极其重要的价值。

（已发表于《马克思主义哲学》2022 年第 3 期）

---

① 习近平：《在哲学社会科学工作座谈会上的讲话》，《人民日报》2016 年 5 月 19 日第 2 版。

唯物史观视域下的公共性：
基础理论与现实问题

——《资本逻辑与公共性：马克思
现代性批判的双重视域》评介

杨泽峰*

自人类步入以资本为主导的现代性社会以来，公共性就成为知识界高度关注的重要议题之一。必须承认，中华优秀传统文化中蕴含着丰富的公共性思想，但作为一种具体和明晰的理论，公共性理论出场于开现代性社会之先的西方社会，比如康德在设定实现永久和平的原则时明确提出了公共性概念，后来汉娜·阿伦特、尤尔根·哈贝马斯、查尔斯·泰勒等诸多思想家都对公共性展开了深入探讨。20 世纪末以来，西方学界对公共性问题的研究引起了国内学者的广泛关注和热烈讨论，国内学界在哲学、政治学、公共管理、社会学等诸多学科领域围绕公共性研究也取得了一系列成果。但是我们也要看到，在这一系列研究成果中，基于唯物史观视域的相关基础性考察开展得尚不充分。在此意义上说，桑明旭教授的著作《资本逻辑与公共性：马克思现代性批判的双重视域》（中国社会科学出版社 2012 年版）在一定程度上弥补了这一不足。该著作立足新时代中国特色社会主义历史实践中的公共性问题，深度考察唯物史观视域下的公共性基础理论，系统总结了马克思公共性批判的历史进程及其在公共性基本范式上实现的革命性变革，全面剖析了人类社会公共性嬗变的历史逻辑，深刻揭示了资本逻辑引发现代社会公共性危机的历史必然性，明确呈现了西

---

* 杨泽峰，湖州师范学院马克思主义学院讲师。

方思想界试图解决现代社会公共性危机的相关方案的意义与缺陷，并充分论证了马克思所提出的解决方案的现实性和科学性。

一 廓清基础理论：系统把握历史唯物主义公共性思想的理论内涵

马克思不是天生的马克思主义者，因而也不是从一开始就透过唯物史观的理论视域来看待公共性问题的。《资本逻辑与公共性》一书通过论述马克思公共性思想的历史发展进程及其多维度范式转换、唯物史观视域中人类社会公共性的发展史及其未来趋势，深度阐释了马克思历史唯物主义公共性思想的理论内涵。

马克思的公共性思想根据其内在的哲学属性可以划分为理想主义、理性主义、人本主义和历史唯物主义等四个发展阶段。马克思的公共性思想始于理想主义阶段。在大学期间，马克思就曾在康德和费希特的理想主义影响下试图建构自己的法哲学体系，这一体系蕴含着理想主义的公共性思想，其主要观点是在形式上将公共权力分为公法和私法，并依据形式分别对其进行划分。然而，囿于理想主义所固有的"现有之物"与"应有之物"的严重对立，马克思建构法哲学体系的尝试最终失败了。这一失败促使马克思转向从更为关注现实的黑格尔理性主义来考察公共性问题。与理想主义不同，黑格尔的理性主义哲学并没有否定外在事物的客观性，而是认为客观事物是理念克服自身抽象性的显现，国家则是代表着公正与自由的理性的实现。在这一阶段，马克思通过博士论文和在担任《莱茵报》编辑期间参与的一系列关于公共性问题的辩论阐发了他的公共性思想，其主要思路是国家应该本着公正与自由的理性原则对市民社会中存在的破坏公共性的因素进行修正。然而，现实的状况是：国家不仅并没有按照马克思的理性主义"剧本"展开自己的工作，反而在维护资本家的利益，这让马克思遭遇到了"对物质利益发表意见的难事"。在费尔巴哈哲学的影响下，马克思的公共性批判转向了人本主义阶段。在这一阶段，马克思翻转了黑格尔倡导的国家决定市民社会的理性主义视角，开始从市民社会出发批判国家的合理性。在此进程中，马克思的公共性追求实现了从服务于政治解放的以私有制为基础的革命民主主义公共性向服务于人的解放的以公有制为基础的共产主义公共性的转变，并发现了无产阶级这一实现共产主义公共性的历史主体。马克思人本主义阶段的公共性思想在很多方面还残存着黑格尔哲学的思辨痕迹和费尔巴哈人本主义逻辑，对于公共性的理解还存在历史唯心主义的谬误。直到与旧唯物主义彻底决裂之后，马克思的公共性思想才达到了唯物史观的科学高度。

告别对费尔巴哈的崇拜和迷信之后，马克思不仅创立了唯物史观，而且系统阐发了唯物史观视域中的公共性思想。在公共性的内涵上，马克思认为公共性是一种在生产力发展和革命推动下的不同社会历史阶段呈现出的具体的社会关系属性，其最终指向是共产主义社会；在公共性研究的方法论原则上，马克思认为对公共性的研究应该立足于现实的、处于变动的生产关系，而不应仅仅从抽象的、永恒的概念和范畴出发。这是因为，后者非但不能科学揭示公共性的内涵、推动公共性的进步，反而往往会沦为阻碍社会进步的理论和意识形态；在公共性主体上，马克思认为公共性的主体不是阶级社会中由统治阶级为了维护自身利益而取消人的个性的抽象的"一切人"，而是由"现实的个人"所组成的共同体或联合体，是追求自由个性的"每个人"与"一切人"的辩证统一；在资本逻辑批判上，马克思认为资本逻辑之于公共性的发展具有辩证效应，面对封建主义对公共性的压制，资本逻辑曾顺应历史潮流极大地推动了公共性的发展，但是随着资本主义生产方式固有矛盾的不断激化，资本逻辑日益成为公共性继续进步的阻碍，只有在推动资本逻辑走向崩溃和扬弃的过程中不断开辟新的社会形态，才能推动公共性进一步发展。

马克思在整个公共性思想史上实现了公共性内涵、公共性载体、公共性主体、公共性历程、公共性动力、公共性标准等多维度的范式转换。在公共性内涵维度上，实现了从理性公共性、自然公共性到社会公共性的转换；在公共性载体维度上，实现了从国家到市民社会的转换；在公共性主体维度上，实现了从抽象的人到现实的人的转换；在公共性历程维度上，实现了从思辨历程到现实历程的转换；在公共性动力维度上实现了从神学动力、理性动力、自然动力到生产动力的转换；在公共性标准维度上，实现了从抽象标准到现实标准的转换。这些范式转换从根本上批判了以往公共性思想中存在的诸多理论困境和现实困难，厘清这些范式转换对我们深刻认识一切旧公共性思想的理论症结，理解马克思公共性思想所实现的历史性变革具有十分重要的意义。

马克思的历史唯物主义公共性思想为我们进一步了解公共性发展史提供了重要的思想武器。在创立唯物史观之后，马克思对漫长的人类社会历史进行了系统性分析并将其界分为三大阶段，即资本逻辑形成之前的人的依赖关系阶段、资本逻辑支配的物的依赖性阶段、资本逻辑消亡之后的人的全面发展阶段。这种阶段划分实际上正是以资本逻辑的孕育、产生与消亡为时间线索，以人与人的关系、人与共同体的关系这种公共性发展状况为标准的。在第一阶段，由于生产力和社会交往相对落后，人们还只能局限在一个狭小的地域内过着自给自足的生活，这时，个人的存在和发展主要依赖于建立在血缘关系、地缘关系、宗法关系基础之上的集体活动和集体生活，因此才会出现人与人之间的高度人身依赖；在第二阶段，生产力和社会交往不断发展和扩大，使得个人能够凭借自己所拥有的生产要素参与到社会生产中，从而使个人从原来的集体生活中解放出来，形成了以物为中介（即商品交换）的人与人之间的依赖关系；在第三阶段，由于生产力和社会交往高度发达，个人在社会中能够"各尽所能，按需分配"，全体社会成员在共有、共创、共享原则下实现自由联合，从而形成一种个人根据自身的发展需要而自由联合的共同体即自由人联合体。

由此可见，该著作一方面为我们系统呈现了马克思在其思想发展进程中对以往公共性思潮的批判，另一方面为我们科学揭示了唯物史观视域下人类社会公共性的历史进程和未来走向。这一工作为我们深入开展马克思公共性思想研究与深刻透视资本逻辑主导下现代社会公共性的发展和危机，提供了广阔的理论参考、历史视野与辩证视域。

二 回应现实问题：深度剖析资本逻辑 主导下的公共性发展史及其危机

基于对公共性基础理论的唯物史观阐释，《资本逻辑与公共性》一书深度剖析了现代资本主义社会公共性的发展状况及其危机的根源，为我们进一步认识和把握现代社会公共性的历史、现状与未来走向，提供了较为丰富的理论资源。

对现代资本主义社会的公共性发展状况进行分析性考察是该著作的创新点之一。尽管资本主义自诞生以来所塑造的抽象共同体和物化公共性与前资本主义时代的共同体形态和公共性状况相比的确有本质性区别，然而如果我们的认识仅仅停留在这种宏观层面的差异上，那么则不能全面、深刻地认识现代社会公共性的具体发展状况。这就要求我们必须对资本主义及其公共性进行再聚焦。"人体解剖对于猴体解剖是一把钥匙"①，站在当代资本主义及其公共性发展实际来回顾资本主义及其公共性的发展史，我们会发现，随着生产力的发展和交往的扩大，资本主导形态经历了从"商业资本—产业资本—金融资本—虚拟资本"的历史演变进程。基于这一历史进程，沿着从微观到宏观的考察路径重新审视现代资本主义社会公共性的具体发展状况，可以发现，现代资本主义社会公共性在主体性、市民社会、民族国家、全球化等四个维度随资本主导形态的演变也发生着历史性变化。该著作以资本主导形态变迁为时间轴，分别对现代资本主义社会公共性的不同维度进行了历史性考察，全景式地呈现了现代资本主义社会公共性的历史演变，并揭示了其必然走向全面危机的历史趋势。

针对这一历史趋势，该著作深度剖析了资本主义的内在矛盾，系统阐释了资本主义社会公共性危机的必然性及其现实表现形态。

尽管资本主义生产方式在一定程度上解放了生产力，推动了全球化和世界历史的形成与发展，但其固有的内在矛盾总是不断造就这样或那样的沉重危机。这些矛盾表现在：资本主义所依赖的新教伦理和

———————

① 《马克思恩格斯文集》第 8 卷，人民出版社 2009 年版，第 29 页。

消费主义、合理化逻辑和创新逻辑、资本增殖的无限性与条件有限性等之间的矛盾。这表明，资本逻辑总是在一定的前提条件下存在，但其发展又往往会破坏其存在的前提。资本主义固有矛盾导致了现代社会在经济、政治、文化、生态等方面产生全方位的公共性危机。经济公共性危机与资本的积累原则相关，资本在其增殖过程中客观上高度依赖并生产着经济公共性，但又为了积累而不断地破坏着经济公共性，如在生产上将劳动资料据为己有，在分配上压低工人工资并不断将工人排除出生产体系，在交换上强买强卖，等等。政治公共性危机与资本的权力原则相关，资本并不会安分于经济领域以实现资本的增殖，相反，它在经济领域取得主宰性地位之后就开始向政治领域渗透和蔓延以便为资本增殖创造条件。文化公共性危机与资本的物化原则相关，资本主义生产方式的拜物教本性使得在这一体系下的一切供需关系都嵌入了交换这一中介，这使得文化成为一种可供标准化、规模化生产的商品，成为一种并非指向高雅和审美的消费品，成为资本诱导、控制和压迫人的工具。生态公共性危机与资本所遵循的实用原则相关，生态资源是一切地球生物共享的公共资源，在资本逻辑驱动下，大工业生产使得人类不得不共同面对日益严重的生态危机；资本在增殖过程中的内部竞争也使得资本将越来越多的生态资源变为私人领地（如发达资本主义国家的高污染产业转移，资本主导下的生态资源空间区隔），因而生态资源的私人性日益增强，公共性日益衰退。总之，资本主义的固有矛盾和发展原则必然导致以阶级矛盾为核心，经济、政治、文明、生态等冲突相融合的更为全面、深刻、剧烈的公共性危机，如何破解这一危机则成为人类文明可否延续的时代之问。

三 超越资本逻辑：现代社会公共性危机的解决路径

资本主义社会的公共性危机并不是在当代才表现出来的，如何解决这一危机也是在其显露之初就成为思想界和理论界的重大议题。随着资本主义的发展及其危机形式的演变，在相应的解决路径的探索上也产生了很多理论成果。在解决资本主义社会公共性危机的路径这一问题上，《资本逻辑与公共性》一书着重分析和批判了黑格尔主义、西方马克思主义和后现代主义等流派所秉持的继续维持资本逻辑的观点，并系统阐述了马克思倡导的通过超越资本逻辑以解决危机的基本观点及其理论贡献。

要理解和把握马克思所提出的资本主义社会公共性危机的解决路径的科学性，我们就不得不了解和回应其他相关解决路径的理论实质及其内在矛盾。

面对资本主义社会公共性危机，黑格尔主义、西方马克思主义和后现代主义所提出的解决路径沉溺于理性原则以及从不同视角对危机的修修补补，并没有从根本上超越资本逻辑的意识形态本质，从而也就不可能真正解决公共性危机。黑格尔主义的主要观点是用理性规范现实，依靠作为理性化身的"伦理国家"校正资本对公共性的破坏。如黑格尔就认为，"国家是具体自由的实现"，国家不仅能够保证个人特殊利益的"完全发展"，而且还能"把普遍无作为它们的最终目的而进行活动"①。后来的赫斯、蒲鲁东、拉萨尔等对于资本主义社会公共性危机的批判与解决路径探索都基本延续了黑格尔主义的逻辑，或是提出了具有思辨性的"行动哲学""序列辩证法"，或是提出了依靠国家力量来保证工人阶级的自由和平等。西方马克思主义对资本主义社会公共性危机也进行了深刻批判，并提出了不同视角的解决方案。这些方案主要有以下特征：其一，注重在精神领域对抗资本逻辑，希望以此解决资本主义社会的公共性危机；其二，注重对社会的微观分析，并试图从某一领域引发社会的系统性变革；其三，尽管西方马克思主义学者对资本主义公共性危机的认识和批判是多视角的、全方位的，但是他们在解决危机的探索上总是落入乌托邦幻想。总体上看，西方马克思主义的批判视域虽然多元，但更多是停留在对资本逻辑消极效应的批判维度，缺乏对资本逻辑本身的批判，因而也就无法提出解决危机的可行性路径，最终在不同的意义上陷入了乌托邦幻想。后现代主义学者也从自身的理论视角对资本主义社会公共性危机提出了自己的理解和解决方案。针对资本主义社会在文化公共性、科

---

① [德] 黑格尔：《法哲学原理》，范扬、张企泰译，商务印书馆 1961 年版，第 297 页。

学公共性、权力公共性、文艺公共性等诸多方面的危机，后现代主义思想家都进行了剖析与批判。这些理论对于拓展现代资本主义社会公共性危机的批判视域具有很强的启示意义，然而囿于后现代主义底色，它们并没有提出行之有效的解决办法，而是在走向虚无主义的过程中成为当代以虚拟资本为主导形态的晚期资本主义的隐性同谋。

马克思在资本主义社会公共性危机的解决上提出了更具科学性的解决方案，其核心观点是超越资本逻辑。与以上相关论点不同，马克思所讲的超越资本逻辑既不是理性主义、人本主义的主观超越，也不是攻其一点不及其余的片面超越，而是基于对资本逻辑科学认识的全面超越。马克思经过漫长的政治经济学研究和领导工人阶级革命斗争实践，揭示了资本逻辑必然会走向内在超越和自我扬弃的客观规律、阐明了无产阶级革命这一资本逻辑"外部超越"的主观条件以及在超越过程中必然存在着驾驭资本逻辑的社会主义这一历史性的"过渡阶段"。

在系统阐释马克思的公共性思想之后，该著作还建设性地提出了社会主义社会公共性建构的立场和原则，为我们践行马克思公共性思想、推动社会主义社会公共性的发展提供了理论参考。总体而言，该著作以公共性为主题，以马克思历史唯物主义公共性思想为研究对象，扎根于深厚的经典原著土壤，放眼于广博的思想史视野，落脚于鲜活的当代公共性实践，系统阐释了马克思公共性思想的基本内容、内在逻辑及其当代意义。全篇立意深刻，结构完整，逻辑严密，论证有力，可以为我们研究公共性问题提供有益的理论参考。

"百年变局"时代的公共性探索：从马克思到当代

——读《资本逻辑与公共性：马克思现代性批判的双重视域》

夏　雪[*]

　　任何真正的哲学都是时代精神的精华。站在"马克思主义所指明的历史时代"和"百年未有之大变局"相互交织的历史方位审视时代精神，可以发现，随着新时代社会主要矛盾的凸显，不平衡、不充分的发展日益呼唤着公共性哲学的出场。21世纪初，在中国人民大学郭湛教授等一大批学者的推动下，学界掀起了公共性哲学研究的浪潮，直至今日，公共性依然是一个重要的热点论题，相关研究成果不断推出。在关于公共性研究的相关成果中，苏州大学哲学系桑明旭教授的新著《资本逻辑与公共性：马克思现代性批判的双重视域》（中国社会科学出版社2022年版）具有一定的创新性和代表性。在该著作中，作者将资本逻辑与公共性的关系问题纳入马克思现代性批判的熔炉之中，在现代性批判如火如荼展开的当下，澄明了公共性才是马克思现代性批判的真正指向，这是对公共性哲学研究的前提性把握、创新性理解和有效性深化。同时，作为《中国马克思主义哲学研究丛书》系列之一，该著作以公共性为载体，在时代语境之中考察和追问了中国马克思主义哲学的当代出场路径，对中国马克思主义哲学的出场学谱系作出了有益补充。

　　该著作重点讨论了如下内容：

---

* 夏雪，苏州大学哲学系硕士研究生。

　　一是澄清了资本逻辑与公共性是马克思现代性批判的两个基本维度。毋庸讳言，马克思的现代性批判是对现代社会即资本主义社会的分析和批判。根据马克思的相关论述，其现代性批判思想可分为两个层面：其一，是对资本运行规律的批判；其二，对资本运行过程中主体间关系的批判，前者可概括为资本逻辑批判，后者可概括为公共性批判。该著作对资本逻辑、公共性进行了概念辨析，指出资本逻辑是资本的本性及资本在其本性驱使下呈现的发展规律，公共性是多元现实主体在生产和交往中表现出的共有、共创、共享的社会属性。在唯物史观视域下，社会性、阶级性与公共性相互交织又相互区别。

　　二是梳理了马克思公共性批判的历史进程。马克思不是天生的马克思主义者，而是在其思想逐渐成熟的过程中才成为马克思主义者，这一思想史视野注定了在历史发展链条上厘清马克思公共性批判的不同阶段是必然要展开的理论课题。该著作认为马克思的公共性批判思想经历了理想主义阶段、理性主义阶段、抽象人本主义阶段，最终上升到历史唯物主义阶段。研究表明，虽然马克思前期对公共权力、公共舆论、公共利益等问题进行了理论批判与建构，但并未切中要害，直至创立历史唯物主义之后，马克思才在资本逻辑批判维度上深度剖析了现代社会公共性问题，并完成了公共性的基本范式转换。

　　三是概括了马克思公共性范式转变的主要方面。具体包括：在公共性内涵上，实现了从理性公共性到自然公共性再到社会公共性的转换；在公共性载体上，实现了从国家向市民社会的转换；在公共性主体上，实现了由抽象的人到现实的人的转换；在公共性发展历程上，实现了从思辨历程到现实历程的转换；在公共性发展动力上，实现了从神学动力到理性动力再到自然动力最后到生产动力的转换；在公共性判断标准上，实现了由抽象标准向现实标准的转换。

　　四是以资本逻辑的形成和发展为线索，以个体与共同体的关系为对象，展开了对公共性历史发展的考察。马克思将人类社会的共同体历史地划分为自然形成的共同体、抽象共同体和自由人联合体，这三种共同体形式呈阶梯式演进趋势，并分别对应了人的依赖关系阶段即前资本主义时期的共同体形式、物的依赖性阶段即资本主义时期的共同体形式、人的自由全面发展阶段即共产主义时期的共同体形式。自然形成的共同体以群体公共性为其主要形态，群体公共性以血缘关系为纽带、以宗法关系为保障、以自然宗教和神本宗教关系为支撑、以无中介的伦理关系为规范，并且随着资本主义的诞生和发展而转变为物化公共性。物化公共性以物物交换为纽带，以民族国家为保障，以商品拜物教为支撑，以有中介的伦理关系为规范，是物与物的关系占据主导地位的必然结果。但是，资本逻辑的弊端和无法克服的局限性预示且注定了物化公共性被自由公共性所取代的必然结局。自由公共性以自由联合关系为本质、以共有关系为基础、以共创关系为前提、以共享关系为标准。它凭借至公至善的理论形态、共创共享的丰富内涵、自由联合的伟大理想当之无愧地成为公共性发展的高阶样态。

五是分析了马克思关于现代社会公共性发展的观点与看法。在马克思的语境中，现代社会的公共性发展问题总体上（并非绝对意义）等同于由资本逻辑主导的资本主义社会的公共性发展问题。因此，对现代社会公共性发展的历史性研究与对资本主导形态的历史演变研究具有内在同一性。资本主导形态的历史演变按时间划为如下四种类型：前资本主义阶段的商业资本、资本主义自由竞争阶段的产业资本、经典垄断资本主义阶段（列宁所指明的时代）的金融资本以及晚期资本主义或当代垄断资本主义阶段的虚拟资本。根据资本主导形态的历史演变可归纳出现代社会公共性发展主要呈现为两种线索和趋势：其一，以主体性、市民社会、民族国家、全球化的各自发展过程为坐标，公共性在主体、载体、形式等方面呈现出"在危机中前进"的趋势；其二，以"主体性—市民社会—民族国家—全球化"的过渡式发展为坐标，公共性在范围、层次等方面呈现出"在冲突中提高"的趋势。二者在横纵坐标中相互交织，形成现代社会公共性发展的复杂性结构。

六是探讨了资本逻辑支配下的现代社会公共性危机。资本逻辑在推动现代社会公共性发展的同时也带来了一系列公共性难题，资本逻辑的内在矛盾是现代社会公共性危机的根源。资本逻辑所蕴含的私人性与公共性的矛盾决定其运行必将危机重重，并以各种悖论的形式呈现出来，如新教伦理与消费主义的悖论、合理化逻辑与创新逻辑的悖论、扩张无限性与条件有限性的悖论，等等。现代社会不同类型的公共性危机的产生对应了资本在不同领域中的不同原则，现代社会经济、政治、文化、生态等方面的公共性危机与资本的积累原则、权力原则、物化原则、实用原则等密切相关。

七是剖析了思想史上关于应对现代社会公共性危机的不同方案。黑格尔主义方案在一定意义上澄清了资本逻辑与公共性危机相关联的问题，但由于其总是诉诸在思想和观念领域解决现代社会的公共性问题，因而不免陷入形而上学的窠臼之中。西方马克思主义自创立以来就以资本逻辑批判和公共性建构为己任，在对物化现象、工具理性、生态危机、空间矛盾等问题的批判中拓宽了马克思公共性理论的涵盖范围，但却在本质向度上背离了马克思现代性批判的初衷和前提。后现代主义方案从现代性文化、现代性科学、现代性权力、现代性文艺等视角驳斥了工业资本主义的一系列后果，但是这种只批判而不建构的理论模式必然会导致虚无主义蔓延，并成为产业资本向金融和虚拟资本转化的意识形态助手。

八是论述了马克思关于现代社会公共性危机的解决方案，其核心观点是超越资本逻辑。这种超越在逻辑层面可以界化为相互依赖的两种类型：内在超越和外部超越。资本逻辑的内在超越以其自身的基本矛盾为主要原因，历史地看，生产过剩、资本过剩的宿命无法避免，资本逻辑必定难以为继而转向对自身的超越和扬弃。资本逻辑的外部超越则表现为无产阶级最终会以暴力革命的方式推翻资产阶级的统治，并瓦解其统治的所有制基础。在超越资本逻辑、通往共产主义社会的历史进程中，存在着社会主义这一"过渡阶段"，"过渡阶段"则需要通过引导、利用、限制资本来规定、筹划自身，以推动资本逻辑走向自我超越与实现人的自由全面发展。

基于上述分析，该著作立足中国特色社会主义宏伟实践，在充分把握马克思相关论述及其理论观点的基础上研究并概括了社会主义公共性建构的立场和原则，分别为：清理前资本主义的落后和腐朽因素；坚持驾驭资本逻辑；促进资本逻辑在新条件下的合理发展；限制资本逻辑的负面效应；坚持全面系统开放真实的原则；指向生存世界，重塑生存逻辑和生活逻辑；致力于推动资本逻辑走向自我超越；以推动现实的个人实现自由个性为最终目的。

总体而言，《资本逻辑与公共性》一书的特色和价值主要表现在如下几个方面。

第一，高度的方法论自觉和范式创新意识。随着我国社会转型日益向纵深推进，对资本逻辑和公共性的相关问题进行考察以便为新时期中国特色社会主义现代化建设提供思想智慧，无疑是十分必要的理论工作。该著作不啻拘泥和停留于理论内容的条分缕析以及理论框架的思想建构，而是在秉持研究范式与内在逻辑统一的基础上，亦即坚持高度方法论自觉的基础上，全面系统审视了马克思现代性批判的双重视域。该著作在研究范式上以马克思主义经典文本为理论中轴，立足于马克思主义哲学史和基本原理研究，深耕于对话、反思的问题学、马克思主义与中国现实等领域，在多个维度的转变与协同之中致力于推动研究范式的创新。我们知道，文本文献学解读是研究马克思主义与当代现实的基础和摇篮，"回到马克思"并不等同于"马克思主义教条化"。基于此，该著作回到马克思经典文本，致力于站在马克思公共性思想阐释的基础上彰显其时代价值。从公共性的视域来看，马克思的"幽灵"仍然在场，历史没有终结，社会主义运动更不会烟消云散，马克思主义在当代中国实践中彰显出了毋庸置疑的科学性和蓬勃发展的生命力，我们的理论自信就在于此。

第二，鲜明的唯物史观底蕴和"大历史观"立场。在当前诸多社会科学的研究中，"公共性"是一个至关重要且较为热点的概念，相关研究取得了丰硕成果。这些成果固然能够拓宽对公共性考察的视域，但是部分研究在理论前提下往往会不自觉地陷入唯物史观失语的彷徨境地。马克思指出："对市民社会的解剖应该到政治经济学中去寻求。"① "公共性"不是一个抽象孤立的范畴，它始终处于具体的社会关系之中，建立在物质生产生活实践的基础之上。这本著作以唯物史观为基础，对公共性展开了深刻揭示与准确表征，在一定程度上祛除了马克思主义失语的危机与风险。此外，该著作在逻辑理路上坚守"大历史观"的宏伟立场，融贯人类思想史、马克思思想史、西方思想史、资本主义发展史等。这些历史线索交织展开，层层铺叙，深刻

---

① 《马克思恩格斯文集》第2卷，人民出版社2009年版，第591页。

揭示了哲学核心范式的转变不是"由主体性走向后主体性",而是"由主体性走向公共性"。这种"大历史观"立场消除了关于马克思与后现代主义关系的相关误解,它充分表明,马克思主义创始人绝不是后现代主义者,也根本不可能主张所谓的"主体性的黄昏",他们只是囿于时代局限而没有机会对后现代主义展开批判。

第三,开放的学术视野和理论格局。该著作无论是阐释马克思主义创始人的公共性思想,还是剖析有关公共性的现实问题,都具备十分开阔的学术视野和理论格局。在阐释马克思主义创始人公共性思想的过程中没有将马克思主义彻底奉为僵化不变的圭臬,而是注重与西方哲学史上诸多思想家展开理论对话;在分析现代社会公共性危机的解决方案时没有直接给出超越资本逻辑的解答,而是注重与黑格尔主义、西方马克思主义、后现代主义等学术流派中的主要人物展开理论对话。这种贯通古今中外的学术视野很大程度上确保了经典文本阐释的现实性与现实问题分析的前沿性。

第四,敏锐的问题意识和时代洞察力。全球发展的"百年变局"深刻表明旷日积晷的垄断资本主义迎来了"抛物线拐点",这意味着资本主义发展至顶峰后必然呈现衰退趋势,也意味着资本主体性原则的不断松动和共同体公共性原则的日益崛起。在洞察到这样一个特殊的时代背景之后,该著作直面现代社会公共性危机的产生根源、发展类型、解决方案等一系列核心问题,并最终概括出马克思关于破解现代社会公共性危机的方案及其对西方相关方案的本质性超越。与此同时,在以中国式现代化全面推进中华民族伟大复兴的历史背景下,该著作立足于中国特色社会主义现代化建设中为何需要资本、能否利用资本、如何利用资本等迫在眉睫的现实问题作出了系统论述,展现了当代青年马克思主义工作者的蓬勃朝气、理论勇气和使命担当。而今,中国式现代化道路已经越走越宽,唯物史观视域下兼有中国特色的公共性哲学研究已经成功实践并逐渐登上全球化的舞台,我们正在"以中国的新发展为世界提供新机遇"[①],而这本著作对唯物史观公共

---

① 张炜、王远、罗珊珊:《以中国的新发展为世界提供新机遇》,《人民日报》2022 年 3 月 4 日第 1 版。

性逻辑的探讨，可以为面向未来的一系列理论和实践提供有益的理论参考。

当今的时代是走向公共性的时代，是公共性哲学研究风起云涌的时代，更是"中国走向世界"的时代。马克思主义研究不是照本宣科，不是按图索骥；马克思主义理论不是仅限于西欧的思想集成，我们需要脚踏中国大地，以自身的实践经验和科学理论深刻回答世界之问、时代之问、历史之问。在这个意义上，《资本逻辑与公共性》一书秉要执本且适逢其会，无疑将会产生一定的学术影响。当然，对于青年学人来说，马克思主义政治哲学和公共哲学研究是一项长远的理论任务，需要我们继续开拓，接续努力，久久为功，一锤接着一锤敲，一任接着一任跑，在中华民族伟大复兴的进程中，创造无愧于历史、无愧于人民、无愧于时代的绚丽篇章！